SPSS统计分析应用案例教程
（第二版）

王周伟　龚秀芳　乔军华　郭照蕊　傅毅　朱敏　编著

图书在版编目(CIP)数据

SPSS 统计分析应用案例教程/王周伟等编著. —2 版. —北京:北京大学出版社,2020.6
ISBN 978-7-301-31309-1

Ⅰ. ①S… Ⅱ. ①王… Ⅲ. ①统计分析—软件包—教材 Ⅳ. ①C819

中国版本图书馆 CIP 数据核字(2020)第 048764 号

书　　　名	SPSS 统计分析应用案例教程(第二版) SPSS TONGJI FENXI YINGYONG ANLI JIAOCHENG(DI-ER BAN)
著作责任者	王周伟　龚秀芳　乔军华　郭照蕊　傅　毅　朱　敏　编著
责 任 编 辑	杨丽明
标 准 书 号	ISBN 978-7-301-31309-1
出 版 发 行	北京大学出版社
地　　　址	北京市海淀区成府路 205 号　100871
网　　　址	http://www.pup.cn　新浪微博:@北京大学出版社
电 子 信 箱	sdyy_2005@126.com
电　　　话	邮购部 010-62752015　发行部 010-62750672　编辑部 021-62071998
印 刷 者	河北涿县鑫华书刊印刷厂
经 销 者	新华书店
	787 毫米×1092 毫米　16 开本　29.75 印张　668 千字 2017 年 12 月第 1 版 2020 年 6 月第 2 版　2021 年 9 月第 2 次印刷
定　　　价	79.00 元

未经许可,不得以任何方式复制或抄袭本书之部分或全部内容。
版权所有,侵权必究
举报电话:010-62752024　电子信箱:fd@pup.pku.edu.cn
图书如有印装质量问题,请与出版部联系,电话:010-62756370

第二版前言

"大智物移云"时代已经到来,大数据与云计算等信息技术交融发展,它们作为要素独立参与生产的价值创造贡献日益突显,已全面渗透式地嵌入各行各业,提升了全要素生产率和发展质量。数据软件定义一切,云计算无所不容,产业更新换代不断加速,职业转型与技能进化与日俱增,社会急需从业人员系统掌握大数据统计分析的理论知识和应用技术。为顺应这一趋势与发展需求,本书第一版于2017年出版,即受到广泛欢迎。经过两年多的使用,本书编写组对本书内容有了更好的认知,许多热心读者在肯定本书"2×2"编写特色的同时,也就具体章节中的一些问题提出了很有价值的建设性意见。于是,本书编写组对本书作了全面修订。主要修订内容如下:(1) 实例中的统计实现软件全部改为"中文版SPSS",对主要实现步骤和结果也相应作出修改;(2) 订正文字表述方面的错误,并精简文字内容;(3) 改编路径分析实例的软件实现部分,等等。

实践中适用的大数据统计分析技术主要包括数理统计和多元统计技术。IBM公司的"统计产品与服务解决方案"软件(statistical product and service solutions, SPSS)是国际主流的大数据分析计算软件之一,专业提供统计分析运算、数据挖掘、预测分析和决策支持任务的软件实现及相关功能服务。组织编写本书是为了满足大数据统计分析技术系统学习的需要;吸收读者的宝贵意见与建议,不断完善本书内容,使之成为受到广泛认可的高质量金牌教材,为系统学习使用大数据统计分析技术提供便利,是本书编写组一直以来的愿望。

本书的编写,吸收了许多热心读者的宝贵建议,也参考了国内同行的许多成果;本书的出版,得到了北京大学出版社的大力支持,在此,本书编写组一并表示最诚挚的谢意!

本书编写组
2020年5月6日

目 录

第1章 SPSS 统计概述 ··· (1)
  1.1 SPSS 简介 ··· (1)
  1.2 SPSS for Windows 的基本窗口 ·························· (2)
  1.3 SPSS 进行数据分析的一般步骤 ·························· (6)

第2章 数据整理 ··· (8)
  2.1 SPSS 数据文件 ·· (8)
  2.2 SPSS 数据的结构和定义方法 ··························· (9)
  2.3 SPSS 数据的录入与编辑 ······························· (13)
  2.4 SPSS 数据文件的保存 ································· (14)
  2.5 SPSS 数据文件的合并 ································· (16)

第3章 SPSS 数据的预处理 ··································· (23)
  3.1 数据的选取 ··· (23)
  3.2 数据的排序 ··· (26)
  3.3 计数 ··· (27)
  3.4 变量计算 ··· (29)
  3.5 分类汇总 ··· (37)
  3.6 数据分组 ··· (41)
  3.7 数据预处理的其他功能 ································· (48)

第4章 描述性统计分析 ······································· (52)
  4.1 频数分析 ··· (52)
  4.2 描述性分析 ··· (60)
  4.3 探索性分析 ··· (65)
  4.4 比率分析 ··· (75)
  4.5 多选项分析 ··· (80)

第5章 参数的区间估计 ······································· (92)
  5.1 区间估计的概念 ······································· (92)
  5.2 正态总体均值的置信区间 ······························· (92)

5.3　正态总体方差的置信区间 ……………………………………………… (97)
　　5.4　两个正态总体均值差的区间估计 ……………………………………… (99)
　　5.5　其他总体参数及参数的区间估计 ……………………………………… (102)

第6章　参数检验 …………………………………………………………………… (105)
　　6.1　假设检验 ………………………………………………………………… (105)
　　6.2　单样本的总体参数假设检验 …………………………………………… (108)
　　6.3　两个独立样本的总体参数假设检验 …………………………………… (111)
　　6.4　两个配对样本的总体参数假设检验 …………………………………… (115)

第7章　非参数检验 ………………………………………………………………… (119)
　　7.1　非参数检验概述 ………………………………………………………… (119)
　　7.2　卡方检验 ………………………………………………………………… (120)
　　7.3　二项分布检验 …………………………………………………………… (125)
　　7.4　游程检验 ………………………………………………………………… (128)
　　7.5　单样本 K-S 检验 ………………………………………………………… (131)
　　7.6　两独立样本检验 ………………………………………………………… (134)
　　7.7　多独立样本检验 ………………………………………………………… (140)
　　7.8　两配对样本检验 ………………………………………………………… (145)
　　7.9　多配对样本检验 ………………………………………………………… (149)

第8章　列联表分析 ………………………………………………………………… (154)
　　8.1　列联表概述 ……………………………………………………………… (154)
　　8.2　独立性检验 ……………………………………………………………… (156)
　　8.3　变量的相关性测度与检验 ……………………………………………… (158)
　　8.4　列联表分析方法的实现 ………………………………………………… (160)

第9章　方差分析 …………………………………………………………………… (167)
　　9.1　方差分析概述 …………………………………………………………… (167)
　　9.2　单因素方差分析 ………………………………………………………… (168)
　　9.3　多因素方差分析 ………………………………………………………… (178)
　　9.4　协方差分析 ……………………………………………………………… (188)

第10章　相关分析 ………………………………………………………………… (193)
　　10.1　相关分析概述 ………………………………………………………… (193)
　　10.2　相关分析及 SPSS 的实现 …………………………………………… (194)
　　10.3　偏相关分析 …………………………………………………………… (201)

第11章　回归分析 ………………………………………………………………… (206)
　　11.1　回归分析概述 ………………………………………………………… (206)
　　11.2　线性回归模型及 SPSS 的实现 ……………………………………… (208)
　　11.3　曲线回归 ……………………………………………………………… (228)

第 12 章 Logistic 回归分析 (232)
12.1 Logistic 回归分析概述 (232)
12.2 二项 Logistic 回归分析 (233)
12.3 多项 Logistic 回归分析 (249)
12.4 多项有序回归分析 (255)

第 13 章 因子分析 (261)
13.1 基本原理 (261)
13.2 实验数据与内容 (266)
13.3 操作步骤与结果 (266)

第 14 章 聚类分析 (276)
14.1 聚类分析概述 (276)
14.2 聚类分析的基本原理 (276)
14.3 聚类分析在 SPSS 中的操作过程及实例 (280)

第 15 章 对应分析 (292)
15.1 对应分析概述 (292)
15.2 对应分析的基本原理 (293)
15.3 简单对应分析 (294)
15.4 多元对应分析 (295)
15.5 对应分析方法的 SPSS 实现 (296)
15.6 对应分析方法实例 (301)

第 16 章 距离分析 (310)
16.1 距离分析概述 (310)
16.2 距离分析中的距离测度 (310)
16.3 变量距离分析的 SPSS 软件实现 (314)
16.4 样品距离分析的 SPSS 软件实现 (318)

第 17 章 多维尺度分析 (321)
17.1 多维尺度分析概述 (321)
17.2 多维尺度分析中的基本概念 (322)
17.3 古典多维尺度分析 (322)
17.4 非度量多维尺度分析 (323)
17.5 权重多维尺度分析 (324)
17.6 多维尺度分析的 SPSS 软件实现 (325)

第 18 章 判别分析 (333)
18.1 判别分析概述 (333)
18.2 判别分析法的基本原理 (334)
18.3 判别分析的 SPSS 实现与结果 (340)

第19章 信度分析 (350)
19.1 信度分析的基本原理 (350)
19.2 重测信度与复本信度分析 (353)
19.3 内部一致性信度分析 (361)
19.4 评分者信度分析 (368)

第20章 效度分析 (372)
20.1 效度分析的基本原理 (372)
20.2 效度分析的SPSS实现 (375)
20.3 实例:效度分析的SPSS实现与结果分析 (376)

第21章 生存分析 (382)
21.1 生存分析概述 (382)
21.2 寿命表分析法 (385)
21.3 Kaplan-Meier分析法 (389)
21.4 生存率比较分析 (395)
21.5 Cox比例风险回归模型 (399)

第22章 路径分析 (408)
22.1 路径分析中的基本概念 (408)
22.2 路径分析的基本理论 (409)
22.3 路径分析的一般步骤 (414)
22.4 路径分析的SPSS实现 (415)

第23章 时间序列分析 (430)
23.1 时间序列分析概述 (430)
23.2 数据准备 (432)
23.3 时间序列的可视化描述及分析检验 (433)
23.4 时间序列的预处理 (444)
23.5 时间序列分析的简单回归分析法和趋势外推法 (447)
23.6 指数平滑法 (449)
23.7 谱分析 (455)
23.8 周期性分解 (460)
23.9 ARIMA模型分析 (463)

参考文献 (467)

第1章 SPSS 统计概述

1.1 SPSS 简介

SPSS 是 statistical product and service solutions 的英文缩写,意思是"统计产品与服务解决方案",SPSS 统计分析软件的统计分析功能强大,用户操作简洁易用,表格式分析报告灵活,图形展现形式优良。

1.1.1 SPSS 的发展历程及特点

SPSS 是世界上应用最早的统计分析软件之一,它最早于 20 世纪 60 年代末由美国斯坦福大学的三位研究生研发而成,并于 1975 年成立了专门用于研发和经营 SPSS 软件的公司(以下简称"SPSS 公司")。最初,SPSS 软件主要是在中小型计算机上运行,且面向企事业客户。随着计算机的不断完善和发展,SPSS 统计分析软件相继在 DOS 操作系统和 Windows 图形化操作系统开发新版软件,以迎合 Internet 的广泛使用和用户在不同操作系统环境下工作。

在 1994 年至 1998 年间,SPSS 公司对市面上出现的一些同行公司进行大规模收购,比如,将 SYSTAT、ISL、BMDP 等公司的主打品牌收于麾下,扩大了 SPSS 公司的市场份额和客户群,使得 SPSS 统计分析软件由原来较为单一的产品定位转成面向为教育科研及政府机构等统计决策服务的综合性软件。2009 年 7 月 28 日,IBM 公司斥资 12 亿元美元收购了 SPSS 公司,SPSS 公司也更名为"IBM SPSS Statistics",也称"PASW(Predictive Analysis Software)Statistics"。目前,SPSS 已从原来的 SPSS/PC+版本升级到 SPSS Statistics 22.0 版本,它最突出的特点是操作界面很友好且输出结果美观。SPSS 采用类似 Excel 表格的方式输入和管理数据,且可以实现在 Excel 和 SPSS 数据窗口之间的方便复制,数据接口较为通用。

SPSS 的基本功能包括数据管理、统计分析、图表分析和输出管理等。它是一个组合式软件包,除了这些基本功能之外,用户可以根据自身需要选择模块,降低对系统硬盘的要求,有利于 SPSS 统计分析软件的推广。

SPSS 统计分析部分有描述性统计、均值比较、相关分析、回归分析等基本的描述统计与推断统计分析,还有聚类分析、因子分析和信度分析等高级统计与数据挖掘功能,并且 SPSS 的每个过程都允许用户选择不同的方法和参数。SPSS 有专门的绘图软件,图标功能强大且输出结果美观。

1.1.2 SPSS Statistics 22.0 新特性[①]

（1）IBM developerWorks 可以释放 IBM SPSS Statistics 潜能,在发展技能、协作、下载扩展和定制过程以及保持最新技术趋势方面处于领先地位。

（2）对于 Congnos BI 用户而言,使用 SPSS Statistics 可以进一步加强统计分析能力,SPSS Statistics 22.0(以下简称 SPSS 22.0)可以将 Congnos BI 数据导入 SPSS Statistics,方便我们对数据进行深度挖掘。

（3）可以进行 Monte Carlo 模拟。利用 Monte Carlo 模拟方法,可以模拟求解复杂问题得到最可靠的解答。

（4）准备演示文稿部分,可以直接在过程对话中标记表格中的重要值,并且具有可以自动完成输出文档中的常见编辑功能。

（5）使用 SPSS Statistics Server,可以更快捷地在数据库导向中制定新变量的计算并在数据库中执行此计算。

（6）SPSS Statistics 提供了比较两个数据集或两个数据文件以确定二者间的差异的功能,可以用于对比数据文件,进行企业间简单的质量控制。

（7）提供最新的数据合并方法,可以合并多个数据集而不用预排序,使用字符串键值时更灵活。

（8）可以用 SPSS Statistics 输出,在浏览器或任何智能设备(智能手机、平板电脑等)上查看此输出,方便 SPSS 图表和表格的随身查看和使用。

（9）透视表愈加强大,使用诸如排序、按值范围搜索单元格、插入新的列和行等功能来处理透视表。

（10）提高了非参数检验功能。

1.2 SPSS for Windows 的基本窗口

了解 SPSS 的基本窗口是学习和熟练运用 SPSS 软件的前提。本节主要介绍 SPSS 22.0 的常用窗口,包括数据编辑窗口、结果输出窗口和命令窗口。

1.2.1 SPSS 数据编辑窗口

数据编辑窗口(SPSS data editor)包括数据视图(data view)和变量视图(variable view)。该窗口是 SPSS 的主程序窗口,其功能是定义 SPSS 数据的结构特征、录入和编辑数据以及管理和分析数据等。其中,数据视图用于录入、查看和修改数据,而变量视图用于输入和修改变量的定义。

当成功启动 SPSS 后,屏幕会出现如图 1.1 所示的窗口,即为数据编辑窗口。

[①] What's New in Version 22？〔DB/OL〕. https://www.ibm.com/support/knowledgecenter/SSLVMB_22.0.0/com.ibm.spss.statistics_22.kc.doc/pv_welcome.html? origURL＝api/redirect/spssstat/v22r0m0/index.jsp.

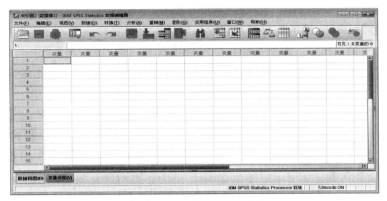

图 1.1　SPSS 数据编辑窗口

数据编辑窗口包括标题栏、主菜单栏、工具栏、数据编辑区和状态栏。

(1) 标题栏：显示当前的文件名。

(2) 主菜单栏：包括文件、编辑、视图、数据、转换、分析、直销、图形、实用程序、窗口和帮助，用户可以通过单击菜单完成相应的操作。菜单栏对应的功能见表 1.1。

表 1.1　主窗口菜单及功能

菜单名	功能	功能解释
文件	文件操作	新建、保存文件，打开数据库，读取数据，重新命名数据集等基本文件管理工作
编辑	数据编辑	对数据进行复制、撤销等工作，插入变量、个案，设置 SPSS 的语言、图标外观等功能
视图	窗口外观状态管理	对窗口外观如状态栏、工具栏、字体、网格线、值标签等进行设置
数据	数据基本操作和管理	对原始数据进行加工处理，如数据排序、转置、拆分、分类汇总及加权等
转换	数据基本处理	对编辑窗口的数据进行基本处理，如计算变量、生成新变量、分组等
分析	数据统计分析	对数据进行统计分析和建模，如基本统计分析、回归、相关分析及非参数检验等
直销	客户关系管理	识别最佳客户（RFM 分析）、聚类分析、潜在客户概要模型、购买倾向等
图形	统计图形制作	将数据编辑窗口选中的数据生成各种图形，如直方图、条形图、散点图等
实用程序	实用程序	SPSS 其他辅助管理，如合并模型、定义变量集、菜单编辑器等
窗口	窗口管理	多窗口管理，如窗口拆分、窗口最小化等
帮助	帮助	实现 SPSS 的联机帮助

(3) 工具栏：除了保留数据编辑窗口的某些功能按钮，还增加了一些特有的按钮，

用户可以直接单击工具栏上的按钮完成相应的功能,使操作更加方便和快捷。

(4) 数据编辑区:显示数据以及管理数据结构和内容的区域。在编辑区的最左边是每条个案的顺序编号。数据编辑区中的表格线可以通过【视图】菜单下的【网格线】选项设置成显示或不显示状态。【数据视图】和【变量视图】都位于数据编辑区。

(5) 状态栏:查看系统的当前运行状态。

(6) 可以通过【编辑/选项】,实现中英文界面的切换。在图1.2中,在【语言】标签页,输出选择"英语(E)",用户界面也选择"英语(E)",再按【应用(A)】【确定】按钮就切换到英文界面;反之,在英文主界面,可以通过【Edit/Options】选项,在【Language】标签页,output 选择"Chinese(simplified)",User Interface 也选择"chinese(simplified)",再按【Apply】【OK】按钮就切换到简体中文界面。这种切换是经常性的,因为有时中文的统计专业名词翻译有些欠缺,看英文更加准确。

图1.2 SPSS中英文切换窗口

SPSS允许同时打开多个数据编辑窗口,分别显示不同的数据文件内容,数据窗口中的数据也称为数据集,这些数据通常以 SPSS 数据文件的形式保存在计算机上,其文件扩展名为".sav"。

1.2.2 SPSS结果输出窗口

SPSS结果输出窗口是 SPSS 的另一个主要窗口,主要用于显示和管理 SPSS 统计分析结果(包括文本、表格和图形),如图1.3所示。输出结果通常以 SPSS 输出文件的形式保存在计算机磁盘上,其文件扩展名为".spv"。

此窗口在 SPSS 启动时会自动创建并打开,若要在 SPSS 运行中打开新的结果输

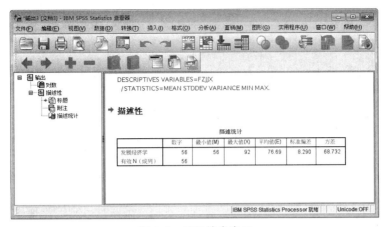

图 1.3　结果输出窗口

出窗口,可以选择【文件/新建】或【打开/输出】选项。同数据编辑窗口类似,SPSS 也可以同时创建或打开多个输出窗口,并且多个输出窗口中只有一个是主输出窗口或称当前输出窗口。

　　输出窗口由菜单栏、工具栏及分析结果显示区等组成。其中,输出窗口中的分析结果显示区是专门显示统计分析结果的区域,可以分为左右两个区域,左边是目录区,右边是内容区。目录区和内容区是分区独立但内容一一对应关联的,两者区域大小也可自由调整。目录区和内容区各有一个红色箭头,它们所指示的内容是一一对应的,用户也可以对这两个区域的内容进行增、删、改等编辑管理工作。

1.2.3　SPSS 命令窗口

　　SPSS 命令窗口即语法编辑窗口,是编辑和运行命令文件的窗口,如图 1.4 所示。该窗口更适用于具有一定编程基础的人员使用,它可以编辑不能实现的特殊过程的命令语句,也可以将大量的分析过程汇集在一个命令文件中。用户还可以根据自己的需求对语句窗口中的命令进行修改、编辑、复制及粘贴等操作,也可以编写针对当前数据文件的命令程序。该窗口的内容可存为以". sps"为扩展名的 SPSS 文件。

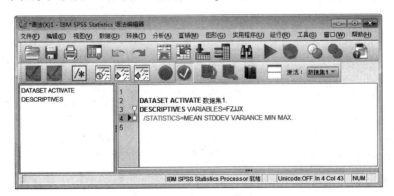

图 1.4　命令语法编辑窗口

若要打开新的命令语句窗口,可单击【文件/新建/语法】,编写好命令文件后,可以单击菜单栏上的【运行(R)】按钮,显示输出窗口,得到分析结果。

有时,经常将菜单运行与语句命令运行结合起来使用。如对成绩数据中的"发展经济学"成绩进行描述统计,单击【分析/描述统计/描述】,出现如图1.5所示的界面,然后按【粘贴(P)】按钮,就出现如图1.4所示的语法界面,这样就可以在菜单操作中学习语法语句。

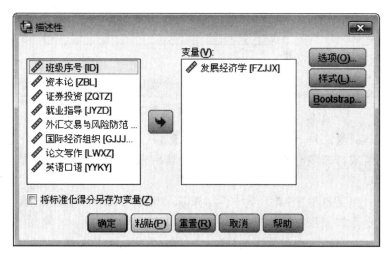

图1.5　利用"粘贴"按钮复制命令到语法编辑窗口

1.3　SPSS进行数据分析的一般步骤

SPSS统计分析软件是一种专业性较强的统计软件,学习和应用SPSS统计分析软件必须要先了解和掌握统计学基本专业知识以及数据分析的一般步骤和原则,这样才可以避免在用SPSS进行数据分析时发生一些统计常识的错误,进而得出错误的统计分析结果,导致作出错误的决策。

SPSS统计分析软件是一个数据处理分析工具,因此利用SPSS进行数据分析也应遵循数据分析的一般步骤,主要包括以下几个步骤:

1. SPSS数据的准备

该步骤主要是定义SPSS数据的结构和录入、修改、保存需要用的SPSS数据。

2. SPSS数据的预处理

该步骤主要是针对SPSS数据进行进一步的加工处理,如数据转换、数据分组等,为后面进行统计分析做好基础准备工作。

3. SPSS数据的分析

该步骤的一大难题就是确定合适的统计分析方法,对数据编辑窗口中的数据进行分析建模。SPSS可以自动完成建模过程中的数学计算并计算出结果,因此,分析人员无须记忆和查阅数学公式,为SPSS的广泛应用铺平了道路。

4. SPSS 数据分析结果的解读

该步骤的主要工作是根据 SPSS 输出编辑窗口中的统计量和统计参数,结合实际应用问题,对数据分析结果给出合理的解释。

利用 SPSS 进行数据分析的一般步骤可以简单地概括为图 1.6。

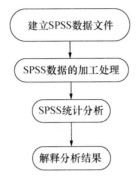

图 1.6 利用 SPSS 进行数据分析的一般步骤

第 2 章 数据整理

2.1 SPSS 数据文件

建立 SPSS 数据文件,应首先了解 SPSS 数据文件的特点、数据组织的基本方式和相关概念等。只有这样才能够建立一个完整且全面的数据环境,服务于以后的数据分析工作。

2.1.1 SPSS 数据文件的特点

SPSS 文件是一种有别于其他文件的特殊格式的文件。其特殊性表现在两个方面:第一,SPSS 数据文件的扩展名是". sav";第二,SPSS 数据文件是一种有结构的数据文件,它由数据的结构和内容两部分组成。其中,数据的结构记录了数据类型、取值说明、数据缺失情况等必要信息,数据的内容是那些待分析的具体数据。

SPSS 数据文件与一般文本数据的不同之处在于,一般文本文件仅有纯数据部分,而没有关于结构的描述。正是因为如此,SPSS 文件不能像一般文本文件那样可以直接被大多数编辑软件读取,而只能在 SPSS 软件中打开。

基于上述特点,建立 SPSS 数据文件时应该完成两项任务:

(1) 描述 SPSS 数据的结构,这个任务可以在数据编辑窗口的【变量视图】中完成;

(2) 录入编辑 SPSS 数据的内容,这个任务可以在数据编辑窗口的【数据视图】中完成。

2.1.2 SPSS 数据的基本组织方式

SPSS 的数据将直观地显示在数据编辑器窗口中,形成一张平面二维表格,待分析的数据将按照以下两种方式组织在这张表格中。

1. 原始数据的组织方式

如果待分析的数据是一些原始的调查问卷数据,或一些基本的统计指标,那么这些数据就应以原始数据的组织方式组织。

在原始数据的组织方式中,数据编辑器窗口中的一行成为一个个案(case),所有个案组成 SPSS 数据文件的内容。数据编辑器窗口中的一列成为一个变量,每个变量都有一个名字,称为变量名,它是访问和分析 SPSS 每个变量的唯一标识。SPSS 数据文件的结构就是关于每个变量及其相关特征的描述。

2. 频数数据的组织方式

如果待分析的数据不是原始的调查问卷数据，而是经过分组汇总后的汇总数据，那么这些数据就应以频数数据的组织方式组织。

在频数数据的组织方式中，数据编辑器窗口中的一行称为变量的一个分组（或多个变量交叉分组下的一个分组）。所有行囊括了该变量的所有分组情况（或多个变量交叉下的所有分组情况）。数据编辑器窗口中的一列仍为一个变量，代表某个问题（或某个方面）及相应的频数。

2.2 SPSS 数据的结构和定义方法

SPSS 数据的结构是对 SPSS 每列变量及其相关属性的描述，主要包括变量名、类型、宽度、列宽度、变量名标签、变量值标签、缺失值、计量标准等信息。其中有些内容是必须定义的，有些是可以省略的。在数据编辑窗口中，点击下方的【变量视图】可以对数据结构进行定义。

2.2.1 变量名(name)

变量名是变量访问和分析的唯一标识。在定义 SPSS 数据结构时应该首先给出每列变量的变量名。选取变量名时需要注意以下几点：

(1) 变量名必须以字母、汉字或字符"@"开头，其他字符可以是任何字母、数字或下划线等符号。

(2) 变量名最后一个字符不能是句号。

(3) 不能使用空白字符或其他特殊字符（如"！""？"等）。

(4) 变量命名必须唯一，不能有两个相同的变量名。

(5) SPSS 的保留字（reserved keywords）不能作为变量的名称，如 ALL、AND、WITH、OR 等。实际操作中，变量名通常用英文字母命名比较方便，变量名标签可用中文来描述变量的含义，方便输出时查看。在 SPSS 中变量名不区分大小写。

2.2.2 数据类型(type)、宽度(width)、列宽度(columns)

数据类型是指每个变量取值的类型。SPSS 中有三种基本的数据类型，分别为数值型、字符串型和日期型。每种类型都有默认的宽度、小数位和列宽度。其中，宽度是储存变量值的最大字符位数，也称储存宽度。列宽度是数据编辑器窗口中每列的显示字符位数，也称显示宽度。

1. 数值型

数值型是 SPSS 最常用的数据类型，通常由阿拉伯数字和其他特殊符号等组成。例如，工资、年龄、成绩等变量都可以定义为数值类型。SPSS 中数值型有以下五种不同的表示方法：

(1) 数值型(numeric)

数值型是 SPSS 默认的数据类型,默认的最大宽度为 8 位,包括正负符号位、小数点和小数位在内,小数位默认为 2 位。

(2) 科学计数法型(scientific notation)

科学计数法也是一种常见的数值型数据的表示方式。科学计数法的默认最大宽度为 8,包括正负符号位、字母 E 和跟在其后的正负符号及两位幂次数字。科学计数法一般用来表示很大或很小的数据。用户在输入科学计数法数据时,可直接输入数据,SPSS 会自动进行转换。

(3) 逗号型(comma)

逗号型数据,整数部分从个位开始每 3 位以一个逗号分隔。逗号型默认的最大宽度为 8,小数位为 2,逗号所占的位数包括在总宽度之内。

(4) 点型(dot)

点型数据,整数部分从个位开始每 3 位以一个圆点分隔,以逗号作为整数和小数部分的分隔符。圆点型默认的最大宽度为 8,小数位为 2。

(5) 美元型(dollar)

美元型主要用来表示货币数据,它在数据前附加美元符号。美元型数据的显示格式有很多,SPSS 会以菜单方式将其显示出来供用户选择。

2. 字符串型(string)

字符串型数据的默认显示宽度是 8 个字符位,它不能进行算术运算,并区分大小写字母。字符串型数据在 SPSS 命令处理过程中应用一对双引号引起来,但在输入数据时不应输入双引号,否则,双引号将会作为字符串型数据内容的一部分。

3. 日期型(date)

日期型数据用来表示日期或时间。日期型数据的显示格式有很多,SPSS 以菜单的方式将所有日期显示格式列出来供用户选择。

上述数据类型在 SPSS 中有特定的选择定义窗口,如图 2.1 所示。

2.2.3 变量名标签(label)

变量名标签是对变量名含义的进一步解释说明,它可增强变量名的可视性和统计分析结果的可读性。变量名标签的长度可达 120 个字符,但在统计分析结果的显示中,一般不可能显示如此长的变量名标签信息。变量名标签是可以省略的,但建议最好给出变量名的标签,使输出结果更具可读性。

2.2.4 变量值标签(value)

变量值标签是对变量取值含义的解释说明,对于分类型变量尤为重要。例如,对于性别变量,假设用数值 1 表示男,用数值 2 表示女。那么,人们看到的数据就仅仅是 1 和 2 这样的符号,通常很难弄清楚 1 代表男还是女。但如果为性别变量附加变量值标签,并给出 1 和 2 的实际指代,则无疑会使数据含义非常清楚。

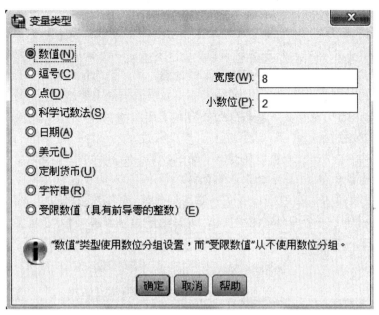

图 2.1　变量类型定义窗口

SPSS 中定义变量值标签的窗口如图 2.2 所示。输入相应的值和标签内容,按【添加(A)】按钮即可完成对变量值的定义。

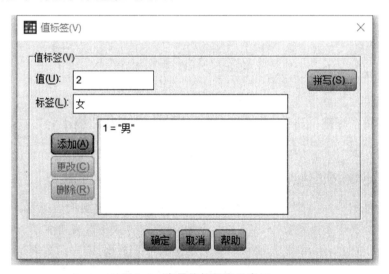

图 2.2　变量值标签定义窗口

2.2.5　缺失值(missing)

在统计分析过程中,收集来的数据若出现以下问题:(1)数据中存在明显错误或明显不合理的数据;(2)数据中存在漏填数据项,则可以把这些数据定义为缺失值。大量的缺失数据会使分析结果出现系统性偏差,会因缺少充分可利用的数据而造成统计计算精度大幅度下降,会由于某些模型无法处理缺失数据而限制该模型的应用等。

因此，必须要对缺失值进行处理。

缺失值的处理是数据分析准备过程中一个非常重要的环节。缺失值分为用户缺失值(user missing value)和系统缺失值(system missing value)。用户缺失值指在问卷调查中，把不回答的一些选项当作缺失值处理。用户缺失值的编码一般用研究者自己能够识别的数字来表示，如"0""9""99"等。系统缺失值主要指计算机默认的缺失方式，如果在输入数据时空缺了某些数据或输入了非法的字符，计算机就将其界定为缺失值，这时的数据标记为"."。

SPSS中的定义缺失值窗口如图2.3所示。缺失值有以下3种选项：

一是没有缺失值：这是系统默认的选项。

二是离散缺失值：定义1—3个单一数为缺失值，如"9""99""999"。

三是范围加上一个可选离散缺失值：指定范围为缺失值，同时指定另外一个不在这一范围的单一数为缺失值。

图2.3 缺失值定义窗口

对缺失值的处理，不同的统计分析方法中有不同的选择，这个在以后的具体分析中可以看到，这里不再赘述。

2.2.6 计量标准(measure)

统计学依据数据的计量标准将数据划分为三大类，即定距型数据(scale)、定序型数据(ordinal)和定类型数据(nominal)。定距型数据通常是指诸如成绩、产量、工资等连续型数据，也包括诸如职工人数、设备台数等离散型数据；定序型数据是指可以比较大小或排顺序的数据，如高校教师的职称、对某品牌的喜好程度等。定类型数据是指不能比较大小而只能归类的数据，如性别只能分为男或女，民族可以分别用"汉""回""满"等字符表示等。在SPSS中，定距型数据和定序型数据都可以用数值来表示，如职称可以用1、2、3、4代表"助教""讲师""副教授"和"教授"，性别可以用1和2来代表"男"和"女"，但是定类型数据的数值只是一种名义上的指代，没有大小比较的意义。SPSS中可根据变量的具体含义指定变量属于上述哪种类型。

2.3 SPSS 数据的录入与编辑

2.3.1 数据的录入

SPSS 数据的录入操作通过数据编辑器窗口中的【数据视图】实现,操作时应注意以下几点:

(1) 数据编辑器窗口中的黄色框框住的单元为当前数据单元,它是当前正在录入或修改数据的单元。录入数据时,应首先确定当前数据单元,即将鼠标移到某个数据单元上,然后单击鼠标左键。

(2) 数据录入可以逐行进行,即录入完一个数据后按【Tab】键,于是当前单元的右邻单元自动成为当前单元;数据录入也可以逐列进行,即录入完一个数据后按【Enter】键,于是当前单元格的下方单元将自动成为当前单元。

(3) 录入带有变量值标签的数据可以通过下拉菜单完成。但在此之前应首先打开变量值标签的显示开关。【值标签】是一个重复开关选项。如果它前面显示一个对勾"√",则表示变量值标签的显示开关已经打开,变量值标签将显示在数据编辑器窗口中;反之,则表示开关尚未打开,不显示变量值标签,只显示变量值。应当说明的是:在变量值标签显示开关打开的状态下,虽然窗口显示的是变量值标签(【视图】下拉菜单的【值标签】选项),但实际存储的数据仍是变量值。

2.3.2 SPSS 数据的编辑

1. SPSS 数据的定位

数据定位的目的是将当前数据单元定位到某个特定的单元中。SPSS 提供了两种定位方式,即人工定位和自动定位。

人工定位,即通过人工浏览数据,确定当前数据单元,适用于数据量较少的情况。用户只需用鼠标拖动数据编辑器窗口右边的滚动条,或按键盘上的【Page Up】【Page Down】键就可以完成数据的浏览和定位。

自动定位,即 SPSS 按照用户给出的定位条件自动寻找满足条件的第一个数据单元,并设置它为当前数据单元,适用于数据量较大的情况。定位条件可以是个案的号码,也可以是某个变量的值。

2. 插入和删除一条个案

插入一条个案,即在数据编辑器窗口的某条个案前插入一条新个案。操作步骤是:

(1) 将当前数据单元确定在一条个案上。

(2) 选择菜单【编辑/插入个案】。

于是,SPSS 自动在当前数据单元所在行的前面插入一空行,其中,数值型变量的变量值自动为系统缺失值,用户可以再作修改。

删除一条个案,即删除数据编辑器窗口中的某条个案。操作步骤是:

（1）在欲删除的个案号码上单击鼠标左键，于是待删除的个案数据将被选中。

（2）单击鼠标右键，从弹出菜单中选择【清除】选项，于是欲删除的个案数据被整条删除，以下行的个案自动依次提前一行。

3. 插入和删除一个变量

插入一个新变量，即在数据编辑器窗口的某个变量前插入一个新变量。操作步骤是：

（1）将当前数据单元确定在某变量上。

（2）选择菜单【编辑/插入变量】，于是，SPSS自动在当前数据单元所在列之前插入一个空列，数据类型为数值型，变量值均是系统缺失值，用户可以再作修改。

删除一个变量，即删除数据编辑器窗口中的某列变量。操作步骤是：

（1）在欲删除列的变量名上单击鼠标左键，于是待删除列的数据将被选中。

（2）单击鼠标右键，从弹出菜单中选择【清除】选项，于是待删除的列被整列删除，其右边的变量列自动依次左移一列。

4. 数据的移动、复制和删除

在对数据编辑器窗口中的数据进行编辑时，有时希望对整块数据进行整体操作。如希望把从某行某列到某行某列围成的整块数据，即源数据块，整体移动或复制到另一块数据单元即目标单元中，或者将整块数据清除。实现这些功能的操作有以下三步：

（1）定义源数据块。源数据块是将要被移动、复制或清除的对象。操作方法是：将鼠标移动到源数据块的左上角单元上，并拖动鼠标至源数据块的右下角单元上，于是被拖动过的单元将被选中，表明源数据块已经定义。

（2）单击鼠标右键。如果要清除整个数据块的内容，则选择弹出菜单中的【清除】选项；如果要复制整个数据块内容，则选择弹出菜单中的【复制】选项；如果要移动整个数据块内容，则选择弹出菜单中的【剪切】选项。

（3）指定目标单元。将鼠标移动到目标单元的左上角单元处，并指定它为当前单元；然后单击鼠标右键，从弹出菜单中选择【粘贴】选项，于是，源数据块数据就被复制或移动到目标单元块中。

2.4 SPSS数据文件的保存

2.4.1 SPSS支持的数据格式

1. SPSS格式文件

SPSS格式文件是SPSS默认的数据格式，该格式的文件以".sav"为扩展名。SPSS数据格式的优点是：可以被SPSS软件直接读取；能够将SPSS数据的结构和数据两部分内容全部完整地保存下来。SPSS数据格式的缺点是：无法被其他软件直接读取，因此该文件的通用性较差。

2. Excel 格式文件

Excel 格式文件是应用极为广泛的电子表格文件,其扩展名为". xls"或". xlsx"。SPSS 将数据编辑器窗口中的数据保存在 Excel 格式文件时,将各变量名写入 Excel 工作表的第一行,且一条个案为一行。

3. dBase 格式文件

dBase 格式文件也是一种应用较为广泛的数据库格式文件,其扩展名为". dbf"。SPSS 将数据编辑器窗口中的数据保存为 dbf 格式文件时,会将变量名和相应的数据类型转换成数据库文件的字段名和字段类型,且一条个案为数据库文件中的一条记录。

4. 文本格式文件

文件扩展名为". dat"。其中包含两种形式:第一种,固定格式的文本文件;第二种,以【Tab】键作为各数据之间的分隔符,文件的第一行是 SPSS 变量名,第二行以后是具体数据,一条个案数据为一行。

2.4.2 保存 SPSS 数据的基本操作

SPSS 数据文件保存时的操作步骤是:

选择菜单【文件/保存】或【文件/另存为】,会出现如图 2.4 所示的窗口,给出存放数据文件的目录途径和数据文件的用户名,并根据实际需要选择数据文件格式。

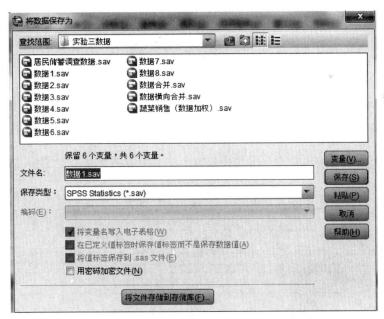

图 2.4　数据保存窗口

在图 2.4 所示的窗口中,数据文件的格式通过【保存类型】后的下拉框选择。将数据保存为 SPSS 数据文件格式时,【变量(V)】按钮将呈可用状态。它的作用是允许用户指定保存哪些变量,不保存哪些变量。变量名前打钩("√")的变量将被保存起来。

将数据保存为 Excel 文件格式时,【将变量名写入电子表格(W)】选项将呈可用状态。它的作用是指定是否将 SPSS 变量名写入 Excel 工作表的第一行。

2.5　SPSS 数据文件的合并

当数据量较少时,一般可以按照前面讲述的方式建立 SPSS 数据文件。在数据量较大时,经常会把一份大的数据分成几个小的部分,由几个录入员分别录入,以加快数据录入速度,缩短录入时间,这时就需要将不同人员建立的数据文件进行合并。

SPSS 中合并数据文件是指将一个(或多个)已存储在磁盘上或已打开的 SPSS 数据文件分别依次合并到 SPSS 当前数据编辑器窗口的数据中。因此,要实现两个或多个 SPSS 数据文件的合并,应首先将其中的某个数据文件读入当前数据编辑器窗口中,然后依次与其他数据文件合并。

SPSS 提供了两种合并数据文件的方式,分别是纵向合并与横向合并。

2.5.1　纵向合并数据文件

纵向合并数据文件就是将当前数据编辑器窗口中的数据与另一个 SPSS 数据文件的内容追加到当前数据编辑器窗口数据的后面,依据两个数据文件中的变量名进行数据对接。

例如,有两份关于职工基本情况的 SPSS 数据文件:第 1 章"职工基本情况数据.sav"和第 2 章"追加职工基本情况数据.sav",分别见表 2.1 和表 2.2。

表 2.1　职工基本情况数据 1

职工号(zgh)	性别(xb)	职称(zc)	在公司工作的时间(time)	年龄(nl)	工资(gz)
1	男	2	5	30	2000
2	女	2	4	25	1900
3	女	2	5	28	2000
4	男	1	1	25	1500
5	男	3	8	35	3000
6	男	2	3	29	1850
7	男	3	10	34	3200
8	女	2	8	30	1950
9	女	1	3	27	1600
10	女	4	15	38	4200
11	男	3	8	35	3000
12	男	2	5	32	2000
13	女	1	2	25	1550
14	女	2	9	30	2100
15	女	3	14	34	3500

(续表)

职工号(zgh)	性别(xb)	职称(zc)	在公司工作的时间(time)	年龄(nl)	工资(gz)
16	女	1	3	26	1600
17	男	4	10	36	4000
18	女	3	9	34	3150
19	男	2	6	28	1800
20	男	2	2	28	1800
21	女	2	3	28	1850
22	男	2	10	30	1900
23	男	3	20	50	3400
24	男	3	16	45	3300
25	男	4	25	48	4800
26	男	4	10	34	4500
27	女	2	5	29	2000
28	女	3	15	38	3200
29	女	1	1	25	1500
30	男	3	6	35	3100

表 2.2 职工基本情况数据 2

职工号(zgh)	性别(xb)	职称(zc)	在公司工作的时间(time)	年龄(nl)	工资(gz)
31	男	3	16	46	3300
32	男	4	30	51	5000
33	男	4	10	33	4500
34	女	2	5	29	2000
35	女	1	5	33	1500
36	女	4	18	48	4700
37	男	3	5	37	3050
38	男	3	15	38	3200
39	男	4	18	48	4700
40	男	3	6	35	3100

纵向合并后的结果见表 2.3。

表 2.3 纵向合并数据文件结果举例

职工号(zgh)	性别(xb)	职称(zc)	在公司工作的时间(time)	年龄(nl)	工资(gz)
1	男	2	5	30	2000
2	女	2	4	25	1900
3	女	2	5	28	2000

(续表)

职工号(zgh)	性别(xb)	职称(zc)	在公司工作的时间(time)	年龄(nl)	工资(gz)
4	男	1	1	25	1500
5	男	3	8	35	3000
6	男	2	3	29	1850
7	男	3	10	34	3200
8	女	2	8	30	1950
9	女	1	3	27	1600
10	女	4	15	38	4200
11	男	3	8	35	3000
12	男	2	5	32	2000
13	女	1	2	25	1550
14	女	2	9	30	2100
15	女	3	14	34	3500
16	女	1	3	26	1600
17	男	4	10	36	4000
18	女	3	9	34	3150
19	男	2	6	28	1800
20	男	2	2	28	1800
21	女	2	3	28	1850
22	男	2	10	30	1900
23	男	3	20	50	3400
24	男	3	16	45	3300
25	男	4	25	48	4800
26	男	4	10	34	4500
27	女	2	5	29	2000
28	女	3	15	38	3200
29	女	1	1	25	1500
30	男	3	6	35	3100
31	男	3	16	46	3300
32	男	4	30	51	5000
33	男	4	10	33	4500
34	女	2	5	29	2000
35	女	1	5	33	1500
36	女	4	18	48	4700
37	男	3	5	37	3050
38	男	3	15	38	3200
39	男	4	18	48	4700
40	男	3	6	35	3100

纵向合并 SPSS 数据文件时,通常要注意以下两个问题:

第一,两个待合并的 SPSS 数据文件内容合并起来应该是有实际意义的。换句话说,两份完全不相干的数据,虽然操作上能够实现它们的纵向合并,但却毫无意义。

第二,为方便 SPSS 数据文件的纵向合并,对不同数据文件中数据含义相同的数据项最好起相同的变量名,且数据类型最好也相同,这样将大大简化操作过程中参数的选择,利于 SPSS 对变量的自动匹配。含义不同的数据项变量名最好不要相同,否则会给数据合并过程带来许多麻烦。

纵向合并数据文件的基本操作步骤是:

(1) 在当前数据编辑器窗口中打开一个需要合并的 SPSS 数据文件。

(2) 选择菜单【数据/合并文件/添加个案】,会显示如图 2.5 所示的窗口。

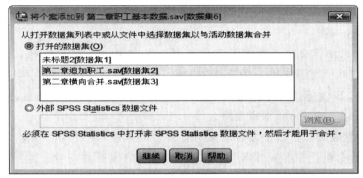

图 2.5　添加个案窗口

(3) 图 2.5 中,如果被合并的数据已在数据集中,则在【打开的数据集(O)】列表框中指定数据集名。如果被合并的数据尚未读入 SPSS,则在【外部 SPSS Statistics 数据文件】框中通过【浏览(B)】按钮指定需要合并的数据文件。单击【继续】按钮,显示如图 2.6 所示的对话框。

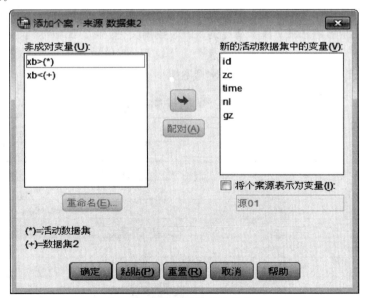

图 2.6　纵向合并数据文件窗口

(4)【非成对变量(U)】框中显示的变量名是两个文件中不同名的变量。其中,变量名后面的"*"表示该变量是当前数据编辑器窗口中活动数据集中的变量,"+"表示该变量是第2步中指定的其他数据集成磁盘文件中的变量。SPSS默认这些变量的含义不同,且不放入合并后的新文件中。如果不接受这种默认,可选其中的两个变量名并单击【配对(A)】按钮指定配对,表示虽然它们的名称不同但数据含义是相同的,可进入合并后的数据文件中,或者对某变量单击【重命名(E)】按钮改名后再指定配对,也可单击中间的箭头按钮指定某变量不经任何匹配强行进入合并后的数据文件中。否则,本步可略。

(5)【新的活动数据集中的变量(V)】框中显示的变量名是两个数据文件中的同名变量,SPSS默认它们有相同的数据含义,并将它们作为合并后新数据文件中的变量。如果不接受这种默认,可以单击中间的箭头将它们剔出到【非成对变量(U)】框中。否则,本步可略。

(6) 如果希望在合并后的数据文件中看出个案来自合并前的哪个SPSS数据文件,可以选中【将个案源表示为变量(I)】选项。于是,合并后的数据文件中将自动生成一个名为"源01",取值为0或1的变量。0表示个案来自活动数据集,1表示个案来自第二份数据文件。否则,本步可略。

至此,数据编辑器窗口中会自动显示合并后的数据,用户可以根据实际需要将其保存下来。从上述合并步骤可以看出,如果注意了前面提到的合并问题,将会大大简化数据文件合并的操作过程。所以,在大批数据分别录入时应统一安排,使各数据文件的结构一致。

2.5.2 横向合并数据文件

横向合并数据文件就是将当前数据编辑器窗口中的数据与另一个SPSS数据文件中的数据进行左右对接,即将一个SPSS数据文件的内容拼接到当前数据编辑器窗口数据的右边,依据两个数据文件中的个案进行数据对接。

例如,有两份关于职工基本情况的SPSS数据文件:第2章"追加职工.sav"和第2章"横向合并.sav",分别见表2.2和表2.4。这里,两份数据的职工号的变量名是相同的,第二份数据中只有部分职工的奖金数据。

表2.4 横向合并数据文件

职工号(zgh)	奖金(bonus)
31	1000.00
32	2000.00
33	1500.00
34	1800.00
36	2100.00
38	1600.00
40	1100.00
41	1300.00
42	2300.00

经过横向合并后的结果如表 2.5 所示。

表 2.5 横向合并数据文件结果

职工号(zgh)	性别(xb)	职称(zc)	在公司工作的时间(time)	年龄(nl)	工资(gz)	奖金(bonus)
31	男	3	16	46	3300	1000.00
32	男	4	30	51	5000	2000.00
33	男	4	10	33	4500	1500.00
34	女	2	5	29	2000	1800.00
35	女	1	5	33	1500	.
36	女	4	18	48	4700	2100.00
37	男	3	5	37	3050	.
38	男	3	15	38	3200	1600.00
39	男	4	18	48	4700	.
40	男	3	6	35	3100	1100.00
41	.	.	.	.	.	1300.00
42	.	.	.	.	.	2300.00

横向合并数据文件时,通常要注意以下三个问题:

第一,两个数据文件必须至少有一个名称相同的变量,该变量是两个数据文件横向拼接的依据,称为关键变量。例如,"职工号""商品代码"等。

第二,两个数据文件都必须事先按关键变量进行升序排序。

第三,为方便 SPSS 数据文件的横向合并,不同数据文件中数据含义不相同的数据项,变量名不应相同。

横向合并 SPSS 数据文件的基本操作步骤是:

(1) 在当前数据编辑器窗口打开一个需合并的 SPSS 数据文件。

(2) 选择菜单【数据/合并文件/添加变量】,指定合并数据集或数据文件后,显示如图 2.7 所示的窗口。

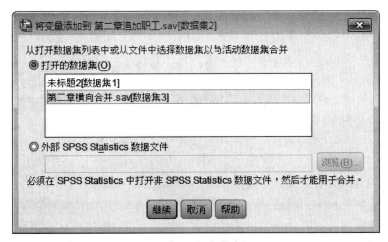

图 2.7 添加变量窗口

(3) 两个待合并数据文件中的所有变量名均显示在【新的活动数据集(N)】列表

框中，SPSS默认这些变量均以原有变量名进入合并后的新数据文件中。其中，变量名后的"＊"表示该变量是活动数据集中的变量，"＋"表示该变量是第2步中指定的其他数据集成磁盘文件中的变量。用户如果不接受这种默认，可以单击中间的箭头按钮将它们剔出到【已排除的变量(E)】框中，或者剔出后单击【重命名(A)】按钮将变量改名，然后再单击中间的箭头按钮将它们从【已排除的变量(E)】框中重新以新名选回到【新的活动数据集(N)】列表框中。否则，本步可略。

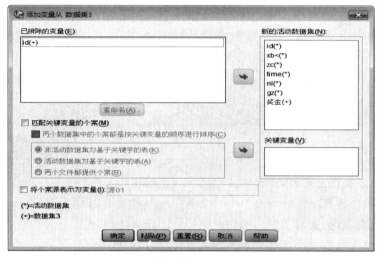

图 2.8　横向合并数据文件窗口

（4）如果两个待合并的数据文件中的个案数据是按顺序一一对应的，则此时可直接单击【确定】按钮完成合并工作。否则，进入第5步。

（5）两个待合并数据文件中的同名变量名会自动显示在【已排除的变量(E)】框中。选择【按照排序文件中的关键变量匹配个案】选项，并从【已排除的变量(E)】框中选出关键变量，将其放入【关键变量(V)】框中。

（6）指定提供合并数据的方式。SPSS有三种数据提供方式：【两个文件都提供个案(B)】是SPSS默认的方式，指合并后的数据由原来两个数据文件共同提供，即由原来两个数据文件中的个案共同组成合并后的数据文件；【非活动数据集为基于关键字的表(K)】指在当前数据编辑器窗口中的数据基础之上，将第二个数据文件中的其他变量合并，即合并后数据文件中的个案仅是当前数据编辑器窗口中的个案；【活动数据集为基于关键字的表(A)】指在第二个数据文件中的数据基础之上，将当前数据编辑器窗口中的其他变量合并，即合并后的数据文件中的个案仅是第二个数据文件中的个案。

（7）如果希望在合并后的数据文件中看出个案来自哪个数据文件，可以选【将个案源表示为变量(I)】，于是在合并后的数据文件中将自动生成一个名为"源01"、取值为0或1的变量。0表示个案来自活动数据集，1表示来自第二个数据文件。否则，本步可略。

至此，数据编辑器窗口中会自动显示合并后的数据，用户可根据实际需要将它保存。从上述合并步骤中可以看出，应注意合并问题，保证合并后数据的正确性，尤其注意避免张冠李戴现象的发生。

第 3 章 SPSS 数据的预处理[①]

建立数据文件之后,一般还要对原始数据进行预处理,这是数据分析中不可缺少的关键步骤。同时,随着数据分析的不断深入,对数据的加工处理还会反复进行。

数据的预处理服务于数据分析和建模,它主要解决以下问题:

(1) 对缺失值和异常值的处理

大量缺失值和异常值会对数据分析带来极大的影响,使结果产生偏差。因此,在数据预处理阶段要对缺失值和异常值进行分析和处理。

(2) 对数据的转换处理

数据的转换处理是指在原有数据的基础上,计算产生一些含有更丰富信息的新数据,或对数据的原有分布进行转换等,这对数据分析是必要的。

(3) 数据抽样

收集到的数据在某项分布中并非都有用,有时要从实际问题、效率等方面考虑,按照一定的规则从大量数据中选取部分样本参与分析。

(4) 选取变量

并不是收集到的所有变量在某项分析中均有意义,有时可以选取部分变量参与分析。

SPSS 提供了一些专门的功能,帮助用户实现数据的预处理。

3.1 数据的选取

3.1.1 数据选取的目的

数据选取就是根据分析的需要,从已收集到的大量数据中按照一定的规则抽取部分数据参与分析的过程,也称为样本抽样。数据选取服务于以后的数据分析,其目的主要有两个:

1. 提高数据分析的效率

若数据量较大,会在一定程度上影响计算和建模的效率,因此,通常可以依据一定的抽样方法从总体中抽取少量样本,随后的分析只针对样本进行,这样可以大大提高

[①] 王周伟,崔百胜,朱敏,等.经济计量研究指导——实证分析与软件实现.北京:北京大学出版社,2015.

分析的效率。当然,抽取的样本应是具有总体代表性的样本,否则得出的结论可能会有偏差。统计学对此作了专门研究,通过选取合适的抽样方法保证样本的总体代表性。

2. 模型检验的需要

在数据分析中,所建的模型是否能够较完整准确地反映数据的特征,是否能够用于随后的模型预测,这些都是人们极为关心的问题。为了检验模型,一般可使用一定的抽样方法只选择部分数据参与建模,剩余的数据用于模型检验。

3.1.2 数据选取的基本方式

1. 按指定条件选取

按指定条件选取即选取符合指定条件的数据。SPSS 一般以条件表达式的形式给出数据选取的条件,SPSS 将自动对数据编辑窗口中的所有个案进行条件判断。那些满足条件的个案,即条件判断为真的个案将被自动选取出来,而那些条件判断为假的个案则不被选中。

2. 随机抽样

随机抽样即对数据编辑窗口中的所有个案进行随机选取,包括以下两种方式:

(1) 近似抽样

近似抽样要求用户给出一个百分比数值,SPSS 将按照这个百分比数值自动从数据编辑窗口中随机选取相应百分比数目的个案。由于 SPSS 在样本抽样方面的技术特点,选取出的个案总数不一定恰好等于用户指定的百分比数目,一般会有较小的偏差,因而称为近似抽样。不过这种样本量上的偏差通常不会对数据分析产生重要影响。

(2) 精确抽样

精确抽样要求用户给出两个参数,第一个参数是指定希望选取的个案数,第二个参数是指定在前多少个个案中选取。这样,SPSS 将自动在数据编辑窗口的前若干个个案中随机精确地选取相应个数的个案。精确抽样又分以下两种情况:

① 选取某一区域内的样本。即选取样本号在指定范围内的所有个案,这种抽样要求用户给出指定范围的个案号,通常适用于时间序列数据。

② 通过过滤变量选取样本。即依据过滤变量的取值选取样本,这种抽样要求用户指定一个变量作为过滤变量,变量值为非 0 或非系统缺失值的个案将被选中,通常用于排除包含系统缺失值的个案。

3.1.3 数据选取的 SPSS 实现

1. SPSS 数据选取的基本操作步骤

(1) 打开第 3 章"居民储蓄调查数据.sav"数据文件,选择菜单【数据/选择个案】,出现如图 3.1 所示的窗口:

图 3.1　数据选取窗口

（2）根据分析的需要选择数据选取方法。

（3）指定对未选中个案的处理方式,其中"过滤掉未选定的个案"表示在未被选中的个案号码上打一个"/"标记（系统默认）；也可以将被选中的个案复制到一个新建的数据文件中,名称需用户自己设置；也可以将未被选中的个案从数据编辑窗口中删除。一般选用系统默认即可。

（4）单击【确定】按钮,SPSS 便可按照用户指定的方法对数据进行选取。

2．几点说明

（1）按上述操作步骤完成数据选取后的 SPSS 操作仅针对那些被选中的个案,直到用户再次改变数据的选取为止。

（2）采取按指定条件选取和随机抽样方法进行数据选取后,SPSS 将在数据编辑窗口中自动生成一个名为 filter_$ 的新变量,取值为 1 或 0,1 表示该个案被选中,0 表示未被选中。该变量是 SPSS 产生的中间变量,若删除则自动取消样本抽样。

3.2 数据的排序

3.2.1 数据排序的目的

在对数据进行预处理时,为了数据分析的需要,很多时候需要对数据进行重新排序。SPSS 的数据排序是指将数据编辑窗口中的数据按照某个或多个指定变量的变量值升序或降序重新排列。这里的变量称为排序变量,排序分为单值排序和多重排序。排序变量只有一个时,这样的排序称为单值排序;排序变量有多个时,这样的排序称为多重排序。在多重排序中,第一个被指定的排序变量称为主排序变量,其他依次被指定的排序变量分别称为第二排序变量、第三排序变量等。在多重排序时,数据首先按主排序变量值的大小进行排序,对那些具有相同主排序变量值的数据,再按第二排序变量值大小进行排序,依次类推。

数据排序的目的是便于用户浏览数据,有助于用户了解数据的取值状况、缺失值的多少、数据的最大值和最小值等。具体来说:

(1) 通过数据排序能够快捷地找到数据的最大值和最小值,进而可以计算出数据的全距,初步把握和比较数据的离散程度。

(2) 通过数据排序能够快捷地发现数据的异常值,为进一步明确它们对数据分析产生的影响程度提供帮助。

3.2.2 数据排序的 SPSS 实现

1. SPSS 数据排序的基本操作步骤

(1) 打开第 3 章"成绩.sav"数据文件,选择菜单【数据/排序个案】,出现如图 3.2 所示的窗口。

(2) 从左边的列表框中选取排序变量到【排序依据(S)】框中,并选择按该变量的升序还是降序排序。

(3) 若是多重排序,还要依次指定第二、第三排序变量及相应的排序规则。否则,此步可略。

(4) 保存已分类数据(save sorted data),将已排序文件保存到新文件中。可以选择保存带分类数据的文件(save file with sorted data)及创建索引(create an index)。

(5) 单击【确定】按钮,数据编辑窗口中的数据便自动按用户指定的顺序重新排序。

图 3.2 表明对数据文件先按资本论成绩升序排序,成绩相同的情况下再按发展经济学成绩升序排序,两门课程再相同的话,则按政券投资成绩排序。

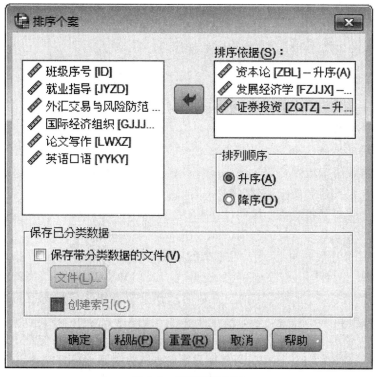

图 3.2 数据排序窗口

2. 几点说明

（1）在多重排序中，指定排序变量的次序很关键。排序时，先指定的变量优于后指定的变量。多重排序可以在按某个变量值升序（或降序）排序的同时再按其他变量值降序（升序）排序。

（2）数据排序是对整行数据排序，而不是只对某列变量排序。

（3）数据重新排序后，原有数据的排列次序将被打乱。因此，在时间序列数据中，若数据中未标识时间变量，则应注意保留数据的原始排列顺序，以免发生混乱。

3.3 计　　数

3.3.1 计数的目的

对数据进行计数处理在实际工作中非常普遍，例如，对某班同学的成绩进行综合评价时，可计算每个学生的若干门课程中得优、良的门次数，进而可以根据得优、良的门次数来选定优秀学生。这种计算门次数据的过程就是一个计数过程。

计数是对所有个案或满足指定条件的部分个案，计算若干变量中有几个变量的值落在指定的区间内，并将计数结果存入一个新变量中的过程。SPSS 实现计数的关键步骤是：

(1) 指定哪些变量参与计数,计数的结果存入哪个新变量中;
(2) 指定计数区间。
其中,指定计数区间是计数操作中最关键的一步。

3.3.2 计数区间

SPSS 中的计数区间是一个广义的概念,可以有以下几种描述形式:
(1) 单个变量值(value);
(2) 系统缺失值(system-missing);
(3) 系统缺失值或用户缺失值(system or user-missing);
(4) 给定最大值和最小值的区间(n through m);
(5) 小于等于某指定值的区间(LOWEST through value);
(6) 大于等于某指定值的区间(value through HIGHEST)。

上述前三个计数区间很直观,它们实际上是一些离散的数据点,严格地讲并不是区间,但 SPSS 仍将其归在广义区间的范畴内。我们知道,大量的缺失值会对数据分析结果产生负面影响,把握样本的缺失值对选择分析方法和建模都有重要意义。因此,我们要利用 SPSS 的计数功能,即将计数区间定义为 system or user-missing,计算变量中的缺失值数。按此操作,SPSS 将对各个样本依次计算诸多变量中取了缺失值的变量,以此把握缺失值的情况,为选择合适的分析方法和建模作准备。

3.3.3 计数的 SPSS 实现

(1) 打开第 3 章"成绩.sav"数据文件,在目录下选择【转换/对个案内的值计数】选项,出现如图 3.3 所示的窗口:

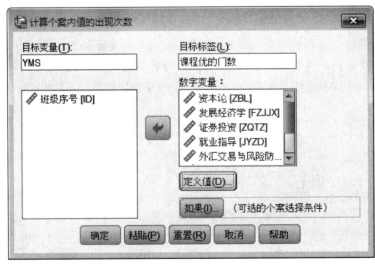

图 3.3 计数窗口

(2) 将参与计数的变量选到数字变量框中。
(3) 在目标变量框中输入存放计数结果的变量名,并在目标标签框中输入相应的变量名标签。

(4) 单击【定义值(D)】按钮定义计数区间,出现如图3.4所示的窗口,通过单击【添加(A)】【更改(C)】【删除(R)】按钮完成计数区间的增加、修改和删除,并按【继续】返回到图3.3。

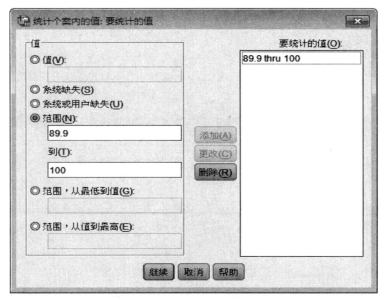

图 3.4 计数区间定义窗口

(5) 若仅希望对满足某指定条件的个案进行计数,则单击图3.3中的【如果(I)】按钮并输入相应的SPSS条件表达式即可。否则,本步可略。

(6) 单击【确定】按钮,SPSS便可依据用户定义和选择的情况进行计数并显示计数结果。

图3.3和图3.4的计数结果可以查看数据文件,它将产生一个新的YMS变量。因为一共有8门课,所以YMS的取值在0~8之间,表示得优的门数。同理,也可以定义得良的门数,这样可以通过这两个变量选取学习成绩比较好的同学。

3.4 变量计算

3.4.1 变量计算的目的

变量计算是数据分析最为重要的一个应用,通过变量计算可以处理很多问题。具体来说:

1. 可实现对数据的转换处理

数据的转换处理是在原有数据的基础上,计算产生一些含有更丰富信息的新数据。例如,根据职工的基本工资、失业保险、奖金等数据,计算实际月收入;根据顾客的消费总金额和消费时间计算平均消费等。这些新产生的变量具有更直观和更有效的特点。

2. 可对数据的原有分布进行转换

由于数据分析和建模中某些模型对数据的分布有一定的要求,因此可以利用变量计算对原有数据的分布进行转换。例如,利用对数转换对非正态数据进行处理;对时间序列进行平稳化处理等。

3.4.2 变量计算涉及的相关概念

SPSS 变量计算是在原有数据的基础之上,根据用户给出的 SPSS 算术表达式以及用户指定的函数,对所有个案或满足条件的部分个案,计算产生一系列新变量。

(1) 变量计算是针对所有个案或指定的部分个案的,每个个案或指定的部分个案都有对应的计算结果。

(2) 变量计算的结果应保存到一个指定变量中,该变量的数据类型应与计算结果的数据类型相一致。

在变量计算过程中涉及几个概念:SPSS 算术表达式;SPSS 条件表达式;SPSS 函数。我们要首先明确这些概念。

1. SPSS 算术表达式

在变量计算过程中,应根据实际需要指定按照什么方法计算变量。这里的方法一般都以 SPSS 算术表达式的形式给出。SPSS 算术表达式是由常量、变量、算术运算符、圆括号、函数等组成的式子。

(1) 变量是指那些已存在于数据编辑窗口中的原有变量。

(2) 算术运算符主要包括+(加)、-(减)、*(乘)、/(除)、* *(乘方)。操作对象的数据类型为数值型。运算的先后次序是:先计算乘方,再计算乘除,最后计算加减。在同级运算中,按从左到右的顺序进行计算,可通过圆括号改变原有的计算顺序。

(3) 在同一算术表达式中的常量和变量,数据类型应保持一致,否则无法进行计算。

需要再次强调的是,SPSS 中变量计算的算术表达式是针对每个个案进行的。因此,得到的计算结果也是一一对应的,每个个案都有相应的计算结果。

2. SPSS 条件表达式

在变量计算中通常要求对不同 SPSS 组中的个案分别按不同的方法进行计算,于是就需要通过一定的方式指定个案,SPSS 条件表达式便是为了实现这一目的。

SPSS 条件表达式是一个对条件进行判断的式子。其结果有两种取值:若判断条件成立,则结果为真;若判断条件不成立,则结果为假。SPSS 条件表达式包括简单条件表达式和复合条件表达式。

(1) 简单条件表达式

简单条件表达式是由关系运算符、常量、变量以及算术表达式等组成的式子。其中,关系运算符包括>(大于)、<(小于)、=(等于)、~=(不等于)、>=(大于等于)、<=(小于等于)。

(2) 复合条件表达式

复合条件表达式又称逻辑表达式,是由逻辑运算符号、圆括号和简单条件表达式等组成的式子。其中,逻辑运算符包括 & 或 AND(并且)、| 或 OR(或者)、~ 或 NOT(非)。NOT 的运算优先级最高,其次是 AND,最低是 OR。不过可通过圆括号改变运算的优先级。

在进行变量计算时,若根据实际需要给出了条件表达式,SPSS 将只对数据编辑窗口中条件判断结果为真的那些个案进行计算,因此构造条件表达式是很关键的。

3. SPSS 函数[①]

SPSS 函数是事先编好并存储在 SPSS 软件中,能够实现某些特定计算任务的一段计算机程序。这些程序段的名字称为函数名,执行这些程序段得到的计算结果称为函数值。用户在使用这些函数时,只需通过书写相应的函数名,并给出必要的计算参数,SPSS 便会自动计算函数值。函数书写的具体形式为:函数名(参数)。

其中,函数名是 SPSS 已经规定好的,圆括号中的参数可以是常量(字符型常量应用引号括起来),也可以是变量或算术表达式。参数可能是一个,也可能是多个,各参数间用逗号隔开。

根据函数功能和处理的变量类型不同,SPSS 函数大致可分为八大类:算术函数、统计函数、分布函数、逻辑函数、字符串函数、缺失值函数、日期函数和其他函数。

(1) 算术函数

算术函数主要完成一些特定的算术计算功能,函数值和参数通常是数值型的。常用的算术函数如表 3.1 所示:

表 3.1 算数函数

函数名	自变量含义	函数类型	函数功能及说明
ABS(numexpr)	(算术表达式)	数值型函数	求绝对值,例如,ABS(Y-850):将分别计算变量 Y 的每个数据与 850 的差的绝对值
ARSIN(numexpr)	(角度;弧度单位)	数值型函数	求反正弦值,例如,ARSIN(1) = $\pi/2$
ARTAN(numexpr)	(角度;弧度单位)	数值型函数	求反正切值,例如,ARTAN(1) = $\pi/4$
COS(radians)	(角度;弧度单位)	数值型函数	求余弦值,例如,COS(π) = −1
EXP(numexpr)	(算术表达式)	数值型函数	求 e 的指数幂值。例如,Exp(4) = e^4 = 54.60。注意:若函数值太大,其结果会超出 SPSS 的计算范围
LGl0(numexp)	(算术表达式)	数值型函数	求以 10 为底的对数值。例如,Ln(Y):分别计算变量 Y 中每个数据以 10 为底的对数值
LN(numexpr)	(算术表达式)	数值型函数	求以 e 为底的对数。例如,Ln(Y):分别计算变量 Y 中每个数据的自然对数值
MOD(numexpr, modulus)	(算术表达式;摸数(常数))	数值型函数	求算术表达式除以模数的余数。例如,Mod(10,3):函数值=1

[①] 薛薇. SPSS 统计分析方法及应用[M]. 北京:电子工业出版社,2013.

(续表)

函数名	自变量含义	函数类型	函数功能及说明
SIN(radians)	（角度;弧度单位）	数值型函数	求正弦值。例如,SIN(π)=0
SQRT(numexpr)	（正数）	数值型函数	求平方根。例如,SQRT(9)=3
RND(numexpr)	（算术表达式）	数值型函数	求算术表达式的值四舍五入后的整数。例如,RND(2.72)=3
TRUNC(numexpr)	（算术表达式）	数值型函数	求算术表达式的值被截去小数部分的整数。例如,TRUNC(2.72)=2

（2）统计函数

统计函数一般用来计算基本描述统计量,函数值和参数通常是数值型的。常用的统计函数如表3.2所示:

表3.2 统计函数

函数名	自变量含义	函数类型	函数功能及说明
CFVAR(numexpr,numexpr,…)	（变量名,变量名,…）	数值型函数	求出多个变量值的变异系数(标准差/均值)。例如,CFVAR(数学,物理,化学):分别计算每个学生三门成绩的变异系数
LAG(variable)	（变量名）	数值型函数或字符型函数	返回滞后一期的变量数据。对第一个观测量来说,将返回系统缺失值,如果指定的变量是字符型,则返回空格
LAG(variable,ncases)	（变量名,自然数n）	数值型函数	返回滞后n期的变量数据。对第前n个观测量来说,将返回系统缺失值,如果指定的变量是字符型,则返回空格
MAX(Ivalue,value[,…])	（变量名,变量名,…）	数值型函数	求多个变量值中的最大值。例如,MAX(数学,物理,化学):分别计算每个学生三门成绩中的最高分
MEAN(numexpr,numexpr,…)	（变量名,变量名,…）	数值型函数	求多个变量值的平均值。例如,MEAN(数学,物理,化学):分别计算每个学生三门成绩的平均值
MIN(value,value[,…])	（变量名,变量名,…）	数值型函数	求多个变量值中的最小值。例如,MIN(数学,物理,化学):分别计算每个学生三门成绩中的最低分
NVALID(variable,variable,…)	（变量名,变量名,…）	数值型函数	求出变量(不包括缺失值)的数量
SD(numexpr,numexpr,…)	（变量名,变量名,…）	数值型函数	求多个变量值的标准差。例如,SD(数学,物理,化学):分别计算每个学生三门成绩的标准差
SUM(numexpr,numexpr,…)	（变量名,变量名,…）	数值型函数	求多个变量值的和。例如,SUM(数学,物理,化学):分别计算每个学生三门成绩的总和
VARIANCE(numexpr,numexpr,…)	（变量名,变量名,…）	数值型函数	求多个变量值的方差。例如,VARIANCE(数学,物理,化学):分别计算每个学生三门成绩的方差

(3) 分布函数

分布函数用来产生一个服从某种统计分布的随机数序列,函数值为数值型。常用的分布函数如下:

① Normal(x),x=标准差:产生服从均值=0,标准差=x 的随机数序列。例如,Normal(1),产生服从标准正态分布的随机数序列。

② Uniform(x):产生服从[0~x](或[x~0])间均匀分布的随机数序列。例如,Uniform(1),产生服从[0~1]间均匀分布的随机数序列。

③ RV.分布名(参数,…),分布名参考 SPSS 函数选项:产生服从指定统计分布的随机数序列。例如,RV.Normal(10,5),产生服从均值为10、标准差为5的正态分布随机数序列。

④ Cdfnorm(x):求标准正态分布中小于等于 x 的累计概率值,与 Probit 函数对应。例如,Cdfnorm(1.96),计算标准正态分布中小于等于 1.96 的累计概率值,函数值等于 0.975。

⑤ PROBIT(p),0=<p<=1:计算标准正态分布中累计概率为 p 的临界值。例如,PROBIT(0.95),计算标准正态分布中累计概率为 0.95 的临界值,函数值等于 1.64。

⑥ CDF.分布名(x,参数,…),分布名参考 SPSS 函数选项:产生服从指定分布的随机序列后,计算小于等于 x 的累计概率值,与 IDF 函数对应。例如,CDF.normal(x,0,1),计算标准正态分布中小于等于 1.96 的累计概率值,函数值等于 0.975。

⑦ IDF.分布名(p,参数,…),0=<p<=1:产生服从指定分布的随机序列后,计算累计概率值为 p 的临界值,与 CDF 函数对应。例如,IDF.normal(0.975,0,1),计算标准正态分布中累计概率为 0.975 的临界值,函数值等于 1.96。

(4) 逻辑函数

逻辑函数用来进行逻辑判断。其函数值有两个取值:若判断结果为真,则函数值为1;若判断结果为假,则函数值为0。常用的逻辑函数如下:

① Range(变量名,x_1,x_2),其中 x_1<=x_2:判断某变量值是否在指定的区间内。例如,Range(数学,80,90),分别对每个个案判断其数学成绩是否在 80 分至 90 分之间。

② Any(变量名,x_1,x_2,…):判断变量值是否为指定的若干值中的一个。例如,Any(数学,80,90,70),分别对每个个案判断其数学成绩是否为 80 分或 90 分或 70 分。

(5) 字符函数

字符函数用来对字符型数据进行处理。字符函数的参数和函数值有时为字符型,有时也可以是数值型的。常用的数值函数如下:

① Concat(strexpr, strexpr,…),字符型函数,函数中每个自变量都是一个字符串表达式。该函数值是一个字符串,是各自变量代表的字符串按括号中的顺序串接起来的。此函数要求两个或两个以上的自变量。例如,Concat("AB","CD"),将字符串 AB 和 CD 首尾相接,函数值等于 ABCD。

② Index(haystack, needle),数值型函数,产生一个整数,它表明字符串 needle 在字符串 haystack 中第一次出现的起始位置。如果返回值为 0,表明字符串 needle 不

在字符串 haystack 中存在。例如,Index("ABCDEFG","DE"),找到字符串 DE 在字符串 ABCDEFG 中第一次出现的位置,Index("ABCDEFG","DE")=4

③ Length(strexpr),数值型函数,自变量是字符串,函数值是字符串表达式值的长度,这里获得的长度包括尾部空格。例如,Length("ABCD"),函数值等于 4。

④ Lpad(strexpr, length,c),字符型函数,第一个自变量 strexpr 是字符串,第二个自变量 length 是正整数,其范围从 1 到 255。函数值是在字符串表达式的左侧增加若干个字符 c 后,使其字符长度扩展到 length 所规定的长度。例如,Lpad("AB",5,"c"),函数值等于 cccAB。

⑤ Rpad(strexpr,length,char),字符型函数,返回字符串,见前一个函数。第三个变量 char 是可以选择使用的,它表示在字符串的右侧增加若干个字符 char 后,使其字符串的长度等于 length 所规定的长度。char 必须是一个带有引号的单个字符或其值是单个字符的字符表达式。例如,Rpad("AB",5,"c"),函数值等于 ABccc。

⑥ Ltrim(strexpr),字符型函数,返回的字符串是自变量表达式的值去除打头的空格后的字符串。例如,Ltrim("ABC"),函数值等于 ABC。

⑦ Rtrim(strexpr),字符型函数,返回截取了尾部空格后的字符串。该函数通常用于大字符串表达式,对压缩了尾部空格的字符串赋予一个变量。例如,Rtrim("ABC"),函数值等于 ABC。

⑧ Lower(strexpr),字符型函数,返回字符串,将字符串中的大写字母改变为小写字母。例如,Lower("ABCD"),函数值等于 abcd。

⑨ Upcas(strexpr),字符型函数,返回将字符串表达式中的小写字符变为大写字符串。例如,Upcas("abcd"),函数值等于 ABCD。

⑩ Substr(strexpr,pos,length),字符型函数,返回字符串表达式中从 pos 开始长度为 length 的子字符串。例如,Substr("ABCDE",2,3),函数值等于 BCD。

注意:数值与数字是有区别的,以上所讲的数值是数,数字指的是表现为数字的字符。

(6) 日期函数

日期函数用来对日期进行处理。日期函数的函数值为日期型或数值型,常用的日期函数如下:

① Date.dmy(day,month,year),日期型格式的数值函数,返回与指定的日、月、年相应的日期值。要正确显示这个值,必须将变量赋予 DATE 格式。自变量必须为整数。day 的范围在 1~31,month 的范围在 1~12,year 的范围在四位数时要大于 1582,两位数时应是该世纪的后两位年代数值。例如,Date.dmy(31,12,2003),函数值等于 31,12,2003 或其他日期格式。

② Date.qyr(quarter,year),日期型格式的数值函数,将 quarter 转化为相应月份后,赋值给日期型变量。例如,Date.qyr(4,2003),函数值为 01,10,2003 或其他日期格式。

③ Date.yrday(year,daynum),日期型数值函数,返回与指定的天数、年相应的日期值。要正确显示这个值,必须赋予其 DATE 格式。Daynum 取值范围在 1~366。

例如,Date.yrday(2003,32),函数值等于01,02,2003或其他日期格式。

④ Xdate.jday(datevalue),数值型函数,求出日期型变量值所对应的日期是该年中的第几天。例如,Xdate.jday(Date.dmy(3,2,2003)),函数值等于34。

⑤ Xdate.mday(datevalue),数值型函数,求出日期型变量值所对应的日期是该月中的第几天。例如,Xdate.mday(Date.dmy(31,12,2003)),函数值等于31。

⑥ Xdate.week(datevalue),数值型函数,求出日期型变量值所对应的日期是该年中的第几周。例如,Xdate.week(Date.dmy(3,2,2003)),函数值等于5。

(7) 缺失值函数

缺失值函数用来判断缺失值。常用的缺失值函数如下:

① Nmiss(变量名1,变量名2,…),数值型函数,计算在指定变量中有几个变量含有系统缺失值或用户缺失值。例如,Nmiss(Math,English,Chinese),分别对每个个案计算三科成绩中有几科取值为系统缺失值或用户缺失值

② Missing(变量名),其中,该变量必须是数值型变量,此函数为逻辑型函数,用来判断指定变量是否为系统缺失值或用户缺失值。若指定变量是系统缺失值,返回1。例如,Missing(Math),分别对每个个案判断Math这个变量是否为系统缺失值或用户缺失值。1表示是,0为不是。

③ Sysmis(变量名),其中,该变量必须是数值型变量,此函数为逻辑型函数,用来判断指定变量是否取值为系统缺失值。若指定变量取值为系统缺失值,返回1。例如,Sysmis(Math),分别对每个个案判断Math这个变量是否为系统缺失值。1表示是,0为不是。

④ Value(变量名),数值型或字符型函数,忽略用户缺失值,即将用户缺失值看成普通的数据。例如,Value(Math),忽略Math这个变量中定义的用户缺失值。

(8) 其他函数

除上述函数之外,SPSS还有一些辅助函数,常用辅助函数如下:

① Lag(变量名,n),用于产生新变量,该变量的前$n-1$个数据为系统缺失值,第n个以后的数据依次为指定的变量值。即将指定变量后移n期后的结果存入新变量,方便时间序列中数据的差分计算。例如,Lag(cz,1),对历年的产值数据后移1期。

② Number(s,格式),s为数字字符串,格式以字符f开头,此函数的功能是将s按照格式要求转化为数值,若字符串不能转换,则结果为系统缺失值。例如,Number("12345",f6.2),将字符串12345转换成总长度为6,2位小数的数值型数据,函数值等于123.45。

③ String(x,格式),格式以字符f开头,此函数的功能是将x转换成字符型数据。例如,String(123.45,f5.1),将123.45取1位小数后转换成总长度为5的字符串,函数值等于123.5。

3.4.3 变量计算的SPSS实现

1. SPSS变量计算的基本操作步骤

(1) 打开第3章"成绩.sav"数据文件,在【转换/计算变量】目录下选择Compute

选项,出现如图 3.5 所示窗口:

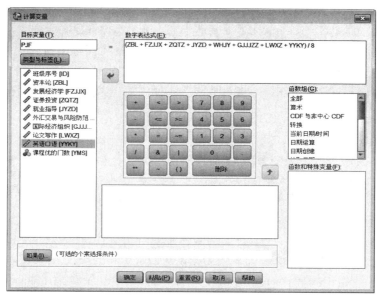

图 3.5　变量计算窗口

（2）在数字表达式框中输入 SPSS 算术表达式和函数,可以手动输入,也可以通过按窗口的按钮以及在函数下拉菜单中选择,完成算术表达式和函数的输入工作。

（3）在目标变量框中输入存放计算结果的变量名,该变量可以是一个新变量,也可以是已经存在的变量。新变量的变量类型默认为数值型,用户可以根据需要单击【类型与标签(L)】按钮进行修改,还可对新变量加变量名标签。

（4）若用户仅希望对符合指定条件的个案进行变量计算,则单击【如果(I)】按钮,出现如图 3.6 所示的窗口,然后输入条件表达式即可,然后单击【继续】按钮返回。否则,本步可略。

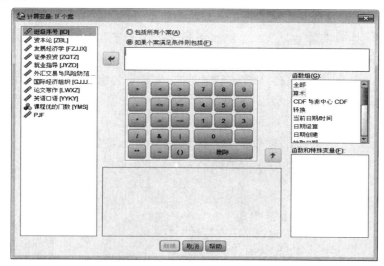

图 3.6　条件表达式输入窗口

(5) 单击【确定】按钮,SPSS 便可依据用户指定的情况进行变量计算。

图 3.5 的操作,完成了对每个人 8 门课平均分的计算,计算结果存入 PJF 变量。

2. 几点说明

(1) 若指定存放计算结果的变量为新变量,SPSS 会自动创建它;若指定存放计算结果的变量为已经存在的变量,SPSS 会提示用户是否以计算出的新值覆盖原有值。

(2) 对不满足指定条件的个案,SPSS 不会进行变量计算。此时分两种情况,对新变量,取值为系统缺失值;对已有变量,变量值保持不变。

3.5 分类汇总

3.5.1 分类汇总的目的

为了数据处理的方便,通常需要对数据按照某种标准进行分类汇总。分类汇总是数据处理过程中最为常用的一种数据处理方式。

例如,某公司想要调查本公司员工的文化程度差异是否会造成其基本工资之间的显著差异。分类汇总就是实现这一目标最常用且最简便的方法,即按文化程度对公司员工进行分类,然后分别计算不同文化程度员工的平均工资,最后对平均工资进行比较即可。表 3.3 是按文化程度对员工的基本工资进行分类汇总处理后的结果。

表 3.3 分类汇总举例

文化程度(xl)	平均基本工资(sr_mean)
1	6825.00
2	6950.00
3	5664.00
4	6083.33

又如,某酒店想要了解消费者的收入水平差异与年龄差异是否会影响他们对酒店某一"优惠大酬宾"促销活动反应的显著差异,并进一步分析不同消费群体之间消费心理的差异。对该目标的达成,我们可以先分别根据消费者不同的收入水平与年龄段计算出其平均消费金额以及平均消费金额差异程度(标准差),并对这两组数据进行比较分析。分类汇总可以很好地实现这一数据处理与分析过程。

SPSS 实现分类汇总涉及两个主要方面:

(1) 正确选取进行分类的变量;

(2) 正确选取进行汇总的变量,并对汇总变量选择合适的统计量。

3.5.2 分类汇总的操作方法

运用 SPSS 进行分类汇总可以通过如下操作来实现:

(1) 选择菜单栏中的【数据/分类汇总】,在操作界面上将出现如图 3.7 所示的窗口。

(2) 选取分类变量到【分组变量(B)】框中。

(3) 选取汇总变量到【变量摘要(S)】框中。

(4) 单击【函数(F)】按钮选择合适的统计量,在操作界面上将出现如图 3.8 所示的窗口。SPSS 的默认设置为计算均值。

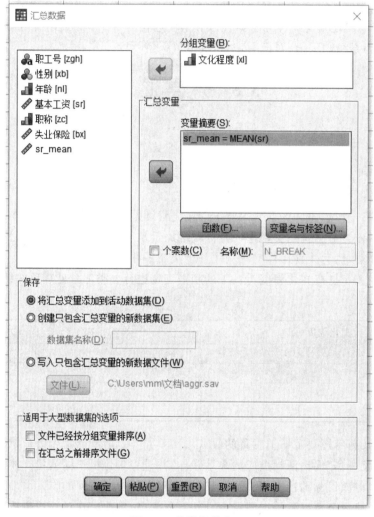

图 3.7　分类汇总窗口

(5) 选择分类汇总结果的存放目录。有三种选择:第一,【将汇总变量添加到活动数据集(D)】;第二,【创建只包含汇总变量的新数据集(E)】,该选择表示将结果显示到指定名称的新数据集中;第三,【写入只包含汇总变量的新数据文件(W)】,该选择表示将结果生成到系统默认的名为 aggr.sav 的 SPSS 数据文件中,可以单击【文件(L)】按钮重新指定文件名。一般选择后两种方式。

(6) 单击【变量名与标签(N)】按钮重新指定结果文件中的变量名或加变量名标签。SPSS 默认的变量名为原变量名后加_mean,这里加的后缀根据选择的统计量不同而变化。

（7）如果想要在输出的结果文件中保存各分类组的个案数,则在【个案数(C)】前打钩。于是,SPSS 会在结果文件中自动生成一个默认名为 N-Break 的变量,该变量名可以修改。至此,SPSS 将自动进行分类汇总工作。需要说明以下两点：

① 分类汇总可以同时对多个变量进行分类,即多重分类汇总。

② 与数据的排列处理过程一样,对数据进行多重分类汇总时,不同分类变量之间的前后次序是十分重要的。排在第一位的分类变量为主分类变量,其他按先后顺序依次是第二、第三分类变量等,它们是对数据进行分类汇总处理先后次序的一种界定。

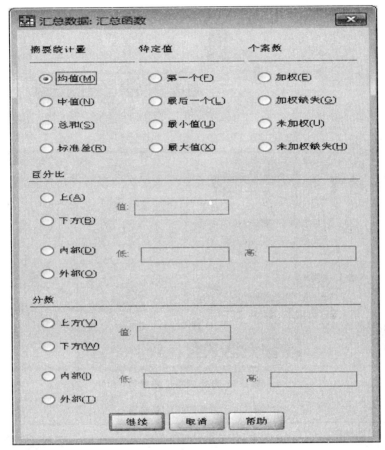

图 3.8 汇总函数窗口

3.5.3 分类汇总的应用举例

【例 3.1】 利用某公司员工收入等情况的调查数据(数据文件:职工数据.sav,数据包含职工性别、年龄、职称、学历以及失业保险等数据信息),分析员工文化程度的不同是否会造成其基本工资之间的显著差异。为实现这一目的,我们只需将员工的基本工资按照其所具有的文化程度进行分类汇总即可。其中,分类变量是文化程度,汇总变量是基本工资,且计算其均值和标准差。操作窗口如图 3.9 所示,分类汇总的结果见表 3.4。

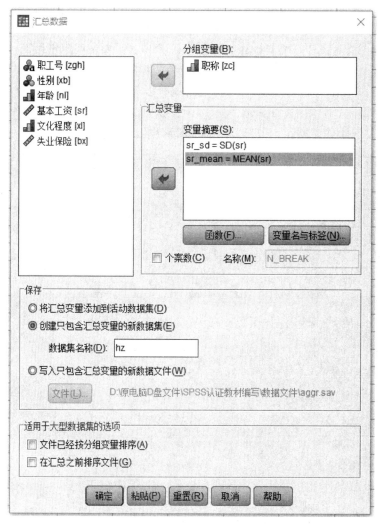

图 3.9　案例分类汇总窗口

表 3.4　案例分析汇总结果

文化程度	平均基本工资	工资标准差
1(本科)	6825.00	639.66
2(专科)	6950.00	300.00
3(高中)	5664.00	900.79
4(初中)	6083.33	246.64

由表 3.4 可见，专科生的平均基本工资高于本科生、高中生与初中生，且不同文化程度的职工工资的平均值存在一定差异，标准差之间存在较大差异，但统计上是否有显著差异，有待于后面的假设检验。

3.6 数据分组

3.6.1 数据分组的目的

在对定距型数据进行整理,粗略把握数据分布时,我们通常需要进行数据分组的处理。数据分组就是依据我们所要实现的目标的需要,按照相应的标准将数据归类为不同的组别。对数据进行分组处理后再进行的频数分析,可以更好地概括与体现数据的分布特征。另外,进行数据的离散化处理时,分组也是十分重要的基础过程。

例如,某公司员工基本情况调查数据,其中的基本工资数据为定距型数据,表现为具体的工资金额。单个的具体的数据体现不出数据在总体上的分布特征,因此,我们可以对工资水平进行分组处理,即选择适当的标准将工资水平分成高收入、中收入、低收入三个组,然后进行频数分析等。表3.5是对某公司员工工资水平按照一定标准进行分组处理后的频数分析结果。

表3.5 数据分组举例

按工资分组(元)	频数(人)	频率(%)
4000 及以下	4	25.00
4001—4300	3	18.75
4301—4600	4	25.00
4601—4900	2	12.50
4900 以上	3	18.75

根据在实际中统计分析所要达成的目的不同,SPSS提供了以下三种数据分组方法:
(1) 单变量值分组;
(2) 组距分组;
(3) 分位数分组。

3.6.2 SPSS的单变量值分组

当离散变量取值较少时,我们常将一个变量作为一组进行数据处理与分析,这就是单变量值分组。单变量值分组的操作过程是首先对分组变量值进行升序(或降序)排序,排序的次序作为分组结果输出,并存放在一个新的变量中。该变量的变量值标签是分组变量的变量值。具有相同变量值的数据分在一组中。

运用SPSS进行单变量值分组可以通过如下操作实现:
(1) 在菜单栏中选择【转换/自动重新编码】,出现如图3.10所示的窗口。
(2) 指定分组变量到【变量→新名称】框中。
(3) 在【新名称(N)】框中选择单变量分组的排序方式。如果进行升序排列,则变量值最小的分组值为1,其余依次递增;如果进行降序排列则相反。

至此,SPSS便可自动进行单变量值分组。

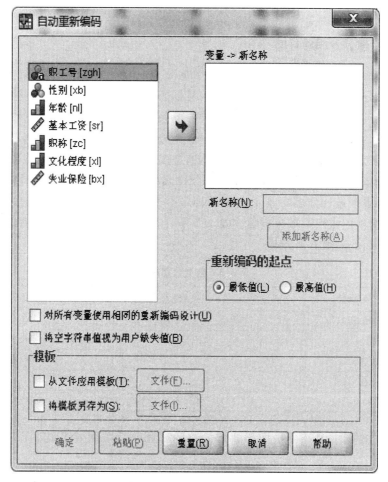

图3.10　单变量值分组窗口

【例3.2】 利用某公司员工收入等情况的调查数据(数据文件:职工数据.sav,数据包含职工性别、年龄、职称、学历以及失业保险等数据信息),对其基本工资进行单变量值分组处理。为实现这一目的,我们只需将员工的基本工资按照其数值大小进行排序即可,其中,变量是基本工资。操作窗口如图3.11所示,分组的结果见表3.6。

3.6.3　SPSS的组距分组

组距分组通常用于处理连续变量或变量值较多的离散变量。按一定的标准将所有变量值分为不同的区间,然后将每一区间内的所有变量值作为一组。在进行组距分组时,我们需要注意以下两个问题。

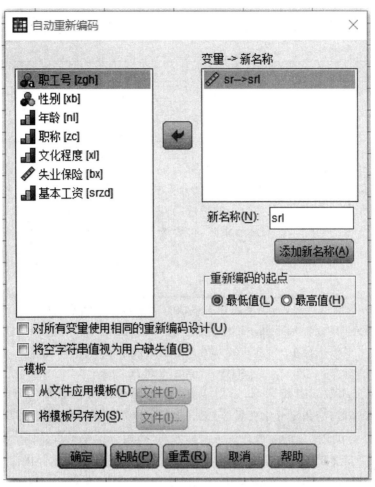

图 3.11 基本工资单变量值分组

表 3.6 基本工资单变量值分组结果

职工号(zgh)	基本工资(sr)	分组结果(srl)	分组变量值标签
1	5014	11	5014
2	4569	8	4569
3	5060	12	5060
4	4236	4	4236
5	4200	3	4200
6	4000	2	4000
7	4000	2	4000
8	4000	2	4000
9	4300	5	4300
10	3800	1	3800
11	5014	11	5014

(续表)

职工号(zgh)	基本工资(sr)	分组结果(srl)	分组变量值标签
12	4800	10	4800
13	4750	9	4750
14	4550	7	4550
15	4500	6	4500
16	4500	6	4500

第一，分组数目的确定。即将所有数据分成多少个组别，这需要根据数据自身的特性与数据量进行确定。我们在进行数据分析时，分组的目的是将大量密集的数据转换成适当的密度，并观察发现其分布的特征与规律，但是如果所分的组数过多又会造成数据分布分散的问题。在实际分组时，可以按照 Sturges 提出的经验公式来确定组数 K。

$$K = 1 + \frac{\lg n}{\lg 2} \tag{3.1}$$

式(3.1)中，n 为数据个数，对结果四舍五入取整后为理论分组数目。

第二，组距的确定。组距是一个变量组中的最大值(上限)与最小值(下限)之差。组距的大小可以根据全距(变量的最大值－变量的最小值)与组数确定：

$$组距 = 全距 \div 组数 \tag{3.2}$$

在确定分组数目与组距后，就可以在 SPSS 软件中进行数据的分组操作。在 SPSS 分组操作时，应指定分组变量、定义分组区间以及指定存放分组结果的变量。

SPSS 对于分组结果的存放提供了两种方式，即用分组变量覆盖原变量与将分组结果存到一个新变量中。二者在操作步骤上存在一定的差异，在实际操作过程中通常采用第二种方法。

1. 覆盖原变量值的分组

(1) 选择菜单【转换/重新编码为相同变量】，出现如图 3.12 所示的窗口。

(2) 选择分组变量到【数字变量(V)】框中。

(3) 单击【旧值和新值(O)】按钮进行分组区间定义，出现如图 3.13 所示的窗口。

(4) 制定分组区间的下限和上限并在【新值】框中给出该区间对应的分组值(也可以指定该区间数据在分组后为系统缺失值)。单击【添加(A)】按钮确认分组区间并加到【旧→新(D)】框中。单击【更改(C)】和【删除(R)】按钮修改和删除分组区间。

(5) 如果仅对符合一定条件的个案分组，单击【如果(I)】按钮并输入 SPSS 条件表达式。否则，本步骤略。

至此，SPSS 将自动进行组距分组，并用分组后的变量值覆盖数据编辑窗口中原变量值。一般不建议使用这种分组方法，用第二种分组方法，即可生成新变量组合。

图 3.12　覆盖原变量组距分组窗口

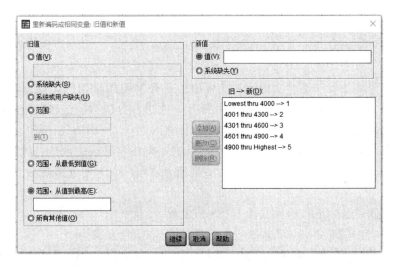

图 3.13　分组区间定义窗口

2．生成新变量的分组

(1) 选择菜单【转换/重新编码为不同变量】，出现如图 3.14 所示的窗口。

(2) 选择分组变量到【数字变量→输出变量(V)】框中。

(3) 在【名称(N)】后输入存放分组结果的变量名，并单击【更改(H)】按钮确认。可以在【标签(L)】后输入相应的变量名标签。

(4) 单击【旧值和新值(O)】按钮进行分组区间定义。

(5) 如果仅对符合一定条件的个案分组，单击【如果(I)】按钮并输入 SPSS 条件表达式。否则，本步骤略。

图 3.14 产生新变量组距分组窗口

至此,SPSS 便自动进行组距分组,并在数据编辑窗口中创建一个存放分组结果的新变量。分组结果参见表 3.5。

3.6.4 SPSS 的分位数分组

分位数分组是处理连续变量或多变量值的一种简便而有效的处理方法。分位数分组和组距分组在处理上十分相似,主要差别是在进行分位数分组时组距的确定是由分位数决定的,并且每组中的数据个数基本是一样的。

与组距分组一样,在进行分位数分组时首先需要确定分组的数目。然后计算相应的分位数,分位数是全部数据按一定方式排序并等分成 n 份后相应分位点上的变量值。

我们可以通过如下操作来实现 SPSS 分位数分组:

(1) 选择菜单【转换/可视离散化】,出现如图 3.15 所示的窗口。

(2) 选择分组变量到【要离散的变量(B)】框中,单击【继续】按钮,出现如图 3.16 所示的窗口。SPSS 将自动确定分组变量的最小值和最大值等。

(3) 在【离散的变量(B)】框中给出分组后的变量名。

(4) 由于统计上采用"上组限不在内"的原则处理组限上的数据点,因此,在【上端点】框中一般选择【排除(E)(<)】选项。单击【生产分割点(M)】按钮。

(5) 对于分位值分组,应选择【基于已扫描个案的等百分位(U)】选项,并在【分割点数量(N)】后输入 3(即 3 个分位点)。单击【应用】按钮返回,SPSS 将自动计算和显示分位值。单击【生成标签(A)】按钮会得到相应分组方式对应的变量值标签。

至此,SPSS 完成了分位数分组。

需要说明的是:SPSS 也称上述分组为封装。SPSS 的封装功能不仅可以实现分位数分组,还可以实现等距分组、基于均值一标准差的自动分组等。

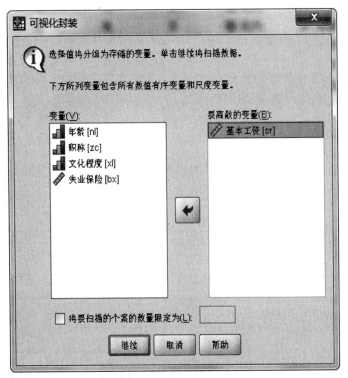

图 3.15 可视化封装窗口(一)

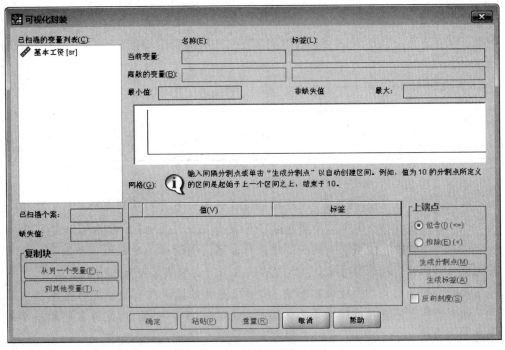

图 3.16 可视化封装窗口(二)

3.7 数据预处理的其他功能

除了前面介绍的数据预处理功能之外,SPSS 还具有其他一些数据辅助处理功能,包括数据转置、加权处理、数据拆分等。

3.7.1 数据转置

将已给数据的行列进行互换就是数据转置。表 3.7 是对某公司员工基本情况数据进行转置后的结果。

表 3.7 数据转置举例

CASE-LBL	K-001	K-002	K-003	K-004	K-005	K-006	K-007	K-008
XB	1	1	1	1	1	2	2	2
NL	48	49	54	41	38	41	42	41
SR	5014	4569	5060	4236	4200	4000	4000	4000
ZC	1	2	1	3	3	4	4	4
XL	1	2	3	3	1	3	3	3
BX	120	90	130	80	80	70	70	70
CASE-LBL	K-009	K-010	K-011	K-012	K-013	K-014	K-015	K-016
XB	2	1	1	1	1	1	1	1
NL	42	35	56	59	59	41	55	45
SR	4300	3800	5014	4800	4750	4550	4500	4500
ZC	2	3	1	2	3	2	3	3
XL	2	1	2	2	4	2	4	4
BX	80	70	120	90	80	80	80	80

SPSS 数据转置的基本操作步骤如下:

(1) 在菜单栏中选择【数据/转置】,出现如图 3.17 所示的窗口。

(2) 选择进行转置操作后需要保留的变量,将它们指定到【变量(V)】框中。

(3) 对转置后数据文件中的各变量进行命名。应选择一个取值唯一的变量作为标记变量到【名称变量(N)】框中。转置后的数据各变量取名为 K+标记变量值。

至此,SPSS 将自动完成数据转置,并将转置结果显示在一个新的数据编辑窗口中。同时,SPSS 还会自动产生一个名为 CASE-LBL 的新变量,用来存放原数据文件中的各变量名。

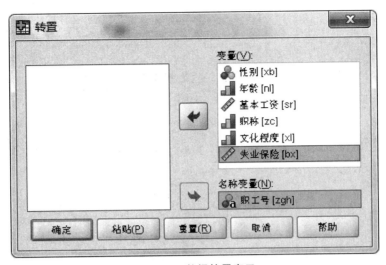

图 3.17 数据转置窗口

3.7.2 加权处理

统计分析中的加权处理是极为常见的,如计算加权平均数等。

例如,希望掌握菜市场某天蔬菜销售的平均价格。仅用各种蔬菜销售单价的平均数作为平均价格明显不合理,还应考虑销售量对平均价格的影响。因此,以"蔬菜的销售量"为权数计算各种蔬菜销售单价的加权平均数,就能够较准确地反映平均价格的水平。

再如,网站为调查球迷对国家足球队在亚洲杯上的表现是否满意,采用在线打分的调查形式。假如,有 10% 的球迷打了 5 分,25% 的球迷打了 4 分,40% 的球迷打了 3 分,25% 的球迷打了 2 分,那么该如何利用这些分数进行分析评价?显然也可以利用加权平均数来分析,其中各百分比作为权数。

SPSS 中可以非常方便地指定权数变量。指定权数变量的操作步骤如下:

(1) 选择菜单【数据/加权个案】,出现如图 3.18 所示的窗口。

(2) 选择【加权个案(W)】选项,并指定某变量作为加权变量到【频率变量(F)】框中。

至此便完成了加权变量的指定。

应注意的是,一旦指定了加权变量,以后的分析处理中加权是一直有效的,直到取消加权为止。取消加权应选择【请勿对个案加权(D)】选项。

从加权的含义不难理解,SPSS 中指定加权变量的过程本质是数据复制。例如,表 3.8 是菜市场蔬菜销售的示例数据。如果指定销售量为加权变量,那么 SPSS 会将萝卜这条数据复制 1025 行,将西红柿这条数据复制 850 行等。

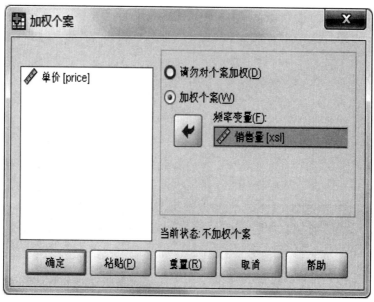

图 3.18 指定加权变量窗口

表 3.8 数据加权举例

蔬菜名称	单价	销售量
萝卜	0.8	1025
西红柿	1.5	850
蘑菇	2.8	130
荷兰豆	4.5	34
油菜	1.2	880
韭菜	1.4	725
蒜苗	3.5	150
西兰花	5.5	15
大白菜	0.5	2300

通过这样的处理，可以达到将数据编辑窗口中的汇总数据还原为原始数据的目的，对表 3.8 中的蔬菜价格计算平均价格。如果作加权处理，其平均单价为 2.411；如果不作加权处理，其平均单价为 1.0543。此结果可以在后续描述统计计算中验证。

3.7.3 数据拆分

SPSS 的数据拆分与数据排序很相似，但也有一个重要的不同点，即数据拆分不仅是按指定变量进行简单排序，更重要的是根据变量对数据进行分组，为以后进行的分组统计分析提供便利。

1. SPSS 数据拆分的基本操作步骤

(1) 选择菜单【数据/拆分文件】，于是出现如图 3.19 所示的窗口。

(2) 选择拆分变量到【分组方式(G)】框中。

(3) 拆分会使后面的分组统计产生两种不同格式的结果,其中,【比较组(C)】表示将分组统计结果输出到同一张表格中,它便于不同组之间的比较;【按组组织输出(O)】表示将分组统计结果分别输出到不同的表格中。通常选择第一种输出方式。

(4) 如果数据编辑窗口中的数据已经事先按所指定的拆分变量排序,则可以选择【文件已排序(F)】选项,它可以提高拆分执行的速度;否则,选择【按分组变量排序文件(S)】选项。

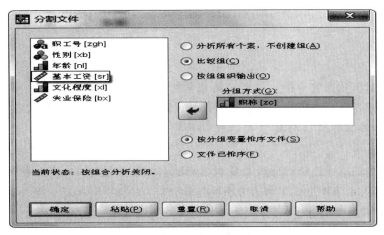

图 3.19 数据拆分窗口

2. 说明

(1) 数据拆分将对后面的分析一直起作用,即无论进行哪种统计分析,都将按拆分变量的不同组分别进行分析计算。如果希望对所有数据进行整体分析,则需要重新执行数据拆分,并选择【分析所有个案,不创建组(A)】选项。

(2) 对数据可以进行多重拆分,类似于数据的多重排序。多重拆分的次序取决于选择拆分变量的前后次序。

第4章 描述性统计分析

SPSS 对于数据的分析一般都是从基本的描述性统计分析开始。通过描述性统计分析，使用者可以对数据的基本特征有所了解，然后进一步判断数据的总体分布形态。基本的描述性统计分析是为后续的数据处理打下基础，从而产生指导和参考作用。

SPSS 中的描述性统计分析主要包括：频数分析、描述性分析、探索分析、交叉列联表分析等。本章中加入了频数分析的延伸分析——多选项分析。另外，交叉列联表分析则会在第 8 章讲述。

4.1 频数分析

4.1.1 频数分析的基本任务

频数也称"次数"，对总数据按某种标准进行分组，统计出各个组内含个体的个数。而频率则是每个小组的频数与数据总数的比值。频数(频率)表明对应组数据的作用程度。频数分析是按分组依次排列的频数或频率构成频数数列，用来说明各组数据对总体水平所起作用的强度。频数(频率)数值越大表明该组数据对于总体水平所起的作用越大，反之，频数(频率)数值越小，表明该组数据对于总体水平所起的作用越小。

通过频数分析，可以得到相应的频数分布表和频数分布图，通过图表可以比较明显和直观地看出数据的一些基本特征，从而对变量数据有基本的认识，并进一步展开深入研究。利用频数分析还可以对一些常用统计量进行计算，如分位数、均值、中位数、标准差等。

频数分析主要针对定类型数据和定序型数据进行分析。在问卷分析中，最基础的分析就是频数分析。例如，在问卷调查中，分析被调查人群受教育程度、性别、政治面貌和各年龄段的分布情况，就可以利用频数分析进行分析和说明。

4.1.2 频数分析的 SPSS 实现

(1) 选择菜单【分析/描述统计/频率】,可得到图 4.1。

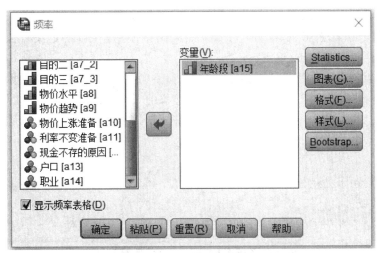

图 4.1 频率分析窗口

(2) 变量窗口可添加需要进行频率分析的变量。此处随机选取变量年龄段。

(3) 点击【Statistics】按钮,可得到图 4.2。

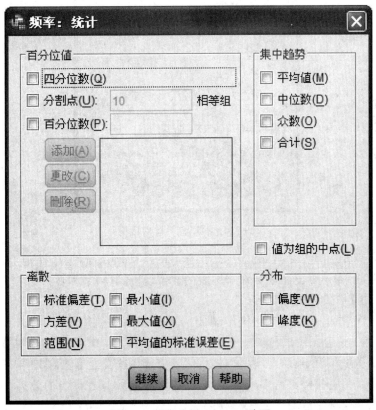

图 4.2 频率分析 Statistics 选项

【四分位数(Q)】:分别输出25%、50%、75%的分位数值。

【分割点(U)】:将数据按照大小进行排序,然后进行 n 等分,输出对应的分位数值。若选择此项,需要在右侧输入一个整数数值,即进行 n 等分的 n 值大小。默认分成10个相等组,即 $n=10$。

【百分位数(P)】:依次键入一系列按照大小排序的整数,自定义百分位数,按照【添加】【更改】【删除】进行编辑。

离散:表示离散程度的一些指标,如标准偏差、方差、范围(全距)、最小值、最大值、平均值的标准误差,用于定义描述离散程度趋势的一组指标。

集中趋势:有四个表示中心趋势的描述统计量,即平均数、中位数、众数、合计。

【值为组的中点(L)】:表示当一组数据进行分组后,且其值取各组的中点,可以选择此项。

【分布】:用于描述分布特征的指标,即偏度和峰度。

这里的统计量计算,对定距型数据计算有意义,对其他数据计算意义不大。

(4) 点击【图表(C)】按钮,可得到图4.3。

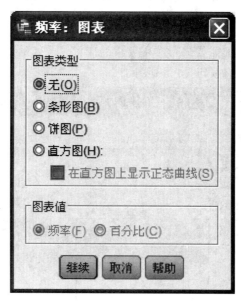

图4.3 频率分析图表选项

可根据需要选择要输出的图表类型:条形图、饼图、直方图(选择是否在直方图上显示正态曲线)和不输出图表。对于图表的数值,可选取频率和百分比两种形式。

(5) 点击【格式(F)】按钮,可得到图4.4。

频率排序包括:按值的升序排序(默认)、按值的降序排序、按计数的升序排序、按计数的降序排序。

多个变量中可设定多变量输出格式:比较变量和按变量组织输出。

频率格式是否排除具有多个类别的表,表示控制频数表输出的分类数量,默认类别数为最大类别数10。

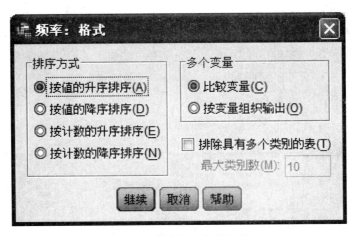

图 4.4 频率分析格式选项

(6) 选取【样式(L)】按钮,可得到图 4.5。
通常情况下,选择默认情况下的表样式。

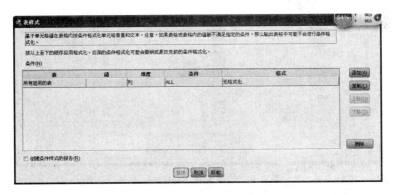

图 4.5 频率分析格式选项

(7) 选择【Bootstrap】按钮,可得到图 4.6。

在已知数据的基础上,通过用计算机来模拟 N 趋近于无穷大时的情况,对已知的数据不断重新抽样,从而在新的数据中得出原始数据的信息。

Bootstrap 是在原始数据范围内做有放回的抽样,样本量为 n,原始数据中每个数据被抽到的概率相等,为 $1/n$。所得的样本为 Bootstrap 样本。

Bootstrap 使用目的:(1) 判断原参数估计值是否正确。(2) 计算出更准确的可信区间,判断得出的统计学结论是否正确。

Bootstrap 方法:(1) 参数法,需要假定分布情况。(2) 非参数法,不需要假定分布情况。此方法更常用。抽样次数一般选择 1000。

置信区间可选择需要的置信区间范围。抽样方法有简单抽样和分层抽样。

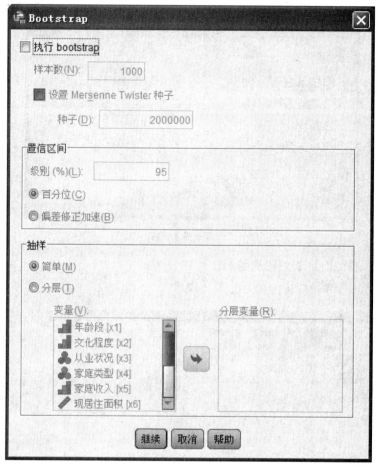

图 4.6 频率分析 Bootstrap 选项

4.1.3 频数分析实例

【例 4.1】 利用居民储蓄数据中的年龄段数据,试分析储蓄人群的年龄分布特征,并绘制频数分布表和饼图。

1. 操作步骤

(1) 打开 SPSS 软件,选择菜单【文件/打开/数据】,然后选择第 4 章"居民储蓄数据.sav"文件。

(2) 选择菜单【分析/描述统计/频率】,并添加需要进行频率分析的年龄段变量到变量窗口,出现如图 4.7 所示的窗口。

(3) 设置频率表格。选中频率分析窗口左下角【显示频率表格(D)】,则表明输出变量的频率分布表。默认为输出频率表格,若碰到表格太长,不想输出频率表格时,去掉前面的勾选即可。

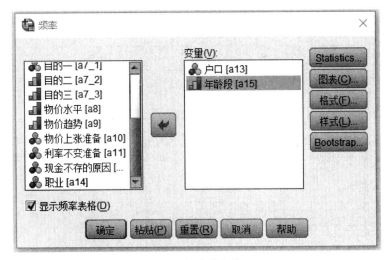

图 4.7 频率分析窗口

(4) 设置相关图形的输出。单击【图表(C)】按钮,出现如图4.8所示的窗口,选择相应的输出图表。

图 4.8 频率图表窗口

图表类型:根据数据的分析类型,选择对应的图表显示格式,其中包括条形图、饼图和直方图。此处选择饼图。

2. 结果解读

本例频率分析的输出结果中包括频率分布表和饼图。

表4.1是按户口分组的频数分布表,说明被调查人群中,有70%以上的人是城镇户口,占比较大,农村户口的人数只占不到30%,占比较小。

表 4.1　按户口分组

		频率(人)	百分比(%)	有效百分比(%)	累积百分比(%)
有效	城镇户口	200	70.9	70.9	70.9
	农村户口	82	29.1	29.1	100.0
	总计	282	100.0	100.0	—

表 4.2 是按年龄段分组的频数分布表。从表中可知，20—35 岁的人最多，占 51.8%，其次是 35—50 岁的人，占 32.3%，20 岁以下最少，只占 1.4%。

表 4.2　按年龄段分组

		频率(人)	百分比(%)	有效百分比(%)	累积百分比(%)
有效	20 岁以下	4	1.4	1.4	1.4
	20—35 岁	146	51.8	51.8	53.2
	35—50 岁	91	32.3	32.3	85.5
	50 岁以上	41	14.5	14.5	100.0
	总计	282	100.0	100.0	—

图 4.9 和图 4.10 分别是户口和年龄段的饼图。从图 4.9 可以看出，城镇户口的扇形面积远远大于农村户口，因此，城镇户口比重较大。从图 4.10 可以看出，20—35 岁和 35—50 岁的扇形面积比较大，因此，他们是储蓄人群的主力军。

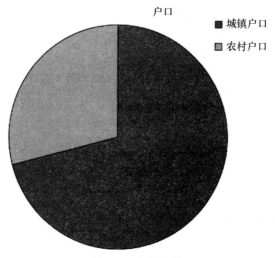

图 4.9　户口饼图

频率分析是描述性统计分析中常见的方法之一，通常对分类数据的分析比较多。若对定距型数据进行分析，一般先对数据进行组距分组，分组后再对其进行频数分析，否则意义不大。例如，对成绩数据进行频率分析，如果直接对成绩变量进行分析，频数

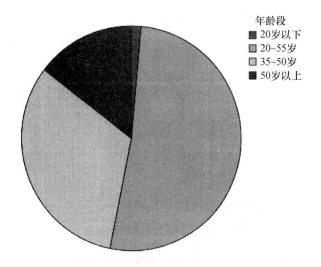

图 4.10 年龄段的饼图

分析表会很长,看不出成绩的分布特征。因此,可以先对成绩进行五级分组,并对分组后的变量分段成绩进行频数分析。表 4.3 和图 4.11 为输出的频数分布表和直方图(操作略)。

从表 4.3 和图 4.11 可以看出,70—80 分的人数最多,占 37.5%;其次是 80—90 分的人数,占 30%;成绩不好和最好的人数比较少。因此,成绩呈"两头小,中间大"的正态分布。

表 4.3 按分段成绩分组

		频率(人)	百分比(%)	有效百分比(%)	累积百分比(%)
有效	60 分以下	3	7.5	7.5	7.5
	60—70 分	6	15.0	15.0	22.5
	70—80 分	15	37.5	37.5	60.0
	80—90 分	12	30.0	30.0	90.0
	90 分以上	4	10.0	10.0	100.0
	总计	40	100.0	100.0	—

频率分析是描述性统计分析中常见的方法之一,频率分析的变量不唯一,通过对变量的频率分布分析可以方便简洁地对数据进行简单的归类整理,并对数据的分布趋势进行初步分析。它主要针对定距型数据进行计算分析。

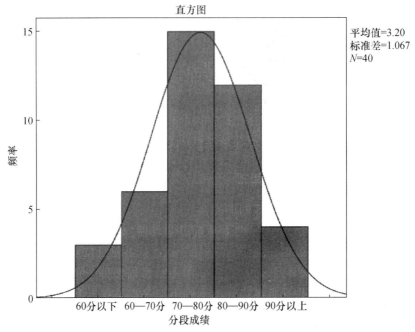

图 4.11 分段成绩频率分布直方图

4.2 描述性分析

描述性分析是通过计算得出一系列描述性统计量指标数据的过程。在频率分析的基础上通过描述性分析对数据进行更精确的分析,基本的描述统计量大致分为三个部分:刻画集中趋势的描述性统计量,刻画离散程度的描述性统计量和刻画分布形态的描述性统计量。描述统计量主要包括均值、极差、标准差、方差、最大值和最小值等。

4.2.1 常用的描述性统计指标

标准化变量:描述性分析可以将原始数据转换成标准化值,再以变量的形式存入数据库,供进一步分析。将原始数据 x 转换成新的标准化变量 z 的公式为:

$$z\_x = \frac{x - \bar{x}}{S} \tag{4.1}$$

上式中,S 表示原变量的标准差,$\bar{x}$ 表示原变量的均值。

均值:

$$\bar{x} = \frac{1}{n}\sum_{i=1}^{n}x_i \tag{4.2}$$

式(4.2)中,n 为样本数据的个数,x_i 为各个样本值。均值可以代表整体数据的一般水平,均值的大小受到整体数据的影响。

全距: $$R = \text{Max}(x_i) - \text{Min}(x_i) \tag{4.3}$$

方差：
$$S^2 = \frac{1}{n-1}\sum_{i=1}^{n}(x_i - \bar{x})^2 \tag{4.4}$$

标准差：
$$S = \sqrt{\frac{1}{n-1}\sum_{i=1}^{n}(x_i - \bar{x})^2} \tag{4.5}$$

式(4.3)(4.4)(4.5)都表示离散程度，即数据与中心值偏离的程度。式(4.3)是最大值与最小值之间的绝对差，全距(也叫极差)越小，表明数据越紧密。式(4.4)是标准差的平方，样本方差越大，说明变量值之间的差异越大，样本方差没有单位。式(4.5)表示的是变量取值与均值之间的平均离散程度，样本标准差值越大，说明变量值之间的差异越大。

数据的分布形态主要指数据分布是否对称，偏斜的程度，以及分布的陡峭程度。

K 阶中心矩：
$$u_k = \frac{1}{n}\sum_{i=1}^{n}(x_i - \bar{x})^k \tag{4.6}$$

偏度(skewness)系数：
$$\text{skewness} = \frac{1}{n-1}\sum_{i=1}^{n}(x_i - \bar{x})^3 / S^3 \tag{4.7}$$

峰度(kurtosis)系数：
$$\text{kurtosis} = \frac{1}{n-1}\sum_{i=1}^{n}(x_i - \bar{x})^4 / S^4 - 3 \tag{4.8}$$

偏度是用来描述变量取值分布形态对称性的统计量，峰度是用来描述变量取值分布形态陡峭程度的统计量。偏度系数是描述变量的非对称方向和程度的系数，系数的正负表明偏度的正负。峰度系数是描述变量的密度函数图形的凸平度系数，即数据在均值附近的集中程度，该值越大，分布越集中。标准正态分布的峰度系数为0，称为平峰分布。

在描述性统计量中还有一种方法叫做重抽样自举法，若从中有放回地随机抽取 n 个数据形成一个基本样本，称为自举样本。此操作反复进行 m 次，便可以得到 m 个样本统计量，这些样本统计量的方差称为自举方差。自举方差是对估计量抽样方差的近似。上节中的 Bootstrap 操作级可以完成抽样自举过程。

4.2.2 描述性分析的 SPSS 实现

(1) 打开整理好的数据，选择菜单【分析/描述统计/描述】，可得到图4.12。
(2) 在变量窗口选取需要进行描述性分析的变量，此处任意选取变量演示。
(3) 点击【选项(O)】按钮，可得到图4.13。

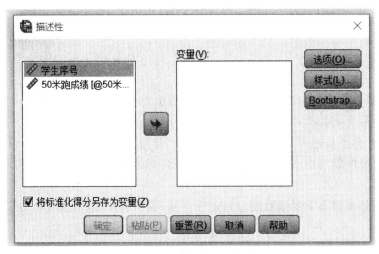

图 4.12　描述性分析窗口

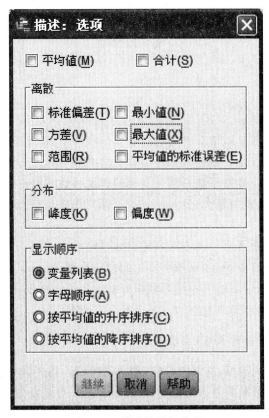

图 4.13　描述性分析选项

其中,根据需要在各选项前打钩。显示顺序包括:变量列表、字母顺序、按平均值的升序排序、按平均值的降序排序。

(4) 点击【样式(L)】,通常选取默认状态。

(5) 点击【Bootstrap】,根据选择样本数量和要求,可选取是否 Bootstrap 抽样。

4.2.3 描述性分析实例

【例 4.2】 表 4.4 为某中学 1 班 50 米跑成绩的时间数据,根据该数据对跑步成绩进行描述性统计分析,了解当前中学生的身体素质。

表 4.4　1 班 50 米跑成绩

学生序号	50 米跑成绩(秒)	学生序号	50 米跑成绩(秒)	学生序号	50 米跑成绩(秒)
1	9.7	11	10.7	21	11.7
2	6.8	12	5	22	7
3	9.9	13	10.9	23	6.4
4	6.6	14	4.9	24	6.8
5	10.1	15	11.1	25	12
6	6.4	16	30	26	7.8
7	10.3	17	11.3	27	9.5
8	6.2	18	20	28	7.6
9	10.5	19	11.5	29	9.7
10	6	20	10	30	8.3

1. 操作步骤

(1) 打开数据文件,选择菜单【分析/描述统计/描述】,可得到如图 4.14 所示的"描述性"对话框。

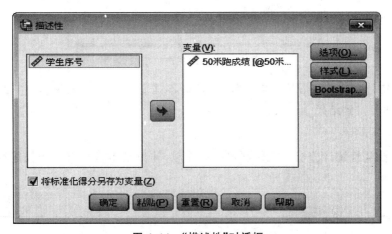

图 4.14　"描述性"对话框

(2) 打开对话框之后,需要选择进行描述性统计分析的变量。在窗口左侧的变量列表中选择"50 米跑成绩"添加到右侧的变量列表中,结果如图 4.14 所示。

(3) 设置是否对该数据进行标准化(即将源数据序列的每个值减去该序列的均值,再除以标准差),这时会产生一个相对应的新变量,变量名为相应原变量名加前缀

Z_i 表示一个新的 50 米跑成绩标准化变量。若需要标准化的话则可在左下侧"将标准化得分另存为变量"前面的方框里打钩。

（4）设置输出的描述性统计量。点击右侧的【选项（O）】，根据需要设置输出的统计量，如图 4.15 所示。设置完成后，单击【继续】按钮返回。

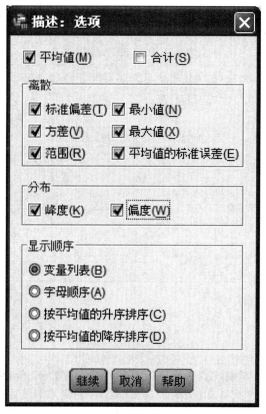

图 4.15 描述性选项窗口

（5）描述性统计一般采用默认样式，此处不需要进行 Bootstrap 操作，故点击【确定】按钮即可得到结果。

2. 结果解读

进行描述性统计分析的操作过程比较简单，输出结果也只有一个描述性统计表，如表 4.5 所示。

表 4.5 描述性统计

	数字	范围	最小值	最大值	平均值		标准偏差	方差	偏度		峰度	
	统计	统计	统计	统计	统计	标准错误	统计	统计	统计	标准错误	统计	标准错误
50 米跑成绩	30	25.1	4.9	30.0	9.823	0.881	4.824	23.279	2.877	0.427	10.64	0.833
有效 N（成列）	30											

根据描述性统计结果,样本个数为 30 个,极差、最大值和最小值分别为 25.1、30.0、4.9。图中还可以看到标准差、方差、偏度和峰度。(注:"标准错误"其实就是"估计标准误差",这是 SPSS 22.0 的统计名词翻译问题)

描述性统计分析过程将原始数据进行标准化,即得到标准化后的新变量 Z@50米跑成绩,如图 4.16 所示。

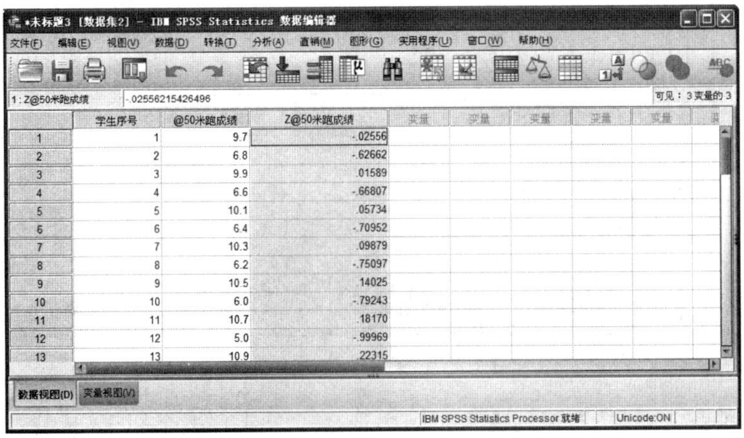

图 4.16 标准化后的新变量

SPSS 中的描述性统计分析过程可以对一个或多个变量同时进行描述性统计分析,只需在要分析的变量列表中依次添加即可。

4.3 探索性分析

SPSS 22.0 中描述性统计分析的探索性分析是为了对变量和数据进行更深入、详尽的描述性统计分析。若对资料的性质和特点等不是很清楚时,可以采用探索性分析。

4.3.1 探索性分析的目的

探索性分析是建立在描述性统计指标基础上的分析方法。它通过添加相关数据的文字和图形描述,让数据看起来更细致,有助于对数据的进一步分析。探索性分析还可以根据某种方式进行分组,然后进行统计。探索性分析可以对数据进行过滤和检查,对异常值、极端值进行识别;能验证数据的分布特征,对不满足的数据进行转换;通过输出直方图和茎叶图等描述组之间的差异。

4.3.2 探索性分析的 SPSS 实现

1. 打开整理好的数据文件,选择菜单【分析/描述统计/探索】,可得到图 4.17

其中,【因变量列表(D)】:从左侧的变量列表中选择一个或者多个变量添加到列表中。

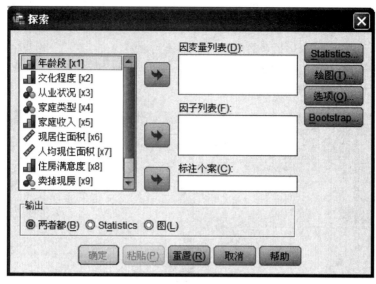

图 4.17 探索性分析主界面

【因子列表(F)】：从左侧的变量列表中选择一个或者多个用于分组的变量添加到列表中。

【标注个案(O)】：从左侧的变量列表中选择一个变量添加到列表中作为标示变量。

探索窗口左下角输出选项有三个：两者都、Statistics、图，分别表示输出统计量和图（默认），只输出统计量，只输出图。

2. 点击【Statistics】按钮，可得到图 4.18

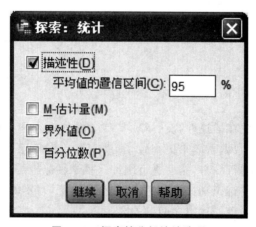

图 4.18 探索性分析统计选项

其中，描述性平均值的置信区间根据需要设置，默认为 95%。

【描述性(D)】：用于输出基本描述统计量，包括均值、方差、偏度和峰度等。

【M-估计量(M)】：用于输出 4 种不同权重下的极大似然数。

【界外值(O)】：输出 5 个最大值和 5 个最小值。

3. 点击【绘图(T)】按钮,可得到图 4.19

图 4.19　探索性分析图选项

其中,箱图分组类别为:按因子级别分组、不分组或者不显示箱图。

【茎叶图(S)】:用来描述频数分布,表示具体的变量值。

【直方图(H)】:表示结果中输出直方图。

【伸展与级别 Levene 检验】:无,表示不作方差齐性检验;幂估计,用来求最佳的幂转换值,为下面的幂转换方法作铺垫;已转换,可以选择自然对数、1/平方根、倒数、平方根、平方、立方进行转换;未转换,即不作转换,直接进行方差齐性检验。

4. 点击【选项(O)】按钮,可得到图 4.20

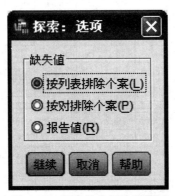

图 4.20　探索性分析选项界面

其中,对于存在缺失值的情况,可选择按列表排除个案、按对排除个案以及报告值。

5. 点击【Bootstrap】按钮,可得到图 4.21

图 4.21 探索性分析 bootstrap 选项

其中,关于 Bootstrap 的有关说明同上一节。

4.3.3 探索性分析实例

【例 4.3】 表 4.6 为 100 位不同编号、性别员工的薪水水平。根据表 4.6 中的数据了解性别与薪水之间的关系和特征,"m"表示男性,"f"表示女性。

表 4.6 薪水水平　　　　　　　　　　　　　　　　　　　　（薪水单位:元）

编号	性别	薪水	编号	性别	薪水	编号	性别	薪水	编号	性别	薪水	编号	性别	薪水
1	m	57000	21	f	38850	41	f	23550	61	m	22500	81	f	24300
2	m	40200	22	m	21750	42	m	35100	62	m	48000	82	f	24750
3	f	21450	23	f	24000	43	m	23250	63	m	55000	83	f	22950
4	f	21900	24	f	16950	44	m	29250	64	m	53125	84	f	25050
5	m	45000	25	f	21150	45	m	30750	65	m	21900	85	m	25950
6	m	32100	26	m	31050	46	f	22350	66	m	78125	86	m	31650
7	m	36000	27	m	60375	47	f	30000	67	m	46000	87	f	24150
8	f	21900	28	m	32550	48	m	30750	68	m	45250	88	f	72500
9	f	27900	29	m	135000	49	m	34800	69	m	56550	89	m	68750
10	f	24000	30	m	31200	50	m	60000	70	m	41100	90	f	16200
11	f	30300	31	m	36150	51	m	35550	71	m	82500	91	f	20100
12	m	28350	32	m	110625	52	m	45150	72	f	54000	92	f	24000
13	m	27750	33	m	42000	53	m	73750	73	f	26400	93	f	25950
14	f	35100	34	m	92000	54	m	25050	74	f	33900	94	f	24600
15	m	27300	35	m	81250	55	m	27000	75	f	24150	95	f	28500

(续表)

编号	性别	薪水	编号	性别	薪水	编号	性别	薪水	编号	性别	薪水	编号	性别	薪水
16	m	40800	36	f	31350	56	m	26850	76	f	29250	96	m	30750
17	m	46000	37	m	29100	57	m	33900	77	f	27600	97	m	40200
18	m	103750	38	m	31350	58	f	26400	78	f	22950	98	m	30000
19	m	42300	39	m	36000	59	m	28050	79	f	34800	99	f	22050
20	f	26250	40	f	19200	60	m	30900	80	f	51000	100	m	78250

1. 操作步骤

(1) 打开"薪水数据文件.sav",选择菜单【分析/描述统计/探索】,可以看到图 4.22 显示的窗口。

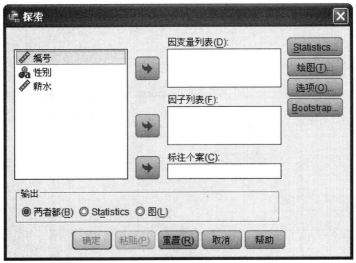

图 4.22 探索窗口

(2) 将窗口左侧的三个变量根据设置需要分别添加到右侧的列表中,如图 4.23 所示。

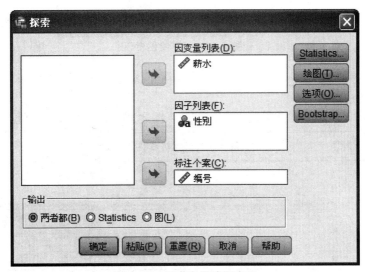

图 4.23 探索变量选取窗口

（3）单击右侧的【Statistics】按钮，选中统计量，可得到图4.24。

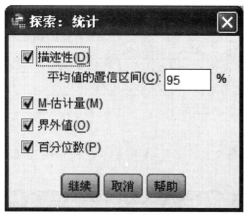

图 4.24 探索统计窗口

（4）单击【绘图(T)】按钮，选项如图4.25。

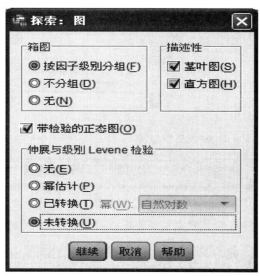

图 4.25 探索绘图窗口

（5）【选项(O)】和【Bootstrap】都选择默认情况，然后点击【确定】按钮便可输出结果。

2. 结果解读

从表4.7中可以看出，女性员工38人，男性员工62人，没有缺失值。

表 4.7 个案处理摘要

	性别	个案					
		有效		缺失		总计	
		数字	百分比	数字	百分比	数字	百分比
编号	女	38	100.0%	0	0.0%	38	100.0%
	男	62	100.0%	0	0.0%	62	100.0%

从表 4.8 中可以看出女性员工的平均薪水是 26976.32 元,标准错误为 1267.873 元,平均值的 95% 置信区间为 (24407.36,29545.27),5% 截尾平均值是排除数据首尾两端 5% 的变量值后得出的平均值,为 26132.89 元。同理,可以看出男性员工的描述性统计量。

表 4.8 描述性统计量　　　　　　　　　　　　　　（薪水单位:元）

	性别			统计	标准错误
薪水	女	平均值		26976.32	1267.873
		平均值的 95% 置信区间	下限值	24407.36	
			上限值	29545.27	
		5% 截尾平均值		26132.89	
		中位数		24675.00	
		方差		61085099.573	
		标准偏差		7815.696	
		最小值		16200	
		最大值(X)		54000	
		范围		37800	
		四分位距		7163	
		偏度		1.946	0.383
		峰度		4.683	0.750
	男	平均值		45472.58	3019.072
		平均值的 95% 置信区间	下限值	39435.57	
			上限值	51509.59	
		5% 截尾平均值		42871.86	
		中位数		36000.00	
		方差		565117268.641	
		标准偏差		23772.195	
		最小值		21750	
		最大值(X)		135000	
		范围		113250	
		四分位距		25575	
		偏度		1.723	0.304
		峰度		3.013	0.599

从表 4.9 中可以看出,M-估计量中休伯 M-估计量、Tukey 双权估计量、汉佩尔 M 估计量和安德鲁波估计量的区别就是使用的权重不同,女性员工和男性员工的 4 个 M 估计量虽然离中位数较近,但是离均值较远,说明数据中含有异常值。

表 4.9 M 估计量

	性别	休伯 M-估计量[a]	Tukey 双权估计量[b]	汉佩尔 M-估计量[c]	安德鲁波估计量[d]
薪水	女	25265.80	24650.46	25032.24	24646.62
	男	38302.62	35257.11	37614.03	35193.79

注:(1) a 表示加权常量为 1.339。
　　(2) b 表示加权常量为 4.685。
　　(3) c 表示加权常量为 1.700、3.400 和 8.500。
　　(4) d 表示加权常量为 1.340 * pi。

百分位数就是将数值分为两部分,从表4.10中可以看出本例的百分位数。

表4.10 百分位数(P)

		性别	百分位数(P)						
			5	10	25	50	75	90	95
加权平均	薪水	女	16912.50	20010	22275	24675	29437	35475	51150
		男	22612.50	25320	29812.5	36000	55387	80350	101987
Tukey折点	薪水	女			22350	24675	29250		
		男			30000	36000	55000		

从表4.11可以看出分组之后女性员工和男性员工薪水的5个极大值和5个极小值。

表4.11 极值

	性别	类别	序号	个案编号	编号	值
薪水	女	最高	1	72	72	54000
			2	80	80	51000
			3	21	21	38850
			4	14	14	35100
			5	79	79	34800
		最低	1	90	90	16200
			2	24	24	16950
			3	40	40	19200
			4	91	91	20100
			5	25	25	21150
	男	最高	1	29	29	135000
			2	32	32	110625
			3	18	18	103750
			4	34	34	92000
			5	71	71	82500
		最低	1	22	22	21750
			2	65	65	21900
			3	61	61	22500
			4	43	43	23250
			5	87	87	24150

从表4.12可以看出Kolmogorov-Smirnov和Shapiro-Wilk方法检验的结果,显著性均小于0.05,说明女性员工和男性员工的薪水水平分布均不符合正态分布的假设,其中,Shapiro-Wilk方法只有在样本量小于50的时候比较精确。

表 4.12 常态性检验

	性别	Kolmogorov-Smirnov(K)a			Shapiro-Wilk		
		统计	df	显著性	统计	df	显著性
薪水	女	0.187	38	0.002	0.818	38	0.000
	男	0.201	62	0.000	0.810	62	0.000

注：a 表示 Lilliefors 显著性校正。

表 4.13 可以看出男女性员工之间的薪水水平不具有齐次性,因为显著性均小于 0.05。

表 4.13 方差齐性的检验

	类别	Levene 统计	df1	df2	显著性
薪水	基于平均值	21.761	1	98	0.000
	基于中位数	11.560	1	98	0.001
	基于中位数并带有调整的 df	11.560	1	68.585	0.001
	基于截尾平均值	17.863	1	98	0.000

从图 4.13 中可以看出男女性员工的薪水水平均呈现正偏态。

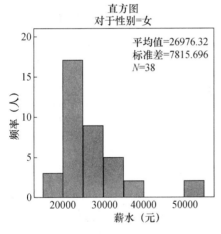
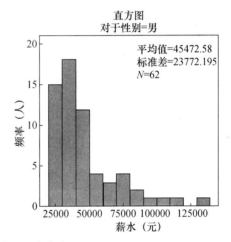

图 4.26 男女员工薪水分布直方图

正态概率分布图有以下两种常用的画法,一种是标准的正态概率分布图,一种是离散的正态概率分布图。标准的正态概率分布图是以变量的实际观测值作为横坐标,以变量的期望值作为纵坐标。图中的斜线表示正态分布的标准线,点表示变量值,变量值越接近斜线,则变量值的分布越接近正态分布。图 4.27 是本例中男女员工薪水的标准正态概率分布图,从图中可以看出,有些落点离直线有点远了,因此均不符合正态分布。离散的正态概率分布图是以变量的实际观测值作为横坐标,以实际观测值与期望值的差作为纵坐标,如果数据符合正态分布,则图中的点应该分布于图中标准线的附近。

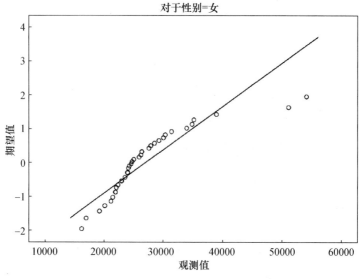

图 4.27(a)　女员工薪水的正态概率分布图

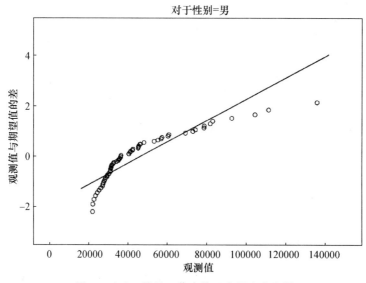

图 4.27(b)　男员工薪水的正态概率分布图

图 4.28 为箱图，箱子的上边线表示第 75 百分位数，下边线表示第 25 百分位数，中间的线表示中位数，箱子上下的两条细横线表示除离群值和极值的最大值和最小值。

所谓离群值，是指离箱子上下边线的距离为箱子高度的 1.5 倍至 3 倍的变量值，本图中用"o"表示。极值是指离箱子上下边线的距离为箱子高度的 3 倍以上的变量值，此处用"﹡"表示。从图 4.28 可以看出，男女性员工的薪水都有一些离群值和极值存在，表明有员工的薪水明显高于普通员工。

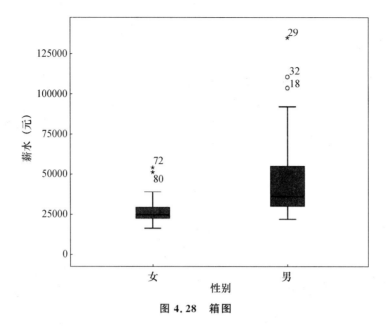

图 4.28 箱图

4.4 比率分析

4.4.1 比率分析的基本任务和主要指标

比率分析用于对两变量间变量值比率变化的描述分析,适用于定距型变量。例如,可以对东部地区全社会固定资产投资和全社会住宅投资进行比率分析。比率分析生成比率变量,其基本任务是对该比率变量计算基本描述性统计量(如均值、中位数、标准差、全距等),进而刻画出比率变量的集中趋势(如加权比率均值)和离散程度(如平均绝对离差、离散系数等)。

1. 集中趋势描述指标

加权比率均值(weighted mean):分子分母的均值之比。

2. 离散程度描述指标

(1) 平均绝对离差(average absolute deviation,AAD):比率关于中位数的绝对平均值,其数学定义为:

$$\text{AAD} = \frac{|R_i - M|}{N} \tag{4.9}$$

其中,R_i 是比率值,M 是比率变量的中位数,N 为样本量。

(2) 离散系数(coefficient of dispersion,COD):比率绝对平均差与中位数百分比,其数学定义为:

$$\mathrm{COD} = \frac{\frac{\sum |R_i - \bar{R}|}{N}}{M} \quad (4.10)$$

其中，R_i 是比率值，$\bar{R}$ 是平均比率，N 为样本量，M 是比率变量的中位数。

(3) 变异系数(COV)：分为中位数居中 COV(median centered COV)和平均值居中 COV(mean centered COV)，其中平均值居中 COV 是通常意义下的变异系数，是标准差除以均值。中位数居中 COV 数学定义为：

$$\mathrm{COV} = \frac{\sqrt{\frac{\sum (R_i - M)^2}{N}}}{M} \quad (4.11)$$

其中，R_i 是比率值，M 是比率变量的中位数，N 为样本量。

上述指标从不同角度测度了比率变量的集中趋势和离散程度。

4.4.2 比率分析的 SPSS 实现

1. 打开相关的数据文件，选择菜单【分析/描述统计/比率(R)】，可得到图 4.29

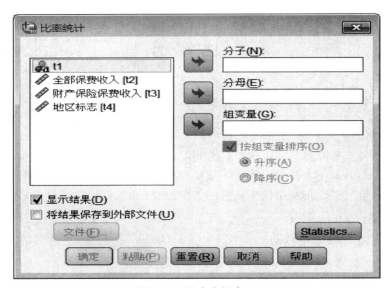

图 4.29 比率分析窗口

左边的变量列表为原变量列表，通过单击箭头按钮可选择变量进入右边的列表框。

【分子(N)】：从左侧的变量列表中选择相应的比率变量的分子进入列表。

【分母(E)】：从左侧的变量列表中选择相应的比率变量的分母进入列表。

【组变量(G)】：进行不同组间的比率比较时，从左侧的变量列表中选择一个变量进入列表中作为分组变量，将变量选择到【组变量(G)】列表框中后，可以选择将变量按照分组变量进行升序或者降序排列。

【显示结果(D)】：该选项为系统默认。

【将结果保存到外部文件(U)】：选择该项，则【文件(F)】按钮被激活，单击【文件(F)】按钮可将输出结果保存至用户指定的位置。

2. 单击右下角【Statistics】按钮，可得到图 4.30

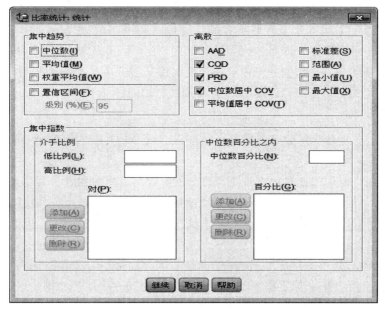

图 4.30 比率分析描述统计量窗口

该窗口包括 3 个复选项，分别是集中趋势、离散和集中指数。

(1) 集中趋势：设置反映比率集中趋势的统计量。

【中位数(I)】：比率中位数。

【平均值(M)】：比率算数平均值。

【权重平均值(W)】：以分母变量加权计算的加权比率平均值。

【置信区间(F)】：比率的 95% 置信区间，该选项为系统默认，可以改变置信概率值。

(2) 离散：设置反映比率的离差统计量。

【PRD】相关价格微分：是比率均值与加权比率均值的比，也可用于对比率变量离散程度的描述。

(3) 集中指数：

【介于比例】：通过在【低比例(L)】和【高比例(H)】后面的文本框中输入数值，可以控制比率的范围。输入后，单击【添加】按钮，将对应的比率范围添加到方框内的列表框中，利用【更改】按钮和【删除】按钮，可以对列表框中的选项进行修改和删除。

【中位数百分比之内】：通过在【中位数百分比(N)】前面的文本框中输入数值，可以控制比率相对于中位数的范围。输入后，根据需要，单击【添加】【更改】或【删除】按钮对列表框中的选项进行修改。

3. 用户在本对话框中进行选择后，单击【继续】按钮，即可返回"比率统计"主对话框在"比率统计"主对话框中单击【确定】按钮,可在输出窗口中得到分组描述结果和比率分析结果等图表。

4.4.3 比率分析实例

【例 4.4】 以 2013 年全国各个省的年度数据为例,分析东部地区全社会住宅投资(亿元)占全社会固定资产投资(亿元)的比例情况,采用 SPSS 的比率分析。其中全社会住宅投资用 x_1 表示,全社会固定资产投资用 x_2 表示。(数据来源:中华人民共和国国家统计局编:《中国统计年鉴 2014》,中国统计出版社 2014 年版)

1. 操作步骤

(1) 打开各地区保险业务保费收入数据,选择【分析/描述统计/比率(R)】。可以看到如图 4.29 所示的窗口。

(2) 将窗口左侧的变量根据设置需要分别添加到右侧的列表中,如图 4.31 所示。

【分子(N)】:单击左侧变量列表中的"全社会住宅投资(亿元)",将其添加到分子(N)中。【分母(E)】:单击左侧变量列表中的"全社会固定资产投资(亿元)",将其添加到分母(E)中。

【组变量(G)】:单击左侧变量列表中的"地区标志[t2]",将其添加到列表中作为分组变量,此时在"按组变量排序(O)"中选择默认的"升序(A)"。

【显示结果(D)】:该选项为系统默认。

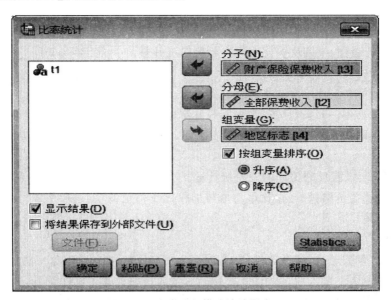

图 4.31 比率分析描述统计量窗口

(3) 单击右下角【Statistics】按钮,分别勾选"平均值(M)""AAD""COD""中位数居中 COV""平均值居中 COV(T)",可得到图 4.32。

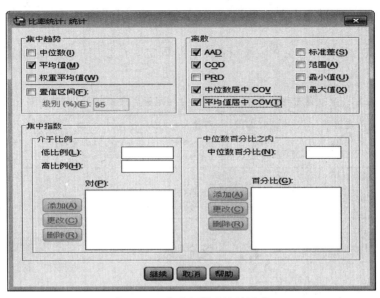

图 4.32 比率分析描述统计量窗口

(4) 单击【继续】按钮,即返回"比率统计"主对话框。再单击【确定】按钮,输出窗口中得到分组描述结果和比率分析结果等图表。

2. 结果解读

从表 4.14 可以看出:31 个地区中,有 4 个直辖市、22 个省份和 5 个自治区,占比分别是 12.9%、71.0% 和 16.1%。

表 4.14 个案处理摘要

		计数	百分比
地区标志	直辖市	4	12.9%
	省份	22	71.0%
	自治区	5	16.1%
总体		31	100.0%
除外		0	
总计		31	

从表 4.15 可以看出:

总体来说,全社会住宅投资占全社会固定资产投资的比率均值为 0.175,也就是说,全社会固定资产投资中平均有 17.5% 为全社会住宅投资。其中,直辖市的平均比率(为 23.7%)较高,自治区的平均比率(为 12.2%)低于全国平均水平,省份的平均比率(为 17.5%)等于全国平均水平。

平均绝对偏差和离散系数全国总的情况为 0.049 和 0.295,基于均值和中位数的变异系数分别为 39.8% 和 42.7%。相比较,省份的平均绝对偏差(AAD)和离散系数(COD)都低于全国平均水平,即离散程度低,变异系数也可以证明这一点;而直辖市的 AAD 高于全国平均水平,COD 和两种变异系数分别低于全国平均水平;自治区的两种变异系数分别高于全国平均水平,AAD低于全国平均水平,说明直辖市和自治区的离散程度较高。

总之,各省份的全社会住宅投资占全社会固定资产投资的比率最稳定,等于全国平均水平。

表 4.15　全社会住宅投资(亿元)/全社会固定资产投资(亿元)的比率统计数据

分组	平均比率(E)	平均绝对偏差(AAD)	离散系数(COD)	变异系数 以平均值为中心	变异系数 以中位数为中心
直辖市	0.237	0.055	0.212	30.7%	29.7%
省份	0.175	0.041	0.260	36.2%	41.3%
自治区	0.122	0.045	0.333	50.0%	46.3%
总体	0.175	0.049	0.295	39.8%	42.7%

4.5　多选项分析

4.5.1　多选项分析的目的

多选项分析主要是针对调查问卷中的多选项问题进行分析。多选项问题就是在问卷调查中,根据实际调查的需要,要求被调查者从问卷题目给出的若干个可选答案中选择一个答案。

例如,在对社会融合的调查中,设计这样的一道问题:您自己或外来的同乡与本地市民在以下哪些方面有较大差别?

(1)饮食习惯;(2)服饰着装;(3)节庆习俗;(4)人情交往;(5)观念看法;(6)其他。

很显然,该问题可选的答案在一个以上。

多选项问题的回答方式大致分为两类,一类是选择答案时有一定的先后顺序,另一类是选择答案没有一定的先后顺序。

例如,在高考志愿的调查中,可能会询问报考志愿是哪几所大学;在对保险市场的调查中,可能会询问购买商业养老保险的主要原因(要求不超过 4 项);在对女性择偶标准的调查中,可能会问对未来对象的要求有哪些,等等。在以上这几个例子中,问题可选的答案为一个以上,可以有一定的先后顺序。再如,在以上提及的关于社会融合的调查中,询问外地人与本地市民在哪些方面有较大差别;在居民储蓄调查中,会问及储蓄的原因有哪些,这两类问题可选的答案为一个以上,可以没有先后顺序。在对这两类多选项问题进行分析时应注意各自的特点,采取不同的数据编码策略。

多选项分析的目的,就是对问卷中的多选项问题进行合理的分解,然后选择合适的分析方法,如多选项频数分析或多选项交叉表分析就是对所关注的多选项问题进行深入的分析。

通常,分析多选项问题的步骤是:首先,将多选项问题分解,分解方法通常有两种,即多选项二分法和多选项分类法;其次,选择合适的分析方法进行分析,比如,多选项频数分析、多选项交叉表分析等。

4.5.2 多选项问题的分解

1. 多选项二分法

多选项二分法是将多选项问题的每个答案设为一个 SPSS 变量,每个变量只有 1 或 0 的取值,分别代表选择该选项和不选择该选项。此法适用于多选项问题的多选项答案没有一定先后顺序的情况下。

例如,对保险市场不满意的主要原因有( )。

(1)服务不周到;(2)给付不及时;(3)合同条款不清晰引起理赔纠纷;(4)险种僵硬、不灵活;(5)保费偏高;(6)保费交付不方便;(7)其他原因。

若没有任何提示,答案就是没有顺序的,可以任选。此时,可以用多选项二分法设置 7 个 SPSS 变量,每个变量取值为 1 或 0。其中,1 表示选中答案,0 表示没有选中答案。具体如表 4.16 所示。

表 4.16 多选项二分法举例

SPSS 变量名	变量名标签	变量取值
V1	服务不周到	0/1
V2	给付不及时	0/1
V3	合同条款不清晰引起理赔纠纷	0/1
V4	险种僵硬、不灵活	0/1
V5	保费偏高	0/1
V6	保费交付不方便	0/1
V7	其他原因	0/1

如果某个被调查者选择了服务不周到、给付不及时、保费交付不方便,则变量 V1、V2、V6 取值为 1,其余变量取值为 0。

2. 多选项分类法

多选项分类法首先估计多选项问题最多可能出现的答案数 K,然后设置 K 个变量,变量取值为 $1 \sim n$,n 为可选答案的个数。此法适用于多选项问题的多选项答案有一定先后顺序的情况下。

例如,对上述多选题规定按照不满意程度的顺序选出三个不满意的原因。此时,可以设置 3 个变量 V1、V2、V3,分别表示不满意的原因 1、不满意的原因 2、不满意的原因 3,变量取值是 1~7,依次对应所列出的 7 个备选答案,见表 4.17。

表 4.17 多选项分类法举例

SPSS 变量名	变量名标签	变量取值
V1	不满意的原因 1	1/2/3/4/5/6/7
V2	不满意的原因 2	1/2/3/4/5/6/7
V3	不满意的原因 3	1/2/3/4/5/6/7

如果某个被调查者选择了因为服务不周到、给付不及时、保费交付不方便而不满意,则变量 V1、V2、V3 取值为 1,2,6。

3. 多选项问题分解方法的选择

从是否便于分析和是否丢失信息两个方面考虑:

例如,在对保险市场的调查问卷中,采用多选项二分法分解问题,对变量 V1~V7 作频数分析,能很方便地分析出投保者对保险市场不满意的主要原因,但无法得知投保者对保险市场不满意原因的先后顺序。相反,对于该问题的分解采用多选项分类法就能有效地解决信息丢失的问题。而对于变量 V1~V3 作频数分析,能方便地得到投保者对保险市场不满意的主要原因所占的比例,但无法分析有多少人是由于某个备选原因而对保险市场不满意。

综上所述,在选择多选项问题分解方法时,应该具体问题具体分析。通常,对于所选答案具有一定顺序的多选项问题可采用多选项分类法分解;而对答案没有顺序的问题可以采用多选项二分法分解。

4.5.3 多选项问题的分析

1. 多选项问题的普通频数分析

将多选项问题分解后,一般可直接使用前面提及的频数分析或交叉分组下的频数分析,但不难发现,这些分析方法是有缺陷的。

例如,在对保险市场的调查问卷中,采用多选项分类法是合理的,但如果对于 V1~V3 作简单的频数分析,只能得出不满意的原因 1、不满意的原因 2、不满意的原因 3 中各备选原因所占的比例情况,如表 4.18—4.20 所示。而若希望分析有多少人是由于某个备选原因(如服务不周)对商业养老保险不满意,表 4.18—4.20 没有一个能直接体现,SPSS 无法直接给出分析结果,需要手工计算才能得到表 4.21 所示的结果,这无疑是很烦琐的。表 4.21 由表 4.18—4.20 这三张表综合而得,它将 V1、V2、V3 变量中相同取值的个案数累加得到最终累计频数,即累计人次,百分比也是人次百分比。可以看出,在 150 人中,分别有 33.3%、23.3%、20%、23.3%的被调查者是由于服务不周到,合同条款不清晰引起理赔纠纷,险种僵硬、不灵活,保费偏高而对商业养老保险不满意。

表 4.18　V1 频数分析

变量值标签	变量值	频数	百分比(%)
服务不周到	1	15	30.0
合同条款不清晰引起理赔纠纷	3	35	70.0
合计		50	100.0

表 4.19　V2 频数分析

变量值标签	变量值	频数	百分比(%)
服务不周到	1	20	40.0
险种僵硬、不灵活	4	30	60.0
合计		50	100.0

表 4.20 V3 频数分析

变量值标签	变量值	频数	百分比(%)
服务不周到	1	15	30.0
保费偏高	5	35	70.0
合计		50	100.0

表 4.21 V1,V2,V3 频数汇总

变量值标签	变量值	频数	百分比(%)
服务不周到	1	50	33.3
合同条款不清晰引起理赔纠纷	3	35	23.3
险种僵硬、不灵活	4	30	20.0
保费偏高	5	35	23.3
合计		150	100.0

如何从 SPSS 中直接获得表 4.21 所示的数据？SPSS 的多选项分析正是为进行这类分析而设置的。

2. 多选项分析的基本思路

在 SPSS 中,可以利用多选项分析的功能,首先,定义多选项变量集,即按多选项二分法或多选项分类法将多选项问题分解成若干个问题,并设置若干个 SPSS 变量,指定这些变量为一个集合;其次,采用多选项频数分析或多选项交叉分组下的频数分析方法。

具体步骤为：

(1) 定义多项选择变量集数：选择菜单【分析/多重响应(U)/定义变量集(D)】。

首先判断多选项问题的变量是属于多选项二分法还是属于多选项分类法。如果属于多选项二分法,则每个答案设一个变量,变量值只有 0、1;如果属于多选项分类法,则设置相应的变量,变量个数为最多可能出现的答案数,变量取值为 $1 \sim n, n$ 为可选答案的个数。

(2) 定义多项选择变量集数：选择菜单【分析/多重响应(U)/定义变量集(D)】。

(3) 多选项频数分析操作：选择菜单【分析/多重响应(U)/频数分析(F)】。

(4) 多选项交叉分组下的频数分析操作：选择菜单【分析/多重响应(U)/交叉表格(C)】。

4.5.4 多选项分析的 SPSS 实现

例如,某个学校对高三学生的高考填报志愿进行调查,通过多选项分析得出部分学生填报志愿的倾向性。假设填报的学校分别是复旦大学、同济大学、东华大学、上海大学、上海财经大学、华东师范大学。现在要求每个学生依第一志愿、第二志愿、第三志愿填报这 6 所大学,那么很明显,该问题可选的答案最多三个。

1. 定义多选项变量集的操作步骤如下

打开名为"学生志愿选择(多选项分析).sav"数据文件,选择菜单【分析/多重响应(U)/定义变量集(D)】,可得到图 4.33。

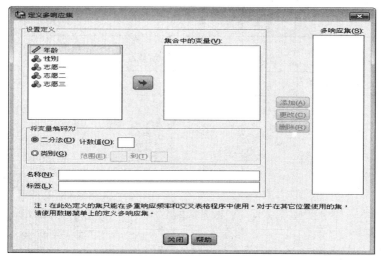

图 4.33 多选项变量定义窗口

其中,【设置定义】:变量列表为原变量列表,通过单击箭头按钮可选择一个或者几个变量进入右边的列表框。

【集合中的变量(V)】:从左边原变量列表中选择相应的变量进入多选项变量集。本例中,应该选择志愿一、志愿二、志愿三进入多选项变量集。

【将变量编码为】:指定多选项变量集中的变量是按照哪种方法分解的。可供选择的分类方法包括多选项二分法和多选项分类法两种。

【二分法(D)】:表示以多选项二分法分解,适用于题项为多项选择,答案没有一定的先后顺序的情况。选择二分法后需要在【计数值(O)】框中输入将对哪组值进行分析。SPSS 规定等于该值的样本为一组,其余样本为另一组;

【类别(G)】:表示以多选项分类法分解,该方法适用于题项为多个答案,且答案有一定的先后顺序的情况。选择类别法后,需在【范围】框中输入变量取值的最小值和最大值。该案例中应选择多选项分类法,最小值为 1,最大值为 6。

【名称(N)】:给多选项变量集命名,比如 set1。点击【添加(A)】进入多重响应集后系统会自动在所给名称前加字符"$",即为 $set1。

【标签(L)】:对多选项变量集命名的一个解释说明,有助于使用者理解,没有特别的要求。

【多响应集(S)】:所定义的多选项变量集生成框,如 $set1。最终生成结果如图 4.34 所示。

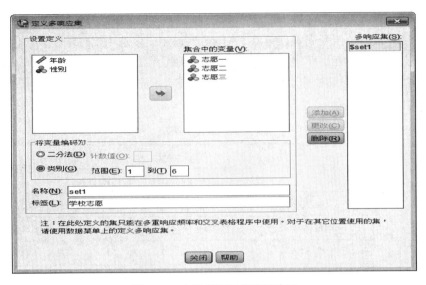

图 4.34 多选项变量集定义窗口

2. 多选项变量定义完成后,便可进行多选项频数分析

多选项频数分析操作步骤如下:

选择菜单【分析/多重响应(U)/频数】,从【多响应集(M)】框中选择待分析的多选项变量集到【表格(T)】框中,如图 4.35 所示。

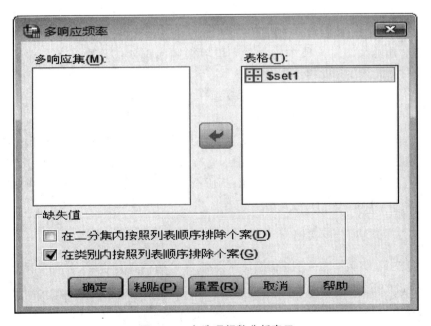

图 4.35 多选项频数分析窗口

其中,对于缺失值的处理,SPSS规定,只要样本在多选项变量集中的某一变量上取缺失值,分析时就将该样本剔除。

【在二分集内按照列表顺序排除个案(D)】:适用于多选项二分法。

【在类别内按照列表顺序排除个案(G)】:适用于多选项类别法。

在多响应频率对话框中,单击【确定】按钮,SPSS将自动产生所需要的综合分析表的分析结果,如表4.22所示。

表4.22 $set1 频率

		响应		个案百分比
		N	百分比	
学校[a]	复旦大学	4	12.1%	36.4%
	同济大学	5	15.2%	45.5%
	东华大学	8	24.2%	72.7%
	上海大学	6	18.2%	54.5%
	上海财经大学	6	18.2%	54.5%
	华东师范大学	4	12.1%	36.4%
总计		33	100.0%	300.0%

注:a 表示分组(O)。

表4.22中,总计指的是应答次数,本例是33次;第三列是应答百分比(如12.1% = 4÷33×100%);第四列是个案百分比(如36.4% = 4÷11×100%);通常该列数据只作参考。可见,被调查者中,复旦大学、同济大学、东华大学、上海大学、上海财经大学、华东师范大学这6所大学学生志愿填报倾向百分比分别是12.1%、15.2%、24.2%、18.2%、18.2%、12.1%。

3. 多选项变量定义完成后,也可以进行多选项交叉表分析

多选项交叉表分析操作步骤如下:

选择菜单【分析/多重响应(U)/交叉表格(C)】,打开多选项交叉分析窗口,如图4.36所示。把年龄变量选作行变量,把多选项变量集$set1作为列变量。年龄范围可以单击【定义范围】按钮设置,如图4.37所示,单击【继续】按钮返回多选项交叉分析对话框,并单击【确定】按钮完成。

4.5.5 多选项分析实例

【例4.5】 以第4章"居民储蓄调查数据.sav"为例进行说明,分析居民储蓄的目的。储蓄目的按照次序,最多选择三项。

1. 操作步骤

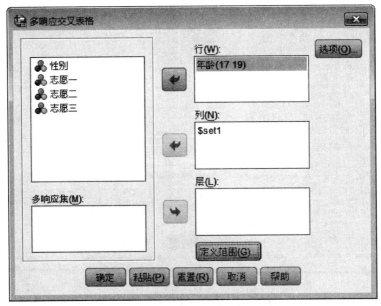

图 4.36　多选项交叉分析窗口

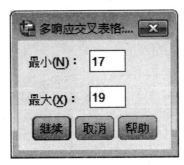

图 4.37　定义范围窗口

定义多选项变量集操作步骤如下：

(1) 打开名为"居民储蓄调查数据.sav"的数据文件，选择菜单【分析/多重响应(U)/定义变量集(D)】，可得到图 4.38。

(2) 选择【设置定义】框中的"目的一""目的二""目的三"进入【集合中的变量(V)】。

(3)【按编码变量为】：因为居民储蓄的目的为多选，且答案有顺序，所以选择【类别(G)】，范围为 1—11。

(4)【名称(N)】：键入"mudi"，名称随意选择。

(5)【标签(L)】：储蓄目的，标签目的是有利于使用者的理解，没有强制性要求。

(6)【多响应集(S)】：在前 5 项操作结束后，单击【添加(A)】按钮，SPSS 自动生成"＄mudi"。

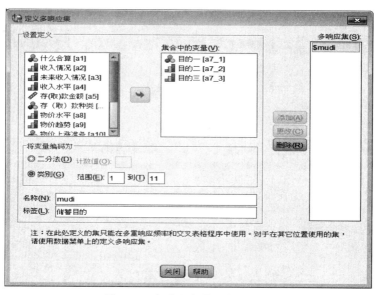

图 4.38　多选项变量集定义窗口

多选项频数分析操作步骤为下面的(7)和(8)两步。

(7) 选择菜单【分析/多重响应(U)/频数】,从【多重响应集(M)】框中选择待分析的多选项变量集到【表格(T)】框中,如图 4.39 所示。

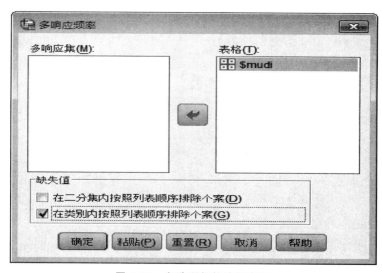

图 4.39　多选项频数分析窗口

(8) 在多响应频率对话框中,单击【确定】按钮,SPSS 将自动产生所需要的综合分析表的分析结果。

2. 结果解读

从表 4.23 可知:总计指的是应答次数,本例是 837 次;第三列是应答百分比(如 7.6%=64÷837×100%);第四列是个案百分比(如 22.9%=64÷279×100%);通常该列数据只作参考。可见,被调查者中,居民储蓄用于日常生活零用、得利息、防意外事故、买房或建房的百分比分别为 21.3%、14.2%、12.7%、10.5%。其余各项百分比都较低,说明居民储蓄主要目的集中在日常生活零用、得利息、防意外事故、买房或建房这四个方面。

表 4.23 $ mudi 频率

		响应		个案数的百分比
		N	百分比	
储蓄目的[a]	买高档消费品	64	7.6%	22.9%
	结婚用	51	6.1%	18.3%
	日常生活零用	178	21.3%	63.8%
	做生意	50	6.0%	17.9%
	购买农业生产资料	16	1.9%	5.7%
	买证券及单位集资	34	4.1%	12.2%
	买房或建房	88	10.5%	31.5%
	支付孩子教育费	76	9.1%	27.2%
	养老金	55	6.6%	19.7%
	防意外事故	106	12.7%	38.0%
	得利息	119	14.2%	42.7%
总计		837	100.0%	300.0%

注:a 表示分组(O)。

【例 4.6】 以某个学校对高三学生高考填报志愿的调查为例,分析不同性别学生填报志愿的倾向性。假设这些填报的学校分别是复旦大学、同济大学、东华大学、上海大学、上海财经大学、华东师范大学。现在要求每个学生依第一志愿、第二志愿、第三志愿填报这 6 所大学。数据见"多选项分析学生志愿选择.sav"。

1. 操作步骤

定义多选项变量集步骤如下:

(1) 打开名为"多选项分析学生志愿选择.sav"的数据文件,选择菜单【分析/多重响应(U)/定义变量集(D)】。

(2) 选择【设置定义】框中的"志愿一""志愿二""志愿三"进入【集合中的变量(V)】。

(3)【按编码变量为】:因为学生志愿为多选,且答案有顺序,所以选择【类别(G)】,范围为 1—6。

(4)【名称(N)】:键入"set1"。

(5)【标签(L)】:志愿学校,标签目的是有利于使用者的理解,没有强制性要求。

(6)【多响应集(S)】:在前 5 项操作结束后,单击【添加(A)】按钮,SPSS 自动生成"$ set1"。

操作界面如图 4.34 所示。

多选项交叉分组下的频数分析操作步骤为下面的(7)步:

(7) 选择菜单【分析/多重响应(U)/交叉表格(C)】,出现图 4.40。

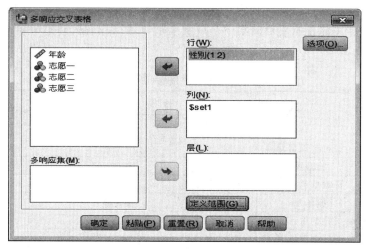

图 4.40　多选项交叉分组下的频数分析窗口

其中,【行(W)】:从左边选择相应的变量作为行变量,再根据确定好的行变量选择定义取值范围;本例中选择性别,【定义范围】最小值为 1,最大值为 2;单击【继续】按妞。

【列(N)】:从左边选择相应的变量作为列变量,再根据确定好的列变量选择定义取值范围;本例中选择【多响应集】中的"＄set1"作为列变量,【定义范围】最小值为 1,最大值为 6。单击【继续】按钮。

【层(L)】:从左边选择相应的变量作为控制变量,再根据确定好的控制变量选择定义取值范围。本例中不需要选择。

【选项(O)】:用来选择列联表的输出内容和计算方法。点击出现如图 4.41 所示的多响应交叉表格选项窗口。

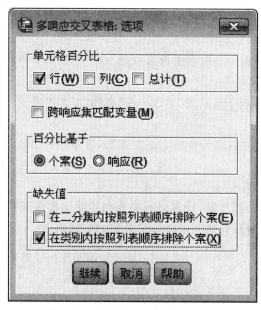

图 4.41　多响应交叉表格选项窗口

其中,【行(W)】:行百分比,本例中选择【行(W)】;

【列(C)】:列百分比;

【总计(T)】:总百分比;

【百分比基于】:表示指定计算百分比的方式;

【个案(S)】:表示分母为个案数,本例中选择【个案(S)】即可;

【响应(R)】:表示分母为多选项应答数;

【跨响应集匹配变量(M)】:表示如果列联表的行列变量均为多选项变量集,第一个变量集的第一个变量与第二个变量集的第一个变量作交叉分组,第一个变量集的第二个变量与第二个变量集的第二个变量作交叉分组,依此类推。

【缺失值】:SPSS 规定,只要样本在多选项变量集中的某一变量上取缺失值,分析时就将该样本剔除。

【在二分集内按照列表顺序排除个案(E)】:适用于多选项二分法。

【在类别内按照列表顺序排除个案(X)】:适用于多选项类别法。

2. 结果解读

由表 4.24 可知:从横向来看,被调查的学生当中,男学生志愿为东华大学和上海财经大学的最多,为上海大学和华东师范大学的次之;女学生志愿为东华大学的最多,同济大学和上海大学次之。从纵向来看,选择东华大学的人数最多,选择华东师范和复旦大学的人数最少。由于样本量较小,现实意义的探讨要在较大样本量下再进行,本例只是为了帮助大家了解多选项交叉分析的操作步骤。如果要了解两个变量之间的关系,可以参见列联表分析。

表 4.24　性别 * $ set1 交叉列表

			志愿学校[a]						总计
			复旦大学	同济大学	东华大学	上海大学	上海财经大学	华东师范大学	
性别	男	计数	2	2	4	3	4	3	6
		百分比在性别内	33.3%	33.3%	66.7%	50.0%	66.7%	50.0%	
	女	计数	2	3	4	3	2	1	5
		百分比在性别内	40.0%	60.0%	80.0%	60.0%	40.0%	20.0%	
总计		计数	4	5	8	6	6	4	11

注:(1) 百分比和总数是基于响应者。
(2) a 表示分组(O)。

第5章 参数的区间估计

5.1 区间估计的概念

点估计是用样本算得的一个值去估计未知参数,但是,点估计值仅仅是未知参数的一个近似值,它没有反映出这个近似值的误差范围,使用起来把握不大。区间估计正好弥补了点估计的这个缺陷。因此,我们需要在参数空间中给出一个范围,使待估参数有一个较大概率被包含在内,这种形式的估计称为参数的区间估计。

关于区间估计的确切定义如下:设总体 X 的分布含有一个未知参数 θ,若有样本 $X_1, X_2, \cdots, X_n$ 确定的两个统计量 $\theta_1(X_1, X_2, \cdots, X_n)$ 和 $\theta_2(X_1, X_2, \cdots, X_n)$,对于给定的值 $\alpha(0<\alpha<1)$,满足 $P\{\theta_1(X_1, X_2, \cdots, X_n) \leqslant \theta \leqslant \theta_2(X_1, X_2, \cdots, X_n)\} = 1-\alpha$,称随机区间 $[\theta_1, \theta_2]$ 是 θ 的 $(1-\alpha)$ 的置信区间,称 $(1-\alpha)$ 为置信度,α 为置信水平或显著水平,而把 θ_1、θ_2 分别称为置信区间的置信下限和置信上限。

由上面定义给出的置信区间一般有很多个,置信区间的大小与置信度的大小有关,一个理想的置信区间应是在给定置信度 $(1-\alpha)$ 时平均长度最小的区间。

5.2 正态总体均值的置信区间

5.2.1 正态总体均值的区间估计概述

1. 总体方差 σ^2 已知的情况下

设总体 $X \sim N(\mu, \sigma^2)$,而 $X_1, X_2, \cdots, X_n$ 是从总体 X 中取出的容量为 n 的样本,在总体方差 σ^2 已知的情况下,求 X 的期望 μ 的区间估计。

由于 $X \sim N(\mu, \sigma^2)$,因此,$\bar{X} \sim \left(\mu, \dfrac{\sigma^2}{n}\right)$,而 $U = \dfrac{\bar{X}-\mu}{\sigma/\sqrt{n}} \sim N(0,1)$。

其中,$\bar{X}$ 是 μ 的最好估计量。所以 μ 的区间估计一定与 $\bar{X}$ 有关,$\bar{X}$ 与 μ 之间存在误差是显而易见的,但只要两者之间差值的绝对值小于等于一个可以接受的误差限 δ,即 $|\bar{X}-\mu| \leqslant \delta$,我们就可以得到一个期望 μ 的区间估计 $\bar{X}-\delta \leqslant \mu \leqslant \bar{X}+\delta$。所以区间

估计的关键是确定这个可以接受的误差限 δ。

我们可以把 $|\bar{X}-\mu|\leq\delta$ 作为一个事件来看待，则当给定一个概率值 $(1-\alpha)$ 时，δ 的值是可以确定的。

这是因为，当 $\{P|\bar{X}-\mu|\leq\delta\}=1-\alpha$ 时，

$$\left\{P\left|\frac{\bar{X}-\mu}{\sigma/\sqrt{n}}\right|\leq\frac{\delta}{\sigma/\sqrt{n}}\right\}=1-\alpha$$

又 $\left\{P\left|\frac{\bar{X}-\mu}{\sigma/\sqrt{n}}\right|\leq\mu_{\alpha/2}\right\}=1-\alpha$，所以 $\frac{\delta}{\sigma/\sqrt{n}}=\mu_{\alpha/2}$，得到 $\delta=\mu_{\alpha/2}\frac{\sigma}{\sqrt{n}}$，因此，$X$ 的期望 μ 的区间估计为：

$$\left[\bar{X}-\mu_{\alpha/2}\frac{\sigma}{\sqrt{n}},\ \bar{X}+\mu_{\alpha/2}\frac{\sigma}{\sqrt{n}}\right] \tag{5.1}$$

置信水平 α 一般取 0.05 或 0.01，它通常代表 μ 不在估计区间时犯错概率的大小。在 SPSS 中，$\mu_{\alpha/2}$ 的值可以通过将给定的 $\alpha/2$ 值代入标准正态分布函数 IDF.NORMAL(prob,mean,stddev) 来求得，其中，设置 mean=0，stddev=1。称 α 取 0.05 时得到的区间为 95% 的置信区间。

2. 总体方差 σ^2 未知的情况下

在总体方差 σ^2 未知的情况下，可以用样本的方差 S^2 作为总体方差 σ^2 的无偏估计量。由于

$$S^2=\frac{1}{n-1}\sum_{i=1}^{n}(X_i-\bar{X})^2=\frac{1}{n-1}\sum_{i=1}^{n}\left[(X_i-\mu)-(\bar{X}-\mu)^2\right]$$

$$=\frac{1}{n-1}\left[\sum_{i=1}^{n}(X_i-\mu)^2-\frac{\left[\sum_{i=1}^{n}(\bar{X}-\mu)\right]^2}{n}\right]$$

$$=\frac{1}{n-1}\left[\sum_{i=1}^{n}(X_i-\mu)^2-n(\bar{X}-\mu)^2\right]$$

因此可得：

$$\frac{(n-1)S^2}{\sigma^2}=\frac{\sum_{i=1}^{n}(X_i-\mu)^2}{\sigma^2}-\frac{n(\bar{X}-\mu)^2}{\sigma^2}$$

$$=\sum_{i=1}^{n}\left(\frac{X_i-\mu}{\sigma}\right)^2-\left(\frac{\bar{X}-\mu}{\sigma/\sqrt{n}}\right)^2$$

因为 $\frac{X_i-\mu}{\sigma}\sim N(0,1)$，$X_1,X_2,\cdots,X_n$ 相互独立，从而 $\frac{x_1-\mu}{\sigma},\frac{x_2-\mu}{\sigma},\cdots,\frac{x_n-\mu}{\sigma}$，相互独立，根据 χ^2 分布定义可知，$\sum_{i=1}^{n}\left(\frac{X_i-\mu}{\sigma}\right)^2\sim\chi^2(n)$。又 $\frac{\bar{X}-\mu}{\sigma/\sqrt{n}}\sim N(0,1)$，所以，

$$\left(\frac{\bar{X}-\mu}{\sigma/\sqrt{n}}\right)^2\sim\chi^2(1)$$

故
$$\frac{(n-1)S^2}{\sigma^2} \sim \chi^2(n-1)$$

又因为 $\bar{X}$ 与 S^2 独立,所以根据 t 分布定义可得:
$$T = \frac{\bar{X}-\mu}{\sigma/\sqrt{n}} \bigg/ \sqrt{\frac{(n-1)S^2}{(n-1)\sigma^2}} = \frac{\bar{X}-\mu}{S/\sqrt{n}} \sim t(n-1)$$

因此,参照总体方差已知时的做法可得:
$$P\left\{\frac{|\bar{X}-\mu|}{S/\sqrt{n}} \leqslant t_{\alpha/2}(n-1)\right\} = 1-\alpha$$

即
$$P\left\{\bar{X}-t_{\alpha/2}(n-1)\frac{S}{\sqrt{n}} \leqslant \bar{X}+t_{\alpha/2}(n-1)\frac{S}{\sqrt{n}}\right\} = 1-\alpha$$

所以,总体均值 μ 的 $(1-\alpha)$ 的置信区间为:
$$\left[\bar{X}-t_{\alpha/2}(n-1)\frac{S}{\sqrt{n}}, \bar{X}+t_{\alpha/2}(n-1)\frac{S}{\sqrt{n}}\right] \tag{5.2}$$

其中的 $t_{\alpha/2}(n-1)$ 值为 t 分布的临界值,可以通过 SPSS 中的 IDF.T(prob,df) 函数获得。

5.2.2 正态总体均值区间估计的 SPSS 实现

1. 总体方差 σ^2 已知的情况下

【**例 5.1**】 某车间生产滚珠,从长期实践经验可知滚珠的直径近似服从正态分布,已知总体方差为 0.06,某天从产品中随机抽取 28 个滚珠,测得的直径数据可见数据文件第 5 章"参数的区间估计(5.1a).sav",求平均直径 α 取 0.05 的置信区间。

操作步骤如下:

(1) 打开数据文件,按【分析/报告/个案汇总】顺序,打开个案汇总对话框,在左边的变量名源框中,选中滚珠直径变量,通过中间的右移箭头将它移到变量框中。

(2) 单击【统计量】按钮,打开统计量选项卡,在这个对话框选中均值,并将其移入【单元格统计量】下框中,如图 5.1 所示,单击【继续】按钮,返回个案汇总对话框,并去除左下角"显示个案"前面的选择。

(3) 单击【确定】按钮,在输出窗口中得到样本的平均数计算结果,见表 5.1。

(4) 按【文件/新建/数据】顺序,打开数据编辑窗口,新建一个数据文件第 5 章"参数的区间估计(5.1b).sav",它有四个变量,分别为滚珠直径均值、总体方差、显著性水平、样本含量,并依次输入 14.9214、0.06、0.05 和 28。

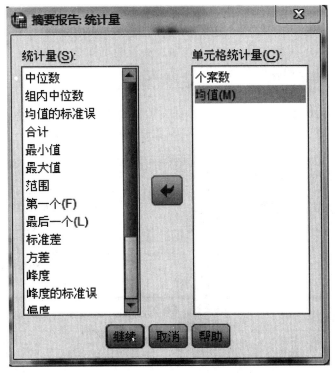

图 5.1 统计量选项卡

表 5.1 滚珠样本平均数计算结果

总计	N	28
	均值	14.9214

(5) 按【转换/计算变量】顺序,打开计算变量对话框,在目标变量框中,输入目标变量名为"下限",在数学表达式框中,输入"滚珠直径均值 -IDF.NORMAL(1 — 显著性水平/2,0,1) * sqrt(总体方差/样本含量)"。

(6) 单击【确定】按钮,则在数据编辑窗口工作的数据文件中出现下限的新变量及其值。

(7) 按【转换/计算变量】顺序,打开计算变量对话框,在目标变量框中,输入目标变量名为"上限",在数学表达式框中,输入"滚珠直径均值 +IDF.NORMAL(1 — 显著性水平/2,0,1) * sqrt(总体方差/样本含量)"。

(8) 单击【确定】按钮,则在数据编辑窗口工作的数据文件中出现下限的新变量及其值,如表 5.2 所示。

表 5.2 滚珠平均直径计算结果

滚珠直径均值	总体方差	显著性水平	样本含量	下限	上限
14.9124	0.06	0.05	28.00	14.82	15.00

因此,滚珠平均直径 95%(α 取 0.05)的置信区间为[14.82,15.00]。

2. 总体方差 σ^2 未知的情况下

【例5.2】 随机从一批零件中抽取34个,并测得其长度(单位:cm),并将结果存放在第5章"参数的区间估计(5.2).sav"中,从经验可知该零件长度近似服从正态分布,试求其均值90%的置信区间。

操作步骤如下:

(1) SPSS数据编辑窗口中,打开数据文件第5章"参数的区间估计(5.2).sav"。

(2) 按【分析/描述统计/探索】顺序,打开"探索"对话框,如图5.2所示。

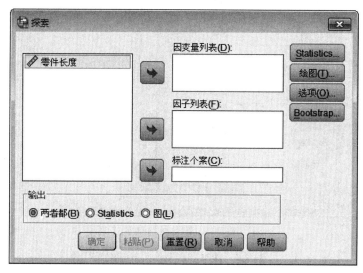

图5.2 "探索"对话框

将左边的"零件长度"变量通过中间的右移箭头移动到【因变量列表框(D)】中,单击【Statistics】按钮,打开"探索:统计"对话框,如图5.3所示。

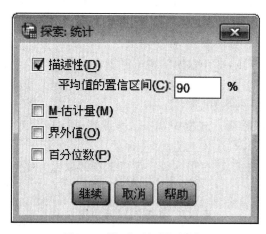

图5.3 "探索:统计"对话框

(3) 在"统计"对话框中,选择【描述性(D)】选项,在【平均值的置信区间(C)】框中输入"90"。单击【继续】按钮返回"探索"对话框。其他保持系统默认选择。

（4）单击【确定】按钮运行，在输出窗口中得到计算结果，如表 5.3 所示。

表 5.3 样本零件计算结果

			统计	标准错误
零件长度	平均值		2.1250	0.00281
	平均值 90％的置信区间	下限值	2.1202	
		上限	2.1298	
	5％ 截尾平均值		2.1250	
	中位数		2.1300	
	方差		0.000	
	标准偏差		0.01638	
	最小值		2.10	
	最大值（X）		2.15	
	范围		0.05	
	四分位距		0.03	
	偏度		−.176	0.403
	峰度		−1.059	0.788

（5）结果说明：所求零件长度的 90％的置信区间为：[2.1202,2.1298]。

5.3 正态总体方差的置信区间

5.3.1 正态总体方差的区间估计概述

正态总体方差的区间估计就是通过从总体中抽取的样本，根据一定的正确度与精确度的要求，构造出适当的区间，以作为总体方差的真值所在范围的估计。

因为 $\frac{(n-1)S^2}{\sigma^2} \sim \chi^2(n-1)$，所以，令 $P\left\{a \leqslant \frac{(n-1)S^2}{\sigma^2} \leqslant b\right\} = 1-\alpha$。考虑到 χ^2 是偏态分布，为简化计算，可令

$$P\left\{\frac{(n-1)S^2}{\sigma^2} < a\right\} = P\left\{\frac{(n-1)S^2}{\sigma^2} > b\right\} = \frac{\alpha}{2}, 故得 a = \chi^2_{\alpha/2}(n-1),$$
$$b = \chi^2_{1-\alpha/2}(n-1) \quad （注：\alpha 为 \chi^2 左侧累积概率）$$

由 $\chi^2_{\alpha/2}(n-1) \leqslant \frac{(n-1)S^2}{\sigma^2} \leqslant \chi^2_{1-\alpha/2}(n-1)$，可解得 σ^2 的 $(1-\alpha)$ 的置信区间为：

$$\left[\frac{(n-1)S^2}{\chi^2_{1-\alpha/2}(n-1)}, \quad \frac{(n-1)S^2}{\chi^2_{\alpha/2}(n-1)}\right] \tag{5.3}$$

其中的 $\chi^2_{\alpha/2}(n-1)$ 和 $\chi^2_{1-\alpha/2}(n-1)$ 的值可以通过 SPSS 中的 IDF.CHISQ(prob,df) 函数获得。

5.3.2 正态总体方差区间估计的 SPSS 实现

【例 5.3】 已知某种木材横纹抗压力的实验值服从 $N(\mu,\sigma^2)$，对 20 根木材做横纹抗压力试验的结果存放在第 5 章"参数的区间估计(5.3a).sav"中，请对该木材横纹

抗压力的方差进行区间估计（α 取 0.05）。

操作步骤如下：

（1）SPSS 数据编辑窗口中，打开数据文件第 5 章"参数的区间估计(5.3a).sav"。

（2）按【分析/描述统计/描述】顺序，打开描述性分析对话框，如图 5.4 所示。

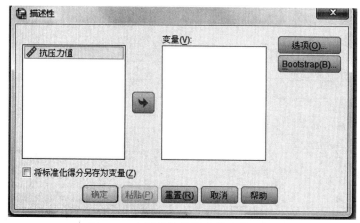

图 5.4 木材横纹抗压力描述性分析

将左侧的"抗压力值"变量移入右侧的【变量(V)】框中。

（3）单击【选项(O)】按钮，弹出"描述:选项"对话框，如图 5.5 所示。

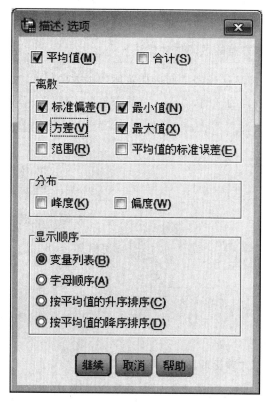

图 5.5 "描述:选项"对话框

在选项对话框中,选择"方差选项",单击【继续】按钮返回描述性对话框。

(4)单击【确定】按钮执行,在输出窗口中出现计算结果,如表 5.4 所示。

表 5.4　木材抗压力描述统计

变量	数字	最小值(M)	最大值(X)	平均值(E)	标准偏差	方差
抗压力值	20	398.00	512.00	459.1000	31.67084	1003.042
有效 N(成列)	20					

从上表 5.4 可以看出,样本方差为 1003。

(5)按【文件/新建/数据】顺序,打开"数据编辑窗口",新建一个数据文件第 5 章 "参数的区间估计(5.3b).sav",它有三个变量,分别为"方差""显著性水平""样本含量",依次输入 1003、0.05 和 20。

(6)按【转换/计算变量】顺序,打开"计算变量对话框",在"目标变量框"中输入目标变量名为"下限",在数学表达式框中输入"(样本含量－1)*方差/ IDF.CHISQ(1－显著性水平/2,样本含量－1)"。

(7)单击【确定】按钮,则在数据编辑窗口工作的数据文件中出现下限的新变量及其值。

(8)按【转换/计算变量】顺序,打开计算变量对话框,在"目标变量框"中输入目标变量名为"上限",在数学表达式框中输入"(样本含量－1)*方差/ IDF.CHISQ(显著性水平/2,样本含量－1)"。

(9)单击【确定】按钮,则在数据编辑窗口工作的数据文件中出现上限的新变量及其值,如表 5.5 所示。

表 5.5　木材横纹抗压力结果分析

方差	显著性水平	样本含量	下限	上限
1003.00	0.05	20	580.08	2139.67

因此,该木材横纹抗压力的方差 95% 的置信区间为[580.08,2139.67]。

5.4　两个正态总体均值差的区间估计

5.4.1　两个正态总体均值差的区间估计概述

1. 总体方差 σ_1^2 和 σ_2^2 已知,$\mu_1-\mu_2$ 的区间估计

设两个总体 $X \sim N(\mu_1,\sigma_1^2)$,$Y \sim N(\mu_2,\sigma_2^2)$,而 $X_1,X_2,\cdots,X_{n_1},Y_1,Y_2,\cdots,Y_{n_2}$ 分别来自两个独立的总体 X 与 Y,所以两个样本之间相互独立,故 $\bar{X}$ 与 $\bar{Y}$ 相互独立。又由于

$$E(\bar{X}-\bar{Y}) = \mu_1-\mu_2, \quad D(\bar{X}-\bar{Y}) = D(\bar{X})-D(\bar{Y}) = \frac{\sigma_1^2}{n_1}+\frac{\sigma_2^2}{n_2}$$

因而

$$\bar{X}-\bar{Y} \sim N\left(\mu_1-\mu_2,\frac{\sigma_1^2}{n_1}+\frac{\sigma_2^2}{n_2}\right)$$

因此可得：

$$U = \frac{\bar{X} - \bar{Y} - (\mu_1 - \mu_2)}{\sqrt{\frac{\sigma_1^2}{n_1} + \frac{\sigma_2^2}{n_2}}} \sim N(0,1)$$

对于给定的置信度$(1-\alpha)$，由$P\{-\mu_{\alpha/2} \leqslant U \leqslant \mu_{\alpha/2}\} = 1-\alpha$，作等价变换得：

$$P\left\{(\bar{X}-\bar{Y}) - \mu_{\alpha/2}\sqrt{\frac{\sigma_1^2}{n_1} + \frac{\sigma_2^2}{n_2}} \leqslant \mu_1 - \mu_2 \leqslant (\bar{X}-\bar{Y}) + \mu_{\alpha/2}\sqrt{\frac{\sigma_1^2}{n_1} + \frac{\sigma_2^2}{n_2}}\right\} = 1-\alpha$$

由此可得$\mu_1 - \mu_2$的$(1-\alpha)$的置信区间为：

$$\left[(\bar{X}-\bar{Y}) - \mu_{\alpha/2}\sqrt{\frac{\sigma_1^2}{n_1} + \frac{\sigma_2^2}{n_2}},\ (\bar{X}-\bar{Y}) + \mu_{\alpha/2}\sqrt{\frac{\sigma_1^2}{n_1} + \frac{\sigma_2^2}{n_2}}\right] \tag{5.4}$$

2. 总体方差σ_1^2和σ_2^2未知，但$\sigma_1^2 = \sigma_2^2$时的$\mu_1 - \mu_2$的区间估计

由前边推理可得，$\mu_1 - \mu_2$的$(1-\alpha)$的置信区间为：

$$\left[(\bar{X}-\bar{Y}) - t_{\alpha/2}(n_1+n_2-2)\sqrt{\frac{(n_1-1)s_1^2 + (n_2-1)s_2^2}{n_1+n_2-2}\left(\frac{1}{n_1}+\frac{1}{n_2}\right)},\right.$$
$$\left.(\bar{X}-\bar{Y}) + t_{\alpha/2}(n_1+n_2-2)\sqrt{\frac{(n_1-1)s_1^2 + (n_2-1)s_2^2}{n_1+n_2-2}\left(\frac{1}{n_1}+\frac{1}{n_2}\right)}\right] \tag{5.5}$$

3. 总体方差σ_1^2和σ_2^2未知，但$\sigma_1^2 \neq \sigma_2^2$时的$\mu_1 - \mu_2$的区间估计

在大样本情况下，即n_1，n_2均较大时，由中心极限定理可得：

$$U = \frac{\bar{X}-\bar{Y}-(\mu_1-\mu_2)}{\sqrt{\frac{\sigma_1^2}{n_1}+\frac{\sigma_2^2}{n_2}}} \to N(0,1)$$

可以证明，当用S_1^2，S_2^2分别替代σ_1^2，σ_2^2后，仍有相同的结论。因此，可得$\mu_1 - \mu_2$的近似的$(1-\alpha)$的置信区间为：

$$\left[(\bar{X}-\bar{Y}) - \mu_{\alpha/2}\sqrt{\frac{S_1^2}{n_1}+\frac{S_2^2}{n_2}},\ (\bar{X}-\bar{Y}) + \mu_{\alpha/2}\sqrt{\frac{S_1^2}{n_1}+\frac{S_2^2}{n_2}}\right] \tag{5.6}$$

在n_1，n_2均较小时，统计量为：

$$T = \frac{\bar{X}-\bar{Y}-(\mu_1-\mu_2)}{\sqrt{\frac{S_1^2}{n_1}+\frac{S_2^2}{n_2}}} \sim t(f)$$

其中，自由度为：

$$f = \frac{(s_1^2/n_1 + s_2^2/n_2)^2}{(s_1^2/n_1)^2/(n_1-1) + (s_2^2/n_2)^2/(n_2-1)}$$

当f不为正整数时，对f取整加1，作为最终的自由度。

此时，可得$\mu_1 - \mu_2$的近似的$(1-\alpha)$的置信区间为：

$$\left[(\bar{X}-\bar{Y}) - t_{\alpha/2}(f)\sqrt{\frac{S_1^2}{n_1}+\frac{S_2^2}{n_2}},\ (\bar{X}-\bar{Y}) + t_{\alpha/2}(f)\sqrt{\frac{S_1^2}{n_1}+\frac{S_2^2}{n_2}}\right] \tag{5.7}$$

5.4.2 两个正态总体均值差区间估计的 SPSS 实现

【例 5.4】 用两种除草剂做除草效果试验,各喷洒 5 个试验小区,除草的杂草数如下:

除草剂 A:9、16、12、7、7

除草剂 B:177、151、110、117、135

经检验两种除草剂的除草数服从正态分布,但方差不相等,求总体均值差 $\mu_A - \mu_B$ 的 95% 的置信区间。

操作步骤如下:

(1) 在 SPSS 的数据编辑窗口中建立数据文件,如第 5 章"参数的区间估计(5.4).sav"。

(2) 选择菜单【分析/比较均值/独立样本 T 检验】,展开独立样本 T 检验对话框,如图 5.6 所示。将"除草数"变量移入【检验变量(T)】框中,将"除草剂类型"变量移入【分组变量(G)】框中。

图 5.6 除草剂的独立样本 T 检验

(3) 点击【定义组】,弹出"定义组"对话框(见图 5.7),在【组 1】框中输入"1",在【组 2】框中输入"2",或者选择【割点(C)】,并在其后框中输入"1.5",单击【继续】按钮,返回独立样本 T 检验对话框。

图 5.7 "定义组"对话框

(4) 单击【确定】按钮,则在输出窗中得到想要的结果,如表 5.6 所示。

表 5.6 组统计

	除草剂类型	数字	平均值(E)	标准偏差	标准误差平均值
除草数	除草剂 A	5	8.2000	2.38747	1.06771
	除草剂 B	5	138.0000	27.03701	12.09132

表 5.6 输出的是各组的相关统计量,第三列为各组的样本容量,第四列为各组的均值,第五列为各组的标准差,最后一列为各组均值的标准误差。从组统计的结果看,两者的方差相差较大,因此属于方差不等的情况。根据前面的描述可知,可以利用公式(5.7)直接求解。但是,这里利用独立样本 T 检验的方法,可以更方便地进行均值差的区间估计。

表 5.7 是独立样本 T 检验的结果(后面章节会介绍其方法,但在此处可以进行均值差的区间估计)。通过列文方差相等性检验可知,如果方差相等,结果参考第一行数据分析;如果方差不等,结果为第二行数据。另外,在此题中,由于 F 检验统计量的 P 值为 0.016,小于 0.05,所以拒绝两组方差相等的假设,认为两组方差是不等的,因此,结果是第二行数据。由表 5.7 可知,我们所要求的两组总体均值差的 95% 的置信区间为 [−163.30,−96.30]。

表 5.7 独立样本检验

		列文方差相等性检验		平均值相等性的 t 检验						
		F	显著性	t	自由度	显著性(双尾)	平均差	标准误差差值	差值的 95% 置信区间	
									下限	上限
除草数	方差相等	9.378	0.016	−10.69	8	0.000	−129.80	12.13837	−157.79	−101.81
	方差不等			−10.69	4.062	0.000	−129.80	12.13837	−163.30	−96.30

5.5 其他总体参数及参数的区间估计

5.5.1 单个总体分布未知时均值的区间估计

1. 总体的方差已知

当总体分布类型未知时,$E(X)=\mu$ 未知,而 $D(X)=\sigma^2$ 已知时,求总体均值 μ 的区间估计。从该总体 X 中随机抽取一个大样本 $X_1,X_2,\cdots,X_n$,由中心极限定理可知:

$$\bar{X} \sim N\left(\mu, \frac{\sigma^2}{n}\right)$$

因此,X 的期望 μ 的 $(1-\alpha)$ 的置信区间为:

$$\left[\bar{X} - \mu_{\alpha/2}\frac{\sigma}{\sqrt{n}}, \bar{X} + \mu_{\alpha/2}\frac{\sigma}{\sqrt{n}}\right] \tag{5.8}$$

2. 总体的方差未知

当总体分布类型未知时，$E(X)=\mu$ 未知，而 $D(X)=\sigma^2$ 未知时，在大样本前提下，X 的期望 μ 的 $(1-\alpha)$ 的置信区间为：

$$\left[\bar{X}-\mu_{\alpha/2}\frac{S}{\sqrt{n}},\ \bar{X}+\mu_{\alpha/2}\frac{S}{\sqrt{n}}\right] \tag{5.9}$$

5.5.2 当两个总体 X,Y 的分布未知时均值差的区间估计

1. 总体的方差已知

当两个总体 X,Y 的分布类型未知，而总体的方差 σ_1^2 与 σ_2^2 已知时，求总体的参数 $\mu_1-\mu_2$ 的 $(1-\alpha)$ 的置信区间。分别从两个总体抽取两个独立的大样本，根据中心极限定理可知：

$$\bar{X}\sim N\left(\mu_1,\frac{\sigma_1^2}{n_1}\right),\quad \bar{Y}\sim N\left(\mu_2,\frac{\sigma_2^2}{n_2}\right)$$

由此可得 $\mu_1-\mu_2$ 的 $(1-\alpha)$ 的置信区间为：

$$\left[(\bar{X}-\bar{Y})-\mu_{\alpha/2}\sqrt{\frac{\sigma_1^2}{n_1}+\frac{\sigma_2^2}{n_2}},\ (\bar{X}-\bar{Y})+\mu_{\alpha/2}\sqrt{\frac{\sigma_1^2}{n_1}+\frac{\sigma_2^2}{n_2}}\right] \tag{5.10}$$

2. 总体的方差未知

当两个总体 X,Y 的分布类型未知，而总体的方差 σ_1^2 与 σ_2^2 也未知时，在大样本情况下，可用样本方差 S_1^2,S_2^2 来替代总体方差 σ_1^2 与 σ_2^2，从而可得 $\mu_1-\mu_2$ 的 $(1-\alpha)$ 的置信区间为：

$$\left[(\bar{X}-\bar{Y})-\mu_{\alpha/2}\sqrt{\frac{S_1^2}{n_1}+\frac{S_2^2}{n_2}},\ (\bar{X}-\bar{Y})+\mu_{\alpha/2}\sqrt{\frac{S_1^2}{n_1}+\frac{S_2^2}{n_2}}\right] \tag{5.11}$$

5.5.3 总体分布未知时参数估计的 SPSS 实现

【例 5.5】 实测某中学初一男生和初二男生立定跳远成绩，得到 $\bar{X}=180.5\,\text{cm}$，$S_1=20.5\,\text{cm}$，$n_1=160$，$\bar{Y}=190.5\,\text{cm}$，$S_2=15.6\,\text{cm}$，$n_2=158$。求初一男生和初二男生立定跳远成绩均值差的 95% 的置信区间。

本题属于两个总体分布未知时均值差的区间估计，总体方差未知，大样本情况下用样本方差代替，用公式(5.11)计算。在 SPSS 中本例的操作步骤为：

(1) 在 SPSS 的数据编辑窗口中建立数据文件第 5 章"参数的区间估计(5.5).sav"，根据已知条件建立初一男生和初二男生的均值、标准差以及样本量六个变量，并输入数值。

(2) 按【转换/计算变量】顺序，打开"计算变量"对话框，在"目标变量"框中输入目标变量名为"下限"，在数学表达式框中按照公式 5.11 输入"初一样本均值－初二样本均值-IDF.NORMAL(1－0.05/2,0,1)＊sqrt(初一样本标准差 ＊ 初一样本标准差/初一样本量＋初二样本标准差 ＊ 初二样本标准差/初二样本量)"。

(3) 单击【确定】按钮，则在数据编辑窗口工作的数据文件中出现下限的新变量及

其值。

(4) 按【转换/计算变量】顺序,打开计算变量对话框,在"目标变量"框中输入目标变量名为"上限",在数学表达式框中输入"初一样本均值－初二样本均值＋IDF.NORMAL(1－0.05/2,0,1)＊sqrt(初一样本标准差 ＊ 初一样本标准差/初一样本量＋初二样本标准差 ＊ 初二样本标准差/初二样本量)"。

(5) 单击【确定】按钮,则在数据编辑窗口工作的数据文件中出现"上限"的新变量及其值。如表5.8所示。

表5.8 初一和初二男生立定跳远成绩分析结果

初一样本均值	初一样本标准差	初一样本量	初二样本均值	初二样本标准差	初二样本量	下限	上限
180.50	20.50	160.00	190.50	15.60	158.00	－14.00	－6.00

由此可知,初一男生和初二男生的立定跳远成绩有显著的差异,因为其均值差的区间估计中没有包含0。

第6章 参数检验

6.1 假设检验

6.1.1 假设检验概述

假设检验是根据一定统计假设条件由样本推断总体的一种方法。统计假设是关于总体未知分布的有关假设。例如，一项跳高能力训练，训练前的平均跳高成绩为 μ_1，训练后的平均跳高成绩为 μ_2，试问该项跳高训练是否有效？这个问题所设及的两种情况（训练是有效的和训练是无效的）可以用统计假设的形式表示：

$$H_0:\mu_1 = \mu_2; \ H_1:\mu_1 \neq \mu_2 \tag{6.1}$$

其中，H_0 为零假设或原假设（null hypothesis），H_1 为备择假设或对立假设（alternative hypothesis）。H_0 表示 μ_1 与 μ_2 之间没有显著差异（即训练的效果不显著），H_1 表示 μ_1 和 μ_2 之间有显著性的差异（即训练的效果是显著的）。假设检验就是要作出是否拒绝零假设 H_0 的判断。

统计假设可以是针对总体参数的，也可以是针对总体分布类型的，还可以是针对总体模型方面的。其中，仅涉及总体分布的未知参数的假设称为参数假设，对应的检验称为参数检验（parametric test），其他检验统称为非参数检验（nonparametric test），如分布检验、独立性检验等。本章重点讨论的是参数检验的方法，非参数检验将在后面的章节讨论。

6.1.2 假设检验的基本思路

假设检验的基本思路是首先对总体参数值提出假设，然后再利用样本提供的信息验证之前提出的假设是否成立。如果样本数据不能充分证明和支持假设是不成立的，则不能推翻假设成立的合理性和真实性。

假设检验中推理的理论依据是"小概率原理"，即认为小概率事件在一次实验中几乎是不可能发生的。在对统计假设 H_0 进行检验时，我们需要构造一个检验统计量，

它的分布在 H_0 成立时是可以确定的(如正态分布、t 分布等)。然后根据事先选择的显著性水平 α(习惯上取 0.05 或 0.01,如果没有特别说明,本书中的取值为 0.05),将检验统计量的取值范围划分为两个区域:接受域和拒绝域。检验统计量落入拒绝域为一个小概率事件,落入接受域为一个大概率事件。当检验统计量服从标准正态分布时,图 6.1 给出了拒绝域及相应的概率示意图,其中 $Z_{\alpha/2}$ 是标准正态分布的 α 双侧分位点,是接受域与拒绝域的临界点。当样本计算出的检验统计量的值落在接受域时,不能拒绝原假设;落在拒绝域时,则拒绝原假设。

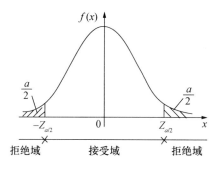

图 6.1 接受域与拒绝域示意图

例如,对某地区的人均寿命的平均值进行假设检验。首先提出一个假设,假设某地区的人均寿命为 70 岁。为了验证该假设是否成立,应充分利用样本数据。如果样本数据中,地区人均寿命为 75 岁,显然与 70 岁存在一定的差距,此时能否拒绝先前的假设? 答案是不一定。主要原因是有可能存在抽样误差,即样本与假设之间的差距有可能就是系统误差,也有可能是由于抽样误差造成的。抽样误差的存在会导致出现某些样本的人均寿命为 75 岁,也会使另外一些样本的平均寿命为 70 岁、71 岁,或者为其他值。因此,需要确定样本数据提供的信息与假设之间的差距究竟是哪种原因造成的,依据的原理便是小概率原理。它首先计算在假设成立的条件下,样本值或更极端值发生的概率有多大。如果某地区的人均寿命确为 70 岁,那么 75 岁发生的概率有多大。如果 75 岁发生的概率很大,就没有理由认为 70 岁的假设不成立。反之,如果 75 岁发生的概率很小,则根据小概率原理,它应该是不该发生的事件,但事实是,这件不该发生的事件却恰好在这一次实验中发生了。由于样本展现出来的是真实的,因此 70 岁的假设不成立。

6.1.3 假设检验的两类错误

由于我们的判断是根据统计量作出的,因而存在误判的可能性。有两种误判情形:第一,当原假设为真时,小概率事件并非绝对不会发生,其发生的概率为 α。因此当原假设本来为真时,检验统计量的观测值却落入拒绝域,于是错误地拒绝了原假设,这时犯了第一类错误,即拒绝了为真的原假设,犯第一类错误的概率为 α。第二,原假设不为真,但检验统计量的观测值却没落入拒绝域,从而错误地接受了原假设,这时犯了第二类错误,即接受了不为真的原假设,犯第二类错误的概率为 β。图 6.2 给出了两类错误的示意图。显然,对于一个确定的检验,若 α 越小,则 β 越大,反之亦然。如果想要同时减少犯两类错误的概率,则可以增加样本容量。

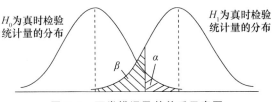

图 6.2　两类错误及其关系示意图

当拒绝原假设时,犯第一类错误的概率 α 是很小的,可以事先控制。而当接受原假设时,犯第二类错误的概率则可能较大,且难以计算大小。应用上在构造拒绝域时通常只考虑第一类错误的概率即 α,而不考虑第二类错误,称为显著性(significance)检验,α 称为显著性水平。原假设与备择假设在检验中的作用或地位是不对称的,原假设是受到保护的假设,没有充分证据时不会拒绝它。换句话说,一旦原假设被拒绝而接受备择假设时,证据是很充分的。因此,研究者常常将希望其为正确的假设作为备择假设,而将其对立面作为原假设。

6.1.4　假设检验的基本步骤

根据假设检验的基本思想,假设检验主要包括以下四个步骤:

第一,提出原假设。即根据检验目标,对待检验的总体参数提出原假设和备择假设。

第二,选择检验统计量。对于不同的假设检验问题及不同的总体情况,依据不同的检验统计量的理论、方法和策略,选择不同的检验统计量。实际应用中,研究者需要根据实际问题选择适合的检验统计量。

第三,计算检验统计量观测值的发生概率。选定检验统计量之后,在认为原假设成立的条件下,利用样本数据便可计算出检验统计量观测值发生的概率,即概率 p 值或称之为相伴概率,该概率值间接地给出了样本值在原假设成立的条件下发生的概率。对此,可以根据一定的标准来判定其发生的概率是否为小概率。

第四,给定显著性水平 α,并作出统计决策。如果检验统计量的概率 p 值小于显著性水平 α,则认为此时拒绝原假设犯错误的概率小于显著性水平 α,可以拒绝原假设。反之,如果检验统计量的概率 p 值大于显著性水平 α,则认为此时拒绝原假设犯错误的概率大于显著性水平 α,其概率比预先控制的水平高,因此不应拒绝原假设。

6.2 单样本的总体参数假设检验

6.2.1 单样本 t 检验概述

单样本 t 检验的目的是利用来自某总体的样本数据,推断该总体的均值是否与指定的检验值之间存在显著差异。它是对总体均值的假设检验。单样本 t 检验在检验之前,一般都要求样本数据总体服从正态分布,至少也是无偏分布。由中心极限定理可知,即使原数据不服从正态分布,只要样本量足够大,其样本均值的抽样分布仍是正态的。因此当样本量较大时,研究者很少去考虑单样本 t 检验的适用条件,此时真正限制适用的是均值是否能够代表相应数据的集中趋势。一般而言,单样本 t 检验是一个非常稳健的统计方法,只要没有明显的极端值,其分析结果都是稳定的。

6.2.2 单样本 t 检验的基本步骤

单样本 t 检验用于检验单个总体的均值,由于总体的不可知性,我们首先对总体均值的取值进行假设,然后对总体进行抽样,通过样本均值的情况来检验对总体均值的假设是否成立。根据小概率原理,如果在假设的总体均值下,样本均值观测值出现的概率是小概率,那么说明总体均值的假定是错误的,反之,则说明总体均值的假设是可以接受的。根据这个思想,可以构造单样本 t 检验的步骤:

第一步:提出原假设。由于是对总体均值的假设,因此原假设可以写成 $H_0: \mu = \mu_0$,其中 μ 代表总体均值,是未知的,而 μ_0 是对总体均值的假设,即待检验的值。

第二步:选择检验统计量并给出统计量的分布。假设总体服从正态分布,检验统计量是 t 统计量,其构成为:

$$t = \frac{\bar{X} - \mu_0}{S/\sqrt{n}} \tag{6.2}$$

其中 S 为样本标准差,其定义为:

$$S^2 = \frac{1}{n-1} \sum_{i=1}^{n}(X_i - \bar{X})^2 \tag{6.3}$$

在原假设为真的条件下,此统计量服从自由度为 $(n-1)$ 的 t 分布。

第三步:SPSS 会根据样本观测值自动计算 t 统计量的观测值,并根据统计量的分布自动计算统计量观测值发生的概率(p 值)。

第四步:根据 p 值和事先确定的显著性水平,就能够作出假设检验的决策。

可见,在 SPSS 中,单样本 t 检验最重要的除了数据以外,就是指定待检验的值和确定显著性水平,其余工作会自动完成。

6.2.3 单样本 t 检验的 SPSS 实现应用举例

【例 6.1】 有一种新型农药可防治柑橘红蜘蛛,对某城市 20 个小区进行了实验,分别收集其防治效果,然后与原用农药的防治效果比较。假设原用农药的防治效果为90,试分析其效果是否高于原用农药。由于该问题涉及的是单个总体,且要进行总体均值检验,同时,20 个小区实验结果构成的总体可近似认为服从正态分布。因此,可以采用单样本 t 检验进行分析。

表 6.1　某城市 20 个小区的新型农药的防治效果

小区编号	1	2	3	4	5	6	7	8	9	10
新型农药防治效果	95	92	88	92	93	95	89	98	92	87
小区编号	11	12	13	14	15	16	17	18	19	20
新型农药防治效果	94	91	92	90	89	92	95	93	91	88

SPSS 单样本 t 检验的基本操作步骤为:

(1) 根据题意,建立 SPSS 数据文件,如图 6.3 所示。

	小区编号	防治效果
1	1.00	95.00
2	2.00	92.00
3	3.00	88.00
4	4.00	92.00
5	5.00	93.00
6	6.00	95.00
7	7.00	89.00
8	8.00	98.00
9	9.00	92.00
10	10.00	87.00
11	11.00	94.00
12	12.00	91.00
13	13.00	92.00
14	14.00	90.00
15	15.00	89.00
16	16.00	92.00
17	17.00	95.00
18	18.00	93.00
19	19.00	91.00
20	20.00	88.00

图 6.3　某城市 20 个小区的新型农药的防治效果数据截图

(2) 选择菜单【分析(A)/比较平均值(M)/单样本 T 检验(S)】,出现如图 6.4 所示的对话框。

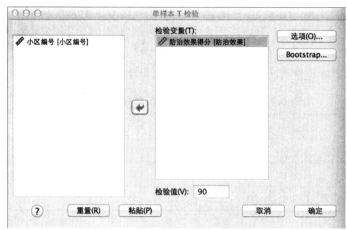

图 6.4 "单样本 T 检验"对话框

(3) 选择待检验的变量到【检验变量(T)】框中,在【检验值(V)】框中输入检验值。

(4) 点击【选项(O)】按钮,进入选项子对话框,如图 6.5 所示。【选项(O)】选项用来指定缺失值的处理方法。其中,【按分析顺序排除个案(A)】表示当时计算时涉及的变量上有缺失值,则删除在该变量上为缺失值的个案;【按列表排除个案(L)】表示删除所有在任意变量上含有缺失值个案后再进行分析。此外,还可以在置信区间【置信区间百分比(C)】中指定置信水平,默认值为 95%。置信水平和显著性水平相加等于1,因此如果显著性水平为 0.05,则置信水平为 95%。然后单击【继续】按钮回到主对话框,并点击【确定】按钮。

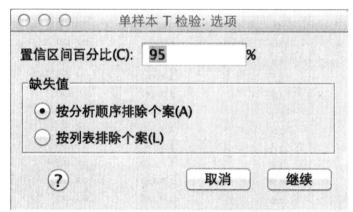

图 6.5 "单样本 T 检验:选项"对话框

于是,可以得到 SPSS 计算的 t 统计量和对应的概率 p 值,具体分析结果如表 6.2 和表 6.3 所示。

表 6.2 新型农药防治效果的基本描述统计量

单样本统计

	数字	平均值(E)	标准偏差	标准误差平均值
防治效果得分	20	91.8000	2.80225	0.62660

表 6.3 新型农药防治效果的单样本 t 检验结果

单样本检验

	检验值＝90				
	t	自由度	显著性（双尾）	平均差	差值的95%置信区间
					下限	上限
防治效果得分	2.873	19	0.010	1.80000	0.4885	3.1115

由表 6.2 可知，20 个小区新型农药防治效果的平均值为 91.8000，标准差为 2.80225，样本均值标准误差为 0.62660。

由表 6.3 可知，t 统计量的观测值为 2.873，自由度为 19(n－1＝20－1)，t 统计量的双侧概率 p 值为 0.10，样本均值与总体均值的差为 1.80000，以及总体均值 95% 的置信区间为 (90.4885, 93.1115)（即 90＋0.4885，90＋3.1115）。如果我们确定的显著性水平为 0.05，则在原假设下，样本观测值的发生是一个小概率事件，因而要拒绝原假设，认为新型农药的防治效果与 90 存在显著差异，即新型农药的防治效果高于原农药。而且总体均值 95% 的置信区间为 (90.4885, 93.1115)，即区间 (90.4885, 93.1115) 以 95% 的概率覆盖总体均值，也即区间不包含总体均值的概率为 5%，这也从另一个方面说明了总体均值等于 0.5 是个小概率事件。

6.3 两个独立样本的总体参数假设检验

6.3.1 两个独立样本 t 检验概述

两个独立样本的 t 检验是检验两个独立样本均值是否存在显著差异的一种方法。使用 SPSS 进行两个独立样本 t 检验的时候，要求两个样本都来自正态总体。在进行两个独立样本 t 检验之前，首先要判断两个样本对应的总体方差是否相等，也就是方差齐性检验。在两个总体方差相同和不同的情况下，两独立样本 t 检验的统计量公式也是不同的。

在实际应用中，两个样本的独立性对检验结果的影响比较大，但检验数据独立性的方法比较复杂，一般都是根据数据的性质加以判断。如果从专业背景上可以肯定样本数据不存在这些问题，则一般独立性总是能够满足的。两个独立样本 t 检验对数据的正态性有一定耐受能力，如果只是少数数据偏离正态，则检验结果仍然是稳健的。

6.3.2 两个独立样本 t 检验的基本步骤

独立样本 t 检验的一般步骤：

第一步：提出原假设，由于检验两个独立总体 X、Y 均值是否相等，因此原假设可以写成 $H_0: \mu_1 = \mu_2$，其中 μ_1 代表总体 X 的均值，μ_2 是总体 Y 的均值，两个总体的均值是未知的。

第二步：选择检验统计量并给出统计量的分布，假设总体服从正态分布，按照两个

总体的方差是否相等,检验 t 统计量有不同的构成:

第一种情况:当两个总体的方差相等时,将两个总体的方差合并作为方差的估计,称为样本标准差 S_p,定义为:

$$S_p^2 = \frac{\sum_{i=1}^{n_1}(X_i-\bar{X})^2 + \sum_{j=1}^{n_2}(Y_j-\bar{Y})^2}{n_1+n_2-1} = \frac{(n_1-1)S_1^2+(n_2-1)S_2^2}{n_1+n_2-1} \quad (6.4)$$

其中,n_1,n_2 分别代表两个独立样本的样本数,而 S_1^2,S_2^2 分别代表两个总体的修正样本方差。

t 统计量的定义为:

$$t = \frac{\bar{X}-\bar{Y}-(\mu_1-\mu_2)}{S_p\sqrt{\frac{1}{n_1}+\frac{1}{n_2}}} \quad (6.5)$$

在原假设为真(即总体的均值确实等于待检验值)的条件下,此统计量服从自由度为 n_1+n_2-1 的 t 分布。

第二种情况:当两个总体方差不相等时,才采用各自的方差,此时独立样本均值及其方差定义为:

$$S_{12}^2 = \frac{S_1^2}{n_1} + \frac{S_2^2}{n_2} \quad (6.6)$$

t 统计量的定义为:

$$t = \frac{\bar{X}-\bar{Y}-(\mu_1-\mu_2)}{S_{12}} \quad (6.7)$$

当原假设为真时,此统计量服从修正自由度的 t 分布,修正自由度 f 定义为:

$$f = \frac{(s_1^2/n_1+s_2^2/n_2)^2}{(s_1^2/n_1)^2/(n_1-1)+(s_2^2/n_2)^2/(n_2-1)} \quad (6.8)$$

至此可见,在两个独立样本的 t 检验中,两个总体的方差是否相等是决定如何计算抽样分布方差的关键,因此,有必要通过有效的方式对方差是否相同进行检验。SPSS 中通过 Levene F 方法采用 F 统计量进行检验,具体结果将在后面的结果解释中说明。

第三步:SPSS 会根据样本观测值自动计算 t 统计量的观测值,并根据统计量的分布自动计算统计量观测值发生的概率。

第四步:根据 p 值和事先确定的显著性水平,就可以作出假设检验的决策。

6.3.3 两个独立样本 t 检验的 SPSS 实现应用举例

【例 6.2】 利用悉尼和东京两个城市某段时间的石油价格的数据情况,分析悉尼与东京两个城市在该段时间内的石油价格的方差及均值有无显著差异。

表 6.4 悉尼和东京两个城市石油价格数据

悉尼 （美分/升）	147	146	150	138	147	149	145	151	155	145	146	143	147
东京 （美分/升）	150	153	142	161	153	162	153	161	147	143	157	150	149

在分析悉尼与东京两个城市在该段时间内的石油价格的均值是否存在显著差异问题时，可以将悉尼与东京两个城市在该段时间内的石油价格看成两个总体，且石油价格可以近似认为服从正态分布，样本数据的获取是独立抽样的，因此，可以用两个独立样本 t 检验的方法进行分析。其原假设是：悉尼与东京两个城市在该段时间内的石油价格均值不存在显著差异，即 $H_0: \mu_1 - \mu_2 = 0$。

SPSS 关于两个独立样本 t 检验的基本操作如下：

(1) 根据题意，建立 SPSS 数据文件，如图 6.6 所示。

	city	price
1	1	147.00
2	1	146.00
3	1	150.00
4	1	138.00
5	1	147.00
6	1	149.00
7	1	145.00
8	1	151.00
9	1	155.00
10	1	145.00
11	1	146.00
12	1	143.00
13	1	150.00
14	2	153.00
15	2	142.00
16	2	161.00
17	2	153.00
18	2	162.00
19	2	153.00
20	2	161.00

图 6.6 悉尼和东京两个城市石油价格部分数据截图

(2) 选择菜单【分析(A)/比较平均值(M)/独立样本 T 检验(S)】，出现如图 6.7 所示的窗口。

图 6.7 两个独立样本 t 检验窗口

（3）选择检验变量到【检验变量（T）】框中。

（4）选择总体标识变量到【分组变量（G）】框中。

（5）单击【定义组（D）】按钮定义两个总体的表示值，显示如图 6.8 所示的窗口。其中，【使用指定值（U）】表示分别输入对应的两个不同总体的标记值，此处可以分别输入"1"和"2"；【分割点（C）】框中应输入一个数字，大于等于该值的对应一个总体，小于该值的对应另一个总体，此处可以输入"2"。

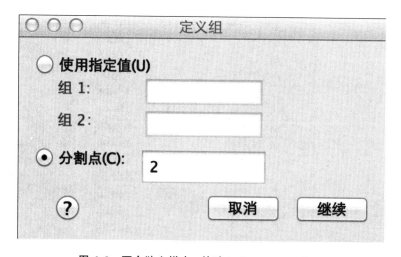

图 6.8 两个独立样本 t 检验 Define Groups 窗口

（6）两个独立样本 t 检验的【选项（O）】选项含义与单样本 t 检验的相同。

至此，SPSS 会首先自动计算 F 统计量，并计算在两总体方差相等和不相等情况下的 t 统计量的观测值及各自对应的双侧概率 p 值。

由表 6.5 可知，东京石油价格的样本数量为 13，石油价格的均值为 153.0000，样本标准差为 6.65833，样本均值标准误为 1.84669；悉尼石油价格的样本数量为 13，石油价格的均值为 147.0769，样本标准差为 4.17256，样本均值标准误为 1.15726。

表 6.5　悉尼和东京两个城市石油价格的基本描述统计量组统计

	城市	数字	平均值（E）	标准偏差	标准误差平均值
石油价格	>=2	13	153.0000	6.65833	1.84669
	<2	13	147.0769	4.17256	1.15726

由表 6.6 可知，该检验的 F 值为 2.863，对应的概率 p 值为 0.104，如果选定的显著性水平为 0.05，则不应该拒绝原假设，即两个总体的方差没有显著区别，因此 t 检验的结果应该看"已假设方差齐性"行所对应的结果。其中 t 统计量的观测值为 2.718，对应的双侧概率 p 值为 0.012，如果选定的显著性水平为 0.05，则概率 p 值小于 0.05，因此可以认为两个总体的均值存在显著差异，即悉尼和东京两个城市的石油价格均值存在显著差异。表 6.6 中两个总体均值差的 95% 的置信区间不包含零，也从另一方面证明了以上结论。

表 6.6　悉尼和东京石油价格的两个独立样本 t 检验结果

独立样本检验									
		列文方差相等性检验		平均值相等性的 t 检验					
		F	显著性	t	自由度	显著性（双尾）	平均差	标准误差差值	差值的95%置信区间	
									下限	上限
石油价格	已假设方差齐性	2.863	0.104	2.718	24	0.012	5.92308	2.17934	1.42515	10.42101
	未假设方差齐性			2.718	20.166	0.013	5.92308	2.17934	1.37946	10.46670

6.4　两个配对样本的总体参数假设检验

6.4.1　两个配对样本 t 检验概述

两个配对样本 t 检验的目的是利用来自两个总体的配对样本推断两个总体的均值是否存在显著差异。

在很多科学研究中，常采用配对设计来提高研究效率，常见的配对设计有 4 种情况：(1) 同一实验对象处理前后的数据；(2) 同一实验对象两个不同部位的数据；(3) 同一样本用两种不同方法检验的结果；(4) 配对的两个样本分别接受两种不同处理后的数据。第一种情况的目的是推断其处理有无作用，后三种情况的目的是推断两种处理方法的结果是否存在显著差异。在配对设计得到的样本数据中，每对数据之间都有一定的相关性，如果忽略这种相关性就会浪费大量的统计信息，因此必须采用相应的配对设计分析方法加以分析。

6.4.2 两个配对样本 t 检验的基本步骤

两个配对样本 t 检验的一般步骤为：

第一步：提出原假设。对两个总体均值差的原假设可以写成 $H_0: \mu_1 - \mu_2 = 0$，其中 μ_1, μ_2 是代表配对总体的均值，都是未知的。

第二步：选择检验统计量并给出统计量的分布。设 $(X_{11}, X_{12}), (X_{21}, X_{22}), \cdots, (X_{n1}, X_{n2})$ 为配对样本，差值 $D_i = X_{i1} - X_{i2}, i = 1, 2, \cdots, n$。利用差值样本，检验其均值是否显著为 0，等价于检验两个配对样本的均值是否有显著差异。

假设总体服从正态分布，检验统计量为 t 统计量，其构成为：

$$t = \frac{\bar{D}}{S_D / \sqrt{n}} \tag{6.9}$$

其中 $\bar{D}, S_D$ 分别为配对样本差值的样本均值和样本标准差，其定义分别为：

$$\bar{D} = \frac{1}{n} \sum_{i=1}^{n} (X_{i1} - X_{i2}) \tag{6.10}$$

$$S_D^2 = \frac{1}{n-1} \sum_{i=1}^{n} (X_{i1} - X_{i2} - \bar{D})^2 \tag{6.11}$$

在原假设为真（总体均值差等于 0）的条件下，此统计量服从自由度为 $(n-1)$ 的 t 分布。

第三步：SPSS 会根据样本观测值自动计算 t 统计量的观测值，并根据统计量的分布自动计算统计量观测值发生的概率（p 值）。

第四步：根据 p 值和事先确定的显著性水平，就能够作出假设检验的决策。

6.4.3 两个配对样本 t 检验的 SPSS 实现应用举例

【例 6.3】 为研究某城市加油站星期二的油价和星期三的油价是否明显不同，某调查机构对该城市 30 个加油站的油价（单位：美分/升）进行了跟踪调研。首先记录这 30 个加油站星期二的油价，然后再记录这 30 个加油站星期三的油价。通过两组样本数据的对比分析，推断该城市加油站星期二的油价和星期三的油价是否明显不同。

表 6.7 某城市 30 个加油站星期二油价与星期三油价数据

（单位：美分/升）

| 星期二 | 139 | 141 | 140 | 136 | 138 | 136 | 145 | 138 | 135 | 145 | 139 | 141 | 146 | 143 | 139 |
| 星期三 | 138 | 157 | 142 | 145 | 141 | 140 | 148 | 141 | 138 | 146 | 143 | 135 | 149 | 146 | 147 |

SPSS 对两个配对样本 t 检验的基本操作步骤如下：

(1) 根据题意，建立 SPSS 数据文件，如图 6.9 所示。

	星期二油价	星期三油价
1	139.00	138.00
2	141.00	157.00
3	140.00	142.00
4	136.00	145.00
5	138.00	141.00
6	136.00	140.00
7	145.00	148.00
8	138.00	141.00
9	135.00	138.00
10	145.00	146.00
11	139.00	143.00
12	141.00	135.00
13	146.00	149.00
14	143.00	146.00
15	139.00	147.00

图 6.9　某城市 30 个加油站星期二油价与星期三油价数据截图

（2）选择菜单【分析(A)/比较平均值(M)/配对样本 T 检验(S)】，出现如图6.10 所示的窗口。

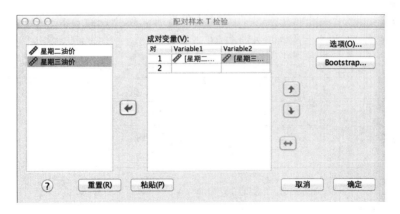

图 6.10　"配对样本 T 检验"窗口

（3）选择一对或者若干对检验变量到【成对变量(V)】框中，并且可以交换两个配对变量的顺序。

（4）两个配对样本 t 检验的【选项(O)】选项含义与单样本 t 检验的相同。

至此，SPSS 将自动计算 t 统计量和对应的概率 p 值，可以据此作出假设检验的判断。

由表 6.8 可得,该城市星期二油价与星期三油价样本均值存在较大差异。该城市星期二平均油价低于星期三平均油价。

表 6.8　某城市星期二油价与星期三油价的基本描述统计量配对样本统计

		平均值(E)	数字	标准偏差	标准误差平均值
配对 1	星期二油价	140.0667	15	3.43234	0.88623
	星期三油价	143.7333	15	5.47027	1.41242

由表 6.9 可得,该城市星期二油价与星期三油价两组样本的简单相关系数为 0.488,相关系数检验的概率 p 值为 0.065,说明在显著性水平为 0.05 时,该城市星期二油价与星期三油价并没有明显的线性变化,该城市星期二油价与星期三油价的线性相关程度较弱。

表 6.9　某城市星期二油价与星期三油价的简单相关系数及检验配对样本相关性

	数字	相关系数	显著性
配对 1　星期二油价 & 星期三油价	15	0.488	0.065

由表 6.10 可知,该城市 30 个加油站星期二油价与星期三油价的差值样本平均值相差 3.66667,差值样本的标准差为 4.83539,差值样本均值抽样分布的标准误为 1.24849,差值的 95% 置信区间为(−6.34441,−0.98892),t 统计量的观测值为 −2.937,t 分布的自由度为 14,t 统计量观测值对应的双侧概率 p 值为 0.011。如果选定的显著性水平为 0.05,由于概率 p 小于显著性水平,则应拒绝原假设,即认为总体上该城市 30 个加油站星期二油价与星期三油价存在显著差异,因此可以认为该城市加油站星期二油价和星期三油价存在明显不同。

表 6.10　某城市星期二油价与星期三油价的两个配对样本 t 检验的结果

配对样本检验								
	配对差值					t	自由度	显著性(双尾)
	平均值	标准偏差	标准误差平均值	差值的 95% 置信区间				
				下限	上限			
配对 1　星期二油价—星期三油价	−3.66667	4.83539	1.24849	−6.34441	−.998892	−2.937	14	0.011

第 7 章 非参数检验

7.1 非参数检验概述

7.1.1 非参数检验的提出

非参数检验(nonparametric tests)是统计分析方法的重要组成部分,它与参数检验共同构成统计推断的基本内容。参数检验是在总体分布形式已知的情况下,对总体分布的参数如均值、方差等进行推断的方法。但是,在数据分析过程中,由于种种原因,人们往往无法对总体分布形态作简单假定,此时参数检验的方法就不再适用。非参数检验正是一类基于这种考虑,在总体方差未知或知道甚少的情况下,利用样本数据对总体分布形态等进行推断的方法。由于非参数检验方法在过程中不涉及有关总体分布的参数,因而得名"非参数检验"。

非参数检验是不依赖总体分布的统计推断方法,由于这类方法一般不涉及总体参数而得名。这类方法的假定前提比参数假设检验方法少得多,也较容易满足,适用于计量信息较弱的资料,由于计算方法也简单易行,所以在实际中有广泛的应用。

非参数检验与参数检验的原理相同,都是先根据问题提出原假设,再利用统计学原理构造出适当的统计量,最后利用样本数据计算统计量的概率值,并与显著性水平进行比较,从而得出是否拒绝原假设的结果。非参数检验按不同的分类方法,可以有多种不同的类型,用于检验样本所在总体是否服从已知的理论分布,包括卡方检验(chi-square test)、二项分布检验(binomial test)、游程检验(runs test)和单样本检验(1—sample K-S test);分布位置检验用于检验样本所在总体的分布位置或形状是否相同,包括两独立样本检验(2 independent sample test)、多独立样本检验(k independent sample test)、两配对样本检验(2 related samples test)和多配对样本检验(k related samples test)。本章将对这些检验方法的基本原理及 SPSS 操作等进行介绍。

7.1.2 非参数检验的特点

和参数检验方法相比,非参数检验方法的优势如下:

(1) 稳健性。因为对总体分布的约束条件大大放宽,不至于因为对统计中的假设过分理想化而无法切合实际情况,从而对个别偏离较大的数据太敏感。

(2) 对数据的测量尺度无约束,对数据的要求也不严格,什么类型都可以做。

(3) 适用于小样本、无分布样本、数据污染样本、混杂样本。

参数检验和非参数检验的效率比较如表 7.1 表示。

表 7.1 参数检验和非参数检验的效率比较

应用	参数检验	非参数检验	对正态总体的非参数检验的效率评价
配对样本数据	T 检验或者 z 检验	符号检验 Wilcoxon 检验	0.63 0.95
两个独立样本	T 检验或者 z 检验	Wilcoxon 检验	0.95
多个独立样本	方差分析(F 检验)	K—W 检验	0.95
相关	线性相关	秩相关检验	0.91
随机性	无可用的参数检验	游程检验	没有可比较的基础

7.2 卡方检验

卡方检验(chi-squar test)也称为卡方拟合优度检验,是 K. Pearson 提出的一种最常用的非参数检验方法。它用于检验观测数据是否与某种概率分布的理论数值相符合,进而推断观测数据是否是来自该分布样本。

7.2.1 基本原理

卡方检验的基本理论依据是:将一随机变量 X 划分为 k 个互不相关的子集,若 X 中随机抽取的若干个观测样本落在 k 个互不相关的子集中的观测频数服从一个多项分布,且该多项分布在 k 趋于无穷时近似服从卡方分布。因此,对变量 X 总体分布的检验应从各观测频数的分布入手。

在零假设成立的条件下,设观测值个数为 n,则期望频数为 $E_i=nP_i(i=1,2\cdots k)$,故以实际频数(O_i)与期望频数(E_i)是否接近作为检验总体分布与期望分布(理论分布)是否一致的观测标准,采用卡方统计量,其数学定义为:

$$\chi^2 = \sum_{i=1}^{k} \frac{(O_i - E_i)^2}{E_i} \quad (7.1)$$

若 χ^2 值较大,说明观测频数分布与期望频数分布差别较大,反之,观测频数分布与期望频数分布较接近。若给定显著性水平 α,当 χ^2 的概率 p 值小于或等于 α 时,拒绝原假设,认为总体分布与理论分布存在显著差异;反之,接受原假设,认为总体分布与理论分布无显著差异。

7.2.2 卡方检验的 SPSS 实现

SPSS 的卡方检验对数据组织格式没有特殊要求,只需定义一个存储各个样本变量值的 SPSS 变量即可;或者定义一个存放变量值的 SPSS 变量和一个存放各变量值

观测频数的变量,并指定该变量为加权变量。SPSS的卡方检验的基本操作步骤如下:

(1) 选择菜单【分析/非参数检验/旧对话框/卡方】。

(2) 选定待检验的变量到【检验变量列表(T)】框中,如图7.1所示。

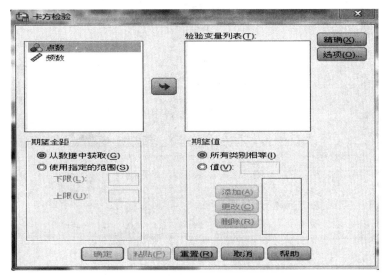

图 7.1 "卡方检验"对话框

(3) 在【期望全距】框中确定参与分析的观测值的范围,其中,【从数据中获取(G)】表示所有观测数据参与分析;【使用指定的范围(S)】表示只有在取值范围内的观测数据才能参与分析。

(4) 在【期望值】框中给出各P_i值。其中,【所有类别相等(I)】表示所有子集的P_i都相同,即期望分布为均匀分布;在【值(V)】框后依次输入P_i值。

至此,SPSS将自动计算卡方统计量、概率p值和其他相关结果,并显示在输出窗口。

7.2.3 卡方检验的实例分析

【例 7.1】 将一颗骰子掷100次,得出数字朝上的次数如表7.2所示。依据此数据检验该骰子是否均匀。

表 7.2 骰子掷后频数表

点数	1	2	3	4	5	6
频数	20	25	18	14	12	11

SPSS卡方检验的基本操作步骤如下:

(1) 建立数据文件,将数据文件导入SPSS中。

(2) 定义变量。定义变量"频数"为权变量,在"数据"菜单中选择"加权个案"命令。打开"加权个案"对话框,选择【加权个案(W)】,并从左侧列表框中选择权变量"频数"到【频率变量(F)】中,如图7.2所示。

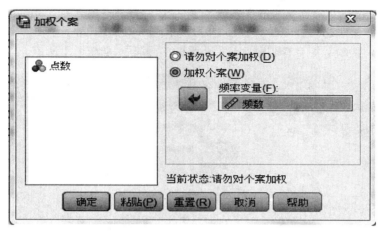

图7.2 "加权个案"对话框

7.2.3.1 实现操作与界面说明

选择菜单【分析/非参数检验/旧对话框/卡方检验】,打开"卡方检验"对话框,如图7.3所示。

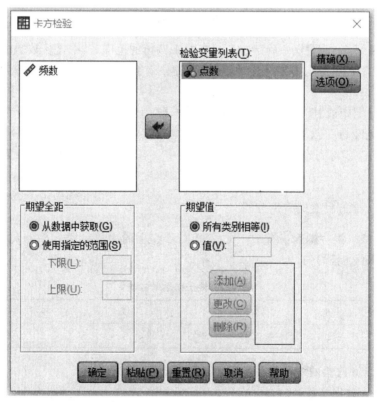

图7.3 "卡方检验"对话框

"卡方检验"对话框选项说明如表7.3所示。

表7.3 卡方检验选项及含义

选项		含义
检验变量列表		检验变量列表框,用于存放参与卡方检验的变量
期望范围选择框	从数据中获得	检验范围为最小值到最大值的数据,系统默认该选项
	使用指定的范围	用户自己指定检验范围,并在"下限"和"上限"编辑框中输入检验范围的下限和上限
	所有类别相等	检验变量是否服从均匀分布,也就是每个类别对应的期望值是否都相同,系统默认该选项
	值	用于输入各组在给定分布下所对应的期望值。输入期望值,单击【添加】按钮,使之添加到右边的框内,直至将所有的期望值输完。输入顺序与检验变量递增的顺序相同
精确		精确检验子对话框,用于选择计算显著性水平 Sig. 值的集中方法
选项		选择子对话框,用于选择统计量的输出与缺失值的处理方式

在"卡方检验"对话框中单击【精确(X)】按钮,打开"精确检验"对话框,如图7.4所示。

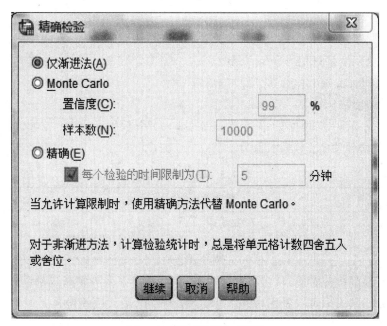

图7.4 "精确检验"对话框

精确检验对话框用于选择计算显著性水平 Sig. 值的集中方法,其选项及含义如表7.4所示。

表 7.4　精确检验选项及含义

选项	含义
仅渐进法	计算近似概率,系统默认该选项
Monte Carlo	用 Monte Carlo(蒙特卡洛)法计算精确概率。选择该项,可在相应的"置信度"后的文本框内输入计算显著性水平的置信度,系统默认值为99%;在"样本数"后的文本框内输入抽样数量
精确	计算精确概率。该方法计算量及所需内存大,故选择此项时,可通过"每个检验的时间限制为"选项设置计算时间,系统默认为 5 分钟,超出给定时间则停止计算

单击【选项(O)】按钮,打开"卡方检验:选项"子对话框,如图 7.5 所示。本例勾选【描述性(D)】和【按检验排除个案(T)】两项,单击【继续】按钮回到主对话框。

图 7.5　"卡方检验:选项"对话框

7.2.3.2　结果说明与解读分析

下面分别对本例中各个结果进行解释。

1. 描述性统计量

表 7.5 显示检验数据的描述性统计量,100 个数据均值为 3.0600,标准差为 1.63806,最小值为 1.00,最大值为 6.00。

表 7.5　描述性统计量

描述性统计资料					
	N	平均数	标准偏差	最小值	最大值
点数	100	3.0600	1.63806	1.00	6.00

表 7.6 为频数分布表,将每个点数作为一类,给出了各类实际观测量数、期望观测量数和残差。从表中可以看出,期望观测量数为 100,最大残差为 8.3。

表 7.6　频数表

频数分布			
点数	观察 N	预期为 N	残差
1	20	16.7	3.3

(续表)

频数分布			
点数	观察 N	预期为 N	残差
2	25	16.7	8.3
3	18	16.7	1.3
4	14	16.7	−2.7
5	12	16.7	−4.7
6	11	16.7	−5.7
总计	100	—	—

2. 卡方检验

表 7.7 给出了卡方检验的结果。

表 7.7 卡方检验结果

检定统计资料	
选项	点数
卡方统计量	8.600[a]
自由度(df)	5
渐进显著性	0.126

注：a 表示有 0 个储存格(0.0%)期望频率小于 5。最小期望储存格频率为 16.7

从表 7.7 中可以看出卡方统计量为 8.6，自由度为 5，渐进显著性概率值为 0.126，大于显著性水平 0.05，因此接受原假设，认为该骰子是均匀的，每个数字出现的概率大致相同。

7.3 二项分布检验

现实生活里有很多数据的取值是二值，如男生与女生、已婚与未婚、是与非等，二值一般用 0 和 1 来表示。这些两分类抽取的所有可能结果，只能是对立分类中的一类，其频数分布称为二项分布。二项分布检验用于检验二项分布变量的分布。

7.3.1 二项分布检验的基本原理

二项分布检验通过对二值变量的单个样本进行检验，推断总体中两类个体的比例是否分别为 p 和 $1-p$。

假设样本来自总体与指定二项分布无显著差异，SPSS 二项分布检验将根据样本大小不同，分别采用精确检验方法和近似检验方法。当样本小于等于 30 时，采用精确检验方法计算 n 次试验中某类出现的次数小于等于 x 次的概率，计算公式为：

$$P\{X \leqslant x\} = \sum_{i=0}^{x} C_n^i p^i q^{n-i} \quad (7.2)$$

其中，
$$C_n^i = \frac{n!}{x!(n-x)!}, \quad q = 1-p \tag{7.3}$$

当样本大于 30 时，采用近似检验方法，计算 z 统计量，计算公式为：
$$z = \frac{x \pm 0.5 - np}{\sqrt{np(1-p)}} \tag{7.4}$$

其中，当 x 小于 $\frac{n}{2}$ 时，取"＋"，当 x 大于 $\frac{n}{2}$ 时，取"－"。

如果二项分布检验的概率值大于显著性水平 α，则接受原假设，认为样本来自的总体与指定二项分布无显著差异；反之，拒绝原假设，认为样本来自的总体与指定二项分布存在显著差异。

7.3.2 二项分布检验的 SPSS 实现

SPSS 二项分布检验的基本操作步骤如下：

(1) 选择菜单【分析/非参数检验/旧对话框/二项式】，出现如图 7.6 所示的对话框。

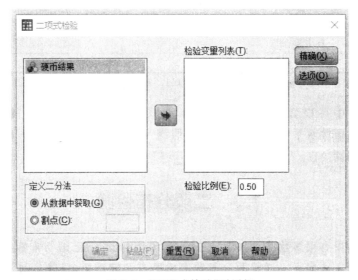

图 7.6 "二项式检验"对话框

(2) 选定待检验的变量到【检验变量列表(T)】框中。

(3) 在【定义二分法】框中指定如何分类。如果检验变量为二值变量，则选【从数据中获取(G)】选项，且数据编辑窗口的第一条数据所在的类默认为"成功"；如果检验变量不是二值变量，可在【割点(C)】框中输入具体数值，小于等于该值的观测值为"成功"。

(4) 在【检验比例(E)】框中输入二项分布的检验概率值。

7.3.3 卡方检验的实例分析

【例 7.2】 抛硬币试验的二项分布检验

某人作抛掷硬币试验，检验硬币正面出现的概率是否为 1/2。抛掷 50 次，出现正面记为 1,出现反面记为 0,记录的结果如表 7.8 所示。

表 7.8　50 个抛硬币数据

11010111100001101010011100010101011110001111000

检验硬币正反面出现的次数是否服从概率为 0.5 的二项分布。

7.3.3.1　实现操作与界面说明

(1) 建立数据文件,将数据文件导入 SPSS。

(2) 打开二项分布检验的主对话框。

依次选择菜单【分析/非参数检验/旧对话框/二项分布检验】,打开"二项式检验"对话框。将变量"硬币结果"移动到【检验变量列表(T)】框,如图 7.7 所示。

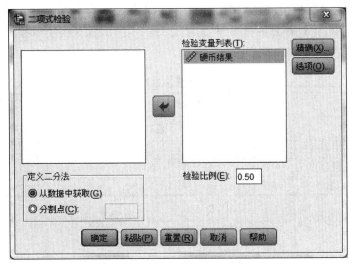

图 7.7　"二项式检验"对话框

单击【选项】按钮,在"二项式检验:选项"对话框中选择【描述性(D)】复选项。
设置完毕后,单击【确定】按钮,执行二项分布检验操作,如图 7.8 所示。

图 7.8　"二项式检验:选项"对话框

7.3.3.2 结果说明与解读分析

1. 描述性统计量

表7.9给出了检验变量的描述性统计量,均值为0.58,标准差为0.499。

表7.9 二项式分布检验的描述性统计量

描述性统计资料					
	N	平均数	标准偏差	最小值	最大值
硬币结果	50	0.58	0.499	0	1

2. 二项分布检验结果

表7.10中给出了二项分布检验的结果。从表中可以看出,第一组的频数为29,第二组的频数为31,检验的二项分布的概率值为0.50,检验统计量为近似正态分布(大样本情况下),计算得到的概率 p 值为0.322>0.05,所以接受零假设,可以认为硬币的正反面出现的概率相等,为1/2。

表7.10 二项分布检验结果

	二项式检定				
	类别	N	观察比例	检定比例	精确显著性(双尾)
硬币结果	群组1	1	29	0.58	0.50	0.322
	群组2	0	21	0.42		
	总计		50	1.00		

7.4 游程检验

游程检验(runs test)又称链检验,主要用于检验变量值的出现是否是随机的。如掷一枚硬币,正面用"1"表示,反面用"0"表示,投掷若干次后,将得到一个以"1"和"0"组成的变量值序列,此时,可利用游程检验分析硬币出现正、反面是否是随机的。

7.4.1 游程检验的基本原理

游程检验是利用游程的总个数获得统计推断结论的方法,因此,检验的重要依据便是游程。那么,什么是游程?所谓游程,是指样本序列中出现的具有相同符号的连续串。如将一枚硬币投掷10次,出现正反面变量值的序列为0011101100,该序列中的"00""111""0""11""00"为游程,因此,该序列的游程总个数为5。游程检验用于检验一个样本的随机性及两个总体是否相同。

在SPSS中,可利用游程构造检验统计量,判断样本或任何系列的随机性,其假设为样本是随机的。在大样本情况下,游程近似服从正态分布,系统自动计算统计量,并根据正态分布函数给出相应的概率值。若该概率值大于给定的显著性水平,则接受原假设,认为样本是随机的;反之,拒绝原假设,认为样本是非随机的。

游程检验还可以对不同的两个总体进行检验,其假设为两组独立样本来自的两个总体的分布无显著差异,即具有相同的分布。检验的思想与样本随机性检验类同,不同的是计算游程数的方法。(注意:游程检验是一种低效能的检验方法,在检验中只利用游程数,丢弃了大部分信息,因此,得出的隐形结论只供参考)

7.4.2 游程检验的 SPSS 实现

SPSS 游程检验的基本操作步骤如下:

选择菜单【分析/非参数检验/旧对话框/游程】,打开"游程检验"对话框,如图 7.9 所示。

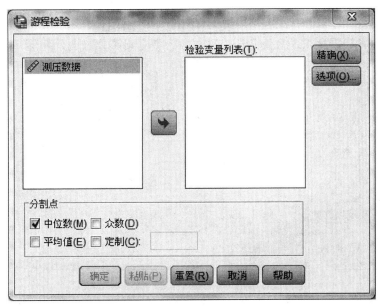

图 7.9 "游程检验"对话框

分割点将检验变量的值分为两组,小于分割点的为一组,大于分割点的为另一组,从而计算游程数。分割点复选项及含义如表 7.11 所示。

表 7.11 分割点复选项及含义

选项	含义
中位数	检验变量的中位数作为分割点
众数	检验变量的众数作为分割点
平均值	检验变量的平均值作为分割点
定制	用户自定义分割点。选择该选项时,在右侧的文本框中输入自定义的分割点值

7.4.3 游程检验的实例分析

【例 7.3】 设备测验测试的游程检验

对某型号电缆进行耐压测试,得到 10 个电缆的数据,如表 7.12 所示。根据这些数据判断生产此型号电缆的设备工作是否正常。如果耐压数据是随机的,表明设备工作正常。

表 7.12 设备耐压数据

| 156 | 207.2 | 153.1 | 86.4 | 246 | 132.7 | 125.7 | 150.7 | 585.9 | 231.9 |

7.4.3.1 实现操作与界面说明

（1）建立数据文件，将数据文件导入 SPSS 中。

（2）打开游程检验主对话框。

将变量"测压数据"移动到【检验变量列表（T）】框，其他取系统默认选项，如图 7.10 所示。

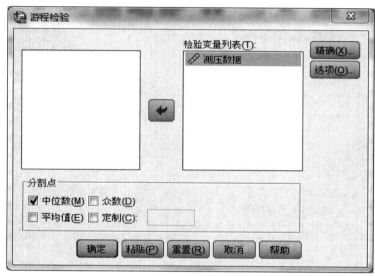

图 7.10 "游程检验"对话框

单击【选项】按钮，在"游程检验：选项"对话框中选择【描述性（D）】复选项。

设置完毕后，单击【确定】按钮，执行游程检验操作，如图 7.11 所示。

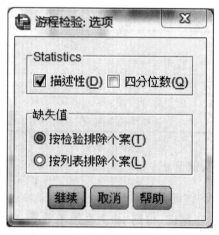

图 7.11 "游程检验：选项"对话框

7.4.3.2 结果说明与解读分析

游程检验执行完毕后,得到游程检验的结果。

表 7.13 为描述性统计量,给出了观测量数(N)、平均数、标准偏差、最小值和最大值。从表中可以看出,10 个样本数据的平均数为 207.5600,标准差为 141.83463。

表 7.13 描述性统计量

描述性统计资料					
项目	N	平均数	标准偏差	最小值	最大值
测压数据	10	207.5600	141.83463	86.40	585.90

从表 7.14 中可以看出,样本总数为 10,检验以中位数 154.55 为分割点,小于分割点的样本有 5 个,大于等于分割点的样本有 5 个,游程数为 5,Z 统计量为 −0.335,对应的概率值为 0.737,大于 0.05,故应接受原假设,认为生产此种电缆的设备工作正常。

表 7.14 游程检定

游程检定	
	测压数据
测试值[a]	154.55
观察值＜检定值	5
观察值＞= 检定值	5
总箱数	10
连个数	5
Z	−0.335
渐进显著性（双尾）	0.737

注:a 表示中位数。

7.5 单样本 K-S 检验

前面介绍的 3 种检验方法是对分类数据进行研究,现实生活中,很多时候得到的数据是连续性的。对这类连续性的数据一般用 K-S 检验(即 Kolmogorov-Smirnov 检验的简称)进行分析,该检验是以俄罗斯数学家柯尔莫哥(Kolmogorov)和斯米诺夫(Smirnov)的名字命名的,主要是用于检验样本来自的总体是否同指定的理论分布一致。

7.5.1 单样本 K-S 检验的基本原理

K-S 检验的基本思路是:先分别计算理论分布下的累积频数和观测样本的累积频数分布,然后进行比较分析。若两者差异很小,则推断该样本服从理论分布。SPSS 给出的理论分布包括正态分布、均匀分布、泊松分布、指数分布等。

假设样本来自的总体服从指定的理论分布。设理论分布下的累积频数分布为 $F(x)$,观测样本的累积频数分布为 $F_n(x)$,则理论累积频数与观测样本累积频数分布的最大差距为 $D=\max|F_n(x)-F(x)|$,然后确定检验统计量 z,最后根据 z 及对应的概率值进行判断,若概率值大于显著性水平,则接受原假设,认为样本服从指定的理论分布,反之,拒绝原假设。

利用 K-S 检验进行检验时,检验参数可预先确定或根据给定的样本进行估计。若理论分布为正态分布,则以样本均值和方差作为参数;若为均匀分布,则以样本最大值和最小值作为取值范围;若为泊松分布和指数分布,则以样本均值作为理论分布参数。

K-S 检验不仅用于单个总体是否服从指定理论分布的检验,也适用于检验两个总体的分布是否相同,它们的检验思路是一致的。

7.5.2 单样本 K-S 检验的 SPSS 实现

SPSS 单样本 K-S 检验的基本操作步骤如下:

(1) 选择菜单【分析/非参数检验/旧对话框/1—样本 K-S】,出现如图 7.12 所示的对话框。

图 7.12 "单样本 K-S 检验"对话框

(2) 选定待检验的变量到【检验变量列表(T)】框中。

(3) 在【检验分布】框中选择理论分布,其中【常规(N)】为正态分布,【相等(U)】为均匀分布,其余还有泊松分布和指数分布。

至此,SPSS 将自动计算 K-S 检验统计量和对应的概率 p 值,并将结果输出到输出窗口。

7.5.3 单样本 K-S 检验的实例分析

【例 7.4】 对高三学生体重的调查分析。华东地区高三年级 30 名学生的体重如表 7.15 所示，试分析该地区高三学生体重的总体是否服从正态分布。

表 7.15 高三学生体重

35	45	44	47	50	41	60	66	62	70
56	43	38	49	51	40	61	40	37	53
50	63	72	43	54	45	50	69	45	41

该问题的具体操作步骤如下：
(1) 建立数据文件，将数据导入 SPSS 中。
(2) 打开"1－样本 K-S"对话框。
把"高三学生体重"移入"检验变量列表"框中，其他取系统默认值。
"单样本 K-S 检验"对话框选项及含义如表 7.16 所示。

表 7.16 "单样本 K-S 检验"对话框选项及含义

选项	含义
检验变量列表	检验变量列表框，用于存放参与单样本 K-S 检验的显著
检验分布	检验分布，用于选择理论分布，包括 4 种选项：常规、相等、泊松、指数分布。系统默认常规分布
精确	精确检验子对话框。与卡方检验中的"精确检验"子对话框相似，各选项见"卡方检验的 SPSS 实现"
选项	选择子对话框。与卡方检验中的"卡方检验：选项"子对话框相似，各选项含义参见"卡方检验的 SPSS 实现"

(3) 设置

单击【选项】按钮，在"单样本 K-S：选项"对话框中选择【描述性(D)】复选项。
设置完毕后，单击【确定】按钮，执行游程检验操作，如图 7.13 所示。

图 7.13 "单样本 K-S：选项"对话框

单样本 K-S 检验执行完毕后,得到单样本 K-S 检验的结果。

表 7.17 为描述性统计量,给出了观测量数(N)、平均数、标准偏差、最小值和最大值。从中可以看出,30 个样本数据的平均数为 50.67,标准偏差为 10.509。

表 7.17 描述性统计量

描述性统计资料					
项目	N	平均数	标准偏差	最小值	最大值
高三学生体重	30	50.67	10.509	35	72

从表 7.18 中可以看出,样本数为 30,采用的理论分布为正态分布,且利用样本均值和方差作为其参数,最大绝对值之差为 0.138,最大正差值为 0.138,最大负差值为 −0.079,K-S 检验的统计量 Z 值为 0.758,其概率值为 0.613,大于 0.05,因此接受原假设,该地区高三学生总体服从正态分布。

表 7.18 单样本 K-S 检验表

		高三学生体重
N		30
正态参数[a,b]	均值	50.67
	标准差	10.509
最极端差别	绝对值	0.138
	正	0.138
	负	−0.079
Kolmogorov-Smirnov Z		0.758
渐近显著性(双侧)		0.613

注:(1) a 表示检验分布为正态分布。
(2) b 表示根据数据计算得到。

7.6 两独立样本检验

7.6.1 两独立样本检验的基本原理

两独立样本的非参数检验是在对总体分布不甚了解的情况下,通过分析样本数据,推断样本来自的两个独立总体的分布是否存在显著差异。这种检验方法一般通过独立总体的均值或中位数是否存在显著差异来推断。关于样本之间是否独立,主要看从一个总体中抽取样本对从另一个总体中抽取样本有无影响。如果没有影响,则可以认为这两个总体是独立的。

例如,要调查两种学习方法学生记忆单词个数的影响是否存在显著差异。可以随机抽取同一样本群体,测得他们使用不同学习方法时记忆单词的数目,并对其进行两独立样本的非参数检验,从而判断两种学习方法是否存在显著差异,以判断哪种学习方法更有效。

SPSS 提供了四种相关的非参数检验方法:Mann-Whitney U 检验(曼-惠特尼 U 检验)、K-S 检验、极端反应检验、游程检验。

1. 两独立样本的 Mann-Whitney U 检验

(1) 零假设:两组独立样本来自的两总体分布无显著差异。

(2) 通过对两组样本平均秩的研究推断"秩-变量值"排序的名次,变量值有几个,对应的秩便有几个。

(3) 检验步骤如下:

① 将两组样本混合并按升序排列,得每个数据的秩 R_i。

② 分别对样本 X 和 Y 的秩求平均,得平均秩 $W_{X/m}$ 和 $W_{Y/n}$。

③ 计算样本 X 优于样本 Y 秩的个数 U_1 和样本 Y 优于样本 X 秩的个数 U_2。

④ 依据 U_1 和 U_2 计算 Wilcoxon W 统计量和 Mann-Whitney U 统计量。

SPSS 将自动计算 Wilcoxon W 统计量和 Mann-Whiteny U 统计量,其中:

若 $m<n$,则 Wilcoxon $W=W_Y$;

若 $m>n$,则 Wilcoxon $W=W_X$;

若 $m=n$,则 Wilcoxon W 为第一个变量值所在样本的 W 值。

Mann-Whiteny U 统计量为:

$$U = W - \frac{k(k+1)}{2} \tag{7.5}$$

式(7.5)中,W 为 Wilcoxon W 统计量,k 为 W 对应组的样本容量。在小样本下,U 统计量服从 Mann-Whitney 分布。SPSS 会自动计算出 U 统计量的观测值和概率 p 值。

在大样本下,U 近似服从正态分布,计算公式如下:

$$Z = \frac{U - \frac{1}{2}mn}{\sqrt{\frac{1}{12}mn(m+n+1)}} \tag{7.6}$$

SPSS 将会自动计算 Z 统计量和对应的概率 p 值。

(4) 决策。需要注意的是,在小样本下,依据 U 统计量和 p 值进行决策;在大样本下,依据 Z 统计量和 p 值进行决策。当 $p<\alpha$ 时,拒绝零假设,样本来自的两总体的分布存在显著差异;当 $p>\alpha$ 时,样本来自的两总体的分布无显著差异。

2. 两独立样本的 K-S 检验

(1) 零假设:两组独立样本来自的两总体的分布无显著差异。

(2) 与单样本 K-S 检验的基本思路大体一致,差别在于:以变量值的秩为分析对象,而非变量值本身。

(3) 检验步骤如下:

① 将两组样本混合并按升序排列。

② 分别计算两组样本秩的累计频数和累计频率。
③ 计算两组累计频率的差,得秩的差值序列及 D 统计量。
④ SPSS 自动计算出大样本下的参数估计。

(4) 决策:

若 $p<\alpha$,拒绝零假设,两总体的分布有显著差异。

若 $p>\alpha$,不拒绝零假设,两总体的分布无显著差异。

3. 两独立样本的游程检验(wald-wolfwitz runs)

(1) 零假设:两组独立样本来自的两总体的分布无显著差异。

(2) 检验步骤如下:

① 将两组样本混合并按升序排列,组标记值也随之重新排列。
② 计算组标记值序列的游程数。
③ SPSS 将自动计算游程数得到 Z 统计量,Z 统计量近似服从正态分布,并根据正态分布表给出相应的 p 值。

(3) 决策:

若 $p<\alpha$,拒绝零假设,两总体的分布有显著差异。

若 $p>\alpha$,不拒绝零假设,两总体的分布无显著差异。

4. 极端反应检验(moses extreme reactions)

(1) 零假设:两独立样本来自的两总体的分布无显著差异。

(2) 一组样本为控制样本,一组样本为实验样本,检验实验样本相对于控制样本是否出现了极端反应。

(3) 检验步骤如下:

① 将两组样本混合并按升序排列。
② 求控制样本的最小秩 $Q_{\min}$ 和最大秩 $Q_{\max}$。
③ 计算跨度(Span)$S=Q_{\max}-Q_{\min}+1$。
④ 为了消除样本数据中的极端值,计算跨度前可按比例(通常为5%)去除控制样本中靠近两端的样本值,再求跨度,得截头跨度。
⑤ 针对跨度或截头跨度计算 H 统计量:

$$H = \sum_{i=1}^{m}(Q_i - \bar{Q})^2 \tag{7.7}$$

其中,m 为控制样本的样本数,Q_i 为控制样本在混合样本中的秩,$\bar{Q}$ 为控制样本的平均秩。

需要注意的是,小样本下,H 服从 Hollander 分布,大样本下,H 近似服从正态分布。

(4) 决策:

若 $p<\alpha$,拒绝零假设,两独立样本来自的总体分布存在显著差异。

若 $p>\alpha$,不拒绝零假设,两独立样本来自的总体分布不存在显著差异。

7.6.2 两独立样本检验方法的 SPSS 实现

在利用 SPSS 进行两独立样本的非参数检验前,应首先按规定的格式组织好数据。此时应设置两个变量,一个变量存放样本值,一个变量存放组标记值。基本操作步骤如下:

(1) 选择菜单【分析/非参数检验/旧对话框/2 个独立样本】,出现如图 7.14 所示的对话框。

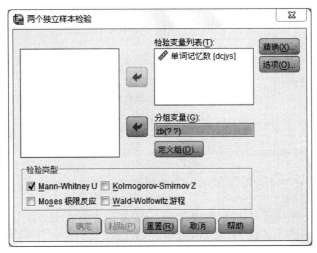

图 7.14 两独立样本非参数检验对话框

(2) 选择待检验的变量到【检验变量列表(T)】框中。

(3) 指定存放组标志的变量到【分组变量(G)】框,并单击【定义组(D)】按钮给出两个组标志值,在"组 1"中输入"1",在"组 2"中输入"2",如图 7.15 所示。

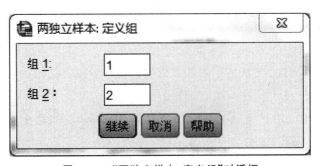

图 7.15 "两独立样本:定义组"对话框

(4) 选择计算显著性水平的方法时,单击【精确(X)】按钮,对话框显示有三种可选方案。由于案例中使用的样本量较小,不超过 36 个,所以只能选择第三种,即精确方法,如图 7.16 所示。

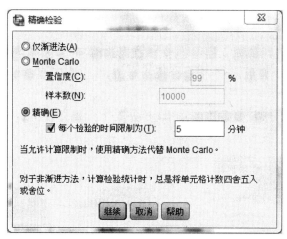

图 7.16 两独立样本精确检验对话框

(5) 在【检验类型】框中,选择采用哪种检验方法。

上述选项完成以后,SPSS 将分析结果输出到数据编辑对话框中。

7.6.3 两独立样本检验方法的实例分析

【例 7.5】 调查两种学习方法对学生记忆单词个数的影响是否存在显著差异。从样本中随机抽取若干观测数据(SPSS 数据文件名:例 5 单词记忆法测试.sav),测得学生在不同学习方法下记忆单词的数目,并对其进行两独立样本的非参数检验,从而判断两种学习方法是否存在显著差异,以判断哪种学习方法更有效。我们选择了上述四种方法进行分析,具体操作如图 7.14 所示,分析结果如下:

1. Mann-Whiteny U 检验结果

从表 7.19(a)和表 7.19(b)可知,两组数据的秩和分别是 204.50 和 461.50,$U=33.500$,$W=204.500$,$Z=-4.076$,由于是小样本,因此计算 U 统计量的精确概率。如果显著性水平 α 为 0.05,概率 p 值为 0.000,小于显著性水平 α,就可以认为应该拒绝零假设,使用某种学习方法的学生和没有使用该种学习方法的学生记忆单词的个数存在显著差异。

表 7.19(a) 单词记忆法测试的 Mann-Whiteny U 检验结果(一)

秩

组别		N	秩均值	秩和
单词记忆数	对照组	18	11.36	204.50
	实验组	18	25.64	461.50
	总计	36		

表 7.19(b) 单词记忆法测试的 Mann-Whiteny U 检验结果(二)

检验统计量

	单词记忆数
Mann-Whitney U	33.500
Wilcoxon W	204.500
Z	−4.076
渐进显著性(双侧)	0.000
精确显著性[2*(单侧显著性)]	0.000[b]

2. 两独立样本的 K-S 检验结果

从表 7.19(c)可知,两组记忆单词数的累计概率的最大绝对差为 0.611。得到的 K-S 检验的 Z 值为 1.833,由于是小样本,因此计算 U 统计量的精确概率。如果显著性水平 α 为 0.05,概率 p 值为 0.002,小于显著性水平 α,就可以认为应该拒绝零假设,使用某种学习方法的学生和没有使用该种学习方法的学生记忆单词的个数存在显著差异。

表 7.19(c) 单词记忆法测试的 K-S 检验结果

检验统计量

		单词记忆数
最极端差别	绝对值	0.611
	正	0.611
	负	0.000
K-S 检验 Z 值		1.833
渐进显著性(双侧)		0.002
精确显著性(双侧)		0.002

3. 两独立样本的游程检验结果

从表 7.19(d)可知,最小可能游程数为 8,Z 为 −3.551,概率 p 值为 0.000,最大可能游程数为 16,概率 p 值为 0.200。如果显著性水平 α 为 0.05,最小可能游程数的 p 值小于显著性水平,最大可能游程数的 p 值大于显著性水平,就可以认为应该拒绝零假设,使用某种学习方法的学生和没有使用该种学习方法的学生记忆单词的个数存在显著差异。

表 7.19(d) 单词记忆法测试的游程检验结果

检验统计量

		Runs 数	Z	渐进显著性(单侧)	精确显著性(单侧)
单词记忆数	可能最小值	8[c]	−3.551	0.000	0.000
	可能最大值	16[c]	−0.845	0.199	0.200

4. 两独立样本的极端反应结果

从表 7.19(e)可知,跨度和截头跨度分别为 28 和 22。如果显著性水平 α 为 0.05,概率 p 值分别为 0.009 和 0.003,都小于显著性水平,就可以认为应该拒绝零假设,使用某种学习方法的学生和没有使用该种学习方法的学生记忆单词的个数存在显著差异。

有时,用不同的分析方法对同一组数据进行分析,其结论可能不尽相同。这时就需要对数据进行反复的探索性分析,并且要注意不同方法侧重点上的差异。

表 7.19(e)　单词记忆法测试的极端反应检验结果

检验统计量

		单词记忆数
控制组观察跨度	跨度	28
	显著性(单侧)	0.009
修正的控制组跨度	截头跨度	22
	显著性(单侧)	0.003
从每个末端修正的离群者		1

7.7　多独立样本检验

7.7.1　多独立样本检验的基本原理

多独立样本的非参数检验是通过分析多组独立样本数据推断样本来自的多个总体的中位数或分布是否存在显著差异。这里的样本间的独立是指在一个总体中抽取样本对在其他总体中抽取样本无影响。

例如,畅销的糖果往往含有较高的卡路里,我们对其中的三种糖果所含的卡路里进行比较分析,检验这三种糖果中的卡路里含量的显著差异。采用独立抽样方式获得三个独立样本,具体数据如表 7.20 所示。

表 7.20　三种糖果所含卡路里的样本数据

糖果 1	糖果 2	糖果 3
230	225	200
210	205	208
240	245	202
250	253	190
230	220	180

SPSS 提供了三种相关的非参数检验方法:中位数检验、Jonckheere-Terpstra 检验、Kruskal-Wallis 检验。

1. 多独立样本的中位数(median)检验

(1) 零假设:多个独立样本来自的多个总体的中位数无显著差异。

(2) 检验步骤如下:

① 将多组样本混合并按升序排列,求混合样本的中位数。

② 分别计算各组样本中大于和小于等于中位数的样本个数,如果每组中大于这个中位数的样本数大致等于每组中小于等于这个中位数的样本数,如表 7.21 所示,需要判断每列中上下格的值是否大致相同。

表 7.21 多独立样本的中位数检验

	1 组样本	2 组样本	……	K 组样本
大于共同中位数的数目	f_{11}	f_{12}	……	f_{1k}
小于等于共同中位数的数目	f_{21}	f_{22}	……	f_{2k}

③ 利用卡方检验分析各组样本来自的总体的中位数的分布是否一致。

SPSS 将根据表 7.21 所示数据构造卡方检验统计量:

$$\chi^2 = \sum_{i=1}^{2} \sum_{j=1}^{k} \frac{(f_{ij}^o - f_{ij}^e)^2}{f_{ij}^e} \sim \chi^2[(2-1)\times(k-1)] \tag{7.8}$$

其中,i 表示表 7-21 中的第 i 行;j 表示表 7-21 中的第 j 列;f_{ij}^o 为第 i 行、j 列的实际数目;f_{ij}^E 为第 i 行、j 列的期望数目。

(3) 决策:

若卡方统计量的 p 值<显著性水平,则拒绝零假设,多个独立样本来自的多个总体的中位数存在显著差异。

若卡方统计量的 p 值>显著性水平,则不拒绝零假设,多个独立样本来自的多个总体的中位数不存在显著差异。

2. 多独立样本的 Kruskal-Wallis 检验

(1) 零假设:多个独立样本来自的多个总体的分布无显著差异。

(2) 两独立样本 Mann-Whitney U 检验的推广。

(3) 检验步骤如下:

① 将多组样本数据混合并按升序排列,求各变量的秩。

② 考察各组秩的均值是否有显著差异。

③ 借助方差分析各组秩的差异:秩的变差分解为组间差和组内差,若秩的总变差大部分可由组间差解释,则各样本组的总体分布存在显著差异;若秩的总变差大部分不能由组间差解释,则各样本组的总体分布无显著差异。

④ 构造 K-W 统计量:

$$\text{K-W} = \frac{\text{秩的组间平方和}}{\text{秩总平方和的平均}} = \frac{12}{N(N+1)} \sum_{i=1}^{k} n_i (\bar{R}_i - \bar{R}) \sim \chi^2(k-1)$$

(k 较大,通常大于 3 即可) (7.9)

其中,K 为样本组数;N 为总样本个数;n_i 为各样本组的样本个数;$\bar{R}_i = \frac{R_i}{n_i}$,为第 i 组的平均秩;$\bar{R} = \frac{N+1}{2}$,为总平均秩。

(4) 决策。SPSS 自动计算 K-W 统计量和对应的 p 值。

若 p 值<显著性水平,则拒绝零假设,多个独立样本来自的多个总体分布存在显

著差异。

若 p 值＞显著性水平，则不拒绝零假设，多个独立样本来自的多个总体分布无显著差异。

3. 多独立样本的 Jonckheere-Terpstra 检验

(1) 零假设：多个独立样本来自的多个总体的分布无显著差异。

(2) $J-T$ 统计量如下：

$$J-T = \sum_{i<j} U_{ij} \tag{7.10}$$

其中，U_{ij} 为第 i 组样本观察值小于第 j 组样本观察值的个数。

大样本下，$J-T$ 统计量近似服从正态分布，其检验统计量为：

$$Z = \frac{J-(N^2-\sum_{i=1}^{k}n_i^2)/4}{\sqrt{(N^2(2N+3)-\sum_{i=1}^{k}n_i^2(2n_i+3))/72}} \tag{7.11}$$

其中，J 为 $J-T$ 统计量，N 为总样本个数，n_i 为第 i 组的样本个数。

(3) 决策。SPSS 会自动计算 $J-T$ 统计量、Z 统计量和对应的 p 值。

若 p 值＜显著性水平，则拒绝零假设，多个独立样本来自的多个总体分布存在显著差异。

若 p 值＞显著性水平，则不拒绝零假设，多个独立样本来自的多个总体分布无显著差异。

7.7.2 多独立样本检验方法的 SPSS 实现

在利用 SPSS 进行多独立样本的非参数检验之前，应首先按规定的格式组织好数据。这里应设置两个变量，一个变量存放样本值，另一个变量存放组标记值。SPSS 多独立样本非参数检验的基本操作步骤如下：

(1) 选择菜单【分析/非参数检验/旧对话框/K 个独立样本】，出现如图 7.17 所示的对话框。

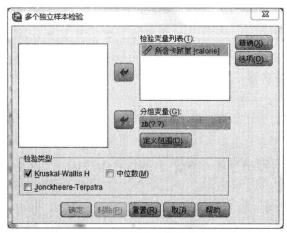

图 7.17 多独立样本非参数检验对话框

(2) 选择待检验的变量到【检验变量列表(T)】框中。

(3) 指定存放组标志的变量到【分组变量(G)】框,并单击【定义范围(D)】按钮给出两个组标志值,在【最小(N)】框中输入"1",在【最大(X)】框中输入样本的最大组号,如图7.18所示。

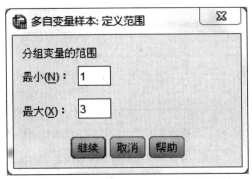

图 7.18 "多自变量样本:定义范围"对话框

(4) 选择计算显著性水平的方法时,单击【精确(X)】按钮,对话框显示有三种可选方案。由于案例中使用的样本量较小,每个样本只包含 5 个数据,所以只能选择第三种,即精确方法,如图 7.19 所示。

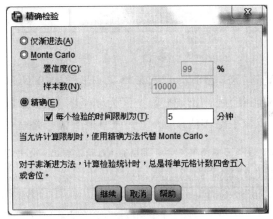

图 7.19 多独立样本精确检验对话框

(5) 在【检验类型】框中,选择采用哪种检验方法。

上述选项完成以后,SPSS 将分析结果输出到数据编辑对话框中。

7.7.3 多独立样本检验方法的实例分析

【例 7.6】 从三种糖果中随机抽取若干个样本并得到其所含卡路里的数据,分析这三种糖的卡路里含量是否存在显著差异。这里涉及多个独立样本,因此采用多独立样本的非参数检验方法,并分别选择上述三种方法进行分析,具体操作如图 7.17 所示,分析结果如下。

1. 多独立样本的中位数检验结果

从表 7.22(a) 和表 7.22(b) 可知,三组样本的中位数为 220.00,计算出的卡方统计量为 6.964,由于是小样本,因此计算卡方统计量的精确概率。如果显著性水平 α 为 0.05,由于概率 p 值为 0.068,大于显著性水平,就应接受零假设,认为三种糖果所含卡路里不存在显著差异。

表 7.22(a)　三种糖果所含卡路里的中位数检验结果(一)

频率

		糖果类型		
		1	2	3
所含卡路里	>中位数	4	3	0
	<= 中位数	1	2	5

表 7.22(b)　三种糖果所含卡路里的中位数检验结果(二)

检验统计量

	所含卡路里
N	15
中位数	220.00
卡方统计量	6.964[b]
df	2
渐进显著性	0.031
精确显著性	0.068

2. 多独立样本的 Kruskal-Wallis 检验结果

从表 7.22(c)和表 7.22(d)可知,三种糖果所含卡路里的平均秩分别为 10.80、10.00、3.20,K-W 统计量为 8.736,概率 p 值为 0.005,如果显著性水平 α 为 0.05,p 值小于显著性水平,就应拒绝零假设,认为三种糖果所含卡路里存在显著差异。

表 7.22(c)　三种糖果所含卡路里的 Kruskal-Wallis 检验结果(一)

秩

	糖果类型	N	平均等级
所含卡路里	1	5	10.80
	2	5	10.00
	3	5	3.20
	总计	15	

表 7.22(d)　三种糖果所含卡路里的 Kruskal-Wallis 检验结果(二)

检验统计量

	所含卡路里
K-W 统计量	8.736
df	2
渐进显著性	0.013
精确显著性	0.005

3. 多独立样本的 Jonckheere-Terpstra 检验结果

从表 7.22(e)可知,观测的 J-T 值为 12.000,所有 J-T 值的均值为 37.50,标准差为 9.455,观测的 J-T 值的标准化为 −2.697,概率 p 值为 0.005,如果显著性水平 α 为 0.05,p 值小于显著性水平,应拒绝零假设,认为三种糖果所含卡路里存在显著差异。

表 7.22(e)　三种糖果所含卡路里的 Jonckheere-Terpstra 检验结果

	所含卡路里
糖果类型中的水平数	3
N	15
J-T 观测统计量	12.000
J-T 统计量均值	37.500
J-T 统计量的标准差	9.455
标准 J-T 统计量	−2.697
渐进显著性(双侧)	0.007
精确显著性(双侧)	0.005
精确显著性(单侧)	0.003

从上面的分析来看,三种检验方法得出的结论是不一致的。实际上,用不同的检验方法对同一组数据进行分析时,可能得出不同的结论。因此,在分析过程中,应注意各检验方法的差异性,选择合适的检验方法。

7.8　两配对样本检验

7.8.1　两配对样本检验的基本原理

两配对样本的非参数检验是在对两配对样本的总体分布不甚了解的情况下,推断样本来自的两总体的分布等是否存在显著差异的方法。这种检验对两个总体服从的分布不作要求,但要求数据必须是成对出现的,而且顺序不能够随意调换。

例如,要分析听音乐是否会影响成年人的入睡时间,于是选择了 10 名女性,对她们分别进行听音乐和不听音乐两种测试,下表给出了 10 个对象在听音乐和不听音乐下入睡所需的时间(单位:分钟)。具体数据如表 7.23 所示,两组样本是成对数据。由于这里样本量较少,难以确定总体的分布,因此可以引入非参数检验方法。

表 7.23　是否听音乐的入眠时间样本数据

研究对象	1	2	3	4	5	6	7	8	9	10
不听音乐(分钟)	15	12	22	8	10	7	8	10	14	9
听音乐(分钟)	10	11	9	4	11	5	8	7	11	6

SPSS 提供了四种相关的非参数检验方法:符号检验、Wilcoxon 符号秩检验、McNemar 检验、Marginal Homogeneity 检验。

1. 两配对样本的符号(sign)检验

(1) 零假设:两配对样本来自的两总体的分布无显著差异。

(2) 利用正负符号的个数实现检验。

(3) 检验步骤如下:

① 分别用第二组样本的各观察值减第一组对应样本观察值,差值为正记为"＋",差值为负记为"－"。

② 将"＋"的个数与"－"的个数进行比较:采用二项分布检验法,对正负符号变量进行单样本二项分布检验。

③ 小样本下计算二项分布的累计精确概率,大样本下采用修正的 Z 统计量。

(4) 决策。SPSS 会自动计算 Z 统计量和对应的 p 值。

若 p 值＜显著性水平,则拒绝零假设,两配对样本来自的两总体分布存在显著差异。

若 p 值＞显著性水平,则不拒绝零假设,两配对样本来自的两总体分布无显著差异。

但有一点需要注意的是,两配对样本的符号检验注重对变化方向的分析,是用正负符号的个数进行检验,因此特别适用于那些不能或不适合用定量测量便能将每对的两个成员相互分出等级的问题。但它只考虑数据变化的性质,没有考虑变化的幅度,对数据的利用不够充分。

2. 两配对样本的 Wilcoxon 符号秩检验

(1) 零假设:两配对样本来自的两总体的分布无显著差异。

(2) 检验步骤如下:

① 分别用第二组样本的各观察值减第一组对应样本观察值,差值为正记为"＋",差值为负记为"－",并保持差值序列数据。

② 将差值变量按升序排列,并求差值变量的秩。

③ 分别计算正号秩总和 W^+ 以及负号秩总和 W^-。

④ 计算统计量。

小样本下,检验统计量 $W=\min(W^+,W^-)\sim$ Wilcoxon 符号秩分布;

大样本下,利用 W 构造 Z 统计量:

$$Z = \frac{W - n(n+1)/4}{\sqrt{n(n+1)(2n+1)/24}} \tag{7.12}$$

(3) 决策。SPSS 会自动计算 Z 统计量和对应的 p 值。

若 p 值＜显著性水平,则拒绝零假设,两配对样本来自的两总体分布存在显著差异。

若 p 值＞显著性水平,则不拒绝零假设,两配对样本来自的两总体分布无显著差异。

需要注意的是,Wilcoxon 符号秩检验对行为科学家极为适用,它不但能对配对内两个评分作出大小判断,还能对配对内两个评分的差作出判断。

3. 两配对样本的 McNemar 检验

（1）McNemar 检验是一种变化显著性检验，它将研究对象自身作为对照者检验其"前后"的变化是否显著。

（2）零假设：两配对样本来自的两总体的分布无显著差异。

（3）分析的变量是二值变量，若不是二值变量，应先将数据转换后再使用。

（4）McNemar 检验采用二项分布检验方法，小样本下计算二项分布的累计精确概率，大样本下采用修正的 Z 统计量。

（5）决策。SPSS 会自动计算 Z 统计量和对应的 p 值。

若 p 值<显著性水平，则拒绝零假设，两配对样本来自的两总体分布存在显著差异。

若 p 值>显著性水平，则不拒绝零假设，两配对样本来自的两总体分布无显著差异。

需要注意的一点是，两配对样本的 McNemar 检验分析的变量是二值变量。因此在实际应用中，如果不是二值变量，应首先进行数据转换后方可采用该方法，因而在应用方面有一定的局限性。

此外，Marginal Homogeneity 检验是 McNemar 检验的扩展，可以检验多重反应的变量，但限于顺序变量。这两种方法非常适用于前测—后测的实验设计。

7.8.2 两配对样本检验方法的 SPSS 实现

在利用 SPSS 进行两配对样本的非参数检验之前，应首先按规定的格式组织好数据。这里应设置两个变量，分别存放两个样本的样本值。利用 SPSS 进行两配对样本非参数检验的基本操作步骤如下：

（1）选择菜单【分析/非参数检验/旧对话框/2 个相关样本】，出现如图 7.20 所示的窗口。

图 7.20　两配对样本的非参数检验窗口

（2）选择待检验的两个配对变量到【检验对(T)】框中。

（3）选择计算显著性水平的方法时，单击【精确(X)】按钮，对话框会显示三种可选方案。由于案例中使用的样本量较小，每个样本只包含 10 个数据，所以只能选择第三种，即精确方法，如图 7.21 所示。一般认为样本量大于 25 个可视为接近正态分布。

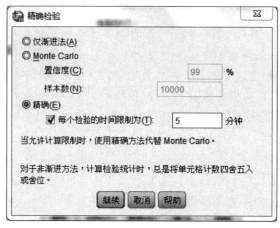

图 7.21　两配对样本精确检验对话框

(4) 在【检验类型】框中,选择采用哪种检验方法。

上述选项完成以后,SPSS 将分析结果输出到数据编辑对话框中。

7.8.3　两配对样本检验方法的实例分析

【例 7.7】　分析听音乐是否会影响成年人的入睡时间(SPSS 数据文件名:两配对样本音乐与入睡时间.sav)。我们选择上述两种方法进行分析,具体操作如图 7.20 所示,分析结果如下。

1. 两配对样本的符号检验结果

从表 7.24(a)和表 7.24(b)可知,听音乐后入睡时间缩短的有 8 人,增加的有 1 人,1 人保持不变。双尾的二项分布累计概率为 0.039。如果显著性水平 α 为 0.05,由于概率值 p 小于显著性水平,就应拒绝零假设,认为听音乐后的入睡时间与不听音乐有显著差异,音乐能帮助入睡。

表 7.24(a)　音乐对入眠时间的影响两配对样本符号检验结果(一)

频率

		N
听音乐—不听音乐	负差分[a]	8
	正差分[b]	1
	结[c]	1
	总数	10

注:(1) a 表示听音乐时间＜不听音乐时间。
(2) b 表示听音乐时间＞不听音乐时间。
(3) c 表示听音乐时间＝不听音乐时间。

表 7.24(b)　音乐对入眠时间的影响两配对样本符号检验结果(二)

检验统计量

	听音乐—不听音乐
精确显著性(双侧)	0.039

2. 两配对样本的 Wilcoxon 符号秩检验结果

从表7.24(a)和表7.24(b)可知，负号的秩和统计量为43.50，正号的秩和统计量为1.50。Z检验统计量为-2.499，对应的概率p值为0.012。如果显著性水平α为0.05，由于概率值p小于显著性水平，就应拒绝零假设，认为听音乐后的入睡时间与不听音乐有显著差异，音乐能帮助入睡。

表7.24(c)　音乐对入眠时间的影响两配对样本 Wilcoxon 符号秩检验结果（一）

秩

		N	秩均值	秩总和
听音乐—不听音乐	负秩	8	5.44	43.50
	正秩	1	1.50	1.50
	结	1		
	总数	10		

表7.24(d)　音乐对入眠时间的影响两配对样本 Wilcoxon 符号秩检验结果（二）

检验统计量

	听音乐—不听音乐
Z	-2.499
精确显著性（双侧）	0.012

7.9　多配对样本检验

7.9.1　多配对样本检验的基本原理

多配对样本的非参数检验是用来比较多个配对总体分布是否相同的非参数检验方法。通过多组配对样本推断样本来自的多个总体的中位数或分布是否存在显著差异。这种检验方法对总体分布没有要求，但样本必须是配对的，也不能更改其顺序。

例如，使用4种不同的容器存放果汁，经过半年的存放以后，请8位试吃员品尝，每位试吃员都给这4种容器存放的果汁的味道打分，得到的数据如表7.25所示。请分析这4种容器果汁味道的差异。

表7.25　4种果汁分数样本数据

试吃员	容器1分数	容器2分数	容器3分数	容器4分数
1	4.81	5.54	6.55	6.14
2	5.09	5.61	6.29	5.72
3	6.61	6.60	7.40	6.90
4	5.03	5.70	6.40	5.80
5	5.15	5.31	6.28	6.23
6	5.05	5.58	6.26	6.06
7	5.77	5.57	6.22	5.42
8	6.17	5.84	6.76	6.04

SPSS 提供了三种相关的非参数检验方法：Friedman 检验、Kendall 协和系数检验、Cochran 检验。

1. 多配对样本的 Friedman 检验

(1) 零假设：多个配对样本来自的多个总体的分布无显著差异。

(2) 检验原理。

① 利用秩，通过类似方差分析的方法实现检验。

② 若不同样本下的秩不存在显著差异，则秩的组间差在秩的总平均变差中占较小的比例。

(3) 检验步骤如下：

① 以行为单位将数据升序排列，并求各变量在各自行中的秩。

② 分别计算各组样本下的秩总和和平均秩。

③ 计算 Frideman 检验统计量：

$$\text{Frideman} = \frac{12n}{k(k+1)} \sum_{i=1}^{k} \left(\bar{R}_i - \frac{k+1}{2} \right)^2 \sim \chi^2(k-1) \tag{7.13}$$

其中，n 为样本个数，k 为配对样本的组数，$\bar{R}_i$ 为第 i 个样本的平均秩。

④ Frideman 检验统计量与多独立样本的 Kruskal-Wallis 检验中的 K-W 统计量相似，区别在于 K-W 统计量中的秩是全体数据排序后得到的，Frideman 检验统计量的秩是在各区组内分别独立排序得到的。

(4) 决策。SPSS 会自动计算 Frideman 统计量和对应的 p 值。

若 p 值<显著性水平，则拒绝零假设，K 个配对样本来自的 k 个总体分布存在显著差异。

若 p 值>显著性水平，则不拒绝零假设，K 个配对样本来自的 k 个总体分布无显著差异。

需要注意的是，Friedman 检验适用于定距型数据。

2. Kendall 协和系数检验

(1) 该方法与 Frideman 检验相结合，可实现对评判者评判标准是否一致的分析。

(2) 零假设：评判者的评判标准不一致。

(3) 通过协同系数 W 对评分的一致性进行分析。

$$W = \frac{\sum_{i=1}^{n} \left(R_i - \frac{m(n+1)}{2} \right)^2}{m^2 n(n^2-1)/12} \sim \chi^2(n-1) \tag{7.14}$$

其中，m 为评判者人数，n 为被评判者人数，R_i 为第 i 个被评判者的秩和。

大样本情况下，W 协同系数近似服从自由度为 $n-1$ 的卡方分布。

W 的取值范围在 0 到 1 之间。当 W 趋向于 1 时，秩的组间差异越大，被评判者所得分数间有显著差异，评判者的评判标准具有一致性；当 W 趋向于 0 时，秩的组间差异较小，被评判者所得分数间无显著差异，评判者的评判标准不具有一致性。

(4) 决策。SPSS 会自动计算协同系数 W 和对应的 p 值。

若 p 值<显著性水平，则拒绝零假设，评判者的评判标准一致。

若 p 值＞显著性水平,则不拒绝零假设,评判者的评判标准不一致。

3. 多配对样本的 Cochran Q 检验

(1) 零假设:多个配对样本来自的多个总体的分布无显著差异。

(2) 适用于对二值品质型数据进行检验。

(3) Cochran Q 检验统计量:

$$Q = \frac{k(k-1)\sum_{j=1}^{k}\left(G_j - \frac{1}{k}\sum_{i=1}^{k}G_i\right)^2}{k\sum_{i=1}^{n}L_i - \sum_{i=1}^{n}L_i^2} \sim \chi^2(k-1) \qquad (7.15)$$

其中,k 为配对样本组数,n 为样本个数,G_j 为第 j 列中取 1 的个数,L_i 为第 i 行中取 1 的个数。

(4) 决策。SPSS 会自动计算 Cochran Q 统计量和对应的 p 值。

若 p 值＜显著性水平,则拒绝零假设,多配对样本来自的多个总体分布存在显著差异。

若 p 值＞显著性水平,则不拒绝零假设,多配对样本来自的多个总体分布无显著差异。

7.9.2 多配对样本检验方法的 SPSS 实现

在利用 SPSS 进行多配对样本的非参数检验之前,应首先按规定的格式组织好数据。这里应设置多个变量,有多少个样本,就应设置多少个变量,分别存放各配对样本的样本值。SPSS 多配对样本非参数检验的基本操作步骤如下:

(1) 选择菜单【分析/非参数检验/旧对话框/K 个相关样本】,出现如图 7.22 所示的窗口。

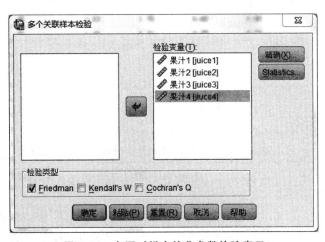

图 7.22　多配对样本的非参数检验窗口

(2) 选择待检验的若干个配对变量到【检验变量(T)】框中。

(3) 选择计算显著性水平的方法时,单击【精确(X)】按钮,对话框显示有三种可选方案,如图 7.23 所示。

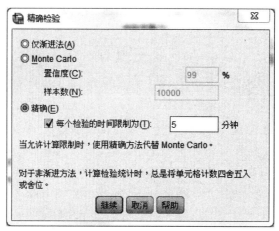

图 7.23　多配对样本:精确检验对话框

(4) 在【检验类型】框中,选择采用哪种检验方法。

上述选项完成以后,SPSS 将分析结果输出到数据编辑对话框中。

7.9.3　多配对样本检验方法的实例分析

【例 7.8】　研究不同果汁味道的差异,这涉及四位品尝员的打分。由于他们都品尝了相同的果汁,因此表 7.25 中的数据是配对给出的(SPSS 数据文件名为"多配对样本检验四种果汁味道打分.sav")。由于这里样本量较少,难以确定总体的分布,因此可以引入非参数的检验方法。菜单选择如图 7.22 和 7.23 所示,并单击图 7.22 中的【Statistics】按钮选择描述性复选框,进行描述统计。同时,这里的数据是连续性数据,故在图 7.22 中采用 Friedman 和 Kendall 协和系数检验。试判断这 8 位试吃员的评分是否一致或者四种果汁的分数是否有显著差异。

1. 多配对样本的 Friedman 检验结果

从表 7.26(b) 和表 7.26(c) 可知,四种果汁的分数的平均秩分别为 1.63、1.75、4.00、2.63,Friedman 检验统计量的观测值为 17.250,相应的概率 p 值为 0.000。如果显著性水平 α 为 0.05,由于概率值 p 小于显著性水平,因此拒绝零假设,认为四种果汁味道的分数存在显著差异。由表 7.26(a) 可知,第三种果汁均值最高,因此,其味道最好。

表 7.26(a)　四种果汁味道分数的描述统计结果(一)

	N	Mean	Std. Deviation	Minimum	Maximum
果汁 1	8	5.4600	0.64710	4.81	6.61
果汁 2	8	5.7188	0.38617	5.31	6.60
果汁 3	8	6.5200	0.39918	6.22	7.40
果汁 4	8	6.0388	0.43597	5.42	6.90

表 7.26(b)　四种果汁味道分数的 Friedman 检验结果(二)

秩

	秩均值
果汁 1	1.63
果汁 2	1.75
果汁 3	4.00
果汁 4	2.63

表 7.26(c)　四种果汁味道分数的 Friedman 检验结果(三)

检验统计量

N	8
卡方	17.250
df	3
渐进显著性	0.001
精确显著性	0.000

2. Kendall 协和系数检验结果

从表 7.26(d)和表 7.26(e)可知，Kendall 协和系数检验结果和 Friedman 检验结果一样，协同系数为 0.719，卡方统计量为 17.25，相应的概率 p 值为 0.000。如果显著性水平 α 为 0.05，由于概率值 p 小于显著性水平，因此拒绝零假设，认为四种果汁味道的分数存在显著差异。从评判者也就是试吃员的角度来讲，由于 W 协同系数为 0.719，接近 1，说明试吃员的评分标准较为一致。

表 7.26(d)　四种果汁味道分数的 Kendall 协和系数检验结果(一)

秩

	秩均值
果汁 1	1.63
果汁 2	1.75
果汁 3	4.00
果汁 4	2.63

表 7.26(e)　四种果汁味道分数的 Kendall 协和系数检验结果(二)

检验统计量

N	8
Kendall's W[a]	0.719
卡方	17.250
df	3
渐进显著性	0.001
精确显著性	0.000

第8章 列联表分析

8.1 列联表概述

8.1.1 列联表的主要作用与功能

列联表分析又称交叉分组下的频数分析,一般情况下,频数分析主要是为了掌握单个变量的数据分布情况。但是,在实际数据分析过程中,经常需要了解多变量之间的相互影响和关系,掌握多变量的联合分布特征。对于数值型变量,我们经常采用计算相关系数和进行回归分析的方法,但是对于定类数据或者定序数据则通常使用列联表进行分析。

例如,分析消费者购买某种商品的意向,我们需要了解不同特征的顾客对某种商品的购买意愿是否不同,这时就需要编制交叉列联表进行分析。

从功能上来说,不管是简单的二维列联表还是复杂的多维列联表,都能够输出相应的频数,并计算相应的百分数指标。此外,为了便于分析不同变量之间是否具有独立性或相关性,SPSS提供了多种适用于不同相关系数的相关性检验。

8.1.2 列联表的主要内容

列联表的编制是进行列联表分析的第一步,例如,表8.1是利用月收入与文化程度数据编制的一张两变量二维列联表,反映了不同文化程度和不同月收入交叉分组下的频数分布情况。

表 8.1 二维交叉列联表举例

月收入与文化程度交叉表

			文化程度				总计
			高中及以下	大专及高职	本科	研究生	
月收入	2000 元以下	计数	5	2	1	0	8
		预期计数	1.6	1.9	2.5	1.9	8.0
		百分比在月收入内	62.5%	25.0%	12.5%	0.0%	100.0%
		百分比在文化程度内	45.5%	15.4%	5.9%	0.0%	14.8%
		占总数的百分比	9.3%	3.7%	1.9%	0.0%	14.8%
	2000—6000 元	计数	4	6	1	1	12
		预期计数	2.4	2.9	3.8	2.9	12.0
		百分比在月收入内	33.3%	50.0%	8.3%	8.3%	100.0%
		百分比在文化程度内	36.4%	46.2%	5.9%	7.7%	22.2%
		占总数的百分比	7.4%	11.1%	1.9%	1.9%	22.2%
	6000—15000 元	计数	2	4	9	5	20
		预期计数	4.1	4.8	6.3	4.8	20.0
		百分比在月收入内	10.0%	20.0%	45.0%	25.0%	100.0%
		百分比在文化程度内	18.2%	30.8%	52.9%	38.5%	37.0%
		占总数的百分比	3.7%	7.4%	16.7%	9.3%	37.0%
	15000 元以上	计数	0	1	6	7	14
		预期计数	2.9	3.4	4.4	3.4	14.0
		百分比在月收入内	0.0%	7.1%	42.9%	50.0%	100.0%
		百分比在文化程度内	0.0%	7.7%	35.3%	53.8%	25.9%
		占总数的百分比	0.0%	1.9%	11.1%	13.0%	25.9%
总计		计数	11	13	17	13	54
		预期计数	11.0	13.0	17.0	13.0	54.0
		百分比在月收入内	20.4%	24.1%	31.5%	24.1%	100.0%
		百分比在文化程度内	100.0%	100.0%	100.0%	100.0%	100.0%
		占总数的百分比	20.4%	24.1%	31.5%	24.1%	100.0%

在 SPSS 中，表 8.1 中月收入变量称为行变量，文化程度变量称为列变量。表的内容包括行列标题、观测频数和各种百分比。具体来说，主要包括以下几个方面：

1. 行、列边缘分布

例如，表 8.1 中的 54 个样本中，高中及以下、大专及高职、本科、研究生的人数分别为 11、13、17、13，构成的分布称为交叉列联表的列边缘分布；月收入 2000 元以下、2000—6000 元、6000—15000 元、15000 元以上的人数分别为 8、12、20、14，构成的分布称为交叉列联表的行边缘分布。

2. 条件分布

文化程度在高中及以下时，4 个不同层次月收入的人数分别为 5、4、2、0，这样在列变量(行变量)取一定值条件下行变量(列变量)的分布称为交叉列联表的条件分布。

3．行、列百分比

相对于频数来说，百分比更加有利于各交叉分组下分布的比较，这也是列联表中应该关注的重点。在"百分比在月收入内"行中的 62.5％、25％、12.5％、0％ 分别是各文化程度的人数占月收入 2000 元以下人数(8 人)的百分比，称为行百分比；"高中及以下"列中的 45.5％、36.4％、18.2％、0％ 分别是不同层次收入的人数占高中及以下文化程度人数(11 人)的百分比，称为列百分比。不论是行百分比、还是列百分比，其一行或一列的总和都为 100％。

4．总百分比

表中"占总数的百分比"如 9.3％、3.7％、1.9％ 等都是不同交叉分组中的人数占总人数(54 人)的百分比，所有的总百分比之和为 100％。

5．预期计数

预期计数又称期望频数，其计算方法是：

$$f_e = \frac{\text{RT}}{n} \times \frac{\text{CT}}{n} \times n = \frac{\text{RT} \times \text{CT}}{n} \tag{8.1}$$

在公式(8.1)中，f_e 表示期望频数，RT 为指定单元格所在行的总观测频数，CT 为指定单元格所在列的总观测频数，n 为总观测频数。例如，文化程度为高中及以下的期望频数＝8×11/54，四舍五入为 1.6。为了更好地理解期望频数的含义，我们可以从总体分布的角度进行解释。总共 54 个被调查者，文化程度的总体分布占比分别为 20.4％、24.1％、31.5％、24.1％，如果遵循总体的分布比例，那么在月收入为 2000 元以下的 8 人中，其文化程度的分布应该与总体一致，分别为 20.4％、24.1％、31.5％、24.1％，因此，其期望频数为 8×20.4％、8×24.1％、8×31.5％、8×24.1％。可见，期望频数的分布与总体分布相一致。

8.2 独立性检验

以上，我们已经了解了列联表的基本组成和构造，第二步需要对列联表中行变量和列变量之间的关系进行分析。在列联表的基础上，分析行列变量之间是否存在一定的联系以及联系的紧密程度等是编制列联表最重要的目的。

例如，可以在表 8.1 的基础上进一步分析月收入与文化程度之间的关系，查看是否存在文化程度越高收入越高的现象。

为了更加直观地理解列联表所表现出的变量之间的联系，我们以二维交叉列联表为例，编制极端情况下的文化程度和月收入之间的关系。如表 8.2(a)表明文化程度越高收入越高，而表 8.2(b)表明文化程度越低收入越高。

表 8.2(a) 文化程度与月收入的交叉列联表(一)

月收入		文化程度		
		低	中	高
	低	1	0	0
	中	0	2	0
	高	0	0	3

表 8.2(b) 文化程度与月收入的交叉列联表(二)

月收入		文化程度		
		低	中	高
	低	0	0	1
	中	0	2	0
	高	3	0	0

但是,如表 8.1 所示,在现实情况中,列联表所表现出的变量之间的相互联系,并不是理想状态下的一目了然,尤其是在变量分组值较多,表中显示内容较多的时候,很难通过观测得出变量之间联系的规律。因此,我们需要借助更加客观的方式来分析变量之间的关系以及它们关系的强度。通常采用的办法是卡方(χ^2)检验和相关性检验等。

8.2.1 列联表卡方检验的原理

统计检验中,假设检验一般分为四个步骤:

第一,提出零假设。在列联表分析中,零假设为行列变量之间相互独立。

第二,计算检验统计量。列联表卡方检验经常使用的检验统计量为皮尔逊卡方统计量,其计算公式为:

$$\chi^2 = \sum_{i=1}^{r}\sum_{j=1}^{c}\frac{(f_{ij}^o - f_{ij}^e)^2}{f_{ij}^e} \tag{8.2}$$

公式(8.2)中,r 表示列联表的行,c 表示列联表的列;f^o 为观测频数,f^e 为期望频数。在原假设成立的条件下,此统计量服从自由度为$(r-1)(c-1)$的卡方分布。由上一节可知,期望频数的分布与总体的分布是一致的,这也就意味着期望频数的分布表示的是行列变量相互独立的分布,即行列变量不相关。

那么,从公式(8.2)可以看出,卡方值的大小取决于两个因素:首先是列联表单元格数,显然,列联表的单元格数越多,卡方的值越大;其次是观测频数与期望频数的差值,在其他条件不变的情况下,观测频数与期望频数的差值越大,卡方的值越大。由于期望频数的分布表示的是行列变量不相关的分布,因此,如果实际观测频数的分布与期望频数的分布越接近,卡方的值越小,则表示行列变量之间越可能相互独立。也就意味着,如果我们想要证明行列变量之间存在相关性,卡方检验的值就必须足够大。

第三,确定显著性水平和临界值。显著性水平一般用 α 表示,其含义是拒绝零假设犯错误的概率,通常设为 0.05 或 0.01。由于该检验中的皮尔逊卡方统计量近似服从卡方分布,因此在行列数目和显著性水平给定时,卡方的临界值是可以唯一确定的。

第四,得出结论或者决策。一般来说,我们通常根据给出的显著性水平 α,与检验统计量的概率 p 值作比较,如果概率 p 值小于等于显著性水平,则应该拒绝零假设,认为行列变量之间存在依存关系,因为拒绝零假设犯错误的概率很小。反之,应该接受零假设,认为行列变量是相互独立的。

当然,也可以采用比较卡方观测值和临界值的方式进行判断。

8.2.2 卡方检验的说明

每一种统计检验的方法,都有自身的特点和前提要求,如果违背了这样的前提和要求,那么得出的结果必然是不准确的。在列联表的卡方检验中,我们也应该注意以下问题:

(1) 列联表各单元格中期望频数大小的问题

从公示(8.2)中可以看出,如果期望频数偏小的单元格大量存在,那么卡方检验的值会存在偏大的趋势,更加容易拒绝零假设。因此,单元格中不应有大量期望频数小于 5 的单元格存在,如果期望频数小于 5 的单元格超过 20%,那么不宜使用卡方检验。对此,SPSS 会给出相应的提示。

(2) 样本量大小的问题

卡方值的大小同时还受到样本量的影响,样本量越大,卡方的值也会越大,但是由于自由度和显著性水平没有改变,卡方的临界值不变,进而拒绝零假设的可能性会变大。

8.3 变量的相关性测度与检验

除了卡方检验外,SPSS 针对不同类型的数据提供了不同的测度方法,具体来说有以下四类:

8.3.1 适用于"定类与定类"变量的方法

当行列变量均为定类变量时,SPSS 提供了四种相关系数供用户选择:相依系数、Phi 系数、Cramer's V 系数、Lambda 系数、不确定性系数。这些方法基本都是对皮尔逊卡方检验的修正。我们主要介绍几种常用的。

(1) 相依系数

相依系数的计算公式为：

$$C = \sqrt{\frac{\chi^2}{\chi^2 + n}} \tag{8.3}$$

在公式(8.3)中，n 为样本量。相依系数常用于卡方检验基础上对相关性的检验，适用于任意列联表。其取值范围为 0~1，若数值越接近于 0，表明卡方值越小，行列变量之间越不相关；若数值越接近于 1，表明卡方值越大，行列变量之间有越强的相关关系。

但是，相依系数并没有排除单元格数对其系数的影响，相依系数会随着单元格数的增加而增大。

(2) Phi 系数

Phi 系数基于卡方检验，其计算公式为：

$$\varphi = \sqrt{\frac{\chi^2}{n}} \tag{8.4}$$

前面提到的皮尔逊卡方检验的值会受到样本量的影响，而 Phi 系数正好排除了样本量的影响，因此该系数是对皮尔逊卡方检验的修正。

值得注意的是，Phi 系数适用于 2×2 的列联表，φ 越接近 1，表示行列变量的相关关系越强；φ 越接近 0，表明行列变量的相关关系越弱。

(3) Cramer's V 系数

Cramer's V 系数适用于任意列联表，其计算公式为：

$$V = \sqrt{\frac{\chi^2}{n \min[(R-1),(C-1)]}} \tag{8.5}$$

其中，$\min[(R-1),(C-1)]$ 指取 $(R-1)$ 和 $(C-1)$ 中的最小值。从公式中可以看出，Cramer's V 系数在考虑样本数量影响的同时，还考虑了列联表的单元格数。

8.3.2 适用于"定序与定序"变量的方法

当行列变量均为定序变量时，SPSS 同样也提供了四种系数供用户选择：伽玛系数、Somers'd 系数、Kendall's tau-b 系数、Kendall's tau-c 系数。

(1) 伽玛系数

伽玛系数通常用于 2×2 的列联表，反映定序变量与定序变量之间的相关性，取值范围在 −1 到 1 之间，伽玛系数的绝对值越接近于 1，表明两个定序变量具有越强的相关性；伽玛系数越接近于 0，表明两个定序变量之间没有相关性或者相关性很小。

(2) Somers'd 系数

Somers'd 系数是伽玛系数的非对称推广，二者的不同之处仅在于它未约束自变量上的成对数目。同样，其取值范围在 −1 到 1 之间，若数值越接近于 1，相关性越强；若数值越接近于 0，相关性越弱。

(3) Kendall's tau-b 系数

Kendall's tau-b 系数通常适用于方形列联表，考虑打结的次序或等级变量间关联性的非参数检验,将相同值的观测量列入计算过程。其取值范围在-1到1之间,正负符号表明相关性的方向,绝对值表示相关性的大小,绝对值越接近于1,相关性越强;绝对值越接近于0,表明没有相关性或相关性很小。

(4) Kendall's tau-c 系数

Kendall's tau-c 系数通常用于任意列联表,不考虑打结的次序或等级变量间关联性的非参数检验,将相同值的观测量从计算过程中剔除。其取值范围在-1到1之间,正负符号表明相关性的方向,绝对值表示相关性的大小,绝对值越接近于1,相关性越强;绝对值越接近于0,表明没有相关性或相关性很小。

8.3.3 其他方法

当行列变量为一定类变量和一定距变量时,通常采用 Eta 系数进行检验。其取值范围在0到1之间,数值越靠近0,表明越没有相关性;数值越靠近1,表明相关性越强。

当行列变量均为定距型或定序型变量时,一般采用相关系数进行检验。采用这种检验会输出两个系数:皮尔逊的 R 值和斯皮尔曼相关性,其取值范围都在-1到1之间,绝对值越接近于1,相关性越强。但是一般在列联表中,很少用定距型变量作为行列变量,所以该方法在列联表分析中很少会用,通常在相关分析时应用。

另外,若一个是定类变量,另一个是定序变量,通常将定序变量降级使用,即使用"定类与定类变量"之间的相关性测度与检验的方法进行分析。

在 SPSS 中,Kappa、风险和 McNemar 都是医学中常用的统计指标,在这里不作讨论。

8.4 列联表分析方法的实现

8.4.1 变量选择与样本数据

利用本章"月收入与文化程度"的模拟数据,分析不同层次收入人群的文化程度的差别。

使用列联表分析不同层次收入人群的文化程度是否存在差异,选取的变量为月收入和文化程度。其中,由于收入的敏感性,将月收入分为4个等级,分别是"2000元以下""2000—6000元""6000—15000元"和"15000元以上";将文化程度分为4个等级,分别是"高中技校中专以下""大专及高职""本科""研究生"和"其他"。

本案例所选取的样本为上海市徐汇区54户居民,运用调查问卷的形式收集其月收入与文化程度的相关数据。

8.4.2 列联表分析的 SPSS 实现

列联表分析的操作步骤具体如下:

(1) 在数据窗口中建立或打开一个数据文件,在主菜单中依次选择【分析/描述统计/交叉表格】,打开"交叉表"对话框,如图 8.1 所示。

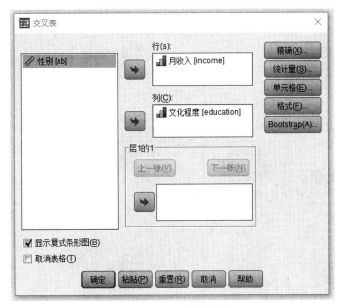

图 8.1 "交叉表"对话框

（2）在图 8.1 中，选择行变量到【行(S)】中，选择列变量到【列(C)】中，行列变量必须是分类变量。如果要编制三维或高维列联表，可将其他变量选入【层 1 的 1】中，选进层的变量相当于统计分析中的控制变量。控制变量可以有多个，可单击【下一张(N)】按钮进行添加，或者单击【上一张(V)】按钮进行修改。

（3）交叉表格下面有两个复选框，【显示集群条形图(B)】表示输出各变量交叉分组下的频数分布图，【取消表格(T)】表示不输出列联表，只输出相关统计量。

（4）单击【精确(X)】按钮，得到图 8.2。

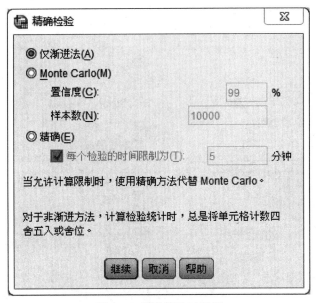

图 8.2 精确检验对话框

在精确检验中,SPSS 提供了三种计算确切概率的方法,【仅渐进法(A)】表示只计算近似概率,【Monte Carlo(M)】表示可以自行设置"置信度(C)"和"样本数(N)",【精确】表示可以自行设置每个检验的时间,在设置的时间内计算概率。

(5) 单击【统计量(S)】按钮,得到图 8.3 所示的对话框。

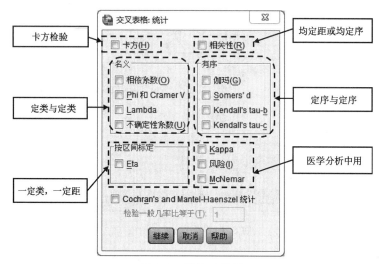

图 8.3 统计对话框

可根据具体的变量特征在图 8.3 中选取相应的方法进行分析,此例中讨论的是"定距与定序数据"的关系,可勾选 Kendall's tau-b 系数,并进行卡方检验。

(6) 单击【单元格(E)】按钮,得到图 8.4。

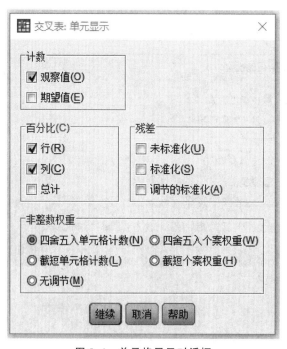

图 8.4 单元格显示对话框

单元格显示对话框中的主要内容,就是在列联表中输出的主要内容,SPSS一般默认只输出观察值,可根据需要决定是否输出期望值及各种百分比。其中,【隐藏较小计数(H)】表示可以自行设置将小于指定数的计数隐藏,【残差】中的复选框表示是否在列联表中输出期望频数与实际观测频数的差。此例中,可勾选行百分比与列百分比。

(7) 单击【格式(F)】,得到图8.5。

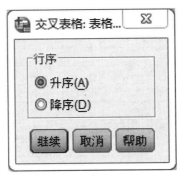

图8.5 表格格式对话框

表格格式对话框中的【行序】分为"升序(A)"和"降序(D)",表示行变量取值按照何种方式输出。

(8) 在结束所有设置之后,单击"确定"执行列联表分析。

8.4.3 结果说明与解读分析

先输出个案处理摘要表,其中共有个案54个,无缺失值。

表8.3 个案处理摘要

	个案					
	有效		缺失		总计	
	数字	百分比	数字	百分比	数字	百分比
月收入与文化程度	54	100.0%	0	0.0%	54	100.0%

表8.4是输出的月收入变量和文化程度变量的交叉列联表,从中可以看出:

(1) 在被调查的54个调查者中,月收入在2000元以下的有8人,2000—6000元的有12人,6000—15000元的有20人,15000元以上的有14人,分别占总样本数的14.8%、22.2%、37%和25.9%;文化程度为高中技校中专以下的有11人,大专及高职的有13人,本科的有17人,研究生的有13人,各占总样本数的20.4%、24.1%、31.5%和24.1%。

(2) 对于不同月收入的人群分别分析

① 月收入为2000元以下的8名被调查者中,文化程度为高中技校中专以下、大专及高职、本科和研究生的人数分别为5、2、1、0人,各占本组总人数的62.5%、25.0%、12.5%、0.0%,其中,文化程度为高中技校中专以下和大专及高职的人数百分比高于总百分比20.4%和24.1%,本科和研究生的人数百分比低于总百分比31.5%和24.1%。

表 8.4 案例分析列联表
月收入与文化程度交叉表

			文化程度				总计
			高中技校中专以下	大专及高职	本科	研究生	
月收入	2000元以下	计数	5	2	1	0	8
		百分比在月收入内	62.5%	25.0%	12.5%	0.0%	100.0%
		百分比在文化程度内	45.5%	15.4%	5.9%	0.0%	14.8%
	2000—6000元	计数	4	6	1	1	12
		百分比在月收入内	33.3%	50.0%	8.3%	8.3%	100.0%
		百分比在文化程度内	36.4%	46.2%	5.9%	7.7%	22.2%
	6000—15000元	计数	2	4	9	5	20
		百分比在月收入内	10.0%	20.0%	45.0%	25.0%	100.0%
		百分比在文化程度内	18.2%	30.8%	52.9%	38.5%	37.0%
	15000元以上	计数	0	1	6	7	14
		百分比在月收入内	0.0%	7.1%	42.9%	50.0%	100.0%
		百分比在文化程度内	0.0%	7.7%	35.3%	53.8%	25.9%
总计		计数	11	13	17	13	54
		百分比在月收入内	20.4%	24.1%	31.5%	24.1%	100.0%
		百分比在文化程度内	100.0%	100.0%	100.0%	100.0%	100.0%

② 月收入为 2000—6000 元的 12 名被调查者中，文化程度高中技校中专以下、大专及高职、本科和研究生的人数分别为 4、6、1、1 人，各占本组总人数的 33.3%、50.0%、8.3%、8.3%，其中，文化程度为高中技校中专以下和大专及高职的人数百分比高于总百分比 20.4% 和 24.1%，本科及研究生的人数百分比低于总百分比 31.5% 和 24.1%。

③ 月收入为 6000—15000 元的 20 名被调查者中，文化程度为高中技校中专以下、大专及高职、本科和研究生的人数分别为 2、4、9、5 人，各占本组总人数的 10.0%、20%、45%、25%，其中，文化程度为高中技校中专以下和大专及高职的人数低于总百分比 20.4% 和 24.1%，本科及研究生的人数高于总百分比 31.5% 和 24.1%。

④ 月收入为 15000 元以上的 20 名被调查者中，文化程度在高中技校中专以下、大专及高职、本科和研究生的人数分别为 0、1、6、7 人，各占本组总人数的 0.0%、7.1%、42.9%、50%，其中，文化程度为高中技校中专以下和大专及高职的人数低于总百分比 20.4% 和 24.1%，本科及研究生的人数高于总百分比 31.5% 和 24.1%。

(3) 对于不同的文化程度的人群分别分析

① 文化程度在高中技校中专以下的 11 名被调查者中，月收入为 2000 元以下、2000—6000 元、6000—15000 元以及 15000 元以上的人数分别为 5、4、2、0 人，占比为 45.5%、36.4%、18.2%、0.0%，其中，月收入为 2000 元以下和 2000—6000 元的人数百分比高于总百分比 14.8% 和 22.2%，月收入为 6000—15000 元和 15000 元以上的人数百分比低于总百分比 37% 和 25.9%。

② 文化程度为大专及高职的 13 名被调查者中，月收入为 2000 元以下，2000—

6000元、6000—15000元以及15000元以上的人数分别为2、6、4、1人,占比为15.4%、46.2%、30.8%、7.7%,其中,月收入为2000元以下和2000—6000元的人数百分比高于总百分比14.8%和22.2%,月收入为6000—15000元和15000元以上的人数百分比低于总百分比37%和25.9%。

③ 文化程度为本科的17名被调查者中,月收入为2000元以下,2000—6000元,6000—15000元以及15000元以上的人数分别为1、1、9、6人,占比为5.9%、5.9%、52.9%、35.3%,其中,月收入为2000元以下和2000—6000元的人数百分比低于总百分比14.8%和22.2%,月收入为6000—15000元和15000元以上的人数百分比高于总百分比37%和25.9%。

④ 文化程度为研究生的13名被调查者中,月收入为2000元以下,2000—6000元,6000—15000元以及15000元以上的人数分别为0、1、5、7人,占比为0.0%、7.7%、38.5%、53.8%,其中月收入为2000元以下和2000—6000元的人数百分比低于总百分比14.8%和22.2%,月收入为6000—15000元和15000元以上的人数百分比高于总百分比37%和25.9%。

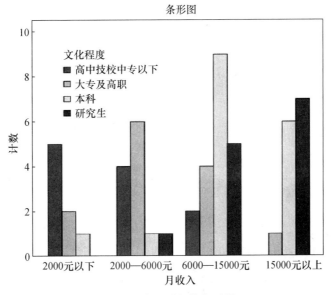

图8.6 案例分析的条形图

从上述关于月收入与文化程度交叉制表的分析可以看出,交叉制表中包含两变量之间关系的大量信息,在变量更多的情况下,分析更为烦琐,想要从表中提炼出规律性的信息是比较复杂的。但是同时,SPSS输出了更加直观的条形图,如图8.6所示,在条形图中,变量之间的关系更加直观。即在被调查样本中,随着月收入的增加,文化程度高的人群占比更大。

以上分析仅仅是基于样本数据得到的,变量之间的关系是否显著还需要参考卡方检验的结果。表8.5就是输出的卡方检验的结果。

表 8.5 案例分析中的卡方检验结果

卡方检验

	值	自由度	渐近显著性（双向）
皮尔逊卡方	28.798[a]	9	0.001
似然比（L）	31.428	9	0.000
线性关联	22.215	1	0.000
有效个案数	54		

注：a 表示 15 个单元格（93.8%）具有的预期计数少于 5；最小预期计数为 1.63。

本章关于卡方检验的说明中曾经提到，不应有大量期望频数小于 5 的单元格存在，如果期望频数小于 5 的单元格超过 20%，那么不宜使用卡方检验。从 SPSS 给出的提示（表 8.5 注解）可以看出，本章给出的模拟数据中有 93.8% 的预期计数是小于 5 的，原则上不宜采用卡方检验，这里只作案例说明，暂不考虑其合理性。

根据之前的卡方检验步骤我们知道，本案例的零假设为变量之间相互独立，即月收入与文化程度之间不存在相关关系或者相关性很小，如果将显著性水平 α 设为 0.05，由于卡方检验的 p 值小于 α，因此应该拒绝零假设，认为月收入与文化程度之间存在相关性。

另外，从表 8.6 输出的结果可知，Kendall's tau-b 系数为 0.563，其检验的概率 p 值为 0.000，小于 0.05，所以拒绝行列变量无关的零假设，进一步说明月收入与文化程度是有关系的。

表 8.6 月收入与文化程度关系表

对称度量

		值	渐进标准误差[a]	近似值 T[b]	近似值 Sig.
按顺序	Kendall's tau-b 系数	0.563	0.076	7.008	0.000
	有效案例中的 N	54			

注：(1) a 表示不假定零假设。
(2) b 表示使用渐进标准误差假定零假设。

第9章 方差分析

9.1 方差分析概述

方差分析(analysis of variance，ANOVA)又称"变异数分析"或"F检验"，是由英国统计学家 R. A. Fister 爵士于1923年提出的，是一种在实践中被广泛应用的统计方法，也是线性回归的一种延续。使用方差分析，可以对两组及以上样本的均值差别进行显著性检验，有助于分析者从不同角度发现数据的内在规律性。方差分析被广泛应用到农业、商业、医学、社会学、经济学等诸多领域的数量分析研究中。

9.1.1 方差分析涉及的相关概念

为了了解方差分析的基本思想，有必要先梳理其所涉及的相关概念。方差分析涉及的相关概念主要有观测变量、控制变量和控制变量的不同水平等，这里举例予以说明。

在财务领域，低投入与高产出是企业所期望的，也就是如何获得高绩效。为了尽可能提高企业绩效，研究人员需要对影响公司绩效的各种因素进行定量的对比研究，并在此基础上评价最佳的企业方案。为此，应首先找到可能影响公司绩效的各种因素，如企业性质、是否被国际四大会计事务所审计、公司诸多特征(如杠杆比率、公司规模、公司增值能力)等。因此，在众多影响因素中找出关键性因素是尤为重要的；更进一步，在掌握了关键性因素，如企业性质、公司规模等以后，还需要对不同企业性质、不同公司规模等进行对比分析，研究究竟何种企业性质、多大规模最合适。

在方差分析中，将上述问题中的企业绩效称为观测因素或观测变量；将上述问题中的企业性质、是否被国际四大会计事务所审计、公司诸多特征(如杠杆比率、公司规模、公司增值能力)等称为控制因素或控制变量；将控制变量的不同类别称为控制变量的不同水平。

9.1.2 方差分析的基本思想

方差分析正是从观测变量的方差入手的一种分析方法，实际上是关于检测变异原因的数量分析。方差分析是研究各个控制变量的不同水平，以及各水平的交互搭配如何影响观测变量的分析方法。

在实际分析过程中,由于受到各种因素的影响,方差分析得到的数据会呈波动状。方差分析认为,观测变量取值的变化受到两种因素的影响:一是控制因素;二是随机因素。其中,随机因素又称随机变量,是不可控的,主要表现为试验过程中的抽样误差。

方差分析认为,当控制变量的不同水平对观测变量产生显著影响时,控制变量是影响观测变量的主要因素;反之,则表示控制变量未影响观测变量,其数据的波动主要是由随机变量造成的。可见,方差分析是通过推断控制变量影响观测变量的总体分布是否存在显著性差异来实现的分析方法。

在进行方差分析时,为了保证分析结果的准确性,观测变量各总体的分布还需要满足以下两种基本假设前提:

(1) 观测变量各总体服从正态分布

方差分析要求分析的观测变量各总体呈正态分布。在检验过程中,如发现观测变量各总体为非正态分布,系统则需要自动将观测变量各总体转换为接近正态分布的总体。只有转换后的观测变量各总体接近为正态分布或原始观测变量各总体为正态分布时,系统才进行方差分析检验,否则只能进行非参数检验。

(2) 观测变量各总体的方差应相同

观测变量各总体的方差应相同,即具有齐效性。当观测变量各总体的方差具有齐效性时,表示观测变量各总体分布是相同的;当检验后的观测变量各总体的均值存在显著差异时,则表明是由观测变量各总体中的自变量不同造成的。另外,当观测变量各总体的方差具有非齐效性时,若检验后的观测变量各总体的均值存在显著差异,则无法表明是由观测变量各总体中的自变量不同造成的,也可能是由观测变量各总体的不同分布所造成的。

基于以上两个基本假设,方差分析对各总体分布是否有显著差异的推断就转化成对各总体均值是否存在显著差异的推断了。根据控制变量的个数和种类,可将方差分析分为单因素方差分析、多因素方差分析以及协方差分析。

9.2 单因素方差分析

单因素方差分析又称为"一维方差分析",主要是研究单个因素对观测变量的影响,也可以理解为是研究一个大于或等于两个处理水平的自变量对因变量影响的分析方法。该方法主要用于随机设计中的多个样本均值间的比较,还可以进一步用于因变量均值的多重比较。本小节将详细介绍使用 SPSS 软件对数据进行单因素方差分析的操作方法。

9.2.1 单因素方差分析的基本原理

应用单因素方差分析时,数据应当满足以下几个条件:

第一,在各个水平之下观测对象是独立随机抽样,即具有独立性;

第二,观测变量各总体服从正态分布,即具有正态性;

第三,观测变量各总体的方差应相同,即具有齐效性或方差齐性。

若不满足以上三个条件,系统将无法显示正确的分析结果。其中,方差分析对正态分布的要求不是特别严格,但对于方差齐性的要求十分严格。因此,使用时有必要对方差分析的方差齐性进行检验。另外,需要特别注意的是,在使用 SPSS 软件进行单因素方差分析时,观测变量的取值须为整数型数据,而控制变量须为数值型数据。

在进行单因素方差分析时,首先,明确数据中的观测变量与控制变量;然后,根据计算公式计算观测变量的方差;最后,根据比较观测变量平方和与各部分的比例,来推断控制变量是否明显地影响了观测变量。由于观测变量的方差计算较为复杂,这里对其原理予以阐述。

方差分析认为,观测变量值的变动受到两方面的影响,即控制变量和随机变量的影响。所以,在单因素方差分析中,观测变量总的离差平方和就可以分解为组间离差平方和和组内离差平方和两部分,即:

$$\text{SST} = \text{SSA} + \text{SSE} \tag{9.1}$$

其中,SST 为观测变量总离差平方和,SSA 为组间离差平方和,SSE 为组内离差平方和。SST 的数学定义为:

$$\text{SST} = \sum_{i=1}^{k} \sum_{j=1}^{n_i} (x_{ij} - \bar{x})^2 \tag{9.2}$$

在式(9.2)中,k 为控制变量的水平数,x_{ij} 为控制变量第 i 水平下第 j 个样本值,n_i 为控制变量第 i 个水平下样本个数,$\bar{x}$ 为观测变量均值。

SSA 主要是由控制变量的不同水平造成的变差,其数学定义为:

$$\text{SSA} = \sum_{i=1}^{k} n_i (\bar{x}_i - \bar{x})^2 \tag{9.3}$$

其中,$\bar{x}_i$ 为控制变量第 i 个水平下观测变量的样本均值。可见,组间离差平方和是各水平组均值和总均值离差的平方和,反映了控制变量不同水平对观测变量的影响。

SSE 主要是由抽样误差造成的变差,其数学定义为:

$$\text{SSE} = \sum_{i=1}^{k} \sum_{j=1}^{n_i} (x_{ij} - \bar{x}_i)^2 \tag{9.4}$$

由式(9.4)可见,组内离差平方和是每个观测数据与本水平组均值离差的平方和,反映了抽样误差的大小。

9.2.2 预备工作:正态分布检验

在进行单因素方差检验之前,需要对数据进行正态分布检验,以判断数据是否满足单因素方差分析的前提条件。过程如下:

1. 添加变量

在 SPSS 软件中分别自定义分析变量与数据,选择菜单【分析/非参数检验/旧对话框/1-样本 K-S(1)】。在弹出的"单样本 Kolmogorov-Smirnov 检验"对话框中,将

"成绩"变量添加到【检验变量列表(T)】列表框中,如图 9.1 所示。在该对话框中,单击【精确(X)】按钮可以在弹出的对话框中设置检验的精确度。

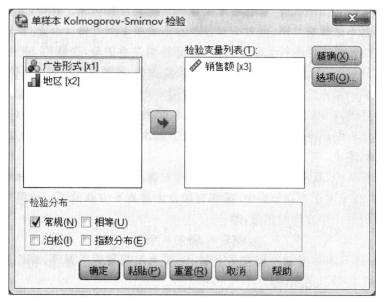

图 9.1 "单样本 Kolmogorov-Smirnov"对话框

2. 显示分析结果

在"单样本 Kolmogorov-Smirnov 检验"对话框中,单击【确定】按钮,系统会在输出窗口中显示分析结果,如图 9.2 所示。通过图 9.2 中的数据可以发现 $Z=0.075$, $p=0.049$,如果以显著性水平 0.05 进行分析,虽然能够拒绝零假设,但与 0.05 差距很小,考虑到方差分析对正态分布的要求不是特别严格,可以进行单因素方差分析。

单样本 Kolmogorov-Smirnov 检验		
		销售额
数字		144
正态参数[a,b]	平均值	66.8194
	标准偏差	13.52783
最极端差分	绝对	.075
	正	.044
	负	-.075
检验统计		.075
渐近显著性(双尾)		.049[c]
a. 检验分布是正态分布。		
b. 根据数据计算。		
c. Lilliefors 显著性校正。		

图 9.2 检验是否正态分布的结果

9.2.3 单因素方差分析的操作

方差分析的基本步骤如下:(1)提出原假设;(2)选择检验统计量;(3)计算检验

统计量的观测值和概率 p 值;(4) 给出显著性水平 α,并作出决策。可见,方差分析问题属于推断统计的假设检验问题,基本步骤与假设检验完全一致,故不再详加说明,仅指出检验统计量的构造。方差分析采用的检验统计量为 F 统计量,数学定义为:

$$F = \frac{\text{SSA}/(k-1)}{\text{SSE}/(n-k)} = \frac{\text{MSA}}{\text{MSE}} \tag{9.5}$$

在式(9.5)中,n 为总样本数,$(k-1)$ 和 $(n-k)$ 分别为 SSA 和 SSE 的自由度;MSA 是平均组间平方和,MSE 是平均组内平方和,其目的是消除水平数和样本数对分析带来的影响。F 统计量服从 $(k-1, n-k)$ 个自由度的 F 分布。

下面关于单因素方差分析的操作,包括基本操作和详细操作两部分。

1. 基本操作

选择菜单【分析/比较均值/单因素 ANOVA】,弹出"单因素方差分析"对话框,如图 9.3 所示。选择观测变量到【因变量列表(E)】列表框中;选择控制变量到【因子(F)】列表框中,控制变量有几个不同的取值就表示控制变量有几个水平。

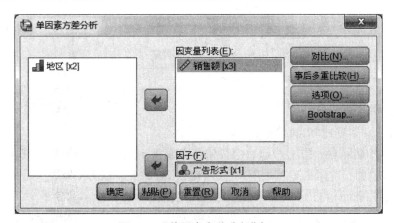

图 9.3 "单因素方差分析"窗口

2. 详细操作

(1)【对比(N)】按钮

图 9.3 中的【对比(N)】按钮用来实现先验对比检验和趋势检验,单击该按钮,可在弹出的"单因素 ANOVA:对比"对话框中,设置组间平方和划分成趋势成分,或者指定先验对比,如图 9.4 所示。该对话框主要包括以下选项:

①【多项式】:表示将组间平方和划分成趋势成分,主要用于检验因变量在因子变量的各顺序水平间的趋势。

②【度(D)】:可以选择线性、二次项、立方、四次项和五次项等度,也就是可以选择为 1 度、2 度、3 度、4 度和 5 度多项式。

③【系数(O)】:用于指定用 T 统计量检验的先验对比。可以为因子变量的每个组输入一个系数,并单击【添加(A)】按钮添加该系数。由于系数的顺序与因子变量的类别值的升序相对应,所以系数的设置顺序很重要。其中,列表中的第一个系数与因子变量的最低值相对应,列表中的最后一个系数与因子变量的最大值相对应。在进行

检验时，各系数的和应为 0。但是，系数和不为 0 的集也可以使用，不过系统会弹出警告信息。

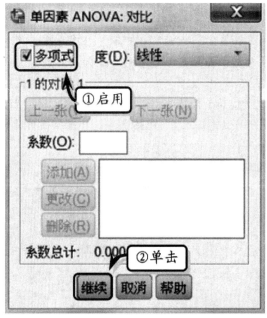

图 9.4 "单因素 ANOVA：对比"对话框

(2)【事后多重比较(H)】按钮

图 9.3 中的【事后多重比较(H)】按钮用来实现多重比较检验。单击【事后多重比较(H)】按钮，弹出"单因素 ANOVA：两两比较"对话框。该对话框主要包括假定和未假定方差齐性选项组，用于指定事后检验的方法，如图 9.5 所示。

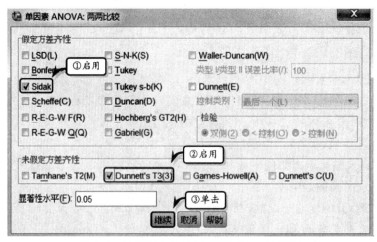

图 9.5 "单因素 ANOVA：两两比较"对话框

该对话框提供了多达 18 种的多重比较检验方法。其中，【假定方差齐性】框中的方法适用于各水平方差相等的情况；【未假定方差齐性】框中的方法适用于各水平方差不等的情况。在方差分析中，由于其假设前提限制，应用中应采用【假定方差齐性】框中的方法。多重比较检验中,SPSS默认的显著性水平为0.05,可根据具体情况自行在【显著性水平(F)】后的框中设定数值。

(3)【选项(O)】按钮

图9.3中的【选项(O)】按钮用来对方差分析的前提条件进行检验,并可输出其他相关统计量和对缺失数据进行处理。单击【选项(O)】按钮,弹出"单因素ANOVA:选项"对话框,设置单因素方差分析选项,如图9.6所示。

9.6 "单因素ANOVA:选项"对话框

在图9.6所示的对话框中,主要包括下列选项:

①【描述性(D)】选项,用于计算每组中每个因变量的个案数、均值、标准差、均值的标准误、最小值、最大值和95％置信区间。

②【固定和随机效果(F)】选项,用于显示固定效应模型的标准差、标准误和95％置信区间,以及随机效应模型的标准误、95％置信区间和成分间方差估计。

③【方差同质性检验(H)】选项,用于计算Levene统计量以检验组方差是否相等。该检验独立于正态的假设,是非常必要的一个检验。方差齐性检验是对控制变量不同水平下各观测变量总体的方差是否相等进行分析。控制变量不同水平下,观测变量总体方差无显著差异是方差分析的前提重条件。如果不满足这个这个前提条件,就无法对各总体分布有无显著差异进行判断。

④【Brown-Forsythe】选项,用于计算Brown-Forsythe统计量以检验组均值是否相等。当方差相等的假设不成立时,这种统计量优于F统计量。

⑤【Welch】选项,用于计算Welch统计量以检验组均值是否相等。当方差相等的假设不成立时,这种统计量优于F统计量。

⑥【平均值图(M)】选项,用于显示一个绘制子组均值的图表(每组的均值由因子变量的值定义)。

⑦【按分析顺序排除个案(A)】选项,表示给定分析中的因变量或因子变量有缺

失值的个案不用于该分析,而且也不使用超出因子变量指定范围的个案。

⑧【按列表排除个案(L)】选项,表示因子变量有缺失值的个案,或包括在主对话框中的因变量列表上的任何因变量的值缺失的个案都排除在所有分析之外。如果尚未指定多个因变量,那么这个选项不起作用。

(4)【Bootstrap(B)】按钮

图 9-3 所示的"单因素方差分析"对话框中,单击【Bootstrap(B)】按钮,在弹出的"Bootstrap"对话框中设置相应的选项即可,如图 9.7 所示。

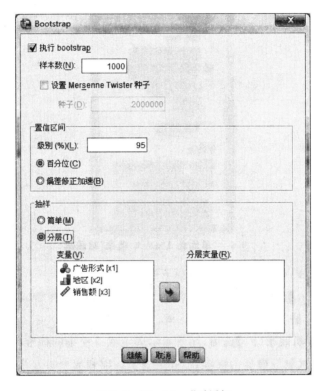

图 9.7 "Bootstrap"对话框

在"Bootstrap"对话框中,启用【执行 bootstrap】选项,使 Bootstrap 各选项处于可用状态。各选项的具体功能如下所述:

①【样本数(N)】可通过在文本框中指定一个正整数的方法,来设置 Bootstrap 执行时所需要的样本个数。而当用户需要生成百分位数和 BCa 区间时,至少需要 1000 个 Bootstrap 样本。取值范围为介于 0—2147483647 之间的整数。

②【设置 Mersenne Twister 种子】复选框,启用该复选框可以允许用户复制分析,另外设置种子会保留随机数生成器的当前状态并于分析完成后恢复该状态。取值范围介于 1—2000000000 之间。

③【置信区间】指定一个大于 50% 且小于 100% 的置信水平。其中,【百分位(C)】选项表示简单地使用对应于所需置信区间百分位数的有序 Bootstrap 值。而【偏差修

正加速(B)】选项表示该区间为调整区间,分析比较准。

④【抽样】选项主要包括"简单(M)"与"分层(T)"两种选项,其中,"简单(M)"选项表示通过放回方式从原始数据集进行个案重新取样,"分层(T)"选项表示先将总体样本按某种特征分为若干次级层次,然后再从每一层内进行单纯随机抽样。

9.2.4 应用举例

在"单因素方差分析"对话框中,单击【确定】按钮,系统将自动在输出窗口中显示分析结果。其分析结果主要包括描述分析表、多重比较分析表、方差齐性检验分析表、单因素方差分析表,以及均值折现图等内容。

1. 描述分析表

描述分析表中主要显示观测量的组别、个数、均值、标准差、标准误、均值的置信区间,以及最小值与最大值,如表 9.1 所示。通过该分析表,可以大体了解观测变量的详细情况。

表 9.1 描述分析表

销售额

	N	平均值	标准偏差	标准错误	平均值95%置信区间		最小值	最大值
					下限	上限		
报纸	36	73.2222	9.73392	1.62232	69.9287	76.5157	54.00	94.00
广播	36	70.8889	12.96760	2.16127	66.5013	75.2765	33.00	100.00
宣传品	36	56.5566	11.61881	1.93647	52.6243	60.4868	33.00	86.00
体验	36	66.6111	13.49768	2.24961	62.0442	71.1781	37.00	87.00
总计	144	66.8194	13.52783	1.12732	64.5911	69.0478	33.00	100.00

2. 多重比较分析表

总体来说,不同组别对成绩有显著影响,但究竟哪个组别的作用较明显,哪个组别的作用不明显,这个问题可以通过多重比较检验解决。具体操作如图 9.5 所示,采用 LSD、Bonferroni、Tukey、Scheffe 四种方法,结果如表 9.2 所示。

多重比较分析表是事后检验效果的一种分析表格。该结果是根据对照组中的数据进行两两比较获得的,表中的第三列作为第二列的对照组与第二列中的观测变量进行比较。多重比较分析表中包括两组均数差值、差值的标准误、显著性水平以及差值的置信区间。从中可以看出,尽管在理论上各种检验方法对抽样分布标准误的定义不同,但在 SPSS 中却全部采用了 LSD 方法中的标准误,各种计算方法的均数差值、差值的标准误计算结果完全相同。表中未给出检验统计量的观测值,但它们也是相同的,都是由均数差值除以差值的标准误求得。表中的第六列显著性是检验统计量在不同分布中的概率 p 值,细致观察便可以发现各种方法在检验敏感度上的差异。

表 9.2 多重比较检验

多重比较

因变量:销售额

(I)广告形式		(J)广告形式	平均差 (I−J)	标准错误	显著性	95%置信区间	
						下限	上限
Tukey HSD	报纸	广播	2.33333	2.83846	0.844	−5.0471	9.7138
		宣传品	16.66667*	2.83846	0.000	9.2862	24.0471
		体验	6.61111	2.83846	0.096	−0.7693	13.9915
	广播	报纸	−2.3333	2.83846	0.844	−9.7138	5.0471
		宣传品	14.33333*	2.83846	0.000	6.9529	21.7138
		体验	4.27778	2.83846	0.436	−3.1027	11.6582
	宣传品	报纸	−16.66667*	2.83846	0.000	−24.0471	−9.2862
		广播	−14.33333*	2.83846	0.000	−21.7138	−6.9529
		体验	−10.05556*	2.83846	0.003	−17.4360	−2.6751
	体验	报纸	−6.61111	2.83846	0.096	−13.9915	0.7693
		广播	−4.27778	2.83846	0.436	−11.6582	3.1027
		宣传品	10.05556*	2.83846	0.003	2.6751	17.4360
Scheffe(C)	报纸	广播	2.33333	2.83846	0.879	−5.6989	10.3655
		宣传品	16.66667*	2.83846	0.000	8.6344	24.6989
		体验	6.61111	2.83846	0.148	−1.4212	14.6434
	广播	报纸	−2.33333	2.83846	0.879	−10.3656	5.6989
		宣传品	14.33333*	2.83846	0.000	6.3011	22.3656
		体验	4.27778	2.83846	0.520	−3.7545	12.3100
	宣传品	报纸	−16.66667*	2.83846	0.000	−24.6989	−8.6344
		广播	−14.33333*	2.83846	0.000	−22.3656	−6.3011
		体验	−10.05556*	2.83846	0.007	−18.0878	−2.0233
	体验	报纸	−6.61111	2.83846	0.148	−14.6434	1.4212
		广播	−4.27778	2.83846	0.520	−12.3100	3.7545
		宣传品	10.05556*	2.83846	0.007	2.0233	18.0878
LSD(L)	报纸	广播	2.33333	2.83846	0.412	−3.2784	7.9451
		宣传品	16.66667*	2.83846	0.000	11.0549	22.2784
		体验	6.61111*	2.83846	0.021	0.9993	12.2229
	广播	报纸	−2.33333	2.83846	0.412	−7.9451	3.2784
		宣传品	14.33333*	2.83846	0.000	8.7216	19.9451
		体验	4.27778	2.83846	0.134	−1.3340	9.8896
	宣传品	报纸	−16.66667*	2.83846	0.000	−22.2784	−11.0549
		广播	−14.33333*	2.83846	0.000	−19.9451	−8.7216
		体验	−10.05556*	2.83846	0.001	−15.6673	−4.4438
	体验	报纸	−6.61111*	2.83846	0.021	−12.2229	−0.9993
		广播	−4.27778	2.83846	0.134	−9.8896	1.3340
		宣传品	10.05556*	2.83846	0.001	4.4438	15.6673

(续表)

(I)广告形式		(J)广告形式	平均差(I−J)	标准错误	显著性	95%置信区间	
						下限	上限
Bonferroni(B)	报纸	广播	2.33333	2.83846	1.000	−5.2631	9.9298
		宣传品	16.66667*	2.83846	0.000	9.0702	24.2631
		体验	6.61111	2.83846	0.128	−0.9854	14.2076
	广播	报纸	−2.33333	2.83846	1.000	−9.9298	5.2631
		宣传品	14.33333*	2.83846	0.000	6.7369	21.9298
		体验	4.27778	2.83846	0.804	−3.3187	11.8742
	宣传品	报纸	−16.66667*	2.83846	0.000	−24.2631	−9.0702
		广播	−14.33333*	2.83846	0.000	−21.9298	−6.7369
		体验	−10.05556*	2.83846	0.003	−17.6520	−2.4591
	体验	报纸	−6.61111	2.83846	0.128	−14.2076	0.9854
		广播	−4.27778	2.83846	0.084	−11.8742	3.3187
		宣传品	10.05556*	2.83846	0.003	2.4591	17.6520

注：* 表示均值差的显著性水平为0.05。

3. 方差齐性检验分析表

在方差齐性检验分析表中，主要显示了显著性水平和概率 p 值，如表9.3所示。可以发现，不同组别下成绩的方差齐性检验概率 p 值为0.515，如果显著性水平 α 为0.05，由于概率 p 值大于显著性水平，不能拒绝零假设，表示方差具有齐性检验，可以进行单因素方差分析。

表9.3 方差齐性检验结果

Levene统计	df1	df2	显著性
0.765	3	140	0.515

4. 单因素方差分析表

单因素方差分析表中，主要显示了变异来源、平方和、自由度、均方、F 比率与显著性分析值，如表9.4所示。通过该分析表可以发现方差分析结果 $F=13.483$，显著性水平 $p \leqslant 0.001$。如果显著性水平 α 为0.05，则应拒绝零假设，可以选择备选假设。另外，由于其显著性差异较明显，还需要查看事后分析结果，以作出正确的判断。

表9.4 单因素方差分析结果

销售额

源	平方和	df	均方	F	显著性
组之间	5866.083	3	1955.361	13.483	0.000
组内	20303.222	140	145.023		
总计	26169.306	143			

5. 均值折现图

在分析结果中，除了显示各种分析报表之外，还用图表功能显示了控制变量和观测变量之间的关系,如图9.8所示。通过该图可以发现,随着控制变量水平的变化,各个观测变量之间也会发生微妙的变化。

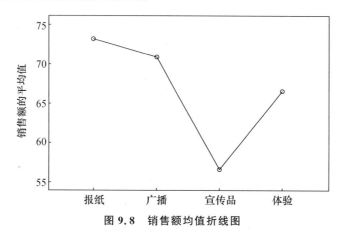

图9.8 销售额均值折线图

9.3 多因素方差分析

9.3.1 多因素方差分析的基本思路

当研究两个或两个以上控制变量是否对观测变量产生显著影响时,单因素方法已不适用,此时就需要进行多因素方差分析。多因素方差分析是一种由多因素试验设计得到数据的分析方法,主要通过研究观测变量的均值是否存在显著差异,来探讨一个观测变量是否受到多个控制变量的影响。多因素方差分析不仅能够分析多个因素对观测变量的独立影响,还能够分析多个控制因素的交互作用能否对观测变量的分布产生显著影响,从而找到有利于观测变量的最优组合。例如,分析不同广告形式和不同地区对销售额的影响,利用多因素分析方法,研究不同广告形式、不同地区是如何影响销售额的,并进一步分析研究哪种广告形式与哪个地区是使销售额最高的最优组合。

在进行多因素方差分析时,首先需要明确数据中的观测变量与若干个控制变量;然后根据计算公式计算观测变量的方差;最后根据比较观测变量平方和与各部分的比例,来推断各控制变量及控制变量的组合是否明显影响观测变量。由于观测变量的方差计算较为复杂,这里对其原理予以阐述。

在多因素方差分析中,观测变量取值的变动受到三个方面的影响:(1)控制变量独立作用的影响;(2)控制变量交互作用的影响;(3)随机变量的影响。所以,多因素方差分析的观测变量总变差可以分解为:

$$SST = SSA + SSB + SSAB + SSE \quad (9.6)$$

式(9.6)为两个控制变量的观测变量总变差分解公式。当控制变量为三个时,多因素方差分析的观测变量总变差可以分解为:

$$SST = SSA + SSB + SSC + SSAB + SSBC + SSAC + SSABC + SSE \quad (9.7)$$

这里仅以两个控制变量为例进行说明,当控制变量多于两个时,结构更为复杂,但基本思路不变。在式(9.7)中，SST 仍为观测变量的总变差；SSA 和 SSB 分别为控制变量 A 和 B 独立作用引起的变差；SSAB 为控制变量 A 和 B 交互作用引起的变差；SSE 为随机因素引起的变差。

由式(9.7)可以看出，交互作用可解释的变差 SSAB 可以表示为：

$$\text{SSAB} = \text{SST} - \text{SSA} - \text{SSB} - \text{SSE} \tag{9.8}$$

9.3.2 多因素方差分析的基本步骤

第一步，提出零假设。多因素方差分析的零假设为各控制变量不同水平下观测变量各总体的均值无显著差异，控制变量各效应和交互作用效应均为 0。这意味着控制变量和它们的交互作用没有对观测变量产生显著影响。

第二步，选择检验统计量。多因素方差分析中，将控制变量细分为固定效应和随机效应两种类型。其中，固定效应是指控制变量的各个水平均为可严格控制，它们对观测变量的影响是固定的；随机效应则是指控制变量的各个水平无法严格控制，它们对观测变量带来的影响是随机的。可见，两者的定义存在明显的差异，但现实中进行区分往往较为困难。与这两种效应相对应，多因素方差分析模型也有固定模型和随机效应模型之分，两者的主要差别体现在检验统计量的构造上。

固定效应模型中，检验统计量 F 为：

$$F_A = \frac{\text{SSA}/(k-1)}{\text{SSE}/kr(l-1)} = \frac{\text{MSA}}{\text{MSE}} \tag{9.9}$$

$$F_B = \frac{\text{SSB}/(r-1)}{\text{SSE}/kr(l-1)} = \frac{\text{MSB}}{\text{MSE}} \tag{9.10}$$

$$F_{AB} = \frac{\text{SSAB}/(k-1)(r-1)}{\text{SSE}/kr(l-1)} = \frac{\text{MSAB}}{\text{MSE}} \tag{9.11}$$

随机效应中，F_{AB} 统计量的计算同式(9.11)，检验统计量 F_A 和 F_B 分别为：

$$F_A = \frac{\text{SSA}/(k-1)}{\text{SSAB}/(k-1)(r-1)} = \frac{\text{MSA}}{\text{MSAB}} \tag{9.12}$$

$$F_B = \frac{\text{SSB}/(r-1)}{\text{SSAB}/(k-1)(r-1)} = \frac{\text{MSB}}{\text{MSAB}} \tag{9.13}$$

这里，$k-1$ 和 $r-1$ 分别是 SSA 和 SSB 的自由度，$(k-1)(r-1)$ 是 SSAB 的自由度，$kr(l-1)$ 是 SSE 的自由度；MSA 和 MSB 分别是两控制变量平均组间平方和，MSAB 是两控制变量交互作用的平均组间平方和，MSE 是平均组内平方和。

第三步，计算检验统计量观测值和概率 p 值。SPSS 自动将相关数据代入各式，计算出各 F 统计量的观测值和对应的概率 p 值。

最后，给出显著性水平 α，并作出决策。如果 F 的概率 p 值小于显著性水平，则应拒绝零假设；否则，不能拒绝零假设。

9.3.3 多因素方差分析的基本操作及应用举例

1. 基本操作

在进行多因素方差分析之前，首先需要根据分析要求，将各个控制变量及观测变量定义成多个 SPSS 变量；然后根据实际案例录入数据；最后进行分析。基本操作步骤如下：

第一，选择菜单【分析/一般线性模型/单变量】，出现多因素方差分析窗口，如图 9.9 所示。

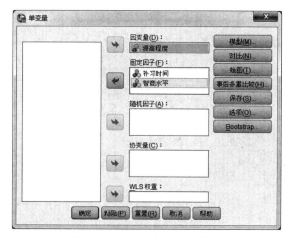

图 9.9 多因素方差分析窗口

第二，在【因变量(D)】对话框中输入观测变量。

第三，指定固定效应的控制变量到【固定因子(F)】列表框中；指定随机效应的控制变量到【随机因子(A)】列表框中。

最后，单击【确定】按钮，SPSS 将自动建立多因素方差分析的饱和模型，并计算各检验统计量的观测值和对应的概率 p 值，并将相应的结果显示在输出窗口。

2. 应用举例

通过多因素方差分析方法对补习时间、智商水平、补习时间和智商水平的交互作用给提高程度带来的影响进行分析，进而为制定补习时间和智商水平的最优组合方案提供依据。这里以补习时间和智商水平作为控制变量，提高程度作为观测变量，建立固定效应的饱和模型。其中，零假设为"不同补习时间没有对提高程度产生显著影响""不同智商水平的提高程度没有显著差异""补习时间和智商水平没有对提高程度产生显著的交互影响"。具体操作过程见图 9.9，分析结果如表 9.5 所示。

表 9.5 多因素方差分析结果

主体间效应的检验

因变量：提高程度

源	III类平方和	自由度	均方	F	显著性
校正的模型	3526.567ª	5	705.313	87.076	0.000
截距	14476.033	1	14476.033	1787.165	0.000
补习时间	1022.867	2	511.433	63.140	0.000
智商水平	2340.833	1	2340.833	288.992	0.000

(续表)

源	Ⅲ类平方和	自由度	均方	F	显著性
补习时间与智商水平交互	162.867	2	81.433	10.053	0.001
错误	194.400	24	8.100		
总计	18197.000	30			
校正后的总变异	3720.967	29			

注：a 表示 R 方=0.948(调整后的 R 方=0.937)。

在方差分析结果表中，第一列是对观测变量总变差分解的说明，显示了变异来源；第二列是观测变量变差分解的结果，即Ⅲ类平方和(下文会对此进行阐述)；第三列是自由度；第四列是均方；第五列是 F 检验统计量的观测值；第六列是概率 p 值。可以看出，校正模型的 F 值=87.076，p=0.000，达到了极其显著水平，由此可以推断分析中的因素至少对一个队成绩的提高存在影响。校正的模型行主要用来检验方差分析模型，模型中的所有因素都为原假设。观测变量的总变差 SST 为 3720.967，它可以分解为四个部分，分别是补习时间不同引起的变差(1022.867)、智商水平不同引起的变差(2340.833)、由补习时间和智商水平交互作用引起的变差(162.867)和由随机因素引起的变差(194.400)。这些变差除以各自对应的自由度得出均方，并可计算出各 F 值和在一定自由度下的概率 p 值。补习时间、智商水平、补习时间与智商水平的交互项各自对应的概率 p 值分别为 0.000、0.000 和 0.001。如果显著性水平 α 为 0.05，由于三个不同的概率 p 值均小于显著性水平，则应拒绝零假设，可以认为不同补习时间、智商水平及两者交互项的提高程度均值存在显著差异，对提高程度的效应不同时为 0，各自不同的水平给提高程度带来了显著影响。

这里对平方和的不同类型予以说明。

(1) 类型Ⅰ。该类型又称为平方和分级解构法。在模型中，每一项只针对它前面的那一项进行调整。类型Ⅰ平方和常用于平衡 ANOVA 模型、多项式回归模型和纯嵌套模型。

(2) 类型Ⅱ。该类型在为所有其他"相应的"效应进行调节的模型中计算某个效应的平方和，其中，相应的效应是指与所有效应相对应的效应，类型Ⅱ平方和方法常用于平衡 ANOVA 模型，任何只有主要因子效应的模型，以及任何回归模型和嵌套设计。

(3) 类型Ⅲ。该类型为缺省类型。在设计中通过以下形式计算某个效应的平方和：为任何不包含该效应的其他效应，以及任何与包含该效应正交的效应(如果存在)调整的平方和，类型Ⅲ平方和具有一个主要优点，那就是只要可估计性的一般形式保持不变，平方和对于单元频率就保持不变，类型Ⅲ平方和法常用于任何在类型Ⅰ和类型Ⅱ中列出的模型，以及任何不带空白单元的平衡或非平衡模型。

(4) 类型Ⅳ。此方法为针对存在缺失单元的情况设计，对于设计中的任何效应 F，如果任何其他效应中不包含 F，则类型Ⅳ=类型Ⅲ=类型Ⅱ。当 F 包含在其他效应中时，则类型Ⅳ将 F 的参数中正在进行的对比相等地分配到所有较高水平的效应，类型Ⅳ平方和法常用于任何在类型Ⅰ和类型Ⅱ中列出的模型,以及任何带有空白单元的平衡或非平衡模型。

9.3.4 进一步的分析

1. 多因素方差分析的非饱和模型

(1) 理论部分

非饱和模型是针对饱和模型而言的。在饱和模型中,观测变量总的变差被分解为三大部分:控制变量独立作用、控制变量交互作用以及抽样误差。研究问题时,并非所有交互作用都能对观测变量产生显著影响,此时就可以尝试建立非饱和模型。非饱和模型和饱和模型的差别主要表现在,将观测变量总变差的某些交互部分归到 SSE 中。

两因素的非饱和模型为:

$$SST = SSA + SSB + SSE \tag{9.14}$$

其中,SSAB 部分被合并到 SSE 之中。三因素的非饱和模型的形式更多,包括二阶非饱和模型:

$$SST = SSA + SSB + SSC + SSAB + SSBC + SSAC + SSE \tag{9.15}$$

$$SST = SSA + SSB + SSC + SSAB + SSE \tag{9.16}$$

$$SST = SSA + SSB + SSC + SSBC + SSE \tag{9.17}$$

$$SST = SSA + SSB + SSC + SSAC + SSE \tag{9.18}$$

$$SST = SSA + SSB + SSC + SSAB + SSBC + SSE \tag{9.19}$$

$$SST = SSA + SSB + SSC + SSAB + SSAC + SSE \tag{9.20}$$

$$SST = SSA + SSB + SSC + SSBC + SSAC + SSE \tag{9.21}$$

一阶非饱和模型:

$$SST = SSA + SSB + SSC + SSE \tag{9.22}$$

以上各式中,同式(9.7)相比,缺失的部分皆被合并到 SSE 中。

(2) 操作部分

SPSS 多因素分析默认的模型是饱和模型。如需建立非饱和模型,则需在图9.9所示的窗口中单击【模型(M)】按钮,出现如图9.10所示的窗口。

在"单变量:模型"对话框中,主要包括下列选项:【指定模型】中包括【全因子(A)】和【定制(C)】两个选项。其中,默认的选项是【全因子(A)】选项,表示建立的饱和模型包含所有控制变量独立作用、所有控制变量交互作用;选中【定制(C)】选项,则表示建立非饱和模型,可以仅指定其中一部分的交互或指定因子协变量交互,另外还必须指定包含在模型中的所有项。【因子与协变量(F)】用于显示或添加因子与协变量。【模型(M)】列表框中的选项取决于数据的性质,主要用于显示所添加的控制变量。【平方和(Q)】下拉菜单主要用于设置计算平方和的方法,包括类型Ⅰ、类型Ⅱ、类型Ⅲ和类型Ⅳ选项。对于没有缺失单元的平衡或非平衡模型,类型Ⅲ平方和方法最常用。

图 9.10 多因素方差分析的模型选择窗口

2. 均值检验

(1) 理论部分

多因素方差分析还可以对各个控制变量不同水平下的均值是否存在显著差异进行比较,实现方法有多重比较检验和对比检验两种。多重比较检验在单因素方差分析中已进行阐述,这里就对比检验进行说明。对比检验采用的是单样本 t 检验的方法,将控制变量不同水平下的观测值看成来自不同总体的样本,依次检验这些总体的均值是否与某个指定的检验值存在差异。

(2) 操作部分

如果采用多重比较检验方法,则应在图 9.9 所示的窗口中单击【事后多重比较(H)】按钮,出现如图 9.11 所示的"单变量:观测平均值的事后多重比较"窗口。在该窗口中,可根据需要选择合适的多重比较检验方法。

如果采用对比检验方法,则应在图 9.9 所示的窗口中单击【对比(N)】按钮,出现如图 9.12 所示的"单变量:对比"窗口。默认形式是不进行对比;如果进行对比,则可拉下【对比(N)】框,制定对比检验的检验值,并单击【更改(C)】按钮完成。下拉框中的选项表示检验值的选定,具体含义如下:

偏差:观测变量的均值;

简单:第一个水平或最后一个水平上观测变量的均值;

差值:前一水平上观测变量的均值;

Helmert:后一水平上观测变量的均值。

3. 控制变量交互作用的图形分析

(1) 理论部分

控制变量的交互作用可以通过表 9.6(a)(b)和图 9.13(a)(b)进行直观理解。在表 9.6(a)中,控制变量从 A_1 变化到 A_2 时,观测变量值在 B_1 和 B_2 都增加,与控制变

图 9.11 "单变量:观测平均值的事后多重比较"窗口

图 9.12 "单变量:对比"窗口

量 B 的取值无关;同理,控制变量从 B_1 变化到 B_2 时,观测变量值 A_1 和 A_2 都增加,与控制变量 A 的取值无关。这就表明两控制变量 A 和 B 没有交互作用。图 9.13(a)是控制变量 A 和 B 无交互作用的直观图形表示,如果控制变量无交互作用,则各水平对应的直线是近乎平行的。

表 9.6(a) 控制变量无交互作用

	A_1	A_2
B_1	3	7
B_2	9	13

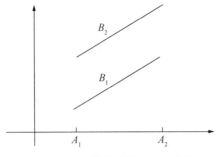

图 9.13(a)　控制变量无交互作用

在表 9.6(b)中,控制变量从 A_1 变化到 A_2 时,观测变量值在控制变量 B_1 水平上增加,而在 B_2 水平上减少,与控制变量 B 的取值有关;同理,控制变量从 B_1 变化到 B_2 时,观测变量值在控制变量 A_1 水平上增加,而在 A_2 水平上减少,与控制变量 A 的取值有关。此时便可认为控制变量 A 和 B 有交互作用。图 9.13(b)是控制变量 A 和 B 有交互作用的图形直观表示,如果控制变量有交互作用,则各水平对应的直线存在交叉现象。

表 9.6(b)　控制变量有交互作用

	A_1	A_2
B_1	3	7
B_2	9	1

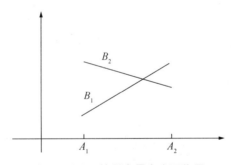

图 9.13(b)　控制变量有交互作用

(2) 操作部分

如果希望通过图形直观判断控制变量之间是否存在交互作用,则应在图 9.9 所示的窗口中单击【绘图(T)】按钮,弹出如图 9.14 所示的"单变量:轮廓图"对话框。在图 9.14 中,首先应选择一个控制变量作为交互图形的横轴,并将其选择到【水平轴(H)】框中;其次,指定在交互图中各直线代表的是哪个控制变量的不同水平,并将其选择到【单图(S)】框中;如果控制变量有三个,则第三个变量只能进入【多图(P)】框中,第三个变量有几个水平就绘制几张交互图,因为交互作用图仅能反映两控制变量的交互情况。

图 9.14 "单变量:轮廓图"对话框

4. 显示结果分析

在前面的举例中,已对补习时间、智商水平对提高程度的影响进行多因素分析,并建立了饱和模型。从分析中已知,补习时间和智商水平的交互作用显著,建立饱和模型是适宜的。这里仅为展现不饱和模型的应用,建立了非饱和模型,并进行均值比较分析、交互作用图形分析等。

表 9.7 列示了方差分析的非饱和模型的结果。同表 9.5 相比,没有补习时间和智商水平交互项,但补习时间和智商水平对提高程度的影响依然显著,对应的概率 p 值均远小于显著性水平 0.05。但是,补习时间、智商水平各自对应的 F 值与表 9.5 中对应的 F 值相比均有所减小。这说明,正确地建立模型是最终研究结果准确性的保证,在这一举例中,饱和模型是适宜的,而不饱和模型忽视了补习时间和智商水平的交互作用,因而不可取。表中的 R 方和调整 R 方反映了多因素方差模型对观测变量数据的总体拟合程度,它们越接近 1,说明该模型对数据的拟合程度越高。该表与表 9.5 中有关 R 方(0.904<0.948)和调整 R 方(0.893<0.937)的大小比较也能说明,饱和模型更适合本例。

表 9.8 分别列示了补习时间的前两种水平下提高程度的均值检验结果,省略了第三水平的检验结果,检验值为总体均值。可以看出,补习时间多的情况下,提高程度的均值与检验值的差异为 7.233,标准误为 0.735,t 检验统计量的概率 p 值为 0.000(近似 0),差值的 95% 置信区间下限和上限分别为 5.717 和 8.750。分析的结论是,补习时间多的情况下的提高程度均值与检验值(总体均值)间存在显著差异,且明显高于总体水平。同理,补习时间中的情况下,提高程度的均值与检验值的差异为 −0.167,标准误仍为 0.735,但 t 检验统计量的概率 p 值为 0.822,远大于显著性水平 0.05。故可以得出补习时间中的情况下提高程度与检验值(总体均值)间不存在显著差异。

表 9.7 方差分析的非饱和模型
主体间效应的检验

因变量:提高程度

源	Ⅲ类平方和	自由度	均方	F	显著性
校正的模型	3363.700a	3	1121.233	81.597	0.000
截距	14476.033	1	14476.033	1053.490	0.000
补习时间	1022.867	2	511.433	37.219	0.000
智商水平	2340.833	1	2340.833	170.354	0.000
错误	357.267	26	13.741		
总计	18197.000	30			
校正后的总变异	3720.967	29			

注:a 表示 R 方=0.904(调整后的 R 方=0.893)。

表 9.8 不同补习时间下提高程度的均值比较结果

对比结果(K 矩阵)			
补习时间 偏差对比a		因变量 提高程度	
水平 1vs.平均值	对比估计值	7.233	
	假设值	0	
	差分(估计 − 假设)	7.233	
	标准错误	0.735	
	显著性	0.000	
	差值的 95% 置信区间	下限值	5.717
		上限	8.750
水平 2vs.平均值	对比估计值	−.167	
	假设值	0	
	差分(估计 − 假设)	−.167	
	标准错误	0.735	
	显著性	0.822	
	差值的 95% 置信区间	下限值	−1.683
		上限	1.350
a. 省略的类别=3			

图 9.15 是补习时间和智商水平的交互作用图。该图主要用于显示在不同补习时间内,不同智商情况下所提高程度的对比。从图中可以看出,随着补习时间的增加,提高程度的估算边际平均值也逐步增加;但不同智商水平的两条直线并不平行,智商水平为智商高时的直线斜率大于智商水平为智商低时的直线斜率。这说明,智商低者补习时间的多少对提高程度的影响显著低于智商高者补习时间对提高程度的影响;换句话说就是,相对于智商低者,智商高者的补习时间的效率更高。直观的结论是,补习时间和智商水平存在显著的交互作用,与前面的分析结论一致。

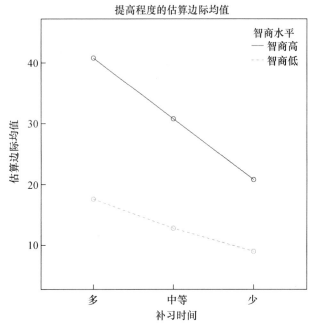

图 9.15　补习时间与智商水平的交互作用图

9.4　协方差分析

9.4.1　协方差分析的基本思路

以上几节的讨论中,控制变量都是可以控制的,其不同的水平取值均可通过人为努力来实现。但许多现实问题却是,有些控制因素难以人为控制,而这些因素的不同水平又的确对观测变量产生显著的影响,忽视这些因素进行的方差分析会使研究结果产生偏差,不再准确。因此,为了更加准确地研究控制变量不同水平对观测变量的影响,就有必要尽量剔除其他可能因素对分析结论的影响。可以通过设计科学的实验方案,对数据获取的过程和方式进行控制来实现;也可以从方法上入手,在数据分析时利用行之有效的方法控制这些难以人为控制因素的影响,协方差分析就是这一类方法。

协方差分析是建立在方差分析和回归分析基础之上的一种统计分析方法,是将在分析过程中难以控制的因素作为协变量,在排除协变量的情况或要求各组协变量相等时,分析控制变量对观察变量的影响程度,从而更加精确地对控制因素进行评价。协方差分析沿袭了方差分析的基本思想,并在分析观测变量变差时,考虑了协变量的影响,认为观测变量的变动受四个方面的影响,即控制变量的独立作用、控制变量的交互作用、协变量的作用和随机变量的作用,只有剔除了协变量的影响后,分析控制变量对观测变量的影响才更为准确。

那么,如何剔除协变量对观测变量的影响?如果将控制变量视为解释变量,观测变量视为被解释变量,协方差分析就是介于方差分析和线性回归分析之间的方法。可以参照通过回归分析处理解释变量的方式处理协变量。协方差是从质量因子(可控变量)的角度,使用直线回归方法分析各组均数与协变量之间的数量关系,以获得其各组协变量相当时的修正均数。在协方差分析中,协变量一般是定距变量,由此便涉及两种类型的控制变量(定类型和定距型)和定距型观测变量。另外,由于协方差分析的前提条件必须是各组回归斜率相等,所以在进行协方差分析时通常要求多个协变量之间无交互作用,且观测变量与协变量间有显著的线性关系。

协方差分析的零假设为:(1) 协变量对观测变量的显性影响不显著;(2) 在协变量影响排除后,控制变量各水平下观测变量的总体均值无显著差异,控制变量各水平对观测变量的效应同时为零。在协方差分析中,仍然采用 F 检验方法进行分析,SPSS 将自动根据 F 分布计算相应的概率值,其 F 值等于各均方与随机因素引起的均方之比,公式为:

$$F_{控制变量} = \frac{S^2_{控制变量}}{S^2_{随机变量}} \quad (9.23)$$

$$F_{协变量} = \frac{S^2_{协变量}}{S^2_{随机变量}} \quad (9.24)$$

可见,如果相对于随机变量引起的变差,协变量带来的变差比例较大,则 $F_{协变量}$ 较大,说明协变量是引起观测变量变动的主要因素之一,协变量可以线性解释部分观测变量的变动;反之,如果相对于随机变量引起的变差,协变量带来的变差比例较小,则 $F_{协变量}$ 较小,说明协变量不是引起观测变量变动的主要因素之一,协变量没有给观测变量带来显著的线性影响。如此,排除了协变量的线性影响,就可以采用方差分析的方法评价控制变量对观测变量的影响。

9.4.2 协方差分析的基本操作

在进行协方差分析时,应首先将作为协变量的变量定义为一个 SPSS 变量。利用 SPSS 进行协方差分析的基本步骤如下:

第一,选择菜单【分析/一般线性模型/单变量】,出现如图 9.16 所示的对话框。

第二,在【因变量(D)】框中输入观测变量。

第三,指定固定效应的控制变量到【固定因子(F)】列表框中;指定随机效应的控制变量到【随机因子(A)】列表框中。

第四,指定作为协变量的变量到【协变量(C)】框中。

最后,单击【确定】按钮,SPSS 将自动建立协方差分析模型,并计算各检验统计量的观测值和对应的概率 p 值,并将相应的结果显示在输出窗口。

9.4.3 协方差分析的举例说明

将人群分为正常和超重两组,研究不同组别对空腹血糖是否存在影响。由于空腹血糖理论上会受到自身条件的影响,于是收集年龄数据,作为自身身体条件的测量指标。由于年龄是不可控变量,且为连续的定距变量,因此可视为协变量并进行协方差分析。

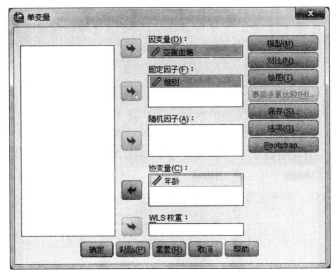

图 9.16 "单变量"对话框

为了分析年龄是否对空腹血糖产生影响,可首先绘制它们之间的散点图进行初步判断,如图 9.17 所示。可见,除个别异常外,总的来说,随着年龄的增加,空腹血糖也逐步增高。因此,将年龄作为协变量参与协方差分析是适宜的。

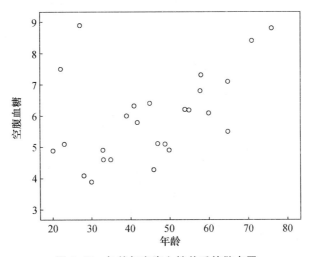

图 9.17 年龄与空腹血糖关系的散点图

然后,进行协方差分析,具体操作方法如图 9.16 所示。分析结果如表 9.9 所示。

表 9.9 分别列出了各变差分解的情况(第二列)、自由度(第三列)、均方(第四列)、F 统计量的观测值(第五列)及概率 p 值(第六列)。为更有力地说明结果,将单因素方差分析结果显示在表 9.10 中,以便分析。

表 9.9　空腹血糖的协方差分析结果

主体间效应的检验

因变量：空腹血糖

源	III类平方和	自由度	均方	F	显著性
校正的模型	27.234[a]	2	13.617	14.217	0.000
截距	57.928	1	57.928	60.478	0.000
年龄	3.959	1	3.959	4.133	0.054
组别	17.148	1	17.148	17.903	0.000
错误	22.030	23	0.958		
总计	970.920	26			
校正后的总变异	49.265	25			

注：a 表示 R 方＝0.553（调整后的 R 方＝0.514）。

表 9.10　空腹血糖的单因素方差分析结果

主体间效应的检验

因变量：空腹血糖

源	III类平方和	自由度	均方	F	显著性
校正的模型	23.275[a]	1	23.275	21.494	0.000
截距	921.655	1	921.655	851.111	0.000
组别	23.275	1	23.275	21.494	0.000
错误	25.989	24	1.083		
总计	970.920	26			
校正后的总变异	49.265	25			

注：a 表示 R 方＝0.472（调整后的 R 方＝0.450）。

对比表 9.9 和表 9.10，可见：

第一，观测变量的总变差为 49.265，两表对应的值相等；

第二，随机因素可解释的变差由原来的 25.989 减少到 22.030，这是由于排除了年龄因素影响造成的。

第三，表 9.9 中，年龄变量的显著性水平 p 值为 0.054，略大于 0.05。如果设定的显著性水平为 0.10，则可拒绝原假设，表示该变量对空腹血糖变量存在显著影响。结合以上的散点图，极端值影响了分析的结果，如果剔除极端值，完全可以通过设定的 0.05 的显著性水平，拒绝原假设。组别变量的 $p<0.001$，达到了显著性水平，表示该变量对空腹血糖变量存在显著影响。但是，如果考虑协变量对空腹血糖的影响，其对应的 F 统计量由 21.494 减至 17.903；不考虑协变量问题则夸大了组别对空腹血糖的影响，使分析结果不准确。

另外，组别与年龄是否也存在交互作用？这点可通过设置检验模型进行分析。具体过程如下：在如图 9.16 所示的"单变量"对话框中，单击【模型(M)】按钮，在弹出的"单变量：模型"对话框中，选中【定制(C)】选项，分别将【因子与协变量(F)】列表框中的"组别""年龄"和"年龄*组别"变量添加到【模型(M)】列表框中,并单击【继续】按钮,如图9.18所示。注意:在添加"年龄*组别"变量时,需要在【因子与协变量(F)】列表框中先选择"年龄"变量,然后按住"Shift"键的同时选择"组别"变量,单击【添加】按钮即可添加该变量。

分析结果如表9.11所示。可以发现,组别与年龄交互作用的显著性水平 $p=0.741$,远大于显著性水平0.05,表示组别与年龄对空腹血糖不存在交互作用,最基本的协方差分析是适宜的。

图9.18 设置检验模型

表9.11 空腹血糖的单因素方差分析结果

主体间效应的检验

因变量:空腹血糖

源	Ⅲ类平方和	自由度	均方	F	显著性
校正的模型	27.346[a]	3	9.115	9.149	0.000
截距	57.402	1	57.402	57.616	0.000
组别	2.743	1	2.743	2.754	0.111
年龄	4.070	1	4.070	4.085	0.056
组别与年龄交互作用	0.112	1	0.112	0.112	0.741
错误	21.918	22	0.996		
总计	970.920	26			
校正后的总变异	49.265	25			

注:a 表示 R 方=0.555(调整后的 R 方=0.494)。

第10章 相关分析

10.1 相关分析概述

任何事物的存在都不是孤立的,而是相互联系、相互制约的。明确客观事物之间的关系对理解相关分析极为重要。客观事物之间的关系大致分为函数关系和统计关系两大类。

所谓函数关系,指的是两事物之间存在一一对应的关系,当一个变量确定后,另一个与之对应的变量也唯一确定。此时,可以用一个变量的值去精确地推测另一个变量的值。例如,圆的周长(C)与半径(r)之间存在的关系就是函数关系,即 $C=2\pi r$;圆的面积(S)与半径(r)之间存在的关系也是函数关系,即 $S=\pi r^2$。也就是说,一旦半径确定,圆的周长和面积就是唯一确定的。

另一类更为普遍的关系是统计关系。与函数关系不同,统计关系并不存在一个确定的数学函数用以表达两事物之间的关系。也就是说,统计关系并不存在一一对应的关系,当一个变量确定时,另一个变量无法依确定的函数取唯一确定的值。但这些事物之间的确存在关系,只不过并非一一对应的关系而已。例如,父母的身高越高,一般来说,子女的身高也就越高;但是,当父母身高确定时,并不能由此推断出子女的确切身高,更现实的不过是能够推测出一个较为合理的身高区间值。

统计关系可以进一步划分为线性相关和非线性相关。线性相关又可细分为正线性相关和负线性相关。正线性相关指的是,一个变量的增加伴随着另一个变量的增加,它们变动的方向是相同的。例如,父母的身高和子女的身高之间存在的即为正相关关系。负线性相关指的是,一个变量的增加(或减少)伴随着另一个变量的减少(或增加),它们变动的方向是相反的。例如,气温和人们的着装厚度的关系,气温越高,人们着装的厚度越薄;气温越低,人们着装的厚度越厚。

函数关系比较容易发现并测度,而事物之间的统计关系尽管普遍在大自然中存在,但由于有的关系较强,有的关系较弱,程度千差万别,发现并测度就比较困难。尽管如此,发现并测度统计关系的大小和方向仍是尤为必要的,在现实中往往具有重要的意义。相关性分析便是测度统计关系的一种非常有效的工具。相关分析是分析客观事物之间相关性的数量分析方法。它反映的是确定一个变量的取值后,另一个变量的变异程度。其显著特点是变量不分主次,被置于同等的地位。相关分析的主要目的是研究变量之间的密切程度,以及根据样本的资料推断总体是否相关。在统计分析中,常常用相关系数定量描述两个变量之间线性关系的紧密程度。例如,家庭收入和支出、子女身高和父母身高之间的关系。

10.2　相关分析及SPSS的实现

相关分析可以通过图形(散点图)和数值(相关系数)两种方式有效地揭示事物之间统计关系的强弱程度。

10.2.1　散点图

1. 散点图的基本含义

统计量的相关性主要的表现形式为线性相关和非线性相关。

线性相关是最简单的一种相关情况,两个变量呈线性共同增加,或者线性一增一减。这里讨论的范围基本上都是线性相关。直线相关要求两个变量服从联合的双变量正态分布;如果不服从,则考虑变量变换,或采用等级相关来分析。

线性相关又可细分为线性正相关和线性负相关。如果一个变量增加时,另一个变量也增加,则是正相关。如果一个变量增加时,另一个变量减少,则是负相关。如果两个变量达到了亲密无间的程度,即呈现确定性的函数关系,当得知一个变量取值时,就可以推算出另一个变量的取值,则所对应的线性正相关或负相关就可称为完全正相关或完全负相关。

非线性相关则是两变量存在相关趋势,但并非线性,而是呈各种可能的曲线趋势。

散点图是相关分析过程中极为常用且非常直观的分析方式。它将数据以点的形式画在直角平面上。通过观察散点图能够直观地发现变量之间的统计关系以及它们的强弱程度和数据可能的走向。

图10.1是常见的几种散点图,它们反映了统计关系的强弱程度。

2. 绘制散点图的SPSS基本操作

在绘制散点图之前,必须对数据进行必要的整理,对每个变量设置相应的SPSS变量。绘制散点图的基本操作步骤如下:

第一步,选择菜单【图形/旧对话框/散状/点状】,出现如图10.2所示的窗口。

第二步,选择散点图的类型。SPSS提供了五种不同的散点图类型:简单分布、矩阵分布、简单点、重叠分布和3-D分布。

第三步,根据所选择的散点图类型,单击【定义】按钮对散点图作具体的定义。

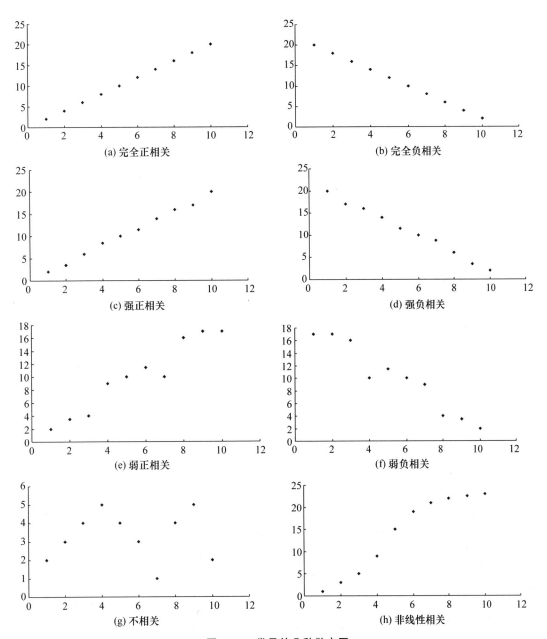

图 10.1 常见的几种散点图

不同类型的散点图具体的定义选项略有不同,应定义的选项主要有:
(1) 简单散点图:【简单分布】

简单散点图是表示一对变量间统计关系的散点图。应定义的选项主要有:指定某个变量为散点图的横轴变量,选入【X 轴】框中;指定某个变量为纵轴变量,选入【Y 轴】框中;指定作为分组的变量到【设置标记(S)】框中,表示按该变量的不同取值将样本数据分成若干组,并在一张图上分别以不同颜色绘制散点图,该项可以省略;指定标记变量到【标注个案(C)】框中,表示将标记变量的各变量值标记在散点图相应点的旁

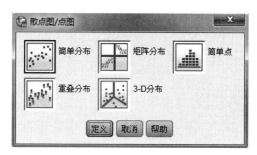

图 10.2　选择散点图窗口

边,该项可以省略。

(2) 重叠散点图:【重叠分布】

重叠散点图是表示多对变量间统计关系的散点图。应定义的选项主要有:两变量为一对,指定绘制哪些变量间的散点图。其中,前一变量作为图的纵轴变量,后一变量作为图的横轴变量,并可通过单击【↔】按钮进行横纵坐标变量的调换。可指定标记变量到【标记个案(C)】框中。含义同简单散点图。

(3) 矩阵散点图:【矩阵分布】

矩阵散点图以矩阵的形式在坐标轴上分别显示多对变量间的统计关系。矩阵散点图的关键是弄清楚各矩阵单元中的横纵变量。对角线格子中显示参与绘图的若干个变量的名称,应特别注意它们所在的行和列,它们决定了散点图各单元的横纵坐标。比如,x_1 位于第一行和第一列,则第一行中所有图形都是以 x_1 为横坐标,第一列中所有图形都是以 x_1 为纵坐标。应定义的选项主要有:指定参与绘图的若干变量到【矩阵变量(M)】框中,选择变量的先后顺序决定了矩阵对角线上变量的排列顺序。其他选项框同简单散点图。

(4) 三维散点图【3-D 分布】

三维散点图以立体图的形式展现了三对变量间的统计关系。应定义的选项主要有:指定三个变量分别到【X轴】【Y轴】【Z轴】框中。其他选项框同简单散点图。

10.2.2　相关系数

虽然散点图能够直观地反映变量之间的关系,但是并不精确。相关系数则是以数值的方式精确地反映了两个变量间线性相关的强弱程度。相关系数通常用 r 表示。相关系数具有以下几个特征:

第一,相关系数 r 的取值范围是 $[-1,1]$。

第二,$r>0$ 表示两变量之间存在正的线性相关关系;$r<0$ 表示两变量之间存在负的线性相关关系;$r=1$ 时表示两变量之间存在完全正相关关系;$r=-1$ 表示两变量之间完全负相关;$r=0$ 表示两变量之间不存在线性相关关系。

第三,$|r|>0.8$ 表示两变量之间存在较强的线性关系;$|r|<0.3$ 表示两变量之间的线性关系较弱。

利用相关系数进行变量间线性关系的分析,需要完成两个步骤:

第一步,计算相关系数 r。对于不同类型的变量,其相关系数计算公式也有差异。在相关分析中,常用的相关系数主要有 Pearson 简单相关系数、Spearman 等级相关系数和 Kendall τ 相关系数等。下文将予以详述。

第二步,对样本来自的两总体是否存在显著线性关系进行推断。

由于存在抽样的随机性和样本数量较少等原因,相关系数通常不能直接用来说明样本来自的两个总体是否具有显著的线性相关关系,而是需要通过检验的方式对样本来自的两个总体是否存在显著的线性相关关系进行统计推断。基本步骤如下:

首先,提出零假设,即两总体无显著的线性关系。

其次,构造检验统计量。由于不同的相关系数采用不同的检验统计量,因此在进行分析时,不同的过程需要构造不同的检验统计量。

再次,计算检验统计量的观测值和对应的概率 p 值。

最后,根据计算结果,得出结论。如果统计量的概率 p 值小于给定的显著性水平 α,则应拒绝原假设,认为两总体之间存在显著的线性关系;反之,如果检验统计量的概率 p 值大于给定的显著性水平 α,则应接受原假设,认为两总体之间无显著的线性关系。

1. Pearson 简单相关系数

当两个变量 x 和 y 的总体分布服从或近似服从正态分布时,变量 x 和 y 间的线性相关系数可以用 Pearson 简单相关系数来计算。Pearson 简单相关系数用来度量定距型变量间的线性相关关系。如测度收入和储蓄、身高和体重、受教育程度和收入等变量间的线性关系时可用 Pearson 简单相关系数,它的数学定义为:

$$r = \frac{\sum_{i=1}^{n}(x_i - \bar{x})(y_i - \bar{y})}{\sqrt{\sum_{i=1}^{n}(x_i - \bar{x})^2 \sum_{i=1}^{n}(y_i - \bar{y})^2}} \tag{10.1}$$

式(10.1)中,n 为样本数,x_i 和 y_i 分别为两变量的变量值。由(10.1)可进一步得知简单相关系数:

$$r = \frac{1}{n}\sum_{i=1}^{n}\left(\frac{x_i - \bar{x}}{S_x}\right)\left(\frac{y_i - \bar{y}}{S_y}\right) \tag{10.2}$$

式(10.2)说明,简单相关系数是 n 个 x_i 和 y_i 分别标准化后的积的平均数。由上面两个式子可知简单相关系数有以下几个特点:

第一,x 与 y 的相关系数和 y 与 x 的相关系数是等价的,相关系数只有一个,即两个变量是对等的,不分自变量与因变量。

第二,由于相关系数是标准化后的结果,因此简单相关系数是无量纲的。

第三,对于 x 和 y 作线性变换后可能会改变它们之间相关系数的符号(相关方向),但不会改变相关系数的值。

第四,相关系数能度量两变量之间的线性关系,但是它并不是度量非线性关系的有效工具。

Pearson 简单相关系数的检验统计量为 t 统计量,其数学定义为:

$$t = \frac{r\sqrt{n-2}}{\sqrt{1-r^2}} \tag{10.3}$$

在式(10.3)中，t 统计量服从 $(n-2)$ 个自由度的 t 分布。

SPSS 将自动计算 Pearson 简单相关系数、t 统计量的观测值和对应的概率 p 值。

2. Spearman 等级相关系数

Spearman 等级相关系数是历史上最早测定两样本相关强度的重要指标，由 C. Spearman 于 1904 年提出。Spearman 等级相关系数是用来度量定序变量间的线性相关关系的，可以用来描述两个变量有没有同时上升(下降)或一个上升、另一个下降的趋势。例如，军队教员的官衔与职称等变量间的线性相关关系。该系数的设计思想与 Pearson 简单相关系数完全相同。唯一的区别就是计算 Spearman 等级相关系数时，由于数据是非定距的，因此计算时不能直接采用原始数据 (x_i, y_i)，而是利用数据的秩，即用两变量的秩 (U_i, V_i) 代替 (x_i, y_i) 代入式(10.1)进行计算。

Spearman 等级相关系数的计算方式为：

$$r = 1 - \frac{6\sum_{i=1}^{n} D_i^2}{n(n^2-1)} \tag{10.4}$$

其中，$D_i = U_i - V_i$。

在小样本下，零假设成立时，Spearman 等级相关系数服从 Spearman 分布；在大样本下，Spearman 等级相关系数的检验统计量为 Z 统计量，其数学定义为：

$$Z = r\sqrt{n-1} \tag{10.5}$$

其中，Z 统计量近似服从标准正态分布。

SPSS 将自动计算 Spearman 等级相关系数、Z 统计量的观测值和对应的概率 p 值。

3. Kendall τ 相关系数

Kendall τ 相关系数是由 Kendall 于 1938 年提出的，用于通过非参数检验方法来度量定序变量间的线性相关关系。它可以用来描述两个变量有没有同时上升(下降)或一个上升、另一个下降的趋势。Kendall τ 相关系数计算，仍是基于数据的秩，利用变量的秩计算一致对数目 U 和非一致对数目 V。

显然，如果两变量具有较强的正相关性，则一致对数目 U 应较大，非一致对数目 V 应较小；如果两变量较强的负相关性，则一致对数目 U 应较小，非一致对数目 V 应较大；如果两变量相关性较弱，则一致对数目 U 和非一致对数目 V 应大致相当。

Keadall τ 相关系数的检验统计量数学定义为：

$$\tau = (U-V)\frac{2}{n(n-1)} \tag{10.6}$$

在小样本条件下，Keadall τ 相关系数服从 Kendall 分布。在大样本条件下，采用的统计量为：

$$Z = \tau\sqrt{\frac{9n(n-1)}{2(2n+5)}} \tag{10.7}$$

Z 统计量近似服从标准正态分布。

SPSS 将自动计算 Keadall τ 相关系数、Z 检验统计量的观测值和对应的概率 p 值。

10.2.3 SPSS 相关分析的基本操作与实例

1. SPSS 相关分析基本操作

相关分析可以通过 SPSS 软件中的【分析/相关】命令来实现。该模块给出相关分析的三个过程：双变量分析、偏相关分析、距离分析。本节选择双变量分析过程来讲解，具体操作步骤如下：

第1步，选择菜单【分析/相关/两变量】，即可弹出如图 10.3 所示的窗口。

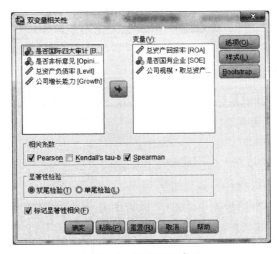

图 10.3 相关分析窗口

第2步，选择变量。在图 10.3 中，将参加计算相关系数的变量选到【变量(V)】框。

第3步，在【相关系数】框中选择计算哪种相关系数。

第4步，在【显著性检验】框中选择输出相关系数检验的双侧概率 p 值还是单侧概率 p 值。

第5步，选中【标记显著性相关(F)】，则会在输出结果中标记出有显著意义的相关系数。如果相关系数的右上角有"＊"，则代表显著性水平为 0.05；如果相关系数右上角有"＊＊"，则代表显著性水平为 0.01。

最后一步，点击【选项(O)】按钮，就会出现如图 10.4 所示的窗口。在该窗口中可以选择统计量的计算和缺失值的处理方式。

其中，【Statistics】框中选中【叉积偏差和协方差(C)】表示输出各变量的离方差平方和、样本方差、两变量的叉积偏差和协方差；【缺失值】框中【按对排除个案(P)】选项表示在计算某个统计量时，在该对变量中排除有缺省值的观测，为系统默认选项；【缺失值】框中【按列表排除个案(L)】选项表示对任何分析，剔除所有含缺失值的观测个案。

所有设置结束后，单击【确定】按钮，就可开始进行相关分析。

图 10.4 选项窗口

2. 相关分析实例

下面以一个实例讲解简单相关分析的应用及其结果的解读。以数据文件"企业业绩及其影响因素.sav"为例。

操作步骤如下:

(1) 首先打开数据文件"企业业绩及其影响因素.sav"。

(2) 选择菜单【分析/相关/双变量】。

(3) 将变量"总资产回报率(ROA)""是否国有企业(SOE)"和"公司规模,取总资产的自然对数(Size)"选入【变量(V)】框中。

(4) 单击【选项(O)】按钮,弹出如图 10.4 所示的窗口,选择【平均值和标准差(M)】复选框和【叉积偏差和协方差(C)】复选框,然后单击【继续】按钮。

(5) 单击【确定】按钮执行上述操作,开始相关分析。

3. 输出结果及分析

执行相关分析后,在输出窗口得到如表 10.1 和表 10.2 所示的表格。

表 10.1 Pearson 相关系数矩阵

相关性

		总资产回报率	是否国有企业	公司规模,取总资产的自然对数
总资产回报率	Pearson 相关性 显著性(双尾) N	1 . 1486	−0.104** 0.000 1486	0.108** 0.000 1486
是否国有企业	Pearson 相关性 显著性(双尾) N	−0.104** 0.000 1486	1 . 1486	0.311** 0.000 1486
公司规模,取总资产的自然对数	Pearson 相关性 显著性(双尾) N	0.108** 0.000 1486	0.311** 0.000 1486	1 . 1486

表 10.2 Spearman 相关系数矩阵

相关性

			总资产回报率	是否国有企业	公司规模,取总资产的自然对数
斯皮尔曼等级相关系数	总资产回报率	相关系数	1.000	−0.130**	0.085**
		显著性(双尾)	.	0.000	0.001
		N	1486	1486	1486
	是否国有企业	相关系数	−0.130**	1.000	0.306**
		显著性(双尾)	0.000	.	0.000
		N	1486	1486	1486
	公司规模,取总资产的自然对数	相关系数	0.85**	0.306**	1.000
		显著性(双尾)	0.001	0.000	.
		N	1486	1486	1486

注:** 表示相关性在 0.01 级别显著(双尾)。

表 10.1 和表 10.2 分别是 Pearson 相关系数矩阵和 Spearman 相关系数矩阵。由表 10.1 可知,总资产回报率与是否国有企业的简单相关系数为 −0.104,与公司规模的简单相关系数为 0.108。它们的相关系数检验的概率 p 值都近似为 0。因此,当显著性水平 α 为 0.05 或 0.01 时,都应拒绝相关系数检验的零假设,认为两总体存在线性关系。由表 10.2 也可以得出相同的结论,尽管相关系数大小有差异。可见,无论是 Pearson 相关系数检验还是 Spearman 相关系数检验,都表明一个共同的结果,即大样本的经验研究中,相比非国有企业,国有企业的公司业绩更差;企业的规模越大,公司业绩也就越好。在实证研究中,通常考察各变量之间的相关性时,应同时列示 Pearson 相关系数矩阵和 Spearman 相关系数矩阵。

10.3 偏相关分析

10.3.1 偏相关分析和偏相关系数

相关分析中研究两事物之间的线性相关形式是通过计算相关系数等方式实现的,并通过相关系数的大小来判定事物之间的线性相关程度。但是,多个变量之间的相关关系是错综复杂的,这种相关关系中夹杂了其他变量所带来的影响。正是这些变量的影响,使相关系数不能真实地反映两个变量之间的线性相关程度。例如,研究消费者收入与消费之间的线性关系时,收入和消费之间的相关关系实际上还包含了个人偏好、产品价格等因素的影响。偏相关分析是指当两个变量同时与第三个变量相关时,将第三个变量的影响剔除,只分析另外两个变量之间相关程度的过程。

偏相关分析也称净相关分析,它在控制其他变量的线性影响的条件下分析两变量间的线性相关性,所采用的工具是偏相关系数(净相关系数)。控制变量个数为一时,偏相关系数称为一阶偏相关系数;控制变量个数为二时,偏相关系数称为二阶相关系数;控制变量个数为为零时,偏相关系数称为零阶偏相关系数,也就是相关系数。

利用偏相关系数进行变量间净关系分析通常需要完成以下步骤:

第一步,计算样本的偏相关系数。

利用样本数据计算样本的偏相关系数,反映了两变量间净相关的程度强弱。在分析变量 x_1 和 y 之间的净相关时,当控制 x_2 的线性作用后,x_1 和 y 之间的一阶偏相关系数定义为:

$$r_{y1.2} = \frac{r_{y1} - r_{y2} r_{12}}{\sqrt{(1-r_{y2}^2)(1-r_{12}^2)}} \tag{10.8}$$

式(10.8)中,r_{y1}、r_{y2}、r_{12} 分别表示 y 和 x_1 的相关系数、y 和 x_2 的相关系数、x_1 和 x_2 的简单相关系数。偏相关系数的取值范围及大小、含义与相关系数相同。

第二步,对样本来自的两总体是否存在显著的净相关进行判断。净相关分析检验的基本步骤如下:

首先,提出原假设:偏相关分析的原假设为两总体的偏相关系数与零无显著差异。

其次,构造检验统计量。偏相关分析采用 T 统计量作为检验统计量,其数学定义为:

$$t = r\sqrt{\frac{n-q-2}{1-r^2}} \tag{10.9}$$

式(10.9)中,r 为偏相关系数,n 为样本数,q 为阶数,t 统计量服从自由度为 $n-q-2$ 的 t 分布。

再次,计算检验统计量的观测值及对应的概率 p 值。

最后,根据所计算的结果,得出结论。如果检验统计量的概率 p 值小于给定的显著性水平,则应拒绝原假设,认为两总体的偏相关系数与零有显著差异,即两变量偏相关;反之,如果检验统计量的概率 p 值大于给定的显著性水平,则应接受原假设,认为两总体的偏相关系数与零无显著差异。

10.3.2 偏相关分析的 SPSS 操作步骤

建立或打开数据文件后,即可进行偏相关分析。偏相关分析的 SPSS 基本操作步骤如下:

(1)选择菜单【分析/相关/偏相关】,会出现如图 10.5 所示的窗口。

(2)选择参与分析的变量到【变量(V)】框中。

(3)选择一个或多个控制变量到【控制(C)】框中。

(4)在【显著性检验】框中选择输出偏相关检验的双侧概率 p 值还是单侧概率 p 值。

至此,SPSS 将自动进行偏相关分析和统计检验,并将结果输出到输出窗口。

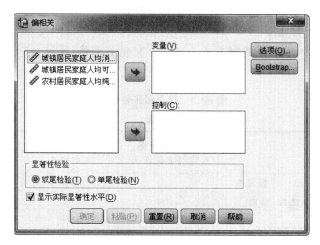

图 10.5　偏相关分析窗口

10.3.3　偏相关分析的实例

如之前所述,由于第三变量的存在,在计算两个相互独立、没有联系的变量间的相关系数时,有时会得出相关系数显著不为 0 的结论。这种现象在统计学中称为伪相关。

下面以一个社会经济统计中的实例讲解偏相关分析及伪相关的鉴别。根据我国 2004 年至 2013 年居民收入和支出的相关数据,分析城镇居民家庭人均可支配收入、农村居民家庭人均纯收入、农村家庭平均每人消费支出三者之间的关系。

1. 操作步骤

利用 SPSS 中进行偏相关分析和伪相关的检验,其基本操作步骤如下:

(1) 建立 SPSS 数据文件。其中,x_1 为城镇居民家庭人均可支配收入,x_2 为农村居民家庭人均纯收入,x_3 为农村家庭平均每人消费支出,year 为年份变量。

(2) 进行简单相关分析。选择菜单【分析/相关/双变量】。

(3) 将变量 x_1、x_2、x_3 同时选入变量列表框中,对于其他设置采用默认选项。

(4) 单击【确定】按钮进行简单相关分析。

(5) 进行偏相关分析。选择菜单【分析/相关/偏相关】。

(6) 选择 x_1、x_3 作为相关变量进入【变量(V)】框,选择 x_2 作为控制变量进入【控制(C)】框。单击【选项(O)】按钮,选择输出描述性统计变量。

(7) 交换相关变量和控制变量。以 x_2、x_3 作为相关变量,以 x_1 作为控制变量进行交换;以 x_1、x_2 作为相关变量,以 x_3 作为控制变量进行交换。

(8) 单击【确定】按钮执行上述操作。

2. 输出结果及分析

表 10.3 是 Pearson 简单相关系数矩阵表。从表 10.3 中可见,城镇居民家庭人均可支配收入与农村家庭人均纯收入、农村家庭平均每人消费支出之间存在显著的线性相关关系。从经济学意义上来讲,农村居民家庭人均纯收入与农村家庭平均每人消费

支出之间的相关关系是合理的。但是，城镇居民家庭人均可支配收入与农村家庭平均每人消费之间均存在显著的相关关系，却无法解释。因为他们完全是属于两个不同的群体，相互间的收入水平与消费水平不应该存在相关关系，所以，这可能是一种伪相关关系。

表 10.3 简单相关分析表

相关性

		城镇居民家庭人均可支配收入	农村居民家庭人均纯收入	农村家庭平均每人消费支出
城镇居民家庭人均可支配收入	Pearson 相关性	1	0.997**	0.998**
	显著性（双尾）		0.000	0.000
	N	10	10	10
农村居民家庭人均纯收入	Pearson 相关性	0.997**	1	0.999**
	显著性（双尾）	0.000		0.000
	N	10	10	10
农村家庭平均每人消费支出	Pearson 相关性	0.998**	0.999**	1
	显著性（双尾）	0.000	0.000	
	N	10	10	10

注：** 表示在置信度（双测）为 0.01 时，相关性是显著的。

表 10.4、表 10.5、表 10.6 分别列示了三个变量两两关系的偏相关分析结果。

表 10.4 x_1 和 x_3 的偏相关分析表

相关性

控制变量			城镇居民家庭人均可支配收入	农村家庭平均每人消费支出
农村居民家庭人均纯收入	城镇居民家庭人均可支配收入	相关性	1.000	0.431
		显著性（双侧）	.	0.246
		df	0	7
	农村家庭平均每人消费支出	相关性	0.431	1.000
		显著性（双侧）	0.246	.
		df	7	0

表 10.5 x_1 和 x_2 的偏相关分析表

相关性

控制变量			城镇居民家庭人均可支配收入	农村居民家庭人均纯收入
农村家庭平均每人消费支出	城镇居民家庭人均可支配收入	相关性	1.000	0.170
		显著性（双侧）	.	0.661
		df	0	7
	农村居民家庭人均纯收入	相关性	0.170	1.000
		显著性（双侧）	0.661	.
		df	7	0

表 10.6　x_2 和 x_3 的偏相关分析表

相关性				
控制变量			农村居民家庭人均纯收入	农村家庭平均每人消费支出
城镇居民家庭人均可支配收入	农村居民家庭人均纯收入	相关性	1.000	0.815
		显著性（双侧）	.	0.007
		df	0	7
	农村家庭平均每人消费支出	相关性	0.815	1.000
		显著性（双侧）	0.007	.
		df	7	0

从上述三个偏相关分析表格中可以看出,若控制变量为 x_2,对 x_1 和 x_3 进行偏相关分析时,x_1 和 x_3 的偏相关系数为 0.431,对应的概率 p 值为 0.246,大于显著性水平(0.05 或 0.10),说明城镇居民家庭人均可支配收入与农村家庭平均每人消费支出相关性为低度相关,不能拒绝零假设。同理,城镇居民家庭人均可支配收入与农村居民家庭人均纯收入相关性为低度相关,也不能拒绝零假设。因此,前面的简单相关分析是一种伪相关,城镇居民家庭人均可支配收入与农村家庭平均每人消费支出及农村居民家庭人均纯收入不存在显著的相关关系。通过该分析可以看到,偏相关分析对辨别变量间的伪相关有极为重要的作用。

第11章 回归分析

11.1 回归分析概述

"回归"是由英国著名生物学家兼统计学家 Francis Galton 在研究人类遗传问题时提出的。为了研究父代与子代身高的关系,Galton 搜集了 1078 对父子的身高数据,发现这些数据的散点图大致呈直线状态。也就是说,总的趋势是父亲的身高增加时,儿子的身高也倾向于增加。但是,Galton 对试验数据进行了深入的分析,发现了一个很有趣的现象——回归效应。当父亲身高高于平均身高时,他们的儿子身高比他们更高的概率要小于比他们更矮的概率;父亲矮于平均身高时,他们的儿子的身高比他们更矮的概率要小于比他们更高的概率。这反映了一个规律,即这两种身高父亲的儿子的身高,有向他们父辈的平均身高回归的趋势。对于这个一般结论的解释是:大自然具有一种约束力,使人类身高的分布相对稳定而不产生两极分化,这就是所谓的"回归效应"。

后来,人们借用"回归"这个名词,将研究事物之间统计关系的数量分析方法称为回归分析。如今,回归分析(regression analysis)是一种应用极为重要的数量分析方法。它广泛应用于分析事物之间的统计关系,侧重考察变量之间的数量变化规律,并通过回归方程的形式描述和反映这种关系,帮助人们准确把握变量受其他一个或多个变量影响的程度,进而为预测提供科学依据。

11.1.1 回归线和回归模型

Galton 将那条贯穿于数据点中的线称为回归线。利用样本数据获得回归线通常采用两种方法:局部平均法和函数拟合法。

1. 局部平均法

仍以父亲和儿子身高之间的关系为例说明。局部平均法就是计算 $X=X_0$ 时 Y 的平均值,即身高为 X_0 的父亲的所有儿子身高的平均值。如果这些数据点足够多,就可以得到一条光滑的曲线,称为回归线的近似线。计算 Y 的平均值有几种方法:

第一种方法,计算儿子身高的平均值,但因为没有考虑父亲的身高,这个预测是不准确的。

第二种方法,计算父亲身高的平均值。

第三种方法,如果在获得的数据中没有父亲身高为 X_0 的样本数据,可考虑计算父亲身高为 X_0 左右的一个较小区间内的儿子身高的平均值。

利用局部平均得到回归线,需要样本量足够大才能够实现。然而,通常的样本量可能无法达到这一预期的数量,因此采用函数拟合的方式得到回归线就显得更具有适用性。

2. 函数拟合法

首先,通过散点图观察变量之间的统计关系,得到对回归线形状的感性认知,并确定一个能够反映和拟合这种认知且最简洁的数学函数,即回归模型。然后,利用样本数据在一定的统计拟合准则下,估计出回归模型中的各个参数,从而得到一个确定的回归方程。最后,对回归方程进行检验,判断该方程是否真实地反映了事物总体间的统计关系,能否用于预测,并最终得到由回归方程确定的回归近似线。可见,函数拟合方式较局部平均法具有更强的可操作性,因而得到广泛采纳。

11.1.2 回归分析的一般步骤

第一步,确定回归方程中的解释变量(x)和被解释变量(y)。由于回归分析用于分析一个事物如何随其他事物的变化而变化,因此回归分析的第一步就是确定哪些事物是需要解释的,哪些事物是需要被解释的,即确定解释变量和被解释变量。其中,解释变量是影响研究对象的变量。它解释了研究对象的变动,表现为方程所描述因果关系中的因(即回归分析中的自变量);解释变量对应的称呼还有自变量、预测元、回归元、控制变量、外生变量等。与之相对应,被解释变量是作为研究对象的变量,又称因变量、预测子、回归子、响应变量或内生变量。它的变动是由解释变量作出的解释,表现为方程所描述的因果关系中的果。

第二步,确定回归模型。根据函数拟合方式,观察散点图的特征,确定应通过哪种数学模型来概括回归线。如果解释变量和被解释变量之间存在线性关系,则用线性回归进行分析,建立线性回归模型;否则,则用非线性回归进行分析,建立非线性回归模型。

第三步,建立回归方程。根据样本数据及事先确定的回归模型,在一定的统计准则下估计出模型的各个参数,从而得到一个回归方程。

第四步,对回归方程进行各种检验。建立的回归方程能否真实反映事物总体之间的关系?能否用于预测?这些问题需要在建立回归方程后进行解决。

第五步,利用回归方程进行预测。

利用 SPSS 进行回归分析时,第一步和最后一步需要特别关注,其余步骤则会自动完成,无须再进行手工操作。

11.2 线性回归模型及 SPSS 的实现

11.2.1 线性回归模型

1. 回归模型的分类

一个被解释变量 y 可能可以被一个或多个解释变量 x_i 所解释,这需要描绘出散点图,从中观察是否存在显著的线性关系。如果存在,则可以采用相应的线性回归分析方法,建立 y 与 x_i 的线性回归模型。按照涉及的变量的多少,线性回归模型分为一元线性回归模型和多元线性回归模型。

(1) 一元线性回归模型

一元线性回归模型指的是只有一个解释变量的线性回归模型,用于揭示被解释变量与另一个解释变量之间的线性关系。一元线性回归模型是比较理想化的分析模型,在错综复杂的客观现实中应用并不多。

一元线性回归的数学模型为:

$$y = \beta_0 + \beta_1 x + \varepsilon \tag{11.1}$$

其中,β_0 和 β_1 都是模型的未知参数,分别称为回归常数和回归系数,ε 是一个随机变量,称为随机参数。

被解释变量 y 的变化由两个部分解释:第一部分,解释变量 x 的变化引起的 y 的线性变化($y=\beta_0+\beta_1 x$);第二部分,随机因素 ε 引起的 y 的变化。

一元线性回归分析需对 β_0 和 β_1 进行估计,估计的一元线性回归方程如下:

$$\hat{y} = \hat{\beta}_0 + \hat{\beta}_1 x \tag{11.2}$$

从几何意义上讲,估计的一元线性回归方程是二维平面上的一条直线,即回归直线。其中,$\hat{\beta}_0$ 是回归直线在纵轴上的截距,$\hat{\beta}_1$ 为回归直线的斜率,它表示解释变量 x 每变动一个单位所引起的被解释变量 y 的平均变动值。

在对一元线性回归模型进行估计时,随机因素需提前满足两个条件,即:

$$\begin{cases} E(\varepsilon) = 0 \\ \mathrm{Var}(\varepsilon) = \sigma^2 \end{cases} \tag{11.3}$$

换句话说就是,$\varepsilon \sim N(0, \sigma^2)$。

(2) 多元线性回归模型

多元线性回归模型是指有多个解释变量的线性回归模型,用于揭示被解释变量与其他多个解释变量之间的线性关系。多元线性回归的数学模型为:

$$y = \beta_0 + \beta_1 x_1 + \beta_2 x_2 + \cdots + \beta_p x_p + \varepsilon \tag{11.4}$$

被解释变量 y 的变化由两个部分解释:第一部分,由 p 个解释变量 x 的变化引起的 y 的线性变化($y=\beta_0+\beta_1 x_1+\beta_2 x_2+\cdots+\beta_p x_p$);第二部分,随机因素 ε 引起的 y 的变化。多元线性回归分析需对 $\beta_0, \beta_1, \beta_2, \cdots, \beta_p$ 进行估计。

估计的多元线性回归方程如下:

$$\hat{y} = \hat{\beta}_0 + \hat{\beta}_1 x_1 + \hat{\beta}_2 x_2 + \cdots + \hat{\beta}_p x_p \tag{11.5}$$

从几何意义上讲,估计的多元线性回归方程是$(p+1)$维空间上的一个超平面,即回归平面。其中,$\hat{\beta}_0$是回归直线在纵轴上的截距,$\hat{\beta}_i$表示当其他解释变量保持不变时,x_i每变动一个单位所引起的被解释变量y的平均变动值。

2. 回归参数的普通最小二乘估计

回归方程确定后,就需要利用已经收集的样本数据,按照一定的统计拟合规则,对方程中的各个参数进行估计。普通最小二乘法(ordinary least square,OLS)是一种应用最多的参数估计方法,也是从最小二乘原理出发的其他估计方法的基础。

如图 11.1 所示,在已经获得样本观测值 $x_i, y_i (i=1, 2, \cdots, n)$ 的情况下,假如线性回归模型的参数估计量已经求得,为 $\hat{\beta}_0$ 和 $\hat{\beta}_1$,并且是最合理的参数估计量,那么直线方程(图 11.1 中的直线)应该能够最好地拟合样本数据。那么,被解释变量的估计值与观测值应该在总体上最为接近,判断的标准是二者之差的平方和最小。

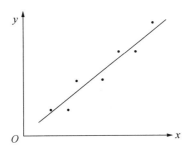

图 11.1 最小二乘法原理

$$Q = \sum_{i=1}^{n}(y_i - \beta_0 - \beta_1 x_i)^2 = \sum u_i^2 = Q(\beta_0, \beta_1) \tag{11.6}$$

$$Q\big|_{\beta_0=\hat{\beta}_0, \beta_1=\hat{\beta}_1} = \sum \hat{u}_i^2 = \sum_1^n (y_i - \hat{y}_i)^2 = \sum_1^n (y_i - \hat{\beta}_0 - \hat{\beta}_1 x_i)^2 = \min Q(\beta_0, \beta_1) \tag{11.7}$$

之所以以二者之差的平方和最小作为判断的标准,原因是二者之差可正可负,简单求和可能将很大的误差抵消掉,只有平方和才能反映二者在总体上的接近程度。这就是最小二乘原则。从最小二乘原则和样本观测值出发,求得参数估计量。

由于

$$Q = \sum_{i=1}^{n}(y_i - \hat{y}_i)^2 = \sum_{i=1}^{n}(y_i - (\hat{\beta}_0 + \hat{\beta}_1 x_i))^2 \tag{11.8}$$

Q 是 $\hat{\beta}_0$ 和 $\hat{\beta}_1$ 的二次函数并且非负,所以其极小值总是存在的。根据罗彼塔法则,当 Q 对 $\hat{\beta}_0$ 和 $\hat{\beta}_1$ 的一阶偏导数为 0 时,Q 达到最小。即

$$\begin{cases} \dfrac{\partial Q}{\partial \beta_0}\bigg|_{\beta_0=\hat{\beta}_0, \beta_1=\hat{\beta}_1} = 0 \\ \dfrac{\partial Q}{\partial \beta_1}\bigg|_{\beta_0=\hat{\beta}_0, \beta_1=\hat{\beta}_1} = 0 \end{cases} \tag{11.9}$$

容易推得特征方程:

$$\begin{cases} \sum_{i=1}^{n}(y_i - \hat{\beta}_0 - \hat{\beta}_1 x_i) = \sum(y_i - \hat{y}_i) = \sum e_i = 0 \\ \sum_{i=1}^{n} x_i(y_i - \hat{\beta}_0 - \hat{\beta}_1 x_i) = \sum x_i e_i = 0 \end{cases} \tag{11.10}$$

解得：

$$\sum y_i = n\hat{\beta}_0 + \hat{\beta}_1 \sum x_i$$
$$\sum y_i x_i = \hat{\beta}_0 \sum x_i + \hat{\beta}_1 \sum x_i^2 \tag{11.11}$$

所以有：

$$\begin{cases} \hat{\beta}_1 = \dfrac{n\sum_{i=1}^{n} x_i y_i - \left(\sum_{i=1}^{n} x_i\right)\left(\sum_{i=1}^{n} y_i\right)}{n\sum_{i=1}^{n} x_i^2 - \left(\sum_{i=1}^{n} x_i\right)^2} = \dfrac{\sum_{i=1}^{n}(x_i - \bar{x})(y_i - \bar{y})}{\sum_{i=1}^{n}(x_i - \bar{x})^2} \\ \hat{\beta}_0 = \bar{y} - \hat{\beta}_1 \bar{x} \end{cases} \tag{11.12}$$

根据上述推理,通过求极值的原理和解方程组,就可以得到符合最小二乘原则的参数估计量。在使用 SPSS 时,会自动完成参数估计,并给出最终的估计值。

3. 回归方程的统计检验

通过样本数据建立回归方程后,还需要进行各种统计检验,然后才能对实际问题进行分析和预测。这些统计检验包括回归系数的显著性检验,回归方程的拟合优度检验,回归方程的显著性检验和随机项假设检验等。

(1) 回归系数的显著性检验

该检验的目的是考察回归方程中的每个解释变量和被解释变量之间是否存在显著的线性关系,也就是考察解释变量能否部分解释被解释变量的线性变化。回归系数的显著性检验是由回归系数的估计值抽样分布展开,构造服从某种统计理论分布的检验统计量,并进行检验。

对于一元线性回归方程,回归系数的显著性检验的零假设是 $\beta_1 = 0$,即回归系数与零无显著性差异。这也意味着 x 无法解释 y 的线性变化,两者之间不存在线性关系。

回归系数估计值的抽样分布服从如下的正态分布：$\hat{\beta}_1 \sim N\left(\beta_1, \dfrac{\sigma^2}{\sum_{i=1}^{n}(x-\bar{x})^2}\right)$。当 σ^2 未知时,用 $\hat{\sigma}^2$ 代替,$\hat{\sigma}^2 = \dfrac{1}{n-2}\sum_{i=1}^{n}(y_i - \hat{y}_i)^2$。于是,在零假设成立时,可构造 t 检验统计量：

$$t \sim \dfrac{\hat{\beta}_1}{\dfrac{\hat{\sigma}}{\sqrt{\sum_{i=1}^{n}(x-\bar{x})^2}}} \tag{11.13}$$

上式中,$\hat{\sigma}$ 是回归方程的标准误,等于均方 SSE 的平方根,反映了回归方程无法解

释 y 的变动的程度。t 统计量服从 $(n-2)$ 个自由度的 t 分布。如果概率 p 值小于给定的显著性水平 α,则拒绝零假设,认为回归系数与零有显著差异,解释变量 x 能够部分线性解释被解释变量 y。

对于多元线性回归方程,回归系数的显著性检验的零假设是 $\beta_i = 0$,即第 i 个偏回归系数与零无显著差异。这也意味着 x 无法解释 y 的线性变化,两者之间不存在线性关系。

回归系数估计值的抽样分布服从如下的正态分布:$\hat{\beta}_i \sim N\left(\beta_i, \dfrac{\sigma^2}{\sum\limits_{i=1}^{n}(x_{ji}-\overline{x}_i)^2}\right)$。

当 σ^2 未知时,用 $\hat{\sigma}^2$ 代替,$\sigma^2 = \dfrac{1}{n-p-2}\sum\limits_{i=1}^{n}(y_i-\hat{y}_i)^2$。于是,在零假设成立时,可构造 t 检验统计量:

$$t_i \sim \frac{\hat{\beta}_i}{\dfrac{\hat{\sigma}}{\sqrt{\sum\limits_{i=1}^{n}(x_{ji}-\overline{x}_i)^2}}} \tag{11.14}$$

上式中,t_i 统计量服从 $(n-p-1)$ 个自由度的 t 分布。如果概率 p 值小于给定的显著性水平 α,则拒绝零假设,认为回归系数与零有显著差异,解释变量 x_i 能够部分线性解释被解释变量 y。

(2) 回归方程的拟合优度检验

拟合优度(goodness of fit)是指回归线对观测值的拟合程度,直观地讲,就是检验样本数据点聚集在回归线周围的密集程度。度量拟合优度的统计量是判定系数(亦称决定系数)R^2。R^2 的取值范围是 $[0,1]$。R^2 的值越接近 1,说明回归线对观测值的拟合程度越好;反之,R^2 的值越接近 0,说明回归线对观测值的拟合程度越差。

回归方程反映的是解释变量 x 的不同取值变动对解释变量 y 的线性影响,由解释变量 x 的不同取值引起 y 的变差平方和称为回归平方和(SSA),由随机因素引起的 y 的变差平方和称为剩余平方和(SSE),两者之和构成总离差平方和(SST)。具体公式如下:

$$\sum_{i=1}^{n}(y_i-\overline{y})^2 = \sum_{i=1}^{n}(\hat{y}_i-\overline{y})^2 + \sum_{i=1}^{n}(y_i-\hat{y}_i)^2 \tag{11.15}$$

其中,等式左边为总离差平方和(SST),等式右边第一项为回归平方和(SSA),第二项为剩余平方和(SSE)。

R^2 衡量的是回归方程整体的拟合度,用来表达因变量与所有自变量之间的总体关系。R^2 等于回归平方和在总离差平方和中所占的比率,即回归方程所能解释的因变量变异性的百分比。实际值与平均值的总误差中,回归误差与剩余误差是此消彼长的关系。因而,回归误差从正面测定线性模型的拟合优度,剩余误差则从反面来判定线性模型的拟合优度。

对于一元线性回归方程,拟合优度采用的 R^2 统计量为:

$$R^2 = \frac{\sum_{i=1}^{n}(\hat{y}_i - \bar{y})^2}{\sum_{i=1}^{n}(y_i - \bar{y})^2} = 1 - \frac{\sum_{i=1}^{n}(y_i - \hat{y}_i)^2}{\sum_{i=1}^{n}(y_i - \bar{y})^2} \qquad (11.16)$$

对于多元线性回归方程,拟合优度采用的调整后的 R^2 统计量 $\bar{R}^2$,具体公式为:

$$\bar{R}^2 = 1 - \frac{\dfrac{SSE}{n-p-1}}{\dfrac{SST}{n-1}} \qquad (11.17)$$

上式中,$(n-p-1)$ 和 $(n-1)$ 分别是 SSE 和 SST 的自由度,由此可见,调整后 R^2 统计量 $\bar{R}^2$ 为 (1－平均 SSE/平均 SST),本质上也是拟合优度检验基本思路的体现。$\bar{R}^2$ 的取值范围和数值大小的意义与 R^2 完全相同。

(3) 回归方程的显著性检验

如果被解释变量和解释变量之间的确存在显著的线性关系,线性回归方程就能够很好地反映解释变量和被解释变量之间的统计关系。回归方程的显著性检验就是要检验被解释变量和解释变量之间的线性关系是否显著,用线性模型模拟它们是否恰当。回归方程的显著性检验采用方差分析的方法,研究 y 的 SST 中 SSA 相对于 SSE 来说是否占较大的比例,占比越高,说明 y 与 x 的线性关系越明显,利用线性模型反映它们之间的关系是恰当的。

对于一元线性回归方程,显著性检验的零假设是:$\beta_1 = 0$,即回归系数与零无显著差异。检验采用 F 统计量,数学公式为:

$$F = \frac{\sum_{i=1}^{n}(\hat{y}_i - \bar{y})^2}{\sum_{i=1}^{n}(y_i - \bar{y})^2/(n-2)} \qquad (11.18)$$

可见,上式反映了回归方程所能解释的变差与不能解释的变差的比例。F 统计量服从 $(1, n-2)$ 个自由度的 F 分布。SPSS 能自动计算出 F 值和对应的概率 p 值,如果 p 值小于给定的显著性水平 α,则应该拒绝零假设,认为回归系数与零存在显著差异,被解释变量 y 与解释变量 x 的线性关系显著,可以用线性模型描述和反映它们的关系。显而易见,在一元线性回归中,回归方程的显著性检验和回归系数的显著性检验的作用相同,可以互相替代。F 统计量等于回归系数显著性检验中 t 统计量的平方。

对于多元线性回归方程,显著性检验的零假设是:各个偏回归系数同时与零无显著差异。它的含义是,如果偏回归系数同时为 0,无论各个解释变量的取值如何变化,都无法引起被解释变量 y 的线性变化,也即 y 与 x 不存在线性关系。检验采用 F 统计量,构造公式为:

$$F = \frac{\sum_{i=1}^{n}(\hat{y}_i - \bar{y})^2/p}{\sum_{i=1}^{n}(y_i - \bar{y})^2/(n-p-2)} \qquad (11.19)$$

上式中，p 为多元线性回归方程中解释变量的个数。F 统计量服从 $(p, n-p-1)$ 个自由度的 F 分布。SPSS 能自动计算出 F 值和对应的概率 p 值，如果 p 值小于给定的显著性水平 α，则应该拒绝零假设，认为偏回归系数不同时为零，被解释变量 y 与解释变量 x 全体的线性关系显著，可以用线性模型描述和反映它们的关系。结合多元线性回归的拟合优度检验，不难发现，F 统计量与 R^2 有如下的对应关系：

$$F = \frac{R^2/p}{(1-R^2)/(n-p-1)} \tag{11.20}$$

两者呈确切的函数关系，是单调的增函数。

同时，需要特别注意，多元线性模型中，回归方程显著性检验与回归系数显著性检验的作用不尽相同。回归方程显著性检验只能检验所有偏回归系数是否同时为零。如果偏回归系数不同时为零，并不能保证方程中仍有某些偏回归系数为零的解释变量。

（4）随机项假设检验

残差是指回归方程计算所得的预测值与实际样本值之间的差距，定义为：

$$e_i = y_i - \hat{y}_i = y_i - (\hat{\beta}_0 + \hat{\beta}_1 x_{1i} + \hat{\beta}_2 x_{2i} + \cdots + \hat{\beta}_p x_{pi}) \tag{11.21}$$

它是回归模型中的残差估计值，由多个 e_i 形成的序列称为残差序列。

计量经济学理论认为，如果回归方程能够较好地反映解释变量与被解释变量之间的关系，残差序列中就不应包含明显的规律性和趋势性。这也是残差分析的出发点，残差分析正是基于这种考虑并围绕对式(11.3)的检验展开的，主要内容大致包括：残差是否服从均值为 0 的正态分布；残差序列是否独立；残差是否为等方差的正态分布；借助残差探测样本中的异常值等。

① 残差是否服从均值为 0 的正态分布

可以通过残差图对残差是否服从均值为 0 的正态分布进行分析。残差图是以残差为纵坐标，以任何其他指定的量（解释变量，也可以是被解释变量的预测值）为横坐标的散点图。如在分析测试中常用的散点图是以自变量为横坐标的残差图。

残差图以回归方程的自变量为横坐标，以残差为纵坐标，将每一个自变量的残差描在该平面坐标上所形成的图形。当描绘的点围绕残差等于 0 的直线上下随机散布，说明回归直线对原观测值的拟合情况良好。否则，说明回归直线对原观测值的拟合不理想。从残差图可以直观地看出残差的绝对数值都比较小，所描绘的点都在以 0 为横轴的直线上下随机散布，回归直线对各个观测值的拟合情况是良好的，说明变量 x 与 y 之间有显著的线性相关关系。

② 残差的独立性分析

回归模型要求残差序列具有独立性，即残差序列应满足 $\text{cov}(\varepsilon_i, \varepsilon_j) = 0, i \neq j$，表示残差序列的前后各期数值不存在相关关系，也就是说残差不存在自相关性。如果残差序列不满足独立性，就会带来一系列的不良后果：包括普通最小二乘法估计不再最优，容易导致回归系数显著性检验 t 值偏高，等等。因此，需要对残差的独立性进行检验，通常有三种不同的方法：

第一，绘制残差序列的序列图。残差序列图是以样本期（或时间）为横坐标，以残差为纵坐标。对图形直观观察可以发现是否存在自相关性,如果残差随着时间的推移呈现有规律的变化,就表明残差序列存在一定的正或负相关。

第二,计算残差的自相关系数。自相关系数的公式如下:

$$\hat{\rho} = \frac{\sum_{t=2}^{n} e_t e_{t-1}}{\sqrt{\sum_{t=2}^{n} e_t^2} \sqrt{\sum_{t=2}^{n} e_{t-1}^2}} \quad (11.22)$$

自相关系数的取值范围在 −1 到 1 之间,越接近 1 越表明残差序列存在严重的正自相关,越接近 −1 越表明残差序列存在严重的负自相关。

第三,DW 检验。DW 检验是推断小样本序列是否存在自相关的统计检验方法。当回归模型根据动态数据建立,则误差项 e 也是一个时间序列。若误差序列诸项之间相互独立,则误差序列各项之间没有相关关系;若误差序列之间存在密切的相关关系,则建立的回归模型就不能表述自变量与因变量之间的真实变动关系。

$$DW = \frac{\sum_{t=2}^{n} (e_t - e_{t-1})^2}{\sum_{t=2}^{n} e_t^2} \quad (10.23)$$

由上式可知,DW 取值在 0 到 4 之间。对 DW 观测值的直观判断标准如下:DW=4 时,残差序列完全负自相关;DW 取值在(2,4)之间时,残差序列存在负自相关;DW=2 时,残差序列无自相关;DW 取值在(0,2)之间时,残差序列存在正自相关;DW=0 时,残差序列完全正自相关。

③ 异方差分析

无论解释变量 x 如何取值,对应残差的方差都应该相等,否则就认为出现了异方差现象。当存在异方差现象时,应用普通最小二乘法时,参数估计量尽管仍具有无偏性,但不再具有有效性,变量的显著性检验失去意义。同时,在预测值的置信区间中也包含随机误差项共同的方差 σ^2,当模型出现异方差性时,参数 OLS 估计值的变异程度增大,从而造成对 Y 的预测误差变大,降低预测精度,预测功能失效。

异方差一般可归结为三种类型:一是单调递增型,即 σ_i^2 随 X 的增大而增大;二是单调递减型,即 σ_i^2 随 X 的增大而减小;三是复杂型,即 σ_i^2 与 X 的变化呈复杂形式,具体如图 11.2 所示。

对于异方差,可以通过多种检验方法进行分析,如图示检验法、等级相关系数法、戈里瑟检验、巴特列特检验、戈德菲尔特—夸特检验等。这里仅对前两种进行简述。

一是图示检验法。即通过绘制残差图分析是否存在异方差。如果残差图中,残差的方差随着解释变量值的增加呈现增加或减少的趋势,则出现了异方差现象。

二是等级相关系数法。得到残差序列后首先对其取绝对值,然后分别计算出残差和解释变量的秩,最后计算 Spearman 等级相关系数,并进行等级相关分析。如果等级相关分析中,检验统计量的概率 p 值小于给定的显著性水平 α,则应拒绝等级相关分析的零假设,认为解释变量与残差间存在显著的相关关系,出现了异方差现象。

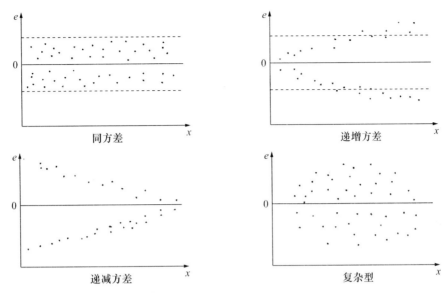

图 11.2 异方差的类型

如果存在异方差现象,为了研究结论的有效性,就必须对数据进行调整变动,使其满足同方差要求。具体方法有:

其一,对解释变量实施方差稳定变换后再进行回归方程参数的估计。

其二,利用加权最小二乘估计法实施回归方程的参数估计。其中,加权最小二乘法的基本思想是,对原模型加权,使之变成一个新的不存在异方差性的模型,然后采用普通最小二乘法估计其参数。

④ 探测样本中的异常值和强影响点

可以利用残差分析探测样本中的异常值和强影响点。所谓异常值和强影响点,是指那些远离均值的样本数据点,它们对回归方程的参数估计有较大影响,使结论不再可靠。无论是解释变量 x 还是被解释变量 y 都有可能出现这种情况。因此,应该尽量剔除这些异常值和强影响点。以下为几种探测异常值的方法:

一是标准化残差。该方法适用于对被解释变量 y 中异常值的探测。由于残差服从均值为 0 的正态分布。首先,对残差进行标准化 $\left(\text{ZRE} = \frac{e_i}{\hat{\sigma}}\right)$,然后观察 ZRE,并根据 3σ 准则进行判断,绝对值大于 3 对应的观测值为异常值。

二是杠杆值。该方法适用于对解释变量 x 中异常值的探测。杠杆值反映了解释变量 x 的第 i 个值与 x 平均值的差异。第 i 个样本 x_i 的杠杆值 h_i 的数学定义为:

$$h_i = \frac{1}{n} + \frac{(x_i - \bar{x})^2}{\sum_{i=1}^{n}(x_i - \bar{x})^2} \tag{11.24}$$

x_i 与均值 $\bar{x}$ 越接近,h_i 越逼近 0;当 x_i 远离 $\bar{x}$ 时,h_i 趋向于 1。所以,杠杆值 h_i 越高表明对应的 x_i 越远离平均值,它的存在会对回归结果产生重要影响,是一个强影响点。通过式(11.24)可以计算出杠杆值的平均值为 $\bar{h} = \frac{1}{n}\sum_{i=1}^{n}h_i = \frac{p+1}{n}$,如果 h_i 大于

2倍或3倍的$\bar{h}$,就可以认为该杠杆值较高,对应的观察值为强影响点。

三是学生化残差。该方法适用于对被解释变量y中异常值的探测。首先,计算学生化残差$\mathrm{SRE}_i = \dfrac{e_i}{\hat{\sigma}\sqrt{1-h_i}}$,然后观察$\mathrm{SRE}_i$,并根据$3\sigma$准则进行判断,绝对值大于3对应的观测值为异常值。

四是剔除残差。该方法适用于对被解释变量y中异常值的探测。其基本思路如下:在计算第i个样本残差时,用剔除该样本的$(n-1)$个样本拟合回归方程,并由此计算出第i个样本的预测值和相应的残差。由于该残差与第i个样本无关,不受该样本y值是否为异常值的影响,故该方法称为剔除残差。相比上述残差,该残差更能反映第i个样本对应y值的异常性。最后,根据3σ准则进行判断,绝对值大于3对应的观测值为异常值。

11.2.2 线性回归的 SPSS 实现

1. 线性回归分析的基本操作(含变量的筛选)

使用SPSS进行线性回归分析之前,必须对数据进行预处理,使被解释变量和每一个解释变量都有唯一的SPSS变量相对应。进行线性回归分析时,SPSS中一元线性回归分析和多元线性回归分析的功能菜单是集成在一起的,操作步骤如下:

(1) 选择菜单【分析/回归/线性】,弹出线性回归对话框,如图11.3所示,这是线性回归分析的主操作窗口。

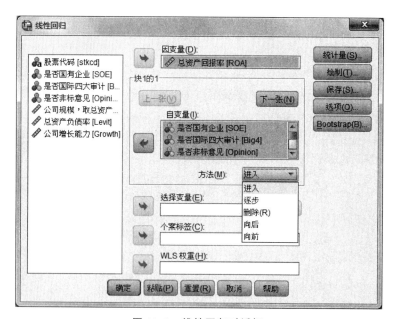

图11.3 线性回归对话框

(2) 在左侧的候选变量列表框中选择一个变量,将其添加至【因变量(D)】列表框中,作为线性回归的因变量。

(3) 在左侧候选变量选择变量,将其添加至【自变量(I)】列表框中,作为线性回归的自变量。

（4）在【方法(M)】列表框中可以选择自变量的进入方式。一共有以下五种方法：

① 进入，表示所选变量强行进入回归方程，是 SPSS 默认的策略方法。

② 向前，表示向前剔除法，是解释变量不断进入回归方程的过程。具体运算过程如下：首先，选择与被解释变量具有高度线性相关系数的变量进入方程，并进行回归方程的各种检验；其次，在剩余变量中寻找与被解释变量偏相关系数最高且通过检验的变量进入回归方程，并对新建立的回归方程进行检验。这种过程一直重复，直到没有可进入方程的变量为止。

③ 向后，表示向后剔除法，是变量不断剔除回归方程的过程。具体运算过程如下：首先，所有变量全部引入回归方程，并进行回归方程的各种检验；其次，在回归系数显著性检验不显著的一个或多个变量中，剔除 t 检验值最小的变量，并重新建立回归方程和进行各种检验。如果新建方程中所有变量的回归系数检验都显著，则回归方程建立结束；否则，按照上述方法重复进行，直到没有可剔除方程的变量为止。

④ 逐步，采用逐步回归法，表示逐步筛选策略，是向前筛选和向后筛选策略的综合。该方法在向前筛选策略的基础上，结合向后筛选策略，在每个变量进入方程后再次进行判断是否存在可以剔除方程的变量，在引入变量的每一个阶段都提供了剔除不显著变量的机会。

⑤ 删除(R)，表示从回归方程中剔除所选变量。

为了弥补各种方法和标准的局限性，不妨分别用它们处理同一问题，若一些变量常被选中，它们就应该值得着重考虑。对不同的自变量块，可以选择不同的自变量进入方式进行多次估计。

（5）如果需要对同一因变量建立不同的自变量的回归方程，每次在一组自变量选择完毕后，单击【自变量(I)】列表框上方的【下一张(N)】按钮，选定的这一组变量将被系统自动保存到一个自变量块中。接下来选择另一组自变量，单击【下一张(N)】按钮将它们保存到第二个自变量块中。重复上述操作，可以保存若干个自变量块。若需要输出以哪一组变量为自变量的回归方程，可以通过单击【上一张(V)】按钮和【下一张(N)】按钮来选择。

（6）选择一个变量作为条件变量到【选择变量(E)】框中，并单击【规则】按钮给定一个判断条件，只有变量值满足给定条件的样本数据才能进行线性回归分析。

（7）在候选变量列表框中选择一个变量进入【个案标签(C)】列表中，它的取值将作为每条记录的标签。这意味着在作图时，以哪个变量作为各样本数据点的标志变量。

（8）当存在异方差时，指定一个变量作为权重变量到【WLS 权重(H)】框中，表示选入权重变量进行权重最小二乘法的回归分析。

至此便完成了线性回归分析的基本操作，SPSS 将根据指定自动进行回归分析，并将结果输出到输出窗口。

2. 线性回归分析的其他操作

除了上述基本操作之外，SPSS 线性回归分析还有很多其他选项。掌握这些选项对进一步的深入分析和掌握更多有用的信息是非常有益的。

(1)【统计量(S)】按钮

在图11.3中单击【统计量(S)】按钮,出现如图11.4所示的窗口,该窗口可供用户选择更多的输出统计量。

图11.4 线性回归分析的统计量窗口

其中,【回归系数】选项组用于定义回归系数的输出情况,包含【估计(E)】【置信区间】和【协方差矩阵(V)】三个选项。【残差】选项组用于选择输出残差诊断的信息,包含【Durbin-Watson(U)】和【个案诊断(C)】两个选项。

① 【估计(E)】:输出回归系数及其标准误差、标准化回归系数、回归系数显著性检验的 t 统计量和概率 p 值以及标准化的回归系数 beta、各解释变量容忍度。多元回归分析中在各解释变量单位不一致时,如果希望比较各解释变量对被解释变量影响程度的大小,可以采用标准化回归系数。

② 【置信区间】:输出每个非标准化回归系数的95%置信区间,可根据需要自行调整。

③ 【协方差矩阵(V)】:输出方差中各解释变量间的相关系数、协方差及其各回归系数的方差。

④ 【模型拟合度(M)】:显示模型拟合过程中进入、退出的变量的列表,以及一些有关拟合优度的检验统计量,如判定系数、调整的判定系数、回归方程的标准误、回归方程显著性检验的方差分析表。

⑤ 【R方变化(S)】:输出每个解释变量进入方程后引起的判定系数的变化量(R_2)和F值的变化量(偏F统计量)。

⑥ 【描述性】:显示自变量和因变量的有效数目、均值、标准差等。同时还给出一个自变量的相关系数矩阵。

⑦ 【部分相关和偏相关性(P)】:输出方程中各解释变量与被解释变量之间的简单相关、偏相关系数和部分相关。

⑧ 【共线性诊断(L)】:多重共线性分析,输出各个自变量的特征根、方差膨胀因

子、容忍度等。这里对多重共线性问题予以详述。

若某个回归系数的 t 值不同,通过显著性检验,可能的原因有两个:其一,这个系数相对应的自变量对因变量的影响不显著,此时,应从回归模型中剔除这个自变量,重新建立更为简单的回归模型,或更换自变量;其二,自变量之间有共线性,此时应设法降低共线性的影响。

所谓多重共线性,是指线性回归模型中的解释变量之间由于存在线性相关而使模型估计失真或难以估计准确。在多元线性回归方程中,如果自变量之间存在的线性关系超过了因变量与自变量的线性关系,则回归模型的稳定性受到破坏,回归系数估计不准确。具体包括:第一,若完全共线性,则参数估计量不存在;第二,近似共线性下,OLS 估计量非有效;参数估计量经济含义不合理;变量的显著性检验失去意义,可能将重要的解释变量排除在模型之外;模型的预测功能失效,变大的方差容易使区间预测的"区间"变大,使预测失去意义。

需要指出的是,在多元回归模型中,多重共线性难以避免,只要多重共线性不太严重就不影响问题的分析。测度解释变量间多重共线性一般有以下几种方法:

第一种方法:利用容忍度。它是测度变量间多重共线性的重要方法,对第 i 个解释变量 x_i 的容忍度定义为:

$$\text{Tol}_i = 1 - R_i^2 \tag{11.25}$$

上式中的 R_i^2 是解释变量 x_i 与方程中其他解释变量间的复相关系数的平方,表明了解释变量之间的线性相关程度。从上式可以看出,容忍度 Tol_i 的取值范围在 0 到 1 之间,越接近 0 表示多重共线性越严重;如果 Tol_i 较小,即 R_i^2 较大,说明方程中其他解释变量对该解释变量的可解释程度较高;如果 Tol_i 较大,即 R_i^2 较小,说明方程中其他解释变量对该解释变量的可解释程度较低。

第二种方法:利用方差膨胀因子(variance inflation factor,VIF)。方差膨胀因子是容忍度的倒数,即:

$$\text{VIF}_i = \frac{1}{\text{Tol}_i} = \frac{1}{1 - R_i^2} \tag{11.26}$$

由上式可知,VIF 的取值大于等于 1。如果 VIF 越大,说明共线性越强;相反,如果 VIF 越小,说明共线性越弱。通常,如果 VIF 大于等于 10,就表明该解释变量与方程中的其他解释变量之间存在严重的多重共线性。

第三种方法:利用特征根和方差比。特征根是诊断解释变量间是否存在多重共线性的另一种有效方法。根据解释变量的相关系数矩阵求得的特征根中,如果最大的特征根远远大于其他特征根,则说明这些解释变量间具有相当多的重复信息。如果某个特征根既能够刻画某解释变量方差的较大部分比例(通常 70% 左右),又能刻画另一个解释变量方差的较大部分比例,则表明这两个解释变量间存在较强的线性相关关系。

第四种方法:利用条件指数。该指数是在特征根基础上定义的反应解释变量间多重共线性的指标,数学定义为:

$$k_i = \sqrt{\frac{\lambda_m}{\lambda_i}} \tag{11.27}$$

上式中,k_i 是第 i 个条件指标,它是最大的特征根 λ_m 与第 i 个特征根 λ_i 比的平方根。通常,当 k_i 在 0~10 之间时,说明多重共线性较弱;当 k_i 在 11~100 之间时,认为多重共线性较强;当 k_i 在 100 以上时,认为多重共线性很严重。

⑨【Durbin-Watson(U)】:进行残差序列相关性检验,输出 DW 检验值。

⑩【个案诊断(C)】:将对标准化残差进行诊断,输出标准化残差绝对值大于等于 3 的样本数据的相关信息,包括预测值、标准化预测值、残差、学生化残差、均值等,判断有无奇异值。

(2)【绘制(T)】按钮

在图 11.3 的对话框中单击【绘制(T)】按钮,弹出如图 11.5 所示的窗口。利用该对话框可以选择需要绘制的回归分析诊断或预测图。

其中,左侧的列表框中列出了绘制散点图的坐标轴变量,用户可以从中选择部分变量作为 X(横坐标)和 Y(纵坐标)。同时,还可以通过单击【下一页(N)】按钮来重复操作过程,绘制更多的图形。

窗口左边框中各变量名的含义是:"DEPENDENT"为因变量,"∗ZPRED"为标准化预测值,"∗ZRESID"为标准化残差,"∗DRESID"为剔除的残差,"∗ADJPRED"为调整后的预测值,"∗SRESID"为学生化残差,"∗SDRESID"为学生化剔除残差。

在【标准化残差图】框中选择【直方图(H)】选项绘制标准化残差的直方图;选择【正态概率图(R)】选项绘制标准化残差的正态概率图(P-P 图),将标准化残差与正态分布进行比较。

选择【产生所有部分图(P)】将会生成每一个自变量对于因变量残差的散点图。

图 11.5 线性回归分析的绘制窗口

(3)【保存(S)】按钮

对于【保存(S)】按钮,如图 11.6 所示,该窗口将回归分析的某些结果以 SPSS 变量的形式保存到数据编辑窗口或保存于新文件中。

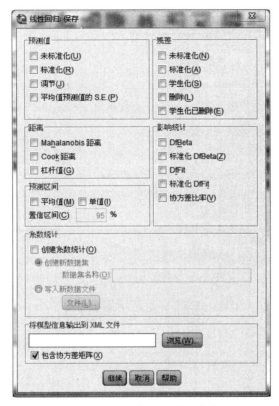

图 11.6 线性回归分析的保存窗口

【预测值】用于选择输出回归模型的预测值,其中包括未标准化的、标准化的及调节的预测值,【平均值预测的 S.E.(P)】表示预测值的标准误。

【残差】依次包括未标准化残差、标准化残差、学生化残差、删除残差、删除学生化残差。

【距离】依次包括 Mahalanobis 距离、Cook 距离、杠杆值。

【影响统计】用于反映剔除了某个自变量后回归系数的变化情况,包括:【DfBeta】,表示剔除一个特定的观测值所引起的回归系数的变化;【标准化 DfBeta(Z)】;【DfFit】,表示拟合值之差,由排除一个特定的观测值所引起的预测值的变化量;【标准化 DfFit】;【协方差比率(V)】,表示带有一个特定的剔除观测值的协方差矩阵与带有全部观测量的协方差矩阵的比率。

【预测区间】用于选择预测区间的方式,包括:【平均值(M)】,表示均值预测区间的上下限;【单值(I)】,表示因变量单个观测量的预测区间;【置信区间】,表示保存一个范围(默认为 95)。

(4)【选项(O)】按钮

在图 11.3 的对话框中单击【选项(O)】按钮,弹出如图 11.7 所示的窗口。该对话框主要用于设置进行逐步回归时的内部数值以及对缺失值的处理方式。

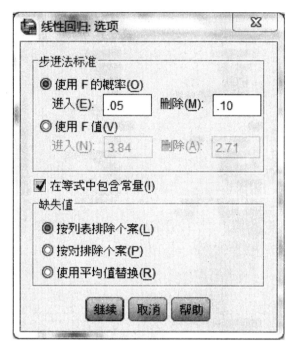

图 11.7 线性回归分析的选项窗口

【步进法标准】表示用于选择逐步回归的标准。

①【使用 F 的概率(O)】表示如果一个变量的 F 显著性水平值小于所定的进入值,那么这个变量将会被选入方程式中;如果它的 F 显著性水平值大于所设定的剔除值,那么这个变量将会被剔除。其中,【进入(E)】表示如果某个解释变量的 F 统计量的概率 p 值小于 0.05,则应拒绝零假设,即对被解释变量影响显著,应进入方程;【删除(M)】表示如果 p 值大于 0.10,则不能拒绝零假设,可以认为该变量不显著,应剔除回归方程。

②【使用 F 值(V)】表示如果一个变量的 F 值大于所设定的进入值,那么这个变量将会被选入方程式,如果它小于该值,将会被剔除。

【在等式中包含常量(I)】表示是否进行中心化处理(方程中是否包括常数项)。

【缺失值】表示对缺失值的处理方式。

①【按列表排除个案(L)】表示剔除所有含缺失值的个案后再进行分析。

②【按对排除个案(P)】表示剔除当前分析的变量值是缺失的个案。

③【使用平均值替换(R)】表示利用变量的平均数代替缺失值。

(5)【Bootstrap(B)】按钮

在图 11.3 的对话框中单击【Bootstrap(B)】按钮,弹出如图 11.8 所示的窗口。利用 Bootstrap 可以进行如下统计量的 Bootstrap 估计:描述统计表支持均值和标准差的 Bootstrap 估计、相关性表支持相关性的 Bootstrap 估计、模型概要表支持 Dubin-Watson 的 Bootstrap 估计、系数表支持系数的 Bootstrap 估计和显著性检验、相关系数表支持相关性的 Bootstrap 估计、残差统计表支持均值和标准差的 Bootstrap 估计。

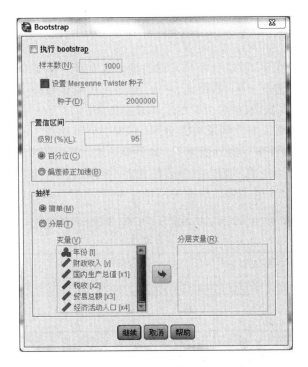

图 11.8　线性回归分析的 Bootstrap 窗口

3. 应用举例

为了研究公司绩效受哪些因素影响,收集某年所有上市公司有关数据,并利用线性回归方法进行分析。这里,衡量公司绩效的变量为 ROA(总资产收益率,等于净利润与总资产之比),作为被解释变量。解释变量包括:(1) SOE(虚拟变量:上市公司是否为国家实际控制,是,SOE=1,否则 SOE=0);(2) Big4(虚拟变量:公司聘请的事务所是否为四大,是,Big4=1,否则 Big4=0);(3) Opinion(虚拟变量:是否出具非标意见,是,Opinion=1,否则 Opinion=0);(4) Levit(杠杆比率:总负债与总资产之比);(5) LnSize(公司规模:取上市公司总资产的自然对数);(6) Growth(公司增值能力:公司主营业务收入增长率(ΔSales/Sales))。

表 11.1 为模型汇总信息,可以此进行拟合优度检验。其中各数据项的含义依次为:被解释变量和解释变量的复相关系数、判定系数 R^2、调整的判定系数 R^2、回归方程的标准误差估计。由于该方程中有多个解释变量,因此应参考调整的判定系数。从

表中可见,调整的判定系数为 0.189,和 1 有较大距离。但是,在微观金融和资本市场会计领域,这个系数的大小要求并不高,0.189 的大小已经完全满足研究的要求。但也必须承认,被解释变量仍有大部分不能被解释变量所解释。

表 11.1　多元线性回归分析结果(强制进入策略)(一)

模型汇总

模型	R	R^2	调整 R^2	标准估计的误差
1	0.438[a]	0.192	0.189	0.091109121366971

注:a 表示预测变量:(常量),公司增长能力,公司规模,取总资产的自然对数,是否非标意见,是否国有企业,总资产负债率,是否国际四大审计。

表 11.2 为方差信息,可进行回归方程的显著性检验。各项的含义依次为:被解释变量的变差来源、离差平方和、自由度、均方、回归方程显著检验中 F 统计量的观测值和概率 p 值。可以看出,被解释变量的总离差平方和为 15.198,回归平方及均方分别为 2.921 和 0.487,剩余平方和及均方分别为 12.277 和 0.008,F 检验统计量的观测值为 58.658,对应的概率 p 值近似为 0。如果显著性水平 α 为 0.05,由于概率 p 值远小于显著性水平,可以拒绝回归方程显著性检验的零假设,认为各回归系数不同时为 0,被解释变量与解释变量全体的线性关系是显著的,可建立线性模型。

表 11.2　多元线性回归分析结果(强制进入策略)(二)

方差

模型		平方和	df	均方	F	Sig.
1	回归	2.921	6	0.487	58.658	0.000[a]
	残差	12.277	1479	0.008		
	总计	15.198	1485			

注:(1) a 表示预测变量:(常量),公司增长能力,公司规模,取总资产的自然对数,是否非标意见,是否国有企业,总资产负债率,是否国际四大审计。

(2) b 表示因变量:总资产回报率。

表 11.3 是多元线性回归方程最重要的主体部分,依据该表可进行回归系数的显著性检验,写出回归方程和检测多重共线性。各项数据的具体含义如下:偏回归系数、偏回归系数的标准误、标准化后的偏回归系数、回归系数显著性检验 t 统计量的观测值、对应的概率 p 值、解释变量的容忍度和方差膨胀因子。可以看出,如果显著性水平 α 为 0.05,除是否国际四大审计以外,其他各解释变量的回归系数显著性 t 检验的概率 p 值都小于显著性水平 α,因此可以拒绝零假设,认为这些偏回归系数与 0 存在显著性差异,它们与被解释变量的线性关系是显著的,应该保留在方程中。同时,从容忍度和方差膨胀因子来看,没有一个解释变量存在多重共线性问题。总的来说,该线性回归模型是适宜的。

表 11.3　多元线性回归分析结果(强制进入策略)(三)

系数[a]

模型		非标准化系数		标准系数	t	Sig.	共线性统计量	
		B	标准误差	试用版			容差	VIF
1	(常量)	−0.228	0.047		−4.841	0.000		
	是否国有企业	−0.028	0.005	−0.132	−5.367	0.000	0.898	1.113
	是否国际四大审计	−0.004	0.011	−0.009	−0.359	0.720	0.818	1.222
	是否非标意见	−0.125	0.012	−0.243	−10.027	0.000	0.932	1.073
	公司规模,取总资产的自然对数	0.016	0.002	0.208	7.157	0.000	0.645	1.550
	总资产负债率	−0.151	0.013	−0.291	−11.410	0.000	0.837	1.194
	公司增长能力	0.004	0.001	0.077	3.276	0.001	0.995	1.005

注:a 表示因变量:总资产回报率。

表 11.4 为模型进一步的多重共线性诊断。各列数据项的含义依次是:特征根、条件指数、各特征根解释各解释变量的方差比(各列比例之和等于 1)。从方差比来看,没有一个特征根既能刻画某解释变量方差的较大部分比例的同时又能够刻画另一个解释变量方差的较大部分比例,这表明各解释变量间不存在多重共线性问题。从各条件指数亦能得出同样结论,除最后一个外,其他条件指数均小于 10。

表 11.4　多元线性回归分析结果(强制进入策略)(四)

共线性诊断[a]

模型	维数	特征值	条件索引	方差比例						
				(常量)	是否国有企业	是否国际四大审计	是否非标意见	公司规模,取总资产的自然对数	总资产负债率	公司增长能力
1	1	3.781	1.000	0.00	0.02	0.01	0.00	0.00	0.01	0.00
	2	1.007	1.937	0.00	0.00	0.04	0.40	0.00	0.00	0.48
	3	0.979	1.965	0.00	0.00	0.28	0.20	0.00	0.00	0.42
	4	0.858	2.099	0.00	0.01	0.50	0.32	0.00	0.00	0.09
	5	0.287	3.627	0.00	0.92	0.00	0.01	0.00	0.03	0.00
	6	0.085	6.650	0.01	0.00	0.00	0.01	0.00	0.87	0.00
	7	0.001	56.509	0.99	0.05	0.17	0.05	1.00	0.09	0.00

注:a 表示因变量:总资产回报率。

总之,通过以上分析,除是否国际四大审计这一解释变量外,其他各解释变量的偏回归系数均显著异于 0,上述多元回归线性模型非常适宜。但为了演示不同的变量选取策略,下面采用向后筛选策略让 SPSS 自动完成对解释变量的选择,观测各步检验的变化情况,并进行残差分析和强影响点探测。具体如表 11.5、表 11.6、表 11.7、表 11.8 所示。

表 11.5　多元线性回归分析结果(向后筛选策略)(一)

模型汇总c

模型	R	R^2	调整 R^2	标准估计的误差	更改统计量					Durbin-Watson
					R^2 更改	F 更改	df1	df2	Sig. F 更改	
1	0.438a	0.192	0.189	0.091109121366971	0.192	58.658	6	1479	0.000	
2	0.438b	0.192	0.189	0.091082304360985	0.000	0.129	1	1479	0.720	1.963

注：(1) a 表示预测变量：(常量)，公司增长能力，公司规模，取总资产的自然对数，是否非标意见，是否国有企业，总资产负债率，是否国际四大审计。

(2) b 表示预测变量：(常量)，公司增长能力，公司规模，取总资产的自然对数，是否非标意见，是否国有企业，总资产负债率。

(3) c 表示因变量：总资产回报率。

表 11.5 列示了 SPSS 利用向后筛选策略进行回归的历程。从表中可知，仅经过两步即完成了回归方程的建立，最终模型为第二个模型。向后筛选策略首先是将所有变量全部引入回归方程，并进行回归方程的各种检验；然后再剔除 t 检验不显著的变量，重新建立回归方程和进行各种检验。从该表的结果来看，尽管有一个解释变量被剔除，但无论是判定系数 R^2、调整的判定系数 R^2 均没有发生变化，说明两个不同的线性回归模型差异不大，对总的回归结果没有影响。

表 11.6 列示了两个不同线性回归模型的方差分析结果。从中可见，剔除了一个不显著的解释变量(是否国际四大审计)，回归平方和和均方均发生了变化，F 统计量的观测值也有所增加。

表 11.6　多元线性回归分析结果(向后筛选策略)(二)

Anovac

模型		平方和	df	均方	F	Sig.
1	回归	2.921	6	0.487	58.658	0.000a
	残差	12.277	1479	0.008		
	总计	15.198	1485			
2	回归	2.920	5	0.584	70.405	0.000b
	残差	12.278	1480	0.008		
	总计	15.198	1485			

注：(1) a 表示预测变量：(常量)，公司增长能力，公司规模，取总资产的自然对数，是否非标意见，是否国有企业，总资产负债率，是否国际四大审计。

(2) b 表示预测变量：(常量)，公司增长能力，公司规模，取总资产的自然对数，是否非标意见，是否国有企业，总资产负债率。

(3) c 表示因变量：总资产回报率。

表 11.7 列示了每个模型中各解释变量的偏回归系数、偏回归系数显著性检验的情况。可见，剔除不显著的解释变量(是否国际四大审计)后，其他各解释变量的系数和显著性均没有显著变化。这也说明，两个不同线性回归模型对整体回归结果没有影响。

表 11.7　多元线性回归分析结果(向后筛选策略)(三)

系数^a

模型		非标准化系数		标准系数	t	Sig.	共线性统计量	
		B	标准 误差	试用版			容差	VIF
1	(常量)	−0.228	0.047		−4.841	0.000		
	是否国有企业	−0.028	0.005	−0.132	−5.367	0.000	0.898	1.113
	是否国际四大审计	−0.004	0.011	−0.009	−0.359	0.720	0.818	1.222
	是否非标意见	−0.125	0.012	−0.243	−10.027	0.000	0.932	1.073
	公司规模,取总资产的自然对数	0.016	0.002	0.208	7.157	0.000	0.645	1.550
	总资产负债率	−0.151	0.013	−0.291	−11.410	0.000	0.837	1.194
	公司增长能力	0.004	0.001	0.077	3.276	0.001	0.995	1.005
2	(常量)	−0.222	0.043		−5.140	0.000		
	是否国有企业	−0.028	0.005	−0.132	−5.362	0.000	0.898	1.113
	是否非标意见	−0.125	0.012	−0.243	−10.071	0.000	0.936	1.069
	公司规模,取总资产的自然对数	0.016	0.002	0.204	7.701	0.000	0.778	1.285
	总资产负债率	−0.151	0.013	−0.290	−11.453	0.000	0.850	1.177
	公司增长能力	0.004	0.001	0.077	3.278	0.001	0.995	1.005

注:a 表示因变量:总资产回报率。

表 11.8 列示了变量剔除的过程。各项数据的含义依次是:在剔除其他变量的情况下,如果该变量保留在模型中,其标准化回归系数、t 检验值和概率 p 值将是多少。从该表可以清晰地看出,如果加入是否国际四大审计这一解释变量,该解释变量的标准化回归系数为−0.009,p 值为0.720,回归系数的检验不显著。

表 11.8　多元线性回归分析结果(向后筛选策略)(四)

已排除的变量^b

模型		Beta In	t	Sig.	偏相关	共线性统计量		
						容差	VIF	最小容差
2	是否国际四大审计	−0.009^a	−0.359	0.720	−0.009	0.818	1.222	0.645

注:(1) a 表示模型中的预测变量:(常量),公司增长能力,公司规模,取总资产的自然对数,是否非标意见,是否国有企业,总资产负债率。

(2) b 表示因变量:总资产回报率。

图 11.9 中,残差的数据点围绕着基准线上下波动,但还存在一定的规律。通过非参数检验方法对标准化残差进行检验,会发现标准化残差与标准正态分布不存在显著差异,可以认为残差满足线性模型的前提条件。

图 11.10 中,随着标准化预测值的变化,残差点在 0 线周围随机分布,但残差的等方差性并不满足,方差似乎有减少的趋势。计算残差与预测值的 Spearman 等级相关系数发现,相关性并不显著,说明异方差现象并不明显。

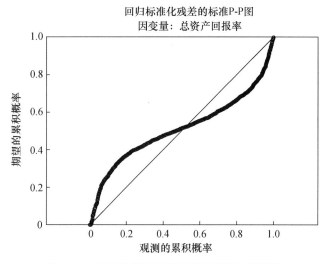

图 11.9 多元线性回归分析的残差累计概率图

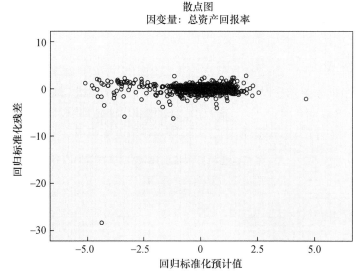

图 11.10 多元线性回归分析的残差图

11.3 曲线回归

11.3.1 曲线回归概述

在回归分析中,变量之间的关系不一定都表现为线性关系,非线性关系也是比较常见的。对于非线性关系通常无法直接通过线性回归来分析,进而无法建立线性模型。对于变量之间的非线性问题,可以分为本质线性关系和本质非线性关系。其中,本质线性关系指的是变量关系形式上虽然呈现非线性关系,但可通过变量变换为线性关系,如二次曲线等;而本质非线性关系是指不仅变量关系形式上呈现非线性,而且也无法通过变量变换为线性关系,最终也就无法建立线性模型。

本节所言的曲线估计又称为曲线拟合,是解决本质线性关系问题的。它可以准确、快速地反映数据的实际情况。在 SPSS 中,系统为用户提供了自动拟合包括线性模型、对数曲线模型、二次曲线模型和指数曲线模型在内的 11 种曲线模型,具体见表 11.9。用户不仅可以对每个因变量生成一个单独的模型,而且还可以同时选用几种模型进行曲线拟合,并根据回归统计的结果,以及观察数据散点图,通过对比确定一个最佳的曲线模型。

表 11.9 SPSS 中的本质线性模型

模 型	含 义	表达式
Linear 模型	一元线性	$y=b_0+b_1 x$
Quadratic 模型	二次函数	$y=b_0+b_1 x+b_2 x^2$
Compound 模型	复合函数	$y=b_0 b_1^x$
Growth 模型	增长函数	$y=e^{(b_0+b_1 x)}$
Logarithmic 模型	对数函数	$y=b_0+b_1 \ln(x)$
Cubic 模型	三次函数	$y=b_0+b_1 x+b_2 x^2+b_3 x^3$
S:S 型曲线模型		$y=e^{(b+b_1/x)}$
Exponential 模型	指数函数	$y=b_0 \exp(b_1 x)$
Inverse 模型	逆函数	$y=b_0+\dfrac{b_1}{x}$
Power 模型	幂函数	$y=b_0 x^{b_1}$
Logistic 模型	逻辑函数	$y=(1/u+b_0 b_1^x)^{-1}$

11.3.2 曲线估计的基本操作

在 SPSS 中自定义变量并输入分析数据之后,便可以使用曲线估计回归分析方法分析数据了。在分析数据之前,可通过绘制和观察样本数据的散点图粗略确定被解释变量与解释变量之间的相关关系,为曲线拟合中模型的选择提供依据,以期达到最佳的分析结果。SPSS 曲线估计的基本操作步骤如下:

第一步,选择菜单【分析/回归/曲线估计】出现如图 11.11 所示的窗口。

第二步,将被解释变量添加到【因变量(D)】列表框中。

第三步,解释变量可以是相关因素变量,也可以是时间变量。如果解释变量是相关因素变量,则添加到【变量(V)】列表框中;如果选择【时间】选项,则表示解释变量为时间。

第四步,在【模型】框中选择几种模型。

第五步,选择【根据模型绘图(O)】选项,表示在绘制图形时,将显示原始数据的散点图和拟合模型的曲线图;【显示 ANOVA 表格(Y)】可以在分析结果中输出模型检验的方差分析表。

图 11.11 曲线估计窗口

至此,SPSS 完成了曲线估计的基本操作,根据选择的模型自动进行曲线估计,报告曲线估计分析结果。

11.3.3 应用举例

为了研究推广费用和销售总额的关系,需首先绘制推广费用和销售总额的散点图,如图 11.12 所示。观察散点图发现两变量之间呈近似线性关系,但也可以尝试二次函数模型,利用曲线估计进行本质线性模型分析。

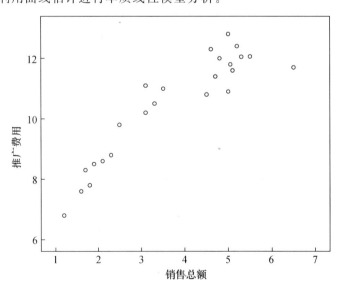

图 11.12 推广费用和销售总额的散点图

表 11.10 列示了曲线估计结果,主要显示了线性和二次方程中模型汇总和参数估计值情况。通过分析表中的数据可以发现,线性模型中 b_1 的系数为 1.038>1,表示随着销售总额的增加,其推广费用也会增加。而二次模型中 b_2 的系数为 $-0.281<0$,表示当销售总额达到一定水平后,其推广费用会转换为下降趋势。从线性和二次模型中的显著性水平(Sig. 值)来分析,其值分别小于 0.001,表示模型分析存在显著性水平,具有一定的统计学意义。另外,从线性和二次模型中的 R^2 值来分析,两个模型的拟合优度都比较高,但其线性的 R^2 值小于二次的 R^2 值,表示二次曲线模型的拟合效果高于线性模型的拟合效果。

表 11.10 推广费用的曲线估计结果
模型汇总和参数估计值

因变量:推广费用

方程	模型汇总					参数估计值		
	R^2	F	df1	df2	Sig.	常数	b_1	b_2
线性	0.842	117.498	1	22	0.000	6.586	1.038	
二次	0.935	151.637	2	21	0.000	3.531	3.076	−0.281

注:自变量为销售总额。

图 11.13 为推广费用的模型拟合回归线,从中可以查看两个模型的拟合效果。图形中的小圆圈代表观测数值,实线表示线性回归模型的预测值,而虚线则代表二次回归模型的预测值。从图形中,可以清晰地看出二次回归模型的拟合优度高于线性回归模型的拟合优度,二次回归模型更能反映数据展现的真实情况。

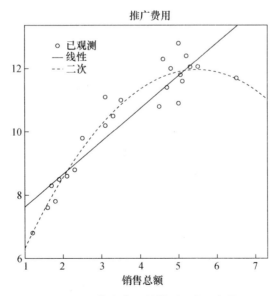

图 11.13 推广费用的模型拟合回归线

第 12 章　Logistic 回归分析

12.1　Logistic 回归分析概述

第 11 章讲述的回归分析要具备一个基本条件:被解释变量应是数值型变量。但是,现实问题中,并非所有的被解释变量都是数值型变量。有时要分析一个或多个解释变量是怎样对一个分类的被解释变量产生影响的,这种分类变量就是非数值型变量的一种类型。如研究外出旅行者选择交通工具时受哪些因素影响,对应的被解释变量就是汽车、火车、飞机、轮船等交通工具,解释变量可能是旅行者的消费预算、外出时间、旅行人数、目的地、旅行距离等,这时的被解释变量就是多分类变量;再如,研究上市公司选聘会计师事务所审时,是否选用国际四大会计师事务所受哪些因素影响,对应的被解释变量就是是否选聘"四大",解释变量可能是公司规模、企业性质、董事长和总经理是否两职兼任等,这时的被解释变量就是一个二分类变量。

诸如上述情况,当二分类型或多分类型变量作为被解释变量时,线性回归模型已不再适用。这是因为,它不满足一般线性回归模型对被解释变量的取值要求。在线性回归模型中,解释变量的取值是没有限制的,这必然会使得由解释变量的线性组合计算得到的被解释变量的取值范围也是没有限制的。它也违背了回归模型的前提假定。如果强行建立一般线性回归模型,将会产生如下问题:

第一,模型的残差不再满足 $E(\varepsilon)=0$ 且 $Var(\varepsilon)=\delta^2$ 的假定条件。

由于被解释变量为二分类变量,因此只有 0 和 1 两个取值。对于任一给定的 x_i,当 $y_i=1$ 时,
$$\varepsilon_i = 1 - (\hat{\beta}_0 + \hat{\beta}_i x_i) = 1 - \hat{y}_i$$
当 $y_i=0$ 时,
$$\varepsilon_i = 0 - (\hat{\beta}_0 + \hat{\beta}_i x_i) = -\hat{y}$$

虽然 $E(\varepsilon)=0$,但 ε_i 的方差会随解释变量取值的变化而变化,因此不再满足等方差性,进而回归模型的最小二乘估计也就不再具有无偏性和有效性,使模型的估计效果下降。

第二,残差不再服从正态分布。当残差不服从正态分布时,就无法进行回归系数的假设检验和建立置信区间,从而无法进行相应的统计推断。在解释变量为二分类变量的条件下,被解释变量只有 0、1 两个取值。对于任一给定的 x_i,残差 ε_i 本身只有两

个取值,所以在这种情况下,残差服从离散型分布而非正态分布。

综上所述,当被解释变量为二分类变量或多分类变量时,不再适合采用回归模型进行研究分析,Logistic 回归分析则能对此类问题予以较完美的解决。具体来说,当被解释变量为二分类变量时,采用二项 Logistic 回归分析;当被解释变量是多分类变量时,采用多项 Logistic 回归分析;当研究不同的影响因素对有序多分类变量的影响时,可以采用多项有序回归分析方法。

12.2 二项 Logistic 回归分析

12.2.1 二项 Logistic 回归方程原理

当被解释变量 y 是取值为 0 或 1 的二分类变量时,虽然无法采用一般的线性回归模型建模求解,但仍可以借鉴线性回归模型的一些思路。比如,可以利用一般线性回归模型对被解释变量取值为 1 的概率进行建模,概率用 p 来表示,$0 \leqslant p \leqslant 1$。回归方程可以表示为:

$$P_{y=1} = \beta_0 + \beta_1 x \tag{12.1}$$

再比如,若能够对概率 p 作合理的转换,使其能够与一般线性回归模型被解释变量的取值联系起来,做到两者的取值范围相吻合,则可以利用一般线性回归模型对被解释变量为二分类变量的模型进行研究。

但是,在采用一般线性回归模型对被解释变量为分类变量的问题进行研究时,概率 p 与影响 p 的各类因素(解释变量)之间的关系是线性的。但在现实中,它们的关系并非线性,通常表现为一种非线性关系。

例如,研究各个因素对是否读研深造的影响时,被解释变量为读研的概率,越接近 1,表示读研的概率越大;越接近 0,表示不读研的概率越大。解释变量为可能影响读研选择的因素:年龄、专业、工作与否、工作年限、结婚与否等。在这个模型中,选择读研的概率显然不会随着年龄的增长或工作年限的增加而线性增加或降低,它们之间的变化关系是非线性的。因此,我们可以得到启示:对概率 p 的变换处理要采用非线性变换。

基于上面的分析,可以对一般线性回归模型进行一些处理,以便能够进行分类变量的回归分析。首先,将 P 转换成 Ω,过程如下:

$$\Omega = \frac{P}{1-P} \tag{12.2}$$

这里,Ω 称为相对风险或发生比(odds),表示事件发生概率与不发生概率之比。可见,这是一个单调的非线性转化,且 $0 \leqslant \Omega \leqslant +\infty$。

然后,对 Ω 求自然对数 $\ln\Omega$,即:

$$\ln(\Omega) = \ln\left(\frac{P}{1-P}\right) \tag{12.3}$$

将 $\ln\Omega$ 称为 Logit P。上面的两步变换称为 Logit 变换。经过这种变换,就可以利用一般线性回归模型建立被解释变量与解释变量之间的多元分析模型,即:

$$\text{Logit}P = \beta_0 + \sum_{i=1}^{k}\beta_i x_i \tag{12.4}$$

上式称为 Logistic 回归方程或 Logit 模型,是由美国科学家 Pearl 和 Reed 在研究果蝇繁殖中提出来的。二项 Logistic 回归模型的本质是一个二分类的线性概率模型。

12.2.2 二项 Logistic 回归方程的统计检验

1. 回归方程系数的含义

从形式上看,Logistic 回归方程与一般线性回归方程的形式相同。但是,在 Logistic 模型的实际应用中,关心的是解释变量变化引起事件发生概率 p 变化的程度,解释变量给相对风险 Ω 带来的变化。

所谓相对风险 $\Omega = \dfrac{P}{1-P}$,表示某事件发生概率与不发生概率之比。利用相对风险比(odds ratio)可对比分析不同组之间的风险。

当确定 Logistic 回归方程后,由式(12.4)可推导出:

$$\Omega = \exp\left(\beta_0 + \sum_{i=1}^{k}\beta_i x_i\right) \tag{12.5}$$

在其他解释变量保持不变的情况下,研究 x_1 变化一个单位对 Ω 的影响。如果将 x_1 变化一个单位后的相对风险设为 Ω^*,则有:

$$\Omega^* = \exp\left(\beta_1 + \beta_0 + \sum_{i=1}^{k}\beta_i x_i\right) = \Omega\exp(\beta_1) \tag{12.6}$$

由式(12.5)和(12.6)可得:

$$\frac{\Omega^*}{\Omega} = \exp(\beta_1) \tag{12.7}$$

也就是说,x_1 增加一个单位所导致的相对风险是原来相对风险的 $\exp(\beta_1)$ 倍,即相对风险比为 $exp(\beta_1)$。利用相对风险比,能够很好地说明解释变量变动对被解释变量产生的影响。

2. 回归方程的检验指标

(1) 回归方程的显著性检验

Logistic 回归方程显著性检验的目的是检验解释变量全体与 Logit P 的线性关系是否显著,是否可以用线性模型拟合。其零假设是:各回归系数同时为 0,解释变量全体与 Logit P 的线性关系不显著。基本思路如下:如果方程中的诸多解释变量对 Logit P 的线性解释有显著意义,那么必然会使回归方程对样本的拟合得到显著提高。可采用对数似然比测度拟合程度是否提高。

设解释变量 x_i 未引入回归方程前的对数似然函数值为 LL,解释变量 x_i 引入回归方程后的对数似然函数值为 LL_{x_i},则对数似然比为 $\dfrac{LL}{LL_{x_i}}$。如果对数似然比与 1 无显著差异,则说明引入解释变量 x_i 后,解释变量全体对 Logit P 的线性解释无显著改善;若对数似然比远远大于 1,与 1 有显著差异,则说明引入解释变量 x_i 后,解释变量全体与 Logit P 之间的线性关系仍显著。此时应关注对数似然比的分布,但由于对数似然比的分布是未知的,通常采用 $-\log\left(\dfrac{L}{L_{x_i}}\right)^2$。其中,$L$ 和 L_{x_i} 分别为解释变量 x_i 引入回归方程前后的似然函数值。$-\log\left(\dfrac{L}{L_{x_i}}\right)^2$ 在零假设成立的条件下近似服从卡方分布,也称为似然比卡方 L.R. 统计量。

于是有:

$$\text{L.R.} = -\log\left(\dfrac{L}{L_{x_i}}\right)^2 = -2\log\left(\dfrac{L}{L_{x_i}}\right) \tag{12.8}$$

当自变量 x_i 显著有效时,L 显著大于 L_{x_i},则 $-2\log\left(\dfrac{L}{L_{x_i}}\right)$ 为很大的正数。相反,当自变量 x_i 非显著有效时,L 近似于 L_{x_i},则 $-2\log\left(\dfrac{L}{L_{x_i}}\right)$ 近似于 0。所以,该值越大表明解释变量 x_i 越显著,引入的越有意义。

(2) 回归系数的显著性检验

显著性检验采用的检验统计量是 Wald 统计量,数学定义为:

$$\text{Wald}_i = \left(\dfrac{\beta_i}{S_{\beta_i}}\right)^2 \tag{12.9}$$

其中,β_i 是回归系数,S_{β_i} 是回归系数的标准误。Wald 检验统计量近似服从卡方分布。

如果某解释变量的 Wald_i 观测值对应的概率 p 值小于给定的显著性水平 α,应拒绝原假设,说明某解释变量的回归系数与 0 有显著差异,该解释变量与 Logit P 之间的线性关系显著,应保留在方程中。反之,若概率 p 值大于给定的显著性水平 α,则不应拒绝原假设,认为某解释变量的回归系数与 0 无显著差异,该解释变量与 Logit P 之间的线性关系不显著,不应保留在方程中。

此外,需要特别注意多重共线性问题。如果解释变量存在多重共线性,在回归系数绝对值较大时,Wald 检验统计量的标准误有扩大的现象,会造成 Wald 检验统计量的观测值减小,不易拒绝原假设,进而使那些本来对 Logit P 有解释意义的变量不能保留在方程中。因此,在确定解释变量自动筛选策略时应考虑此问题。

(3) 拟合优度的检验

和线性回归模型一样,Logistic 回归分析也需要关注回归方程的拟合优度。Logistic 回归分析的拟合优度一般从两方面进行考察。其一是回归方程能够解释被解释变量变差的程度。若方程可以解释被解释变量的较大部分变差,说明拟合优度高;反之,说明拟合优度低。其二是回归方程计算出的预测值与实际值之间的吻合程度。即方程的总体错判率越低,说明拟合优度越高;反之,说明拟合优度越低。

常用的指标有:Cox & Snell R^2 统计量、Nagelkerke R^2 统计量、混淆矩阵和 Hosmer-Lemeshow 检验等。其中,Nagelkerke R^2 统计量是修正后的 Cox & Snell R^2 统计量。

Cox & Snell R^2 统计量的构造公式为:

$$\text{Cox \& Snell } R^2 = 1 - \left(\dfrac{LL_0}{LL_k}\right)^{\frac{2}{n}} \tag{12.10}$$

其中，LL_0 为方程中只包含常数项时的对数似然值，LL_k 为当前方程的对数似然值，n 为样本量。

显而易见，Cox & Snell R^2 的最大值小于 1，为了更符合线性回归中 R^2 指标的意义，需要对其进行特征分析，即得到 Nagelkerke R^2。

Nagelkerke R^2 统计量的构造公式如下：

$$\text{Nagelkerke } R^2 = \text{Cox \& Snell } R^2 / (1 - (LL_0)^{\frac{2}{n}}) \qquad (12.11)$$

可见，Nagelkerke R^2 统计量的取值范围在 0 至 1 之间，越接近 1，说明拟合优度越高。

12.2.3 二项 Logistic 回归分析的实现：举例说明

本小节通过举例的方式对二项 Logistic 回归分析的 SPSS 操作进行说明，相关数据见"是否舞弊.sav"。本例收集到的数据包括 923 家非舞弊公司和 419 家舞弊公司，合计 1342 个公司样本，研究的是企业是否舞弊受哪些因素的影响。其中，解释变量包括股票价格（price）、每股盈余（eps）、每股净资产（bvps）、上市时间（age）、公司成长性（growth）、公司规模（lnsize）、企业性质（SOE）、第一大股东持比（firsthold）、机构投资者持比（insthold）、分析师跟踪人数（analyst）、外资持股比例（qfii）和公司分部（segment）等变量，被解释变量为企业是否发生舞弊（fraud，1＝是、0＝否）。

在进行 Logistic 回归分析之前，应对待分析的解释变量与被解释变量进行预处理，使每一列数据对应一个 SPSS 变量。在 Logistic 回归分析中，被解释变量应为二值变量，即取值为 0 或 1。

（1）强行进入策略

在进行此问题的分析时，我们首先采用的是强行进入策略，令全部自变量进入回归方程。

选择菜单【分析/回归/二元 Logistic】，出现图 12.1 所示的窗口。

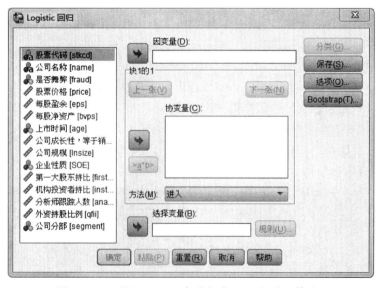

图 12.1　二项 Logistic 回归分析窗口（强行进入策略）

选择一个被解释变量放入【因变量(D)】框,选择一个或多个解释变量放入【协变量(C)】框。在本例中,选择"是否舞弊[fraud]"这个被解释变量放入【因变量(D)】框,选择全部12个自变量放入【协变量(C)】框。如图12.2所示。

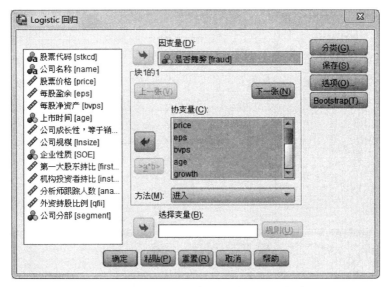

图 12.2　二项 Logistic 回归分析窗口(已添加变量)

【方法(M)】下拉菜单中选择"进入",将所选解释变量全部强行计入方程。单击【确定】按钮,得到表12.1至表12.7所示的结果。

表12.1显示了 Logistic 分析初始阶段的混淆矩阵。不难看出,有923家企业没有发生舞弊且模型预测正确,正确率为100%;有419家企业发生了舞弊,但模型预测错误,最终正确率为0%,模型总的预测正确率为68.8%。

表 12.1　案例分析(强行进入策略)结果(一)

分类表[a,b]

			已预测		
	已观测		是否舞弊		百分比校正
			0	1	
步骤 0	是否舞弊	0	923	0	100.0
		1	419	0	0.0
	总计百分比		.	.	68.8

注:(1) a 表示模型中包括常量。
(2) b 表示切割值为 0.5。

表12.2显示了方程中只有常数项时回归系数方面的指标,各数据项的含义依次为:回归系数、回归系数标准误、Wald 检验统计量的观测值、自由度、Wald 检验统计量的概率 p 值、相对风险比。但是由于此时模型中未包含任何解释变量,故该表无实际意义。

表 12.2　案例分析(强行进入策略)结果(二)
方程中的变量

		B	S.E	Wals	df	Sig.	Exp (B)
步骤 0	常量	−0.790	0.059	179.743	1	0.000	0.454

表 12.3 显示了待进入方程的各解释变量情况。从最后一栏中可以看出,若设显著性水平 $\alpha=0.05$,则股票价格(price)、上市时间(age)、外资持股比例(qfii)和公司分部(segment)的 p 值均大于显著性水平,不能进入方程。在这里选择了"进入"策略,所有解释变量将强行进入方程。

表 12.3　案例分析(强行进入策略)结果(三)
不在方程中的变量

			得分	df	Sig.
步骤 0	变量	price	1.175	1	0.278
		eps	18.346	1	0.000
		bvps	34.906	1	0.000
		age	0.547	1	0.459
		growth	13.339	1	0.000
		lnsize	41.919	1	0.000
		SOE	27.735	1	0.000
		firsthold	29.299	1	0.000
		insthold	39.437	1	0.000
		analyst	13.866	1	0.000
		qfii	2.101	1	0.147
		segment	0.084	1	0.773
	总统计量		96.008	12	0.000

表 12.4 是采用强行进入策略时回归方程显著性检验的总体情况。本步中,所选变量均进入方程,卡方值为 102.472,概率 p 值为 0.00。若设显著性水平 $\alpha=0.05$,由于 p 值小于显著性水平,应拒绝原假设,即认为所有回归系数不同时为 0,解释变量的全体与 Logit P 之间的线性关系显著,采用该模型较为合理。

表 12.4　案例分析(强行进入策略)结果(四)
模型系数的综合检验

		卡方	df	Sig.
步骤 1	步骤	102.472	12	0.000
	块	102.472	12	0.000
	模型	102.472	12	0.000

表 12.5 显示了当前模型的拟合优度。各数据项的含义依次为：－2 倍的对数似然函数值，Cox & Snell R^2 以及 Nagelkerke R^2 统计量。－2 倍的对数似然函数值越小，则模型的拟合优度越高。本例中，－2 倍的对数似然函数值为 1563.932，说明拟合优度并不理想；Nagelkerke R^2 为 0.103，也说明了这一点。

表 12.5 案例分析（强行进入策略）结果（五）

模型汇总

	－2 对数似然值	Cox & Snell R^2	Nagelkerke R^2
步骤 1	1563.932[a]	0.074	0.103

注：a 表示因为参数估计的更改范围小于 0.001，所以估计在迭代次数 5 处终止。

表 12.6 显示了当前模型的混淆矩阵。在没有发生舞弊的 923 家公司中，模型正确预测了 890 家公司，错判了 33 家公司，正确率为 96.4%。在发生舞弊的 419 家公司中，模型正确识别了 63 家公司，错判了 356 家公司，正确率为 15.0%。模型总的预测正确率为 71.0%，与前一步相比，发生舞弊公司的预测准确率上升，未发生舞弊公司的预测准确率由 100% 降至 96.4%，模型总体的预测精度由 68.8% 上升到 71.0%，总的预测精度上升。

表 12.6 案例分析（强行进入策略）结果（六）

分类表[a]

已观测		已预测		
		是否舞弊		百分比校正
		0	1	
步骤 1	是否舞弊 0	890	33	96.4
	是否舞弊 1	356	63	15.0
	总计百分比			71.0

表 12.7 表示模型中各回归系数方面的指标。若显著性水平 $\alpha=0.05$，可以得到方程中股票价格（price）、每股盈余（eps）、每股净资产（bvps）、上市时间（age）、公司规模（lnsize）、企业性质（SOE）、第一大股东持比（firsthold）、机构投资者持比（insthold）、分析师跟踪人数（analyst）、外资持股比例（qfii）和公司分部（segment）变量的 Wald 检验概率 p 值都大于显著性水平，因此不应拒绝原假设，即认为这些自变量的回归系数与 0 无显著差异，它与 Logit P 的线性关系是不显著的，不应保留在方程中。方程中包含了不显著的解释变量，因此该模型不可用，需要重新建模。

表 12.7 案例分析(强行进入策略)结果(七)

方程中的变量

		B	S.E	Wals	df	Sig.	Exp(B)
步骤 1[a]	price	0.002	0.006	0.169	1	0.681	1.002
	eps	−0.224	0.187	1.437	1	0.231	0.799
	bvps	−0.066	0.039	2.852	1	0.091	0.937
	age	0.014	0.012	1.303	1	0.254	1.014
	growth	0.398	0.123	10.454	1	0.001	1.489
	lnsize	−0.118	0.063	3.491	1	0.062	0.889
	SOE	−0.435	0.143	9.231	1	0.002	0.647
	firsthold	−0.738	0.498	2.194	1	0.139	0.478
	insthold	−0.628	0.361	3.024	1	0.082	0.534
	analyst	−0.021	0.020	1.160	1	0.282	0.979
	qfii	0.001	0.125	0.000	1	0.991	1.001
	segment	0.056	0.051	1.232	1	0.267	1.058
	常量	2.552	1.308	3.808	1	0.051	12.836

注:a 表示在步骤 1 中输入的变量:price,eps,bvps,age,growth,lnsize,SOE,firsthold,insthold,analyst,qfii,segment。

(2) 向前:LR 策略

解释变量的筛选采用基于极大似然估计的逐步筛选策略,即"向前:LR"策略,并保存概率预测值和组成员预测值等。具体操作步骤如下:

选择菜单【分析/回归/二元 Logistic】,选择一个被解释变量到【因变量(D)】框,选择一个或多个解释变量到【协变量(C)】框。在本例中,选择【是否舞弊】这个被解释变量放入【因变量(D)】框,选择全部 12 个自变量放入【协变量(C)】框。选择【方法(M)】下拉菜单中的"向前:LR",如图 12.3 所示。

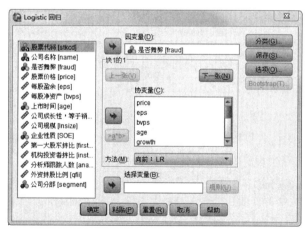

图 12.3 二项 Logistic 回归分析窗口(向前:LR 策略)

单击【选项(O)】按钮,可指定输出内容和设定模型中的某些参数,窗口如图 12.4 所示。在【统计量和图】框中,选择【分类图(C)】【Hosmer-Lemeshow 拟合度(H)】 【exp(B)的 CI(X):95%】,分别表示绘制被解释变量的预测类别图、输出 Hosmer-Lemeshow 拟合优度指标和风险比默认 95%的置信区间。

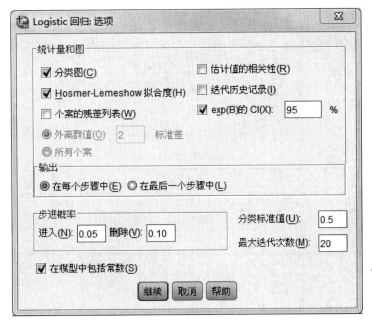

图 12.4　二项 Logistic 回归分析的选项窗口(向前:LR 策略)

保存概率预测值和组成员预测值,选择【保存(S)】,再选择【预测值】框中的【概率(P)】和【组成员(G)】,如图 12.5 所示。

图 12.5　二项 Logistic 回归分析保存窗口(向前:LR 策略)

单击【确定】按钮,得到表 12.8 至表 12.15 所示的结果。

表 12.8 显示了变量逐步筛选过程中对数似然比卡方检验的结果,用于回归方程的显著性检验。表 12.9 是如果移去项的模型。结合两表可以看出,在综合检验表的步骤 1 中,模型包含常数项和企业规模。若此时剔除企业规模将会使 −2 倍的对数似

然值增大 43.973,因此 43.973 是企业规模进入模型而减少的,-833.202 即为第 0 步模型的对数似然值。在步骤 2 中,模型包含常数项、企业规模和机构投资者持股比例。若此时剔除机构投资者持比,那么-2 倍的对数似然值增大 17.364,所以 17.364 是在步骤 1 的基础上机构投资者持比进入模型而减少的,-811.216 即为步骤 1 模型的对数似然值,此时,$-2 \times 833.202 + 2 \times 811.216 = -43.973$,即企业规模引起的。SPSS 给出的最终模型是步骤 5 的结果,若此时显著性水平 α 为 0.05,由于各步的概率 p 值均小于显著性水平,因此,此模型中的解释变量全体与 Logit P 的线性关系显著,模型合理。

表 12.8 案例分析(向前:LR 策略)结果(一)
模型系数的综合检验

		卡方	df	Sig.
步骤 1	步骤	43.973	1	0.000
	块	43.973	1	0.000
	模型	43.973	1	0.000
步骤 2	步骤	17.364	1	0.000
	块	61.337	2	0.000
	模型	61.337	2	0.000
步骤 3	步骤	14.443	1	0.000
	块	75.780	3	0.000
	模型	75.780	3	0.000
步骤 4	步骤	10.920	1	0.001
	块	86.700	4	0.000
	模型	86.700	4	0.000
步骤 5	步骤	5.884	1	0.015
	块	92.584	5	0.000
	模型	92.584	5	0.000

表 12.9 案例分析(向前:LR 策略)结果(二)
如果移去项则建模

	变量	模型对数似然性	在-2 倍对数似然值中的更改	df	更改的显著性
步骤 1	lnsize	-833.202	43.973	1	0.000
步骤 2	lnsize	-813.360	21.653	1	0.000
	insthold	-811.216	17.364	1	0.000
步骤 3	growth	-802.533	14.443	1	0.000
	lnsize	-806.775	22.925	1	0.000
	insthold	-803.809	16.994	1	0.000
步骤 4	bvps	-795.312	10.920	1	0.001
	growth	-797.113	14.522	1	0.000
	lnsize	-794.953	10.202	1	0.001
	insthold	-796.867	14.029	1	0.000

(续表)

	变量	模型对数似然性	在 -2 对数似然中的更改	df	更改的显著性
步骤 5	bvps	-792.814	11.807	1	0.001
	growth	-793.576	13.332	1	0.000
	lnsize	-790.217	6.615	1	0.010
	SOE	-789.852	5.884	1	0.015
	insthold	-791.608	9.396	1	0.002

表 12.10 是各解释变量的回归系数检验结果。可以得到:最终的模型保留了每股净资产(bvps)、公司成长性(growth)、公司规模(lnsize)、企业性质(SOE)和机构投资者持比(insthold)这五个变量(它们的概率 p 值均小于显著性水平,应拒绝原假设,意味着它们与 Logit P 的线性关系显著,应保留在方程中)。此外,第 9 列和第 10 列是相对风险的 95% 的置信区间。

表 12.10 案例分析(向前:LR 策略)结果(三)
方程中的变量

		B	S.E.	Wals	df	Sig.	Exp(B)	EXP(B) 的 95% C.I.	
								下限	上限
步骤 1[a]	lnsize	-0.298	0.047	40.163	1	0.000	0.742	0.677	0.814
	常量	5.826	1.041	31.329	1	0.000	339.063		
步骤 2[b]	lnsize	-0.228	0.050	20.675	1	0.000	0.796	0.722	0.878
	insthold	-1.249	0.301	17.202	1	0.000	0.287	0.159	0.517
	常量	4.814	1.075	20.040	1	0.000	123.214		
步骤 3[c]	growth	0.354	0.113	9.745	1	0.002	1.425	1.141	1.779
	lnsize	-0.237	0.051	21.853	1	0.000	0.789	0.715	0.872
	insthold	-1.242	0.303	16.840	1	0.000	0.289	0.160	0.523
	常量	4.955	1.085	20.838	1	0.000	141.852		
步骤 4[d]	bvps	-0.098	0.031	10.254	1	0.001	0.907	0.854	0.963
	growth	0.364	0.117	9.623	1	0.002	1.440	1.144	1.812
	lnsize	-0.170	0.054	9.880	1	0.002	0.844	0.759	0.938
	insthold	-1.143	0.306	13.942	1	0.000	0.319	0.175	0.581
	常量	3.799	1.127	11.352	1	0.001	44.639		
步骤 5[e]	bvps	-0.103	0.031	11.067	1	0.001	0.903	0.850	0.959
	growth	0.347	0.115	9.113	1	0.003	1.415	1.129	1.773
	lnsize	-0.140	0.055	6.455	1	0.011	0.869	0.780	0.968
	SOE	-0.319	0.131	5.891	1	0.015	0.727	0.562	0.940
	insthold	-0.959	0.314	9.335	1	0.002	0.383	0.207	0.709
	常量	3.243	1.147	7.997	1	0.005	25.611		

注:(1) a 表示在步骤 1 中输入的变量:lnsize。
(2) b 表示在步骤 2 中输入的变量:insthold。
(3) c 表示在步骤 3 中输入的变量:growth。
(4) d 表示在步骤 4 中输入的变量:bvps。
(5) e 表示在步骤 5 中输入的变量:SOE。

表 12.11 是解释变量筛选的过程。可以看出，经过步骤 5 之后，股票价格(price)、每股盈余(eps)、上市时间(age)、第一大股东持比(firsthold)、分析师跟踪人数(analyst)、外资持股比例(qfii)和公司分部(segment)被剔除，没有引入方程。因为如果引入这些变量，则相应的概率 p 值大于显著性水平，不能拒绝原假设，与 Logit P 的线性关系不显著。

表 12.11 案例分析(向前:LR 策略)结果(四)
不在方程中的变量

			得分	df	Sig.
步骤 1	变量	price	3.481	1	0.062
		eps	7.019	1	0.008
		bvps	12.996	1	0.000
		age	1.638	1	0.201
		growth	14.293	1	0.001
		SOE	11.449	1	0.001
		firsthold	12.287	1	0.000
		insthold	17.398	1	0.000
		analyst	3.125	1	0.077
		qfii	0.726	1	0.394
		segment	1.509	1	0.219
	总统计量		55.858	11	0.000
步骤 2	变量	price	1.424	1	0.233
		eps	4.741	1	0.029
		bvps	10.330	1	0.001
		age	1.922	1	0.166
		growth	13.758	1	0.000
		SOE	6.148	1	0.013
		firsthold	3.085	1	0.079
		analyst	2.211	1	0.138
		qfii	0.353	1	0.552
		segment	1.093	1	0.296
	总统计量		38.923	10	0.000
步骤 3	变量	price	2.331	1	0.127
		eps	7.098	1	0.008
		bvps	10.392	1	0.001
		age	2.083	1	0.149
		SOE	5.018	1	0.025
		firsthold	3.283	1	0.070
		analyst	3.476	1	0.062
		qfii	0.424	1	0.515
		segment	1.726	1	0.189
	总统计量		26.212	9	0.002

(续表)

			得分	df	Sig.
步骤 4	变量	price	0.002	1	0.965
		eps	1.016	1	0.313
		age	5.909	1	0.015
		SOE	3.236	1	0.072
		firsthold	1.203	1	0.273
		analyst	0.103	1	0.748
		qfii	1.367	1	0.242
		segment	15.853	8	0.045
	总统计量				
步骤 5	变量	price	0.077	1	0.781
		eps	2.072	1	0.150
		age	2.768	1	0.096
		firsthold	2.919	1	0.088
		analyst	2.479	1	0.115
		qfii	0.137	1	0.712
		segment	2.196	1	0.138
	总统计量		9.856	7	0.197

表 12.12 是模型拟合优度方面的测度指标。最终模型的 -2 倍的对数似然值为 1573.820,仍旧很高,说明模型的拟合优度不甚理想。Nagelkerke R^2 统计量也较小,也说明模型拟合优度不高。但是,在公司治理和微观金融的相关研究中,对拟合优度并没有严格的要求,结果是可以接受的。

表 12.12 案例分析(向前:LR 策略)结果(五)
模型汇总

	-2 倍的对数似然值	Cox & Snell R 方	Nagelkerke R 方
步骤 1	1622.431[a]	0.032	0.045
步骤 2	1605.067[a]	0.045	0.063
步骤 3	1590.624[a]	0.055	0.077
步骤 4	1579.704[a]	0.063	0.088
步骤 5	1573.820[a]	0.067	0.094

注:a 表示因为参数估计的更改范围小于 0.001,所以估计在迭代次数 4 处终止。

表 12.13 和表 12.14 是 Hosmer-Lemeshow 检验的结果。在最终的模型中,Hosmer-Lemeshow 统计量的观测值是 3.055,概率 p 值为 0.931,大于显著性水平,因此不应拒绝原假设,认为由样本实际值得到的分布与预测值得到的分布无显著差异。从这方面来看,模型拟合优度较好。虽然与 Nagelkerke R^2 的结果看似不甚一致,但 Hosmer-Lemeshow 检验的结果是从统计检验的角度得到的,而 Nagelkerke R^2 仅是一般的描述性指标,所以前者的结果较后者而言更为可靠。因此,该模型总体而言拟合优度较好。

表 12.13 案例分析(向前:LR 策略)结果(六)
Hosmer-Lemeshow 检验

	卡方	df	Sig.
步骤 1	5.296	8	0.726
步骤 2	5.780	8	0.672
步骤 3	9.701	8	0.287
步骤 4	10.846	8	0.211
步骤 5	3.055	8	0.931

表 12.14 案例分析(向前:LR 策略)结果(七)
Hosmer-Lemeshow 检验的随机性表

		是否舞弊＝0		是否舞弊＝1		总计
		已观测	期望值	已观测	期望值	
步骤 1	1	108	112.005	26	21.995	134
	2	105	103.715	29	30.285	134
	3	100	99.469	34	34.531	134
	4	99	95.908	35	38.092	134
	5	90	92.895	44	41.105	134
	6	87	90.384	47	43.616	134
	7	92	87.893	42	46.107	134
	8	91	85.151	43	48.849	134
	9	84	81.559	50	52.441	134
	10	67	74.021	69	61.979	136
步骤 2	1	111	114.112	23	19.888	134
	2	107	106.272	27	27.728	134
	3	101	101.639	33	32.361	134
	4	106	97.614	28	36.386	134
	5	91	94.058	43	39.942	134
	6	91	90.922	43	43.078	134
	7	86	87.449	48	46.551	134
	8	76	83.007	58	50.993	134
	9	81	77.804	53	56.196	134
	10	73	70.122	63	65.878	136
步骤 3	1	112	114.928	22	19.072	134
	2	107	106.897	27	27.103	134
	3	110	102.067	24	31.933	134
	4	95	98.108	39	35.892	134
	5	96	94.532	38	39.468	134
	6	90	91.311	44	42.689	134
	7	88	87.955	46	46.045	134
	8	72	83.648	62	50.352	134
	9	85	77.698	49	56.302	134
	10	68	65.857	68	70.143	136

(续表)

		是否舞弊＝0		是否舞弊＝1		总计
		已观测	期望值	已观测	期望值	
步骤 4	1	109	116.398	25	17.602	134
	2	113	108.152	21	25.848	134
	3	104	102.940	30	31.060	134
	4	103	99.156	31	34.844	134
	5	93	94.861	41	39.139	134
	6	95	90.996	39	43.004	134
	7	91	86.683	43	47.317	134
	8	71	82.425	63	51.575	134
	9	78	77.290	56	56.710	134
	10	66	64.099	70	71.901	136
步骤 5	1	114	116.604	20	17.396	134
	2	105	108.460	29	25.540	134
	3	109	103.870	25	30.130	134
	4	100	99.569	34	34.431	134
	5	98	95.808	36	38.192	134
	6	93	91.574	41	42.426	134
	7	88	86.998	46	47.002	134
	8	81	81.661	53	52.339	134
	9	71	75.361	63	58.639	134
	10	64	63.096	72	72.904	136

表 12.15 是各模型的混淆矩阵。第一个模型的总体正确率为 68.8%，对未发生舞弊的企业的预测准确率很高，达到了 98.9%，但是对发生舞弊的企业的预测准确率较低，只有 2.4%。第二个模型总体正确率为 69.4%，总体的预测准确率有所提高。其中，对未发生舞弊的企业的预测准确率为 98.6%，准确率略低于上一模型。对发生舞弊的企业的预测准确率为 5.0%，略高于上一模型。顺次到第五个模型，总体正确率达到 69.7%，对未发生舞弊的企业的预测准确率为 96.5%，但是对发生舞弊的企业的预测准确率提高至 10.7%。从应用角度来看，第五个模型的应用性最好。

表 12.15 案例分析(向前:LR 策略)结果(八)

分类表

已观测			已预测		
			是否舞弊		百分比校正
			0	1	
步骤 1	是否舞弊	0	913	10	98.9
		1	409	10	2.4
	总计百分比				68.8

(续表)

已观测			已预测		
			是否舞弊		百分比校正
			0	1	
步骤 2	是否舞弊	0	910	13	98.6
		1	398	21	5.0
	总计百分比				69.4
步骤 3	是否舞弊	0	910	13	98.6
		1	398	21	5.0
	总计百分比				69.4
步骤 4	是否舞弊	0	896	27	97.1
		1	378	41	9.8
	总计百分比				69.8
步骤 5	是否舞弊	0	891	32	96.5
		1	374	45	10.7
	总计百分比				69.7

注：a 表示切割值为 0.500。

图 12.6 是预测类别图，其中，0 表示未发生舞弊的企业，1 表示发生舞弊的企业，每个符号代表 5 个样本。概率预测值大于 0.5 的样本属于发生舞弊的企业，小于 0.5 属于未发生舞弊的企业。不难看出，在模型预测出的发生舞弊的样本中，仍有部分样本其实是未发生舞弊的。在模型预测出的未发生舞弊的样本中，也有一些实际上发生了舞弊。因此，模型预测效果不是非常理想，但是，在实证研究中，这样的结果已经非常具有实用性。

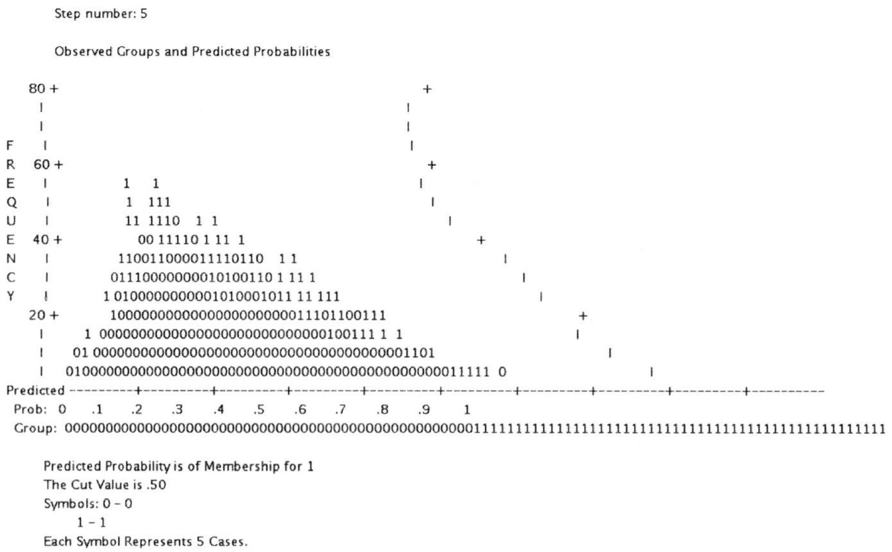

```
Step number: 5

Observed Groups and Predicted Probabilities

      80 +                                                    +
         |                                                    |
       F |                                                    |
       R  60 +                                                    +
       E |     1  1                                           |
       Q |     1  111                                         |
       U |    11 1110   1 1                                   |
       E  40 +    00 11110 1 11                                  +
       N |    110011000011110110   1 1                        |
       C |    01110000000101001101 111 1                      |
       Y |  1 010000000000101001011 11 111                    |
          20 +  1000000000000000000000011101100111                 +
         |  1 00000000000000000000000001100111 1 1            |
         |  01 000000000000000000000000000001101              |
         |  01000000000000000000000000000000000011111 0       |
    Predicted ---------+---------+---------+---------+---------+---------+---------+---------+---------+----------
       Prob: 0   .1    .2    .3    .4    .5    .6    .7    .8    .9    1
       Group: 000000000000000000000000000000000000000011111111111111111111111111111111111111111111111111

Predicted Probability is of Membership for 1
The Cut Value is .50
Symbols: 0 - 0
         1 - 1
Each Symbol Represents 5 Cases.
```

图 12.6 二项 Logistic 回归分析的预测类别图

总之,该模型还是很好地说明了企业某些特征与该企业发生舞弊概率之间的关系。根据表 12.10 可以写出如下 Logistic 回归方程:

$$\text{Logit } P = 3.243 - 0.103 \times \text{bvps} + 0.347 \times \text{growth} - 0.140 \times \text{lnsize}$$
$$- 0.319 \times \text{SOE} - 0.959 \times \text{insthold} \qquad (12.12)$$

上式表示,每股净资产(bvps)每变化一个单位,会给 Logit P 带来 -0.103 个单位的变化;公司成长性(growth)每变化一个单位,会给 Logit P 带来 0.347 个单位的变化;企业规模(lnsize)每变化一个单位,会给 Logit P 带来 -0.140 个单位的变化;相对非国有企业,国有企业会给 Logit P 带来 -0.319 个单位的变化;机构投资者持比(insthold)每变化一个单位,会给 Logit P 带来 -0.959 个单位的变化。总之,每股净资产越高、企业规模越大、国有企业及机构投资者持比越高,公司发生舞弊的概率越低;公司成长性越大,公司发生舞弊的概率越高。

12.3 多项 Logistic 回归分析

12.3.1 多项 Logistic 回归介绍

通常,在人们进行外出旅行时,要根据旅行的距离、手头的预算、同行的人数、是否有小孩等各种不同因素选择交通工具,如汽车、火车、飞机、轮船还是自驾车,选择的结果往往多于 2 个。诸如此类的例子,当被解释变量为多分类变量时,应采用多项 Logistic 回归分析方法。以各种影响交通工具选择的要素作为解释变量,以交通工具的选择结果作为被解释变量,就可以构造出一个多项 Logistic 回归模型,从而进行多项 Logistic 回归分析。

多项 Logistic 回归模型的基本思路与二项 Logistic 回归模型基本相同,其研究目的是分析被解释变量各类别与参照类别的对比情况。公式为:

$$\ln\left(\frac{P_j}{P_J}\right) = \beta_0 + \sum_{i=1}^{k} \beta_i x_i \qquad (12.13)$$

其中,P_j 为被解释变量为第 j 类的概率,P_J 为被解释变量为第 $J(j \neq J)$ 类的概率,且第 J 类为参照类。该模型称为广义 Logit 模型。若被解释变量有 k 个类别,则需建立 $k-1$ 个模型。

在上例中,若被解释变量有火车、飞机、汽车三类交通工具可选,分别用 A、B、C 来表示,以 C 类(汽车)作为参照类别,可以建立下列两个广义 Logit 模型:

$$\text{Logit } P_a = \ln\left(\frac{P(y=a \mid X)}{p(y=c \mid X)}\right) = \beta_0^a + \sum_{i=1}^{k} \beta_i^a x_i \qquad (12.14)$$

$$\text{Logit } P_b = \ln\left(\frac{P(y=b \mid X)}{p(y=c \mid X)}\right) = \beta_0^b + \sum_{i=1}^{k} \beta_i^b x_i \qquad (12.15)$$

12.3.2 多项 Logistic 回归举例

在本例中,我们研究不同方面的因素对旅行者交通工具选择的影响。该研究中,解释变量有三个:旅行的距离、旅行的预算和同行的人数。被解释变量是旅行者选择的交通工具,有火车、飞机和汽车三种。其中,旅行的距离分为三个层次,500 km 以内为短途,定义为1;500 km至1500 km为中长途,定义为2;1500 km以上为长途,定义为3。旅行的预算也分为三档:1000元/人以下定义为1;1000元/人至3000元/人定义为2;3000元/人以上定义为3。同行的人数以具体人数定义,即1人旅行定义为1,2人旅行定义为2,以此类推。被解释变量的交通工具分别定义为:火车＝1;飞机＝2;汽车＝3。本研究选取了100个随机样本,数据请见"交通工具选择.sav"。

1. 基本操作步骤

多项Logitstic回归分析操作步骤如下:

第一步,打开SPSS软件,选择菜单【分析/回归/多项Logistic】,出现如图12.7所示的窗口。

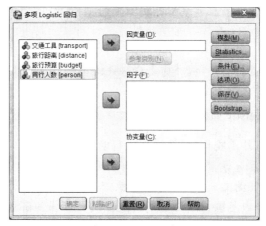

图12.7 多项Logistic回归分析窗口

第二步,选择被解释变量到【因变量(D)】框中,这里选择"交通工具[transport]",单击【参考类别(N)】按钮指定被解释变量的参照类别,选择默认的最后一个类别(汽车)为参照类别。

第三步,选择分类型解释变量到【因子(F)】框中,选择数值型解释变量到【协变量(C)】框中。在本例中,旅行的距离、旅行的预算是分类型变量,应选入【因子(F)】框;同行人数为数值型变量,选入【协变量(C)】框。选择后的窗口如图12.8所示。

图12.8 多项Logistic回归分析窗口(已添加变量)

2. 具体按钮的应用与结果

在图 12.8 的窗口中点击【模型(M)】按钮,指定模型类型,出现如图 12.8 所示的窗口。本例中,选择默认建立的模型。

默认建立的模型为主效应模型,即【主效应(M)】选项,表示模型中只包括解释变量本身;【全因子(A)】选项,表示建立饱和模型,包括解释变量的独立效应及其交互效应;【定制/步进式(C)】选项,表示由用户自行选择解释变量及其交互项。

其中,【定制/步进式(C)】选项如图 12.9 所示。在【定制/步进式(C)】选项中,在【强制输入项(O)】中输入强制进入模型的解释变量;将非强制进入的解释变量指定到【步选项(S)】中,并制定模型解释变量的筛选策略。

图 12.9 多项 Logistic 回归分析的模型窗口

在图 12.8 的窗口中单击【Statistics】按钮,选定输出哪些统计量,如图 12.10 所示。

【个案处理摘要(S)】表示输出各分类变量的边缘分布表。表 12.16 是本研究的个案处理摘要,给出了样本在交通工具、旅行距离和预算上的分布情况。可以看出,交通工具的选择方面,选择飞机的样本最多,有 40 个,其次是火车,有 37 个,选择汽车的最少,只有 23 个。

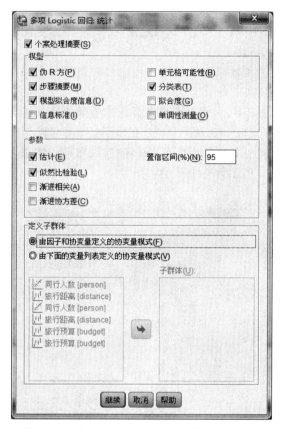

图 12.10　多项 Logistic 回归分析的统计量窗口

表 12.16　多项 Logistic 回归分析的结果（一）

个案处理摘要

		数字	边缘百分比
交通工具	1.00	37	37.0%
	2.00	40	40.0%
	3.00	23	23.0%
旅行距离	1.00	39	39.0%
	2.00	31	31.0%
	3.00	30	30.0%
旅行预算	1.00	37	37.0%
	2.00	34	34.0%
	3.00	29	29.0%
有效		100	100.0%
缺失		0	
总计		100	
子群体		35[a]	

注：a 表示在 19（54.3%）子群体中因变量只有一个有效观察值。

【伪 R 方(P)】表示输出模型拟合优度指标。表 12.17 是当前模型的拟合优度指标。由前两个统计量可以看出,模型的拟合优度是较高的。第三个统计量 McFadden 通常不考虑是否接近于 1,一般在 0.3 至 0.5 之间比较理想,本例的拟合效果尚可。

表 12.17　多项 Logistic 回归分析的结果(二)

伪 R 方

考克斯—斯奈尔	0.329
Nagelkerke	0.373
McFadden	0.186

McFadden 统计量是 McFadden 于 1974 年提出的,其构造公式为:

$$\rho^2 = 1 - \frac{LL_k}{LL_0} \tag{12.16}$$

其中,LL_0 为零模型的对数似然值,LL_k 为当前模型的对数似然值。

【模型拟合优度信息(D)】和【似然比检验(L)】表示输出回归方程显著性检验结果。表 12.18 表示零模型和当前模型的回归方程显著性检验结果。不难看出,概率 p 值为 0.000,若显著性水平 α 为 0.05,则应拒绝回归方程显著性检验的原假设,说明解释变量全体与广义 Logit P 之间线性关系显著,模型选择正确。

表 12.18　多项 Logistic 回归分析的结果(三)

模型拟合信息

模型	模型拟合条件	似然比检验		
	−2 倍的对数似然值	卡方	自由度	显著性
仅有截距	153.028			
与前面连写	113.119	39.909	10	0.000

表 12.19 是模型引入(或剔除)各解释变量后似然比卡方值变化的情况。person(同行人数),distance(旅行距离)和 budget(预算)的卡方检验概率 p 值分别为 0.029, 0.000 和 0.017。若显著性水平 α 为 0.05,应拒绝回归系数为 0 的假设,即这三个解释变量对广义 Logit P 的线性贡献是显著的。

表 12.19　多项 Logistic 回归分析的结果(四)

似然比检验

效应	模型拟合条件	似然比检验		
	简化模型的−2 倍对数似然值	卡方	自由度	显著性
截距	113.119[a]	0.000	0	.
person	120.198	7.079	2	0.029

(续表)

效应	模型拟合条件	似然比检验		
	简化模型的-2倍对数似然值	卡方	自由度	显著性
distance	133.986	20.867	4	0.000
budget	125.192	12.074	4	0.017

注：(1) 最终模型与简化模型的-2倍的对数似然值的卡方统计不同。简化模型是由忽略最终模型中的效应形成的。原假设是该效应的所有参数均为0。

(2) a 表示此简化模型相当于最终模型，因为忽略效应不会增加自由度。

【估计(E)】选项表示输出回归系数的估计值和默认95%的置信区间，如表12.20所示。

表 12.20 多项 Logistic 回归分析的结果(五)

参数估计值

交通工具[a]	B	标准错误	Wald	自由度	显著性	Exp(B)	Exp(B) 的 95% 置信区间	
							下限	上限
1.00 截距	1.545	1.279	1.458	1	0.227			
person	0.051	0.227	0.050	1	0.823	1.052	0.675	1.640
[distance=1.00]	-3.898	1.218	10.241	1	0.001	0.020	0.002	0.221
[distance=2.00]	-1.772	1.196	2.195	1	0.138	0.170	0.016	1.772
[distance=3.00]	0[b]	.	.	0	.	.	.	.
[budget=1.00]	1.863	0.913	4.166	1	0.041	6.444	1.077	38.566
[budget=2.00]	1.339	0.881	2.307	1	0.129	3.814	0.678	21.456
[budget=3.00]	0[b]	.	.	0	.	.	.	.
2.00 截距	3.938	1.222	10.389	1	0.001			
person	-0.463	0.242	3.644	1	0.056	0.630	0.392	1.012
[distance=1.00]	-2.913	1.161	6.290	1	0.012	0.054	0.006	0.529
[distance=2.00]	-1.945	1.186	2.689	1	0.101	0.143	0.014	1.462
[distance=3.00]	0[b]	.	.	0	.	.	.	.
[budget=1.00]	-0.427	0.760	0.315	1	0.575	0.653	0.147	2.897
[budget=2.00]	-0.441	0.784	0.317	1	0.574	0.643	0.138	2.991
[budget=3.00]	0[b]	.	.	0	.	.	.	.

注：(1) a 表示引用类别为：3.00。

(2) b 表示此参数设置为0，因为它是冗余的。

表 12.20 给出了模型参数估计的结果。参照类别为汽车，根据此表，可以得到如下两个广义 Logit 方程：

$$\text{Logit } P_t = \ln\left(\frac{P(y=t \mid X)}{P(y=v \mid X)}\right)$$

$$= 1.545 + 0.051 \text{person} - 3.898 X_1(1) - 1.772 X_1(2)$$

$$+ 1.863 X_2(1) + 1.339 X_2(2) \tag{12.17}$$

上式是选择火车(train)和选择汽车(vehicle)出行的概率比率的自然对数模型。可以得到以下结论：在预算相同时，短途旅行的比率自然对数比长途旅行平均减少3.898个单位，短途旅行的概率比率是长途旅行的0.02倍。短途旅行选择火车的趋向不如长途旅行，且统计上是显著的。

在旅行距离相同时，预算最少的比率自然对数比预算最多的平均多1.863个单位。预算最少的概率比率是预算最多的6.444倍，预算最少的旅行者较预算最多的旅行者更倾向于选择火车出行。

$$\text{Logit}P_a = \ln\left(\frac{P(y=a\mid X)}{P(y=v\mid X)}\right)$$
$$= 3.938 - 0.463\text{person} - 2.913X_1(1) - 1.945X_1(2)$$
$$- 0.427X_2(1) - 0.441X_2(2) \tag{12.18}$$

上式是选择飞机(airplane)与选择汽车(vehicle)出行的概率比率的自然对数模型。可见，在预算相同时，短途旅行的比率自然对数比长途旅行平均减少2.913个单位，短途旅行的概率比率是长途旅行的0.054倍。短途旅行选择飞机的取向不如长途旅行，且统计上是显著的。其他因素的影响均不显著。

表12.21是分类表，表示输出广义Logit模型样本预测的混淆矩阵。实际选择火车出行且预测正确的样本量为25，正确率67.6%。实际选择飞机出行且正确预测的样本量为27，正确率67.5%。实际选择汽车出行且预测正确的样本量为13，正确率为56.5%。模型的总体预测正确率为65.0%，模型对三种交通方式的预测准确率差距不是很大。

表12.21 多项Logistic回归分析的结果(六)
分类

观测值	预测值			
	1.00	2.00	3.00	正确百分比
1.00	25	8	4	67.6%
2.00	8	27	5	67.5%
3.00	2	8	13	56.5%
总体百分比	35.0%	43.0%	22.0%	65.0%

12.4 多项有序回归分析

12.4.1 多项有序回归分析介绍

如上一节关于交通工具选择的案例，在多项Logistic回归中，火车、飞机、汽车、轮船、自驾车之间并没有内在的顺序关系，它们之间的关系是完全平等的，没有哪一种交通工具优于或劣于另一种交通工具。但是，在许多现实情况中，多分类变量的不同类别间往往存在高低、大小、轻重等内在联系，这种分类变量称为有序的多分类变量。

例如,在研究面包店某种新开发的甜品时,这种甜品的甜度可以分为过甜、比较甜、甜度适当、不太甜等几种程度,它们之间是有内在的排序关系的,可以对这些分类变量进行排序。但值得注意的是:这些可以排序的分类变量之间的差异通常是不等距的。过甜和比较甜之间的差距与比较甜和甜度适当之间的差距是不同的。

如果在上述问题中,考虑哪些因素决定了甜品的甜度,即研究各类不同影响因素(解释变量)对这种有序多分类变量(被解释变量)的效应,应该采用何种方法?多项有序回归分析方法就是一个极佳的选择。

多项有序回归分析首先给出一个一般形式:

$$\text{link}(\gamma_j) = \beta_j + \sum_{i=1}^{p} \beta_i x_i \tag{12.19}$$

在这个公式中,link 称为连接函数。常用的连接函数和应用如表 12.22 所示。

表 12.22 常用的连接函数

连接函数	函数形式	一般应用场合
Logit	$\ln\left(\dfrac{\gamma_j}{1-\gamma_j}\right)$	各类别的概率分布大致相同
补充 Log-Log	$\ln(-\ln(1-\gamma_j))$	高类别的概率较高
负 Log-Log	$-\ln(-\ln(\gamma_j))$	低类别的概率较高
Probit	$\phi^{-1}\gamma_j$	潜变量服从正态分布
Cauchit	$\tan(p_i(\gamma_j-0.5))$ 或 $0.5+a\tan(\gamma_j)/p_i$	两端类别的概率较高

12.4.2 多项有序回归分析的基本操作:举例说明

本例将研究性别和两种治疗方法对某病疗效的影响,疗效的等级为 3 个等级。各变量具体的赋值为:性别:男=0,女=1;疗法:新疗法=1,旧疗法=0;疗效:1=显效,2=有效,3=无效。本例选取的数据来自于由武松、潘发明等编著,清华大学出版社出版的《SPSS 统计分析大全》,共有 84 个样本数据,数据请见"治疗效果.sav"。

首先,打开数据集"治疗效果.sav"。单击【分析/回归/有序】命令,出现如图 12.11 所示的窗口。

将因变量"疗效[effect]"放入【因变量(D)】框中,将自变量"性别[sex]"和"治疗方法[treat]"放入【因子(F)】框中,如图 12.12 所示。

在图 12.12 的窗口中单击【选项(O)】按钮,在【置信区间(C)】内填入指定回归系数的置信区间的置信度,默认为 95%;在【链接(K)】中选择连接函数,默认为 Logit 函数,如图 12.13 所示。单击【继续】按钮。

在图 12.12 的窗口中,单击【输出(T)】按钮,指定输出哪些分析结果,如图 12.14 所示。单击【继续】按钮。

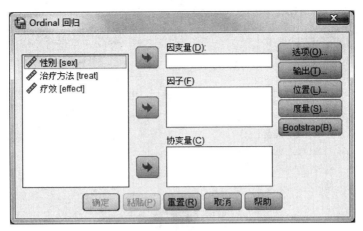

图 12.11　多项有序回归分析窗口

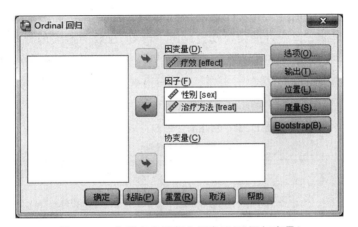

图 12.12　多项有序回归分析窗口(已添加变量)

图 12.13　多项有序回归分析的选项窗口

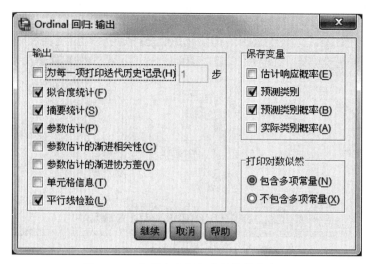

图 12.14 多项有序回归分析的输出窗口

单击图 12.12 中的【确定】按钮运行,输出表 12.23 至 12.28 所示的结果:

表 12.23 列示了各变量的频数及构成比。可见,疗效为显效的样本数为 26,占比 31.0%;疗效为有效的样本数为 15,占比 17.9%;疗效为无效的样本数为 43,占比 51.2%。男性 34 人,占比 40.5%;女性 50 人,占比 59.5%。采用传统疗法的 49 人,占比 58.3%;采用新疗法的 35 人,占比 41.7%。

表 12.23 多项有序回归分析结果(一)

案例处理摘要

		N	边际百分比
疗效	显效	26	31.0%
	有效	15	17.8%
	无效	43	51.2%
性别	男	34	40.5%
	女	50	59.5%
治疗方法	传统疗法	49	58.3%
	新疗法	35	41.7%
有效		84	100.0%
缺失		0	.
合计		84	.

表 12.24 给出了零模型和当期模型的回归方程显著性检验结果。可以看出,零模型的 -2 倍的对数似然值为 67.591,当前模型为 23.125,似然比卡方值为 44.466,概率 p 值为 0.00。若显著性水平 α 为 0.05,则应拒绝回归方程显著性检验的零假设,说明解释变量全体与被解释变量之间线性关系显著,模型选择正确。

表 12.24　多项有序回归分析结果(二)

模型拟合信息

模型	−2 对数似然值	卡方	df	显著性
仅截距	67.591			
最终	23.125	44.466	2	0.000

注：连接函数为 Logit 函数。

表 12.25 是模型的拟合优度检验，分别是 Pearson 卡方检验和偏差卡方检验。可以看到两个拟合优度检验的 p 值分别是 0.789 和 0.768。如果显著性水平 α 为 0.05，则不能拒绝零假设，说明观测频数分布与期望频数分布不存在显著差异，模型拟合优度较好。

表 12.25　多项有序回归分析结果(三)

拟合度

	卡方	df	显著性
Pearson	1.709	4	0.789
偏差	1.826	4	0.768

注：连接函数为 Logit 函数。

表 12.26 是模型的回归线平行线检验结果。可以看出，当各斜率约束为相等时模型的 −2 倍的对数似然值为 23.125，当前模型的对数似然函数值为 21.990，两者之差 1.135 为似然比卡方值，其对应的概率 p 值为 0.567。如果显著性水平 α 为 0.05，由于概率 p 值大于显著性水平，所以不能拒绝零假设，表明各模型的斜率不存在显著差异，选择 Logit 连接函数是适宜的。

表 12.26　多项有序回归分析结果(四)

平行线检验[a]

模型	−2 对数似然值	卡方	df	显著性
零假设	23.125			
广义	21.990	1.135	2	0.567

注：(1) 零假设规定位置参数(斜率系数)在各响应类别中都是相同的。
(2) a 表示连接函数为 Logit 函数。

表 12.27 显示了当前模型的拟合优度。Cox 和 Snell R^2 为 0.411，Nagelkerke R^2 为 0.473，说明拟合程度比较高。第三个统计量 McFadden 一般在 0.3 至 0.5 之间比较理想，本例的 McFadden 值为 0.261，也说明拟合程度较好。

表 12.27 多项有序回归分析结果(五)

伪 R^2

Cox 和 Snell	0.411
Nagelkerke	0.473
McFadden	0.261

注:连接函数为 Logit 函数。

表 12.28 是回归系数的参数估计及假设检验结果。各项依次是各回归系数的估计值、标准误、Wald 统计量、自由度、Wald 统计量对应的概率 p 值、回归系数 95% 置信区间的上下限。

表 12.28 多项有序回归分析结果(六)

参数估计值

		估计	标准误	Wald	df	显著性	95% 置信区间	
							下限	上限
阈值	[effect=1]	1.144	0.455	6.329	1	0.012	0.253	2.035
	[effect=2]	2.422	0.530	20.892	1	0.000	1.384	3.461
位置	[sex=0]	1.164	0.533	4.765	1	0.029	0.119	2.209
	[sex=1]	0^a	.	.	0	.	.	.
	[treat=0]	3.223	0.563	32.798	1	0.000	2.120	4.326
	[treat=1]	0^a	.	.	0	.	.	.

注:(1) 联接函数:Logit。
(2) a 表示因为该参数为冗余的,所以将其设置为零。

本例因变量有 3 个水平,得到如下两个回归方程:

$$\text{Logit}(P_{显效}) = \text{Ln} \frac{P_{显效}}{1-P_{显效}} = 1.144 + 1.164 \times \text{sex}_0 + 3.223 \times \text{treat}_0 \tag{12.20}$$

$$\text{Logit}(P_{显效+有效}) = \text{Ln}\left(\frac{P_{显效}+P_{有效}}{P_{无效}}\right) = 2.422 + 1.164 \times \text{sex}_0 + 3.223 \times \text{treat}_0 \tag{12.21}$$

可见,在疗法相同的情况下,男性比女性的疗效更好,男性对应的 Logit 值比女性对应的 Logit 值平均高出 1.164,即疗效朝更好方向发展的可能性高出 76.26%。其他分析同理。

第 13 章　因子分析

13.1　基本原理

1. 因子分析的定义和数学模型

(1) 定义

因子分析是用少数几个因子来描述许多指标或因素之间的联系,以较少几个因子反映原始资料中大部分信息的统计学方法。其目的是"降维"。

因子分析有如下特点:

其一,因子变量的数量远少于原有的指标变量的数量,对因子变量的分析能够减少分析中的计算工作量。

其二,因子变量不是对原有变量进行取舍,而是根据原始变量的信息进行重新组构,它能够反映原有变量大部分的信息。

其三,因子变量之间不存在线性相关关系,对变量的分析比较方便。

其四,因子变量具有命名解释性,即该变量是对某些原始变量信息的综合和反映。

对多变量的平面数据进行最佳综合和简化,即在保证数据信息丢失最少的原则下,对高维变量空间进行降维处理。显然,在一个低维解释系统空间,要比在一个高维系统空间容易得多。

(2) 数学模型

因子分析的出发点是用较少的相互独立的因子变量来代替原来变量的大部分信息,可以通过下面的数学模型来表示:

$$\begin{cases} x_1 = a_{11}F_1 + a_{12}F_2 + \cdots a_{1m}F_m + \varepsilon_1 \\ x_2 = a_{21}F_1 + a_{22}F_2 + \cdots a_{2m}F_m + \varepsilon_2 \\ \vdots \\ x_p = a_{p1}F_1 + a_{p2}F_2 + \cdots a_{pm}F_m + \varepsilon_p \end{cases} \tag{13.1}$$

其中,$x_1, x_2, x_3, \cdots, x_p$ 为 p 个原有变量,是均值为零、标准差为 1 的标准化变量,$F_1, F_2, F_3, \cdots, F_m$ 为 m 个因子变量,m 小于 p,表示成矩阵形式为:

$$X = AF + \varepsilon \tag{13.2}$$

其中,F 为因子变量或公共因子,可以将它们理解为在高维空间中互相垂直的 m 个坐标轴。$A = (a_{ij})_{p \times m}$ 为因子载荷矩阵,a_{ij} 为因子载荷,是第 i 个原有变量在第 j 个因子变量上的负荷。如果把变量 x_i 看成 m 维因子空间中的一个向量,则 a_{ij} 为 x_i 在坐标轴 F_j 上的投影,相当于多元回归中的标准回归系数。ε 为特殊因子,表示原有变量不能被因子变量所解释的部分,相当于多元回归分析中的残差部分。

因子分析中的几个概念说明如下:

一是因子载荷。在各个因子变量不相关的情况下,因子载荷 a_{ij} 就是第 i 个原有变量和第 j 个因子变量的相关系数,即 x_i 在第 j 个公共因子变量上的相对重要性。因此,a_{ij} 绝对值越大,则公共因子 F_j 和原有变量 x_i 关系越强。

二是变量共同度,也称为公共方差,反映全部公共因子变量对原有变量 x_i 的总方差解释说明比例。原有变量 x_i 的共同度为因子载荷矩阵 A 中第 i 行元素的平方和,即

$$h_i^2 = \sum_{j=1}^{m} a_{ij}^2 \tag{13.3}$$

原有变量 x_i 的方差可以表示成两个部分:h_i^2 和 ε_i^2。第一部分 h_i^2 反映公共因子对原有变量的方差解释比例,第二部分 ε_i^2 反映原有变量方差中无法被公共因子表示的部分。因此,第一部分 h_i^2 越接近于1(原有变量 x_i 标准化前提下,总方差为1),说明公共因子解释原有变量越多的信息。

可以通过该值,掌握该变量的信息有多少被丢失了。如果大部分变量的共同度都高于0.8,则说明提取出的公共因子已经基本反映各原始变量80%以上的信息,仅有较少的信息丢失,因子分析效果较好。可以说,各个变量的共同度是衡量因子分析效果的一个指标。

三是公共因子 F_j 的方差贡献,是指因子载荷矩阵 A 中第 j 列各元素的平方和,即

$$S_j = \sum_{i=1}^{p} a_{ij}^2 \tag{13.4}$$

公共因子 F_j 的方差贡献反映了该因子对所有原始变量总方差的解释能力,其值越高,说明因子重要程度越高。

2. 因子分析的基本步骤

因子分析有两个核心问题:一是如何构造因子变量;二是如何对因子变量进行命名解释。因子分析有下面4个基本步骤:

(1) 确定待分析的原始变量是否适合作因子分析。
(2) 确定主因子变量。
(3) 因子旋转与因子命名。因子旋转使得因子变量更具有可解释性。
(4) 构造因子变量的得分计算函数与综合评价函数。

下面分别进行讲述:

第一步,因子分析的适用性检验。因子分析是从众多的原始变量中构造出少数几个具有代表意义的因子变量,这里面有一个潜在的要求,即原有变量之间要具有比较强的相关性。如果原有变量之间不存在较强的相关性,那么就无法从中综合出能反映某些变量共同特性的少数公共因子变量。因此,在因子分析时,需要对原有变量作相

关分析。

一般情况下,可以采用以下几种方法:计算相关系数矩阵、计算反映像相关矩阵(anti-image correlation matrix)、巴特利特球度检验(Bartlett test of sphericity)和 KMO(Kaiser-Meyer-Olkin)检验。

(1) 计算相关系数矩阵的直观观察

如果相关系数矩阵中的大部分相关系数小于 0.3,并且未通过统计检验,那么这些变量不适合进行因子分析。

(2) 计算反映像相关矩阵的直观观察

反映像相关矩阵是由元素等于负的偏相关系数构成的矩阵。计算反映像相关矩阵的直观观察就是通过观察该负偏相关系数矩阵,判断因子分析的适用性。① 偏相关系数是控制其他变量不变的情况下,测度一个解释变量对被解释变量的独特解释作用的相关系数指标。设变量组$(x_1, x_2, \cdots, x_n)$的简单相关系数矩阵为:

$$R = \begin{bmatrix} r_{11} & r_{12} & \cdots & r_{1n} \\ r_{21} & r_{22} & \cdots & r_{2n} \\ \vdots & \vdots & & \vdots \\ r_{n1} & r_{n2} & \cdots & r_{nn} \end{bmatrix}$$

则在其他变量不变的情况下,x_i 与 x_j 的偏相关系数计算公式为:②

$$\rho(x_i, x_j \mid x_1, x_2, \cdots, x_{i-1}, x_{i+1}, \cdots, x_{j-1}, x_{j+1}, \cdots, x_n) = \frac{-\Delta^{ij}}{\sqrt{\Delta^{ii}} \sqrt{\Delta^{jj}}} \quad (13.5)$$

其中,Δ^{ij}、Δ^{ii}、Δ^{jj} 分别为简单相关系数行列式$|R|$的元素 r_{ij}、r_{ii}、r_{jj} 的代数余子式。

如果原始变量数据之间存在公共因子,则各变量之间的偏相关系数应该普遍较小,因为它与其他解释变量之间的重叠解释部分被扣除,所以,如果反映像相关矩阵的元素值(即负的偏相关系数)较大,则说明适合于因子分析。

(3) 巴特利特球形检验

巴特利特球形检验是以变量的相关系数矩阵为出发点的。它的原假设为相关系数矩阵是一个单位阵,即相关系数矩阵对角线上的所有元素都为 1,所有非对角线上的元素都为 0。如果该假设成立,则各个原始变量之间不相关,不适合作因子分析。

巴特利特球形检验的统计量是根据相关系数矩阵的行列式得到的。利用 SPSS 软件进行因子分析时的巴特利特球形的卡方检验统计量为:

$$\chi^2 = \frac{(11 + 2p - 6n)}{6} \ln |R| \sim \chi^2(p(p-1)/2)$$

式中,p 为原始变量个数;n 为样本容量;R 为相关系数矩阵;卡方分布的自由度为 $p(p-1)/2$。

如果该值较大,且其对应的相伴概率小于既定的显著性水平,那么应该拒绝零假设,并认为相关系数据不可能是单位阵,即原始变量之间存在相关性,适合作因子分析;相反,如果该统计量比较小,且其对应的相伴概率大于既定的显著性水平,则不能

---

① 傅德印. 因子分析统计检验体系的探讨[J]. 统计研究,2007,24(6):86—90.
② 陈敏琼,彭东海. 关于偏相关系数的计算公式的一点注记[J]. 滁州学院学报,2014,(2):26—29.

拒绝零假设,认为相关系数矩阵可能是单位阵,不适合作因子分析。

(4) KMO 检验

KMO 统计量用于比较变量之间的简单相关系数和偏相关系数,计算公式如下:

$$\text{KMO} = \frac{\sum\sum\limits_{i\neq j} r_{ij}^2}{\sum\sum\limits_{i\neq j} r_{ij}^2 + \sum\sum\limits_{i\neq j} p_{ij}^2} \tag{13.6}$$

其中,r_{ij}^2 是变量 i 和变量 j 之间的简单相关系数,p_{ij}^2 是变量 i 和变量 j 之间的偏相关系数。KMO 的取值范围在 0 到 1 之间。KMO 的值越接近于 1,则所有变量之间的简单相关系数平方和越大于偏相关系数平方和,因此越适合作因子分析;KMO 越小,则越不适合作因子分析。

Kaiser 给出了 KMO 检验如下标准:

① 0.9<KMO:非常适合;
② 0.8<KMO<0.9:适合;
③ 0.7<KMO<0.8:一般;
④ 0.6<KMO<0.7:不太适合;
⑤ KMO<0.5:不适合。

第二步,构造因子变量。因子分析中有多种确定因子变量的方法,如基于主成分模型的主成分分析法和基于因子分析模型的主轴因子法、极大似然法、最小二乘法等。其中,主成分分析法是使用最多的因子分析方法。下面说明该方法的原理。

主成分分析通过坐标变换手段,将原有的 p 个相关变量 x_i 作线性变化,转换为另外一组不相关的变量 y_i,可以表示为:

$$\begin{cases} y_1 = u_{11}x_1 + u_{21}x_2 + \cdots + u_{p1}x_p \\ y_2 = u_{11}x_1 + u_{22}x_2 + \cdots + u_{p2}x_p \\ \vdots \\ y_p = u_{1p}x_1 + u_{2p}x_2 + \cdots + u_{pp}x_p \end{cases} \tag{13.7}$$

其中,$u_{1k}^2 + u_{2k}^2 + \cdots + u_{pk}^2 = 1$,$(k=1,2,3,\cdots,p)$;$y_1,y_2,y_3,\cdots,y_p$ 为原有变量的第一、第二、第三……第 p 个主成分。y_1 在总方差中占的比例最大,综合原有变量的能力也最强,其余主成分在总方差中占的比例逐渐减小,也就是综合原有变量的能力依次减弱。主成分分析就是选取前面几个方差最大的主成分,这样达到了因子分析要求的较少变量个数的目的,同时又能以较少的变量反映原有变量的绝大部分信息。

将主成分分析放在一个多维坐标轴中看,就是对 $x_1,x_2,x_3,\cdots,x_p$ 组成的坐标系进行平移变换,使得新的坐标系原点和数据群点的重心重合,新坐标系的第一个轴与数据变化最大方向对应(占的方差最大,解释原有变量的能力也最强),新坐标的第二个轴与第一个轴正交(不相关),并且对应数据变化的第二个方向……因此称这些新轴为第一主轴 u_1、第二主轴 u_2……,若经过舍弃少量信息后,原来的 p 维空间降成 m 维,仍能够十分有效地表示原数据的变化情况,生成的空间 $L(u_1,u_2,\cdots,u_m)$ 称为"m 维主超平面"。用原样本点在主超平面上的投影近似地表示原来的样本点。

主成分分析的步骤如下:

(1) 数据的标准化处理,即

$$x_{ij}^* = \frac{x_{ij} - x_j}{S_j} \tag{13.8}$$

其中,$i=1,2,\cdots,n$,n 为样本点数;$j=1,2,\cdots,p$,p 为样本原变量数目;s 为样本标准差。

为了方便,仍然记为:

$$[x_{ij}^*]_{n \times p} = [x_{ij}]_{n \times p}$$

(2) 计算数据 $[x_{ij}]_{n \times p}$ 的协方差矩阵 R。

(3) 求 R 的前 m 个特征值:$\lambda_1 \geq \lambda_2 \geq \lambda_3 \geq \cdots \geq \lambda_m$,以及对应的特征向量 $u_1, u_2, u_3, \cdots, u_m$,它们标准正交。

(4) 求 m 个变量的因子载荷矩阵。

$$A = \begin{bmatrix} a_{11}, a_{12}, \cdots, a_{1m} \\ a_{21}, a_{22}, \cdots, a_{2m} \\ \vdots \\ a_{p1}, a_{p2}, \cdots, a_{pm} \end{bmatrix} = \begin{bmatrix} u_{11}\sqrt{\lambda_1}, u_{12}\sqrt{\lambda_2}, \cdots, u_{1m}\sqrt{\lambda_m} \\ u_{21}\sqrt{\lambda_1}, u_{22}\sqrt{\lambda_2}, \cdots, u_{2m}\sqrt{\lambda_m} \\ \vdots \\ u_{p1}\sqrt{\lambda_1}, u_{p2}\sqrt{\lambda_2}, \cdots, u_{pm}\sqrt{\lambda_m} \end{bmatrix} \tag{13.9}$$

确定 m 有两种方法:一是根据特征值的大小确定,一般取大于 1 的特征值;二是根据因子的累计方差贡献率来确定。

一个 m 维主超平面究竟在多大程度上近似代替原变量系统? 主成分分析产生的 m 维主超平面,能使数据信息损失尽可能小。数据信息主要反映在数据方差上,方差越大,数据中所包含的信息就越多,若一个事物一成不变,则无须对其进行研究。前 m 个因子的累计方差贡献率的计算方法为:

$$Q = \frac{\sum_{i=1}^{m} \lambda_i}{\sum_{i=1}^{p} \lambda_i} \tag{13.10}$$

如果数据已经标准化,则

$$Q = \frac{\sum_{i=1}^{m} \lambda_i}{p} \tag{13.11}$$

一般方差的累计贡献率应在 80% 以上。

第三步,因子变量的命名解释。这是因子分析的另外一个核心问题。经过主成分分析得到的 $y_1, y_2, y_3, \cdots, y_m$ 是对原变量的综合,原变量都是有物理含义的变量。对它们进行线性变换后,得到的新综合变量物理含义是什么? 对于因子变量的解释,可以进一步说明影响原变量系统构成的主要因素和系统特征。

在实际分析工作中,主要是通过对载荷矩阵 A 的值进行分析,得到因子变量和原变量的关系,从而对新的因子变量进行命名。

载荷矩阵 A 中某一行可能有多个 a_{ij} 比较大,说明某个原有变量 x_i 可能同时与几个因子有比较大的相关关系。载荷矩阵 A 中某一列也可能有多个 a_{ij} 比较大,说明某个因子变量可能解释多个原变量的信息,但它只能解释某个变量的一小部分信息,不是任何一个变量的典型代表,会使某个因子变量的含义模糊不清。在实际分析中,要对因子变量的含义有比较清楚的认识。

这时,可以通过因子矩阵的旋转来进行。旋转的方法有正交旋转、斜交旋转、方差极大法,其中最常用的是方差极大法。

第四步,构建因子得分函数,计算因子得分。因子变量确定以后,希望得到每一样本数据在不同因子上的具体数据值,这些数值就是因子得分,和原变量的得分相对应。有了因子得分,就可以针对维数少的因子得分进行研究。

计算因子得分首先将因子变量表示为原有变量的线性组合,即

$$F_j = \beta_{j1}x_1 + \beta_{j2}x_2 + \cdots + \beta_{jp}x_p \quad (j=1,2,\cdots,m) \tag{13.12}$$

其中,β_{ji} 为第 j 个因子中第 i 个因子变量的因子得分系数,它由因子得分的系数矩阵(component score coefficient matrix)得到。

估计因子得分的方法有回归法、Bartlette 法、Anderson-Rubin Wald 法等。具体方法可以查阅其他书籍。

第五步,构建综合评分函数,计算综合评分。各因子是从相应的角度对评价对象进行评价,单独使用某一个因子并不能对各评价对象作出综合评价,因此要以提取的公因子方差贡献率比重为权重,对各因子得分函数进行加权平均,得到综合评分函数。

公因子方差贡献率即"% of Variance"项。

某一提取的公因子方差贡献率比重 $w_i = \dfrac{\text{某一提取的公因子方差贡献率}}{\text{所有提取的公因子方差贡献率之和}}$

综合评分函数为:

$$F = \sum_{j=1}^{m} w_j F_j \tag{13.13}$$

其中,n 为所提取的公因子个数。

13.2 实验数据与内容

选择评价对象的财务比率指标为变量,收集得到实验数据,数据文件为"13 企业财务综合评价.sav"。

通过 SPSS 对进入模型的自变量进行因子分析,可以降低对模型的多重共线性干扰,并可以对数据进行降维处理,浓缩数据,提取关键特征信息,以提高分析效率。

13.3 操作步骤与结果

第一步,打开建立 SPSS 数据文件,复制粘贴数据;在变量窗口,定义变量 x_1,x_2,$\cdots$,x_{14},分别表示"利息保障倍数_Intcvr""销售毛利率_Gincmrt""资产净利率_ROA""资本收益率_Capret""净资产收益率(摊薄)_ROE""权益乘数_Equmul""净资产增长率_Netassgrrt""净利润增长率_Netprfgrrt""总资产增长率_Totassgrrt""存货

周转率(次)_Invtrtrrat""应收账款周转率(次)_ARTrat""总资产周转率(次)_Totass-rat""每股收益(摊薄)(元/股)_EPS""Q 值_QVal"。

第二步,在【分析】菜单的【降维】子菜单中选择【因子】命令,在弹出的"因子分析"对话框中,从左侧的变量列表中选择这 14 个变量,添加到【变量(V)】框中,如图 13.1 所示。

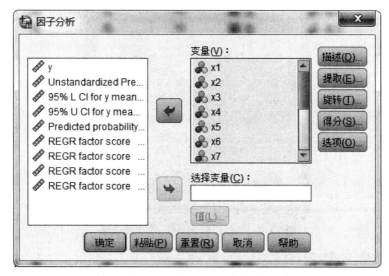

图 13.1 "因子分析"对话框

第三步,单击【描述(D)】按钮,弹出"因子分析:描述"对话框。统计框用于选择输出哪些相关的统计量,选项如下:

(1)【单变量描述(U)】:要求输出各变量的均数与标准差。

(2)【初始解(I)】:表示输出初始分析结果。输出的是因子提取前分析变量的公因子方差,是一个中间结果。对主成分分析来说,这些值是要进行分析的变量的相关或协方差矩阵的对角元素;对因子分析模型来说,输出的是每个变量用其他变量做预测因子的载荷平方和。

【相关性矩阵】框中提供了以下几种检验变量是否适合作因子分析的检验方法:

(1)【系数(C)】:要求计算相关系数矩阵。

(2)【显著性水平(S)】:给出每个相关系数的单尾假设检验的水平。

(3)【决定因子(D)】:输出变量相关系数矩阵的行列式值。

(4)【逆(N)】:输出变量相关系数矩阵的逆矩阵。

(5)【再生(R)】:给出因子分析后的相关阵,还给出残差,即原始相关与再生相关之间的差值。

(6)【反映像(A)】:反映像相关矩阵检验。反映像相关矩阵,包括偏相关系数的取反;反映像协方差矩阵,包括偏协方差的取反。一个好的因子中,除了对角线上系数较大外,其他元素应该比较小。

(7)【KMO 检验和巴特利特球形检验】:KMO 检验,检验变量间的偏相关是否很小;巴特利特球形检验,检验相关阵是否是单位阵。

在本例中,选中该对话框中所有选项。设置如图 13.2 所示。

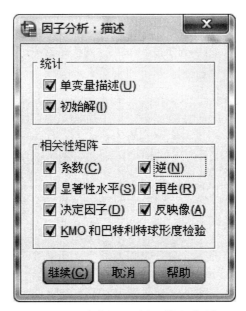

图 13.2 "统计"因子分析:描述对话框

单击【继续(C)】按钮,返回"因子分析"对话框。

第四步,单击【提取(E)】按钮,弹出"因子分析:提取"对话框,选择因子提取方法。因子提取方法在【方法(M)】下拉框中选取,SPSS 共提供了以下 7 种方法:

(1) 主成分:该方法假定原变量是因子变量的线性组合。第一主成分有最大的方差,后续成分可解释的方差越来越少。这是使用最多的因子提取方法。

(2) 未加权最小平方:该方法使得观测的和再生的相关矩阵之差的平方和最小,不记对角元素。

(3) 广义最小平方:用变量的倒数值加权,使得观测的和再生的相关矩阵之差的平方和最小。

(4) 最大似然:此方法不要求多元正态分布。

(5) 主轴因式分解:使用多元相关的平方作为对公因子方差的初始估计。初始估计公因子方差时多元相关系数的平方置于对角线上。这些因子载荷用于估计新因子方差,替换对角线上的前一次公因子方差估计。这样的迭代持续到公因子方差的变化满足提取因子的收敛判据。

(6) Alpha 因式分解:α 因子法。

(7) 映像因式分解:即映像因子提取法,也称多元回归法。由 Guttman 提出,根据映像学原理提取公因子。把一个变量看作其他各个变量的多元回归。

【分析】框用于选择提取因子变量的依据,选项如下:

(1)【相关性矩阵(R)】:表示依据相关系数矩阵。

(2)【协方差矩阵(V)】:表示依据协方差矩阵。

【提取】框用于指定因子个数的标准,选项如下:

(1)【特征值大于[A]】:表示该选项后面可以输入一个特征值,SPSS 将提取特征值大于该值的因子,默认为1。指定特征值提取因子个数是SPSS默认的方法。

(2)【要提取的因子数(T)】:表示该选项后面可以输入要提取因子的个数。SPSS将提取指定个数的因子。理论上有多少个变量,就可以有多少个因子,因此输入的数值应该为介于0和分析变量数之间的整数。

【输出】框用于选择输出哪些与因子提取有关的信息,选项如下:

(1)【未旋转因子解(F)】:输出未经过旋转的因子载荷矩阵。

(2)【碎石图(S)】:输出因子与其特征值的碎石图,按特征值大小排列,有助于确定保留多少个因子。

【最大收敛迭代次数】框用于指定因子分析收敛的最大迭代次数,系统默认的最大迭代次数为25。

本例选用"主成分"方法,选择相关系数矩阵作为提取因子变量的依据,选中【未旋转因子解(F)】和【碎石图(S)】项,输出未经过旋转的因子载荷矩阵和因子与其特征值的碎石图;选择【特征值大于(A)】项,在该选项后面可以输入"1",指定提取特征值大于1的因子,如图13.3所示。

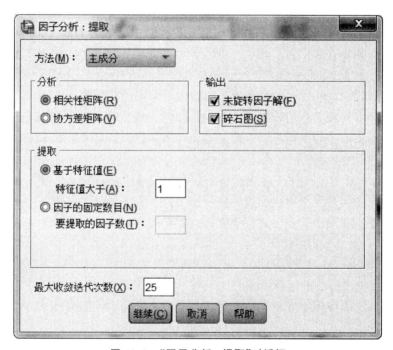

图13.3 "因子分析:提取"对话框

单击【继续(C)】按钮,返回"因子分析"对话框。

第五步,单击"因子分析"对话框中的【旋转(T)】按钮,弹出"因子分析:旋转"对话框。

该对话框用于选择因子载荷矩阵的旋转方法。旋转的目的是简化结构,以帮助我们解释因子。SPSS默认不进行旋转。

【方法】框用于选择因子旋转方法,选项如下:

(1) 无:不作因子旋转。

(2) 最大方差法:又称正交旋转。它使得每个因子上具有最高载荷的变量数目最小,因此可以简化对因子的解释。

(3) 直接斜交法:直接斜交旋转,指定该项,可以在下面的矩形框中输入 Delta 值,该值在 0 到 1 之间。输入 0 值时产生最高的相关系数。

(4) 四次幂极大法:四分最大正交旋转,对变量作旋转,该旋转方法使得每个变量中需要解释的因子数最少。

(5) 等量最大法:平均正交旋转,是 Varimax 方法和 Quartimax 方法的结合,对变量和因子均作旋转。

(6) 最优斜交法:斜交旋转方法,允许因子间相关。它比直接斜交旋转更快,因此适用于大数据的因子分析。

【输出】框用于选择输出哪些与因子旋转有关的信息,选项如下:

(1)【旋转后的解】:输出旋转后的因子载荷矩阵,对于正交旋转方法,给出旋转以后的因子矩阵模式和因子转换矩阵;对于斜交旋转,显示旋转以后的因子矩阵模式、因子结构矩阵和因子间的相关矩阵。

(2)【载荷图】:输出载荷散点图。指定该项将给出两两因子为坐标的各个变量的载荷散点图。如果有两个因子,则给出各原始变量在因子1和因子2坐标系中的散点图。如果多于两个,则给出前3个因子的三维因子载荷散点图。如果只提取出一个因子,则不会输出散点图。选择此项,给出旋转以后的因子载荷图。

本例选择方差极大法旋转"最大方差法",并选中【旋转后的解】和【载荷图】项,表示输出旋转后的因子载荷矩阵和载荷散点图。单击【继续(C)】按钮,返回"因子分析"对话框。

第六步,单击"因子分析"对话框中的【得分(S)】按钮,弹出"因子分析:得分"对话框。

该对话框用来对因子得分进行设置,选项如下:

(1)【保存为变量】:将因子得分作为新变量保存在数据文件中。程序运行结束后,在数据编辑窗口中将显示出新变量。系统提供3种估计因子得分系数的方法,可在 Method 框中进行以下选择:

① 回归:因子得分均值为0,方差等于估计因子得分与实际因子得分之间的多元相关的平方。

② 巴特立特:因子得分均值为0,超出变量范围的各因子平方和被最小化。

③ 安德森—鲁宾:因子得分均值为0,标准差为1,彼此不相关。

(2)【显示因子得分系数矩阵】:选择此项将在输出窗口中显示因子得分系数矩阵。

本例选择【回归】(回归因子得分),并选中【显示因子得分系数矩阵】。单击【继续(C)】按钮,返回"因子分析"对话框。

第七步,单击"因子分析"对话框中的【选项(O)】按钮,弹出"因子分析:选项"对话框。

该对话框可以指定输出其他因子分析的结果,并选择对缺失数据的处理方法,其中选项如下：

【缺失值】框用于选择以下缺失值处理方法：

(1)【成列排除个案】：去除所有含缺失值的个案后再进行分析。

(2)【成对排除个案】：当分析计算涉及含有缺失值的变量，则去掉在该变量上是缺失值的个案。

(3)【替换为平均值】：当分析计算涉及含有缺失值的变量时，用平均值代替该缺失值。

【系数显示格式】框用于选择以下载荷系数的显示格式：

(1)【按大小排序】：载荷系数按照数值的大小排列，并构成矩阵，使得在同一因子上具有较高载荷的变量排列在一起，便于得到结论。

(2)【排除小系数】：不显示那些绝对值小于指定值的载荷系数。

本例选中【成列排除个案】项。单击【继续】按钮，返回"因子分析"对话框，完成设置。单击【确定】按钮，完成计算。

计算机运行完毕后得到表13.1至表13.4所示的结果。

表13.1输出了KMO检验和巴特利特球形检验的结果。KMO检验统计量值为0.698，大于0.6；巴特利特球形检验的相伴概率为0.000，小于显著性水平0.05，两个检验都认为适合因子分析。

表13.1 KMO和巴特利特球形检验

KMO取样适切性量数		0.698
巴特利特球形检验	近似卡方	1930.268
	自由度	91
	显著性	0.000

表13.2是因子分析后因子提取和因子旋转的结果。前4个因子特征值大于1，累计方差解释为61.494%。

表13.2 总方差解释

成分	初始特征值			提取载荷平方和			旋转载荷平方和		
	总计	方差百分比(%)	累积(%)	总计	方差百分比(%)	累积(%)	总计	方差百分比(%)	累积(%)
1	3.882	27.729	27.729	3.882	27.729	27.729	3.296	23.540	23.540
2	1.872	13.372	41.101	1.872	13.372	41.101	2.117	15.125	38.665
3	1.609	11.491	52.592	1.609	11.491	52.592	1.639	11.711	50.376
4	1.246	8.902	61.494	1.246	8.902	61.494	1.557	11.118	61.494
5	0.998	7.130	68.624						

(续表)

成分	初始特征值			提取载荷平方和			旋转载荷平方和		
	总计	方差百分比(%)	累积(%)	总计	方差百分比(%)	累积(%)	总计	方差百分比(%)	累积(%)
6	0.963	6.879	75.504						
7	0.914	6.528	82.032						
8	0.815	5.825	87.857						
9	0.589	4.205	92.062						
10	0.532	3.803	95.865						
11	0.379	2.706	98.571						
12	0.144	1.032	99.603						
13	0.045	0.319	99.922						
14	0.011	0.078	100.000						

注：提取方法为主成分分析法。

从图13.4碎石图中可以看出，取第4个因子之前，曲线比较陡峭，而在第4个因子之后，曲线则变得平坦，所以，在本例中，取4个因子是合适的。

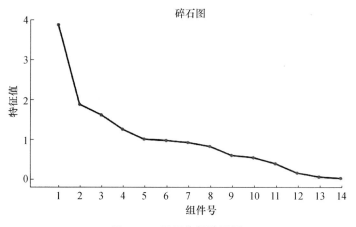

图13.4 因子分析碎石图

表13.3中，x_1、x_2……x_{14}分别表示"利息保障倍数_Intcvr""销售毛利率_Gincmrt""资产净利率_ROA""资本收益率_Capret""净资产收益率(摊薄)_ROE""权益乘数_Equmul""净资产增长率_Netassgrrt""净利润增长率_Netprfgrrt""总资产增长率_Totassgrrt""存货周转率(次)_Invtrtrrat""应收账款周转率(次)_ARTrat""总资产周转率(次)_Totassrat""每股收益(摊薄)(元/股)_EPS""Q值_QVal"。

这里的第3个因子主要与"资本收益率_Capret""应收账款周转率(次)_ARTrat"的相关性较高，因此，第3个因子可以被命名为"盈利能力"。当然，这样的命名并没有严格标准，可以根据具体问题进行命名。读者可以自行对剩下的几个因子进行命名。通常情况下，累计方差越高，各个因子的可解释性越强。

表 13.3 旋转后的成分矩阵[a]

	成分			
	1	2	3	4
x_1	0.061	0.102	0.396	−0.003
x_2	0.204	0.215	0.811	0.005
x_3	0.307	0.667	0.328	0.231
x_4	−0.073	0.092	−0.007	0.800
x_5	0.251	0.032	−0.391	−0.074
x_6	0.970	0.152	0.019	−0.029
x_7	−0.247	0.607	−0.204	−0.226
x_8	0.044	0.256	0.013	0.088
x_9	0.127	0.767	0.046	−0.066
x_{10}	0.969	0.130	0.000	−0.030
x_{11}	−0.026	0.035	−0.059	0.801
x_{12}	0.198	0.275	−0.660	0.280
x_{13}	0.428	0.678	0.284	0.266
x_{14}	0.952	0.089	−0.036	−0.040

注:(1)提取方法为主成分分析法。
(2)旋转方法为凯撒正态化最大方差法。
(3) a 表示旋转在 7 次迭代后已收敛。

表 13.4 是因子得分矩阵,这是根据回归算法计算出来的因子得分函数的系数。由此可得因子得分函数及综合评价函数。

表 13.4 成分得分系数矩阵

原始变量	成分				合计
	1	2	3	4	
x_1	−0.001	0.010	0.239	−0.003	0.246
x_2	0.025	0.011	0.489	0.002	0.527
x_3	0.004	0.276	0.142	0.090	0.512
x_4	−0.031	−0.027	0.009	0.522	0.473
x_5	0.088	0.029	−0.257	−0.061	−0.201
x_6	0.312	−0.056	−0.020	−0.027	0.209
x_7	−0.174	0.429	−0.191	−0.227	−0.163
x_8	−0.022	0.128	−0.016	0.031	0.121
x_9	−0.071	0.422	−0.051	−0.128	0.172

(续表)

原始变量	成分				合计
	1	2	3	4	
x_{10}	0.315	−0.066	−0.030	−0.025	0.194
x_{11}	−0.006	−0.061	−0.019	0.528	0.442
x_{12}	0.041	0.161	−0.442	0.140	−0.1
x_{13}	0.045	0.265	0.112	0.112	0.534
x_{14}	0.316	−0.082	−0.048	−0.028	0.158

注：(1) 提取方法为主成分分析法。
(2) 旋转方法为凯撒正态化最大方差法。
(3) 组件得分。

四个因子得分函数分别为：

$$F_1 = -0.001x_1 + 0.025x_2 + 0.004x_3 - 0.031x_4 + 0.088x_5 \\ + 0.312x_6 - 0.174x_7 - 0.022x_8 - 0.071x_9 + 0.315x_{10} \\ - 0.006x_{11} + 0.041x_{12} + 0.045x_{13} + 0.316x_{14}$$

$$F_2 = 0.010x_1 + 0.011x_2 + 0.276x_3 - 0.027x_4 + 0.029x_5 \\ - 0.056x_6 + 0.429x_7 + 0.128x_8 + 0.422x_9 - 0.066x_{10} \\ - 0.061x_{11} + 0.161x_{12} + 0.265x_{13} - 0.082x_{14}$$

$$F_3 = 0.239x_1 + 0.489x_2 + 0.142x_3 + 0.009x_4 - 0.257x_5 \\ - 0.020x_6 - 0.191x_7 - 0.016x_8 - 0.051x_9 - 0.030x_{10} \\ - 0.019x_{11} - 0.442x_{12} + 0.112x_{13} - 0.048x_{14}$$

$$F_4 = -0.003x_1 + 0.002x_2 + 0.090x_3 + 0.522x_4 - 0.061x_5 \\ - 0.027x_6 - 0.227x_7 + 0.031x_8 - 0.128x_9 - 0.025x_{10} \\ + 0.528x_{11} + 0.140x_{12} + 0.112x_{13} - 0.028x_{14}$$

综合评价函数如下：

$$F = F_1 + F_2 + F_3 + F_4 \\ = 0.246x_1 + 0.527x_2 + 0.512x_3 + 0.473x_4 - 0.201x_5 \\ + 0.209x_6 - 0.163x_7 + 0.121x_8 + 0.172x_9 + 0.194x_{10} \\ + 0.442x_{11} - 0.1x_{12} + 0.534x_{13} + 0.158x_{14} \quad (13.14)$$

SPSS 将根据这四个因子得分函数自动计算样本的 4 个因子得分，并保存在 SPSS 数据编辑窗口中，如图 13.5 所示。

表 13.5 是因子比例旋转后的协方差矩阵。可以看出，不同因子之间的数据为 0，表明 4 个因子变量之间是不相关的。事实上，不相关还有一个好处就是，这些因子在进行回归分析的时候，不会出现多重共线性。

FAC1_1	FAC2_1	FAC3_1	FAC4_1
-2.10923	-.27843	4.74520	.78592
-1.45411	-.05036	2.67113	.44518
-1.10927	-.03583	1.97958	.27183
-1.05599	.02300	1.76657	.04805
-1.10014	-.02084	-.07010	-.20469
-.98916	-.51064	.45598	-.16872
-.93402	-.17447	.51194	.06778
-.91622	-.46535	.16167	.20610
-1.11479	-.39273	-1.03313	1.95422
-.88408	-1.11842	-.22967	-.37272
-.98592	.56016	-.13713	.38992

图 13.5　因子得分

表 13.5　成分得分协方差矩阵

成分	1	2	3	4
1	1.000	0.000	0.000	0.000
2	0.000	1.000	0.000	0.000
3	0.000	0.000	1.000	0.000
4	0.000	0.000	0.000	1.000

注:(1) 提取方法为主成分分析法。
(2) 旋转方法为凯撒正态化最大方差法。
(3) 组件得分。

第14章 聚类分析

14.1 聚类分析概述

聚类分析是研究事物分类的多元统计方法,随着近年来多元统计的快速发展和计算机的普遍应用,聚类分析在许多领域得到应用,理论和软件也愈加成熟,成为事件分类最常用的方法之一。

"物以类聚"在现实世界中十分常见,经济社会研究中存在大量的分类问题。如学校按照德、智、体、美、劳全面发展的要求将学生分成几个等级;在经济学中,按人均GDP、人均可支配收入、人均受教育程度等几个指标将世界上的国家分为不同的类别;在零售商店中,商店按照顾客的年龄、职业、消费频率等将顾客分成不同的群体;而在金融中,按照每股收益、每股净资产、市盈率等指标将上市公司分为不同的类别。这些都可以用聚类分析的方法来实现。

聚类分析是一种建立分类的多元统计分析方法,它的目的是把分类的对象按照相似性的大小分成若干类。在应用中,它可以在没有先验知识的条件下进行自动分类,分类会根据数据本身的特点完成,在分类结束后,我们会得到相似的对象聚在同类,而不相似的对象分散在不同的类别的结果。

14.2 聚类分析的基本原理

在前文中,我们已经介绍了聚类分析的作用。聚类分析是根据样本数据本身的特点,对样本进行分类,要求同类的样本相似度较高,而不同类的样本不相似,所以自然而然就引出了如何定义"相似性"的问题。

在聚类分析中,"相似性"极为重要,它是整个聚类分析的基础。如果没有相似性的定义,样本之间的差异就没法比较,分类也就不存在。在本节中,将介绍两种刻画相似性的指标——距离和相似系数。前者用来度量样本之间的相似性,而后者则常用来衡量变量之间的相似性。

1. 距离

为了方便说明,假设我们考虑一个抽样样本,其变量有 p 个,而其样本有 n 个,将得到的数据以数据表的形式展示,如表 14.1 所示。

表 14.1　样本数据表

样本	变量			
	X_1	X_2	⋯	X_p
1	x_{11}	x_{12}	⋯	x_{1p}
2	x_{21}	x_{22}	⋯	x_{2p}
⋯	⋯	⋯	⋯	⋯
n	x_{n1}	x_{n2}	⋯	x_{np}

在表 14.1 中,表中的行表示样本的数量,而表中的列表示变量的数目。x_{ij} 表示第 i 个样本、第 j 个变量的取值。

为了定义个体之间的距离,可以将每个样本的数据看成 p 维空间的一个点,两个样本就是两个点,于是可以通过某种定义来决定两个点之间的距离。距离越大说明两者的关系越疏远,分类时应该划分为不同的类别,而距离越小则说明两者之间的相似度越高,分类时应该划分为同一类。

定义的距离一般要求满足三个条件:

一是正定性,即对于任意两个样本 i,k,两者的距离 $d \geqslant 0$;

二是对称性,即对于任意两个样本 i,k,$d_{ik}=d_{ki}$;

三是三角不等式,即对于任意三个样本 i,j,k,有 $d_{ik} \leqslant d_{ij}+d_{kj}$($1 \leqslant i \leqslant n$,$1 \leqslant j \leqslant n$,$1 \leqslant k \leqslant n$)。

不同的定义距离的方法将产生不一样的距离,统计学中常用的距离有以下几种:

(1) 明考夫斯基(Minkowski)距离,也称为明氏距离,其数学表达式为:

$$\text{Minkowski}(x_i, x_j) = \sqrt[h]{\sum_{k=1}^{p} |x_{ik} - x_{jk}|^h}$$

明氏距离代表了一类距离的总称,对于 g 取值不同时分别代表不同的意义。

(2) Block 距离,也称街区距离或者是绝对值距离。其数学表达式为:

$$\text{Block}(x_i, x_j) = \sum_{k=1}^{p} |x_{ik} - x_{jk}|$$

Block 距离实际上是当 $h=1$ 时的明氏距离,这种距离通常用于衡量城市街区的长度,这也就是其取名为街区距离的由来。

(3) 欧式(Euclidean)距离,其数学表达式为:

$$\text{Eucidean}(x_i, x_j) = \sqrt{\sum_{k=1}^{p} |x_{ik} - x_{jk}|^2}$$

欧式距离实际上是当 $h=2$ 时的明氏距离,这种距离是统计学中使用非常广泛的距离。

(4) 切比雪夫(Chebychev)距离,也称为最大距离,用两个样本的 k 个变量差的绝对值的最大者来表示,其数学表达式为:

$$\text{Chebychev}(x_i, x_j) = \underset{1 \leqslant k \leqslant p}{\text{Max}} |x_{ik} - x_{jk}|$$

切比雪夫距离实际上是当 $h=\infty$ 时的明氏距离,常用于图像处理和模式识别当中,强调最大的差异。

但是,明氏距离有其缺点:一是明氏距离的大小跟变量的单位有直接关系,当变量的量纲发生变化时,其值的大小也会随之改变,这使得结果不稳定。二是明氏距离的定义并没有考虑变量之间的重要性,在明氏距离的计算中,对所有变量都是同等对待,赋予它们的权重都一样大。所以,当各变量的单位不同或者各变量的影响作用不一样时不适合用明氏距离。否则就会导致单位越小的变量离差的绝对值越大,对明氏距离的影响也越大,这显然不合理。所以当我们在使用明氏距离时,一定要先对变量实行标准化的处理,然后再用标准化后的数据计算距离。标准化的方法为:

$$x_{ij}^* = \frac{x_{ij} - \bar{x}_j}{s_j}$$

(5) 兰氏(Lance)距离,其数学表达式为:

$$\text{Lance}(x_i, x_j) = \sum_{k=1}^{p} \frac{|x_{ik} - x_{jk}|}{x_{ik} + x_{jk}}$$

这是一个自身标准化的量,它有助于克服明氏距离的第一个缺点,即量纲的变化对其结果并不会产生影响。但是它同样没能考虑变量之间的相对重要性。

2. 相似系数

聚类分析方法不仅可以对样本进行聚类,而且还可以进行变量之间的聚类,在对变量进行聚类的时候,一般不采用距离来区分,而是用相关系数来度量变量之间的相似性,一般来说,相似系数的绝对值越大,相似性就越高,聚类分析时将其划分为一类;反之,相似系数的绝对值越小,则相似性就越小,聚类分析时将其划分为不同的类别。

定义的相关系数一般满足两个条件:

一是 $-1 \leq c_{ij} \leq 1$,即相似系数在 -1 到 1 之间变化;

二是对称性,即 $c_{ij} = c_{ji}$。

运用不同的定义方法得到的结果也将不一样,常用的主要有如下两种:

(1) 夹角余弦(cosine),其数学表达式为:

$$\text{Cosine}(X_i, X_j) = \frac{\sum_{k=1}^{n} x_{ki} x_{kj}}{\sqrt{\sum_{k=1}^{n} x_{ki}^2 \sum_{k=1}^{n} x_{kj}^2}}$$

它是两个变量的观察值构成的两个向量之间夹角的余弦函数。

(2) 相关系数(correlation coefficient),其数学表达式为:

$$\text{Correlation}(X_i, X_j) = \frac{\sum_{k=1}^{n} (x_{ki} - \bar{x}_i)(x_{kj} - \bar{x}_j)}{\sqrt{\sum_{k=1}^{n} (x_{ki} - \bar{x}_i)^2 \sum_{k=1}^{n} (x_{kj} - \bar{x}_j)^2}}$$

一般来说,同一数据采用不同的相似性度量,会得到不同的聚类结果,因此在进行聚类分析的时候,应该根据具体情况采用合适的相似性度量。SPSS 提供了丰富的相似性度量指标,因此在开始进行聚类分析的时候,可以采取多种相似性测度指标,分别进行聚类分析,然后再根据结果确定最优的方式。

常见的聚类分析方法有层次聚类和 K-Mean 聚类。

3. **层次聚类**

层次聚类又称为系统聚类,简单地讲是指聚类过程按照一定层次进行,是聚类分析中方法最多、理论最为完整的聚类方法,聚类效果也比较好。其优点是可以清楚地了解聚类的整个过程,缺点是运行速度比较慢,不适用于数据量较大的样本。

按照分类对象,层次聚类分为:

(1) Q 型聚类

Q 型聚类是对样本进行聚类,它的目的是使相似的样本聚集在同一类,而使不相似的样本分离开来。

(2) R 型聚类

R 型聚类是对变量进行聚类,它能使相似的变量聚集在一起,而使不相似的变量分离开来。对变量进行聚类的好处是可以在相似的变量中选择具有代表性的变量参与分析,减少变量的数目,从而达到降维的目的。

按照分类方式,层次聚类分为:

(1) 凝聚方式聚类

凝聚方式聚类的过程是,首先把每个个体看成一类,然后按照某种相似性度量方法将最为相似的两个个体分为一类,这样在一次聚类后总类数变成($n-1$)。然后重复上述过程,不断减少总类数,随着分类的进行,类内的"相似性"逐渐降低。对 n 个个体进行($n-1$)步该过程之后,所有的样本都会变成一类。

(2) 分解方式聚类

分解方式聚类与凝聚方式聚类的过程恰好相反,首先将所有样本看成一个大类,然后按照某种相似性度量方法将大类中彼此间最"疏远"的个体分离出去,这样可以得到两类,重复上述过程,不断增加总类数,随着分类的进行,组内的"相似性"逐渐增加。对包含 n 个个体的大类通过($n-1$)步可以分解成 n 个个体。

需要特别说明的是,SPSS 中层次聚类采用的方式是凝聚方式。

层次聚类方法中,度量数据之间的亲疏程度是非常重要的,SPSS 提供了多种度量类与类之间距离的方法。其中主要的层次聚类方法有:

一是最短距离法(nearest neighbor):以两类样本两两之间距离的最小值作为两类的距离。

二是最长距离法(furthest neighbor):以两类样本两两之间距离的最大值作为两类的距离。

三是组间平均连接法(between-group linkage):以两类样品间距离的平均值作为两类间的距离。

四是组内平均连接法(within-group linkage):以两类所有样品(包括组内、组间)距离的平均值作为两类的距离。

五是重心法(centroid clustering):以两类均值点间的距离作为两类的距离。

六是离差平方和法(wald):以两类合并所产生的离差平方和的增量作为两类的距离。

SPSS 提供了多种计算组间距离的方法，在操作中，我们只需要导入聚类变量选择距离和层次聚类方法，SPSS 就会自动计算样本间距离。

4. K-Means 聚类概述

虽然层次聚类是聚类分析中方法最多、理论最为完整的聚类方法，其聚类效果也比较好，可以清楚地了解聚类的过程，但是它有一个很大的缺点，就是计算速度较慢，不适合大型数据的聚类分析。因此需要用动态聚类方法来弥补这一缺陷，SPSS 提供的动态聚类方法只有 K-Means 聚类一种，因此本章以 K-Means 聚类为例介绍动态聚类的思想及其在 SPSS 中的实现。K-Means 聚类方法操作步骤如下：

（1）选定分类的数目，并指定每类的中心

在 K-Means 均值聚类中，要求实现指定每类的聚核，因此指定分类数是非常重要的步骤，没有分类数就无法指定聚核，没有聚核就无法分类。在 SPSS 中，一旦指定分类，可以自己指定聚核，也可以让 SPSS 根据数据计算聚核。

（2）计算样本到聚核的距离并进行分类

指定聚核以后，就可以计算样本到聚核的距离。根据距离对样本进行分类，将样本分到距离最近的聚核所在的分类中，对每一个样本都如此处理后，初次分类结束。

（3）重新计算新的分类聚核

K-Means 聚类中最关键的一步就是重新计算分类的聚核，因为初次指定的聚核不一定是合理的，经过分类以后，通过计算类均值来表示类的中心，类中心的变化体现了类中样本的变化，无论是类中样本增加还是减少，类均值都会发生变化。类中样本发生变化说明现有分类还不合理，只有类中样本不再变化，才说明类中样本固定，分类才合理。

（4）判断聚类是否已满足终止聚类分析的条件

聚类分析终止的条件包括两个方面：一是迭代次数。当目前的迭代次数等于指定的迭代次数（SPSS 默认为 10）时终止聚类。二是中心点偏移程度。新确定的类中心点距上个类中心点的最大偏移量小于指定的量（SPSS 默认为 0.02）时终止聚类。通过适当增加迭代次数或合理调整中心点偏移量的判定标准，能够有效克服初始类中心点指定时有可能存在的偏差，提高聚类分析的准确性。

14.3 聚类分析在 SPSS 中的操作过程及实例

14.3.1 层次聚类的基本操作步骤

（1）依次选择菜单【分析/聚类/层次聚类】，出现如图 14.1 所示的窗口。

图 14.1 中，【变量(V)】表示聚类变量框；【个案标注依据(C)】表示标准案例的变量，此变量一般是字符型变量，是对案例的说明，如编号、名称等，【聚类】框内表示的是样本聚类还是变量聚类。

在本例中，将"工人个数"和"机器数量"导入【变量(V)】框中，将"工厂编号"导入【个案标注依据(C)】框中，由于是对样本进行聚类分析，因此在【聚类】框中选择【个案

（E）】。我们希望结果同时显示统计量和图,因此在【显示】框中同时勾选【统计(I)】和【图(L)】。

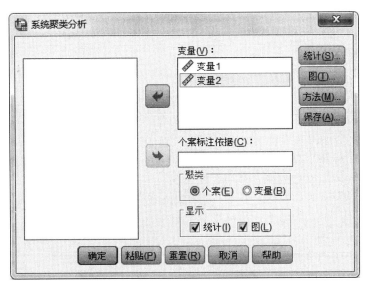

图 14.1　层次聚类主对话框

（2）选择聚类的方法。单击【方法(M)】,进入如图 14.2 所示的窗口。

图 14.2　Method 子对话框

图 14.2 中,【聚类方法(M)】表示采用的聚类方法,【测量】表示度量的标准,【转换值】表示转换,【标准化(S)】中可以选择不同的标准化方法,主要针对的是聚类分析中变量存在数量级差异时的情况。SPSS 中提供的消除数量级差异的方法有如下几种:

① 无,表示不进行任何处理。

② Z 得分,表示计算 Z 分数。将各个变量减去均值后除标准差可以得到。

③ 范围 −1 to 1,表示将各个变量值除全距,得到的结果在 −1 到 1 之间。该方法适合变量值中存在负数的情况。

④ 范围 0 to 1,表示将各变量值减去最小值后除全距,得到的结果在 0 到 1 之间。

⑤ 最大量级为 1,表示将各变量除最大值,得到的结果最大为 1。

⑥ 均值为 1,表示将各变量值除均值。

⑦ 标准差为 1,表示将各变量值除标准差。

本例中,聚类方法选择组间连接法,度量标准选择欧式距离;因为本例中变量的数据不存在数量级的差异,因此无须标准化,选择"无"。

(3) 选择统计量和绘图

点击【统计(S)】将进入如图 14.3 所示的窗口,选择【集中计划(A)】;在【解的范围(R)】中可以指定输出 m—x 类时样本所属类别。而【单个解(S)】则表示指定输出 s 类的聚类结果。

点击【图(T)】,进入如图 14.4 所示的窗口,选择【谱系图(D)】,再选择【全部聚类(A)】输出全部分类,【方向】框中选择【垂直(V)】或【水平(H)】。

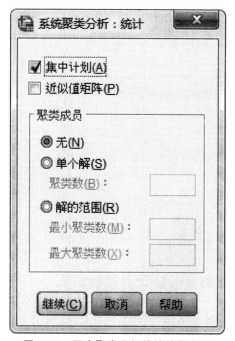

图 14.3 层次聚类分析的统计量窗口

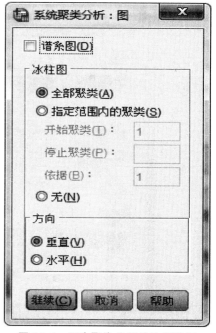

图 14.4 层次聚类分析的绘制窗口

(4) 运行结果

回到层次聚类的主对话框,点击【确定】,将得到聚类分析的结果。

14.3.2 K-means 聚类的基本操作步骤

(1) 依次选择菜单【分析/聚类/K 均值聚类】,出现图 14.5,【变量(V)】表示用于聚类的变量,【聚类中心】用于对类中心的处理,【方法】用于指定聚类方法。

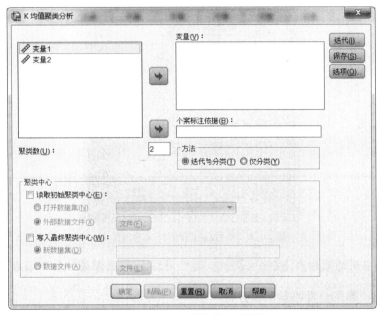

图 14.5 K 均值聚类主对话框

(2) 单击【迭代(I)】按钮,进入如图 14.6 所示的对话框。该对话框可用于确定最大的迭代次数,本案例选择 10 次。

(3) 在 K 均值聚类主对话框中单击【保存(S)】按钮,进入如图 14.7 所示的【保存(S)】子对话框,勾选【聚类成员(C)】和【与聚类中心的距离(D)】表示需要存储样本类属和样本到类中心的距离作为新的 SPSS 变量。单击【继续(C)】回到主对话框。

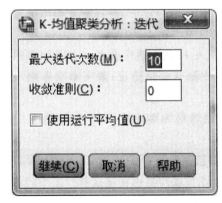

图 14.6 K 均值聚类分析迭代窗口

图 14.7 K 均值聚类分析保存窗口

（4）在主对话框中单击【选项(O)】按钮，进入如图 14.8 所示的选项子对话框，勾选【初始聚类中心(I)】和【ANOVA 表】复选框，表示需要输出初始类中心和类方差分析表格。单击【继续(C)】回到主对话框。

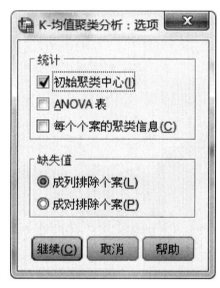

图 14.8　K-Means 聚类分析选项窗口

（5）在主对话框中点击【确定】按钮，即可得到 K 均值聚类分析的结果。

14.3.3　聚类分析的案例及分析

以企业的市场零售份额作为衡量企业市场实力的指标，并以 CR_n 作为市场集中度的衡量指标。根据赛诺市场研究公司 2001 年至 2004 年全国 75 个城市商场零售监测数据中"主要品牌彩电销售额占有率"的年度数据，对彩电市场进行研究。

分析 CR_6 的数据发现，跨国企业和本土企业中前 6 名的企业基本能够代表市场总体。12 家企业这一总体在彩电市场中占主体地位，而 6 家本土企业和 6 家跨国企业也在各自组别占有主体地位。4 年里，6 家本土企业的市场零售份额基本保持市场零售总额的 50% 左右，占本土企业市场零售份额的 90% 以上；跨国企业的市场零售份额基本保持市场零售总额的 30% 左右，占跨国企业市场零售份额的 90% 以上。而 12 家企业的市场零售份额占市场零售总额的 80% 左右。分别代表本土企业和跨国企业的 12 家企业市场零售额的排名除了组内更迭外基本保持稳定，数年来没有跌出各自组别的 6 名以外。

因此，选择 TCL、长虹、康佳、海信、海尔、创维作为本土企业的样本，索尼、东芝、飞利浦、松下、三星、LG 作为跨国企业的样本。

2001 年至 2004 年，全国 75 个城市商场零售监测数据库中"主要品牌彩电零售量结构（分规格）月度统计"数据的数据结构是将各企业市场产品销售量按照产品不同的规格计算比重。对数据进行一定处理，把彩电的规格调整为 20 寸以下、21 寸、25 寸、29 寸、33/34 寸和 34 寸以上 6 档，以便更好地对应产品的不同档次，如表 14.2 所示。

表 14.2　主要品牌彩电零售量结构(分规格)月度统计

开始时间	等级	品牌	20 寸以下	21 寸	25 寸	29 寸	33/34 寸	34 寸以上
2001 年 1 月 1 日	1	长虹	1.41%	36.26%	24.94%	32.39%	4.72%	0.29%
2001 年 1 月 1 日	1	TCL	0.69%	26.59%	24.42%	40.83%	7.38%	0.08%
2001 年 1 月 1 日	1	康佳	2.19%	35.16%	27.55%	30.38%	4.57%	0.15%

按年度对 12 个中外样本企业的各个尺寸的彩电销售情况进行聚类分析,判别跨国企业和本土企业是否属于两个不同的企业类别。

由于我们研究不同品牌企业所属的类别,并假设跨国企业与本土企业是两类不同特征的企业,对数据进行验证分析,因此使用 K-均值聚类方法。根据我们的理论假设,在使用 K-均值聚类分析时,初始设置聚类数为 2。

(1) 依次选择菜单【分析/聚类/K 均值聚类分析】,进入"K 均值聚类分析"菜单,在左侧的变量选择文本框中选择 6 个类别变量,从 s20ls_mean 到 s34mr_mean,进入右侧的聚类变量文本框。接着选择"name"作为类别标题,并在【聚类数(U)】中设置类别数"2",如图 14.9 所示。然后点击【选项(O)】按钮,对输出结果进行设置。

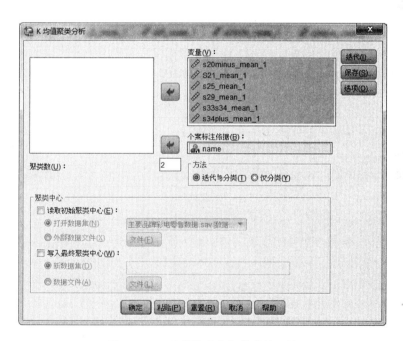

图 14.9　K 均值聚类分析菜单的设置

(2) 如图 14.10 所示,在选项中勾选【初始聚类中心(I)】与【每个个案的聚类信息(C)】,这样在最后的结果中就会输出一张表,标明每个企业所属的类别,我们可以据此判断是否本土企业和跨国企业的产品销售结构分属于不同的两个类别。

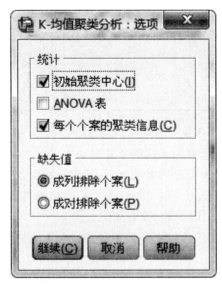

图 14.10　K 均值聚类分析菜单 Option 选项的设置

(3) 完成聚类分析的设置,点击【确定】按钮后,在输出窗口,我们就可以看到聚类分析的结果。注意名为"聚类成员"的表,这张表记录了每个企业产品的销售结构所属的类别;以及名为"最终聚类中心"的表,这张表记录了聚类后不同类别的结构。如表 14.3 所示,LG 的产品销售结构属于第 1 类,与第 1 类类中心的距离为 11.999。

表 14.3　2001 年观察样本分类信息详表

聚类成员

序号	名称	类别	距离
1	LG	1	11.999
2	TCL	1	9.630
3	长虹	1	5.010
4	创维	1	3.248
5	东芝	2	11.243
6	飞利浦	2	6.287
7	海尔	1	5.961
8	海信	1	7.673
9	康佳	1	6.688
10	三星	1	14.923
11	松下	2	7.939
12	索尼	2	8.710

如表 14.4 所示,"最终聚类中心"记录了聚类分析之后,得到类中心结构。如第 1 类企业,20 寸以下、21 寸、25 寸、29 寸、33/34 寸和 34 寸的销售比重分别为 1.56%、31.56%、17.72%、42.28%、4.43% 和 2.65%。

表 14.4 2001 年观察样本类中心结构表

最终聚类中心

变量	类别	
	1	2
s20ls_mean	1.56	0.01
s21_mean	31.36	15.72
s25_mean	17.72	12.52
s29_mean	42.28	48.34
s34_mean	4.43	13.32
s34mr_mean	2.65	10.09

对 2002—2004 年的数据重复使用 SPSS 的 K 均值聚类分析方法处理,然后整理得到如表 14.5 至 14.8 所示的 2001 年到 2004 年观察样本分类信息详表。

表 14.5 2001 年观察样本分类信息详表

序号	名称	类别	类距离
1	长虹	1	5.009
2	TCL	1	9.633
3	康佳	1	6.688
4	创维	1	3.247
5	海信	1	7.674
6	海尔	1	5.960
7	索尼	2	8.711
8	东芝	2	11.244
9	松下	2	7.938
10	飞利浦	2	6.288
11	三星	1	14.924
12	LG	1	12.000

表 14.6 2002 年观察样本分类信息详表

序号	名称	类别	类距离
1	长虹	1	6.930
2	TCL	1	6.705
3	康佳	1	7.547
4	创维	1	7.416
5	海信	1	9.637
6	海尔	1	10.054
7	索尼	2	7.177
8	东芝	2	14.148
9	松下	2	4.403
10	飞利浦	2	9.690
11	三星	1	20.490
12	LG	1	17.810

表 14.7 2003 年观察样本分类信息详表

序号	名称	类别	类距离
1	长虹	1	11.722
2	TCL	1	4.922
3	康佳	1	5.671
4	创维	1	7.940
5	海信	1	3.868
6	海尔	1	3.533
7	索尼	2	21.600
8	东芝	2	4.730
9	松下	2	8.051
10	飞利浦	2	12.915
11	三星	2	15.205
12	LG	2	21.150

表 14.8 2004 年观察样本分类信息详表

序号	名称	类别	类距离
1	长虹	1	12.573
2	TCL	1	5.351
3	康佳	1	3.681
4	创维	1	10.353
5	海信	1	4.286
6	海尔	1	5.741
7	索尼	2	21.024
8	东芝	2	8.141
9	松下	2	8.124
10	飞利浦	2	14.922
11	三星	2	16.067
12	LG	2	15.999

分析各个企业所在的类别,可以看到 12 个样本企业确实具有不同的特征。表 14.5 和 14.6 中,本土企业无一例外地属于类型 1,而跨国企业除了韩系跨国企业 LG 和三星外,都属于类型 2。表 14.7 和 14.8 中,本土企业都属于类型 1,跨国企业包括韩系跨国企业都属于类型 2。

对于上面的分析,我们自然而然会想到这样一个问题:2001 年和 2002 年这两年,韩系跨国企业 LG 和三星是否与本土企业属于一个类型呢?

为了解答这个问题,我们首先使用层次聚类分类的方法,来研究大体的类别结构。层次聚类方法对给定的数据集进行层次的分解,直到某种条件满足为止。我们采取凝聚层次聚类方法,这是一种自下而上的策略,首先将每个对象作为一个簇,然后层层递进,合并这些子簇为更大的簇,直到所有的对象都在一个簇中,或者某个终结条件被满足。

通过层次分析的过程,我们可以初步判断将韩系跨国企业 LG 和三星归入本土企业统一类别或者是划入新的一类是否合理。

(4) 依次选择菜单【分析/聚类/系统聚类】,进入层次聚类的设置菜单。在左侧的变量选择文本框中选择 6 个类别变量,从 s20ls_mean 到 s34mr_mean,进入右侧的聚类变量文本框。接着选择"name"作为类别标题,并勾选【个案(E)】,如图 14.11 所示。然后点击【图(L)】按钮,对输出结果进行设置。

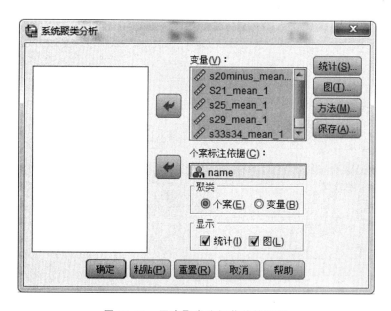

图 14.11　层次聚类分析菜单的设置

(5) 在绘图选择中,勾选【谱系图(D)】,并在【方向】选项中选择【水平(H)】方向,如图 14.12 所示。这样就会输出水平方向延伸的树形结构图。

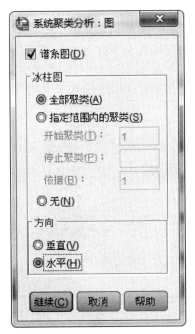

图 14.12　输出图形设置中树形结构图的选择

（6）在输出窗口,能够看到一张树形的凝聚结构图,如图 14.13 所示。分析这张图,可以发现凝聚的过程中本土企业 TCL、海信、长虹、康佳、创维和海尔首先聚成一类,与此同时,韩系企业三星和 LG 也聚成一类,在距离超过 10 的时候,本土企业和韩系企业这两类才聚成一类。因此把韩系企业看作独立的一类具有合理性。

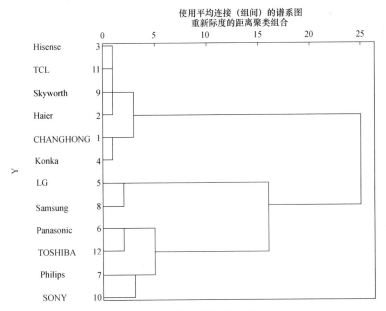

图 14.13　树形的凝聚结构图

通过层次分析,把韩系企业看作独立的 1 类是合理的。我们重新使用 K 均值聚类分析来获得 3 类不同企业的类结构,进而研究其差异性。

(7) 选择菜单【分析/聚类/K 均值聚类分析】,进入"K 均值聚类分析"菜单,在左侧的变量选择文本框中选择 6 个类别变量进入右侧的聚类变量文本框。接着选择"name"作为类别标题,并在【聚类数(U)】中设置类别数"3",如图 14.14 所示,然后单击【确定】按钮。

图 14.14　K 均值聚类分析菜单的设置

(8) 在结果窗口,我们可以看到聚类分析的结果。聚类成员表记录了每一个企业所属的类别,如表 14.9 所示。可见,LG 和三星聚为一类,编号为"1";TCL、长虹、创维、海尔、海信和康佳等本土企业聚为一类,编号为"2";东芝、飞利浦、松下、索尼等企业聚为一类,编号为"3"。

表 14.9　2001 年观察样本分类信息详表

聚类成员

序号	名称	类别	距离
1	LG	1	7.056
2	TCL	2	7.304
3	长虹	2	5.994
4	创维	2	1.477
5	东芝	3	11.243
6	飞利浦	3	6.287
7	海尔	2	4.977
8	海信	2	5.542

(续表)

序号	名称	类别	距离
9	康佳	2	5.617
10	三星	1	7.056
11	松下	3	7.939
12	索尼	3	8.710

（9）进一步分析"最终聚类中心"表，我们可以发现2001年的情况是，如果以29寸彩电为分界线，对于韩系品牌而言，尺寸小于29寸的产品比重约为46%，尺寸大于29寸的产品比重约为11%，低端为主的情况下，也占据一部分高端市场；对于本土品牌而言，尺寸小于29寸的产品比重约为50%，尺寸大于29寸的产品比重约为6%，明显以低端为主；而其他欧美系和日系品牌，尺寸小于29寸的产品比重约为28%，尺寸大于29寸的产品比重为23%，明显以高端为主。

表 14.10 2001年观察样本类中心结构表

最终聚类中心

变量	类别		
	1	2	3
s20ls_mean	0.05	2.07	0.01
s21_mean	35.64	29.93	15.72
s25_mean	10.91	19.98	12.52
s29_mean	42.17	42.32	48.34
s34_mean	1.12	5.53	13.32
s34mr_mean	10.12	0.16	10.09

第 15 章　对应分析

15.1　对应分析概述

对应分析又称相应分析,是在 R 型和 Q 型因子分析的基础上发展起来的一种多元统计方法。它首先由法国统计学家 J. P. Beozecri 于 1970 年提出。

因子分析根据研究对象的不同分为研究指标(变量)的 R 型因子分析和研究样品(即个案)的 Q 型因子分析,使用因子分析方法时,这两个过程只能分开进行,但是这有很多缺点:首先,会漏掉一些指标(变量)和个案间的信息;其次,由于因子分析要求观测(样品)数目必须是变量数的 5 倍,因此,在作 Q 型因子分析时,还要完成比 R 型因子分析计算量更大的计算工作。从研究设计的要求来说,这并不是最佳的,所以,有必要改良算法,从而使得总计算量最小,同时又考虑指标(变量)和样品的关系。

对应分析借助于列联表独立性检验中卡方统计量的计算方法,对原始数据矩阵进行转换,公式为:

$$p_{ij} = x_{ij} \Big/ \sum_i \sum_j x_{ij} \tag{15.1}$$

由此得到一个规格化的"概率"矩阵,使数据资料具有对称性。当数据资料具有对称性时,量纲的差异也被消除,R 型和 Q 型因子分析之间就建立了联系,在作 R 型因子分析时也就同时完成了 Q 型因子分析的工作,克服了由于样品容量大带来的 Q 型因子分析计算量大的困难。另外,根据 R 型因子分析和 Q 型因子分析的内在联系,可在同一个坐标轴图形中将指标(变量)和样品同时反映出来,图形中邻近的变量点表示它们关系密切,可分为一类;同样,邻近的样品点表示它们关系密切,可归为一类,而且属于同一类型的样品点可用邻近的变量点来表征。

对应分析的目的之一是在同时描述各个变量类别之间的关系时,在一个低维空间中对对应表里的两个名义变量之间的关系进行描述。对各个变量而言,图中类别点之间的距离反映邻近有相似分类图的各类别之间的关系。一个变量在原点到另一个变量分类点的向量上的投影点描述了变量之间的关系。

很多学者认为,对应分析方法是探索性数据分析的内容,因此,极大部分的使用者只要能够理解对应分析相关表格以及对应分析图中所包含的信息即可。

15.2 对应分析的基本原理

在统计分析中,我们常常需要研究分类变量间的关系,当所涉及的分类变量类别或者个数较多的时候,我们就需要用到对应分析。对应分析的本质是将行列变量的交叉表变换为一张散点图,从而将表格中包含的类别关联信息用各散点空间位置关系的形式表现出来。但是,这种方法并没有涉及假设检验,因而无法得到确切的统计结论,但由于其操作简单、结果直观并容易被解释,很受欢迎。

15.2.1 对应分析的基本思想

对应分析又称关联分析、R-Q 型因子分析,通过分析由定性变量构成的交叉汇总表来揭示变量间的关系,它是一种视觉化的数据分析方法,能够将几组看不出任何联系的数据通过直观的定位图展现出来。

对应分析的基本思想是将一个列联表的行和列中各个元素的比例结构以点的形式在较低维的空间中表示出来。它的最大特点是把众多的样品和众多的变量同时放到一张图中,将样品的种类及属性在图上直观地表示出来。另外,它还省去了因子选择和因子轴旋转等复杂的数学运算以及中间过程,可以从因子载荷图上对样品进行直观的分类,而且能够指示分类的主要参数(主因子)以及分类的依据,是一种直观、简单、方便的多元统计方法。

对应分析的主要结果是输出反映变量间相互关系的对应分析图。根据 R 型因子分析和 Q 型因子分析的内在联系,可在同一个图形中将样品和属性同时反映出来,图形中邻近的变量点表示它们关系密切,邻近的样品点也表示它们关系密切;而且属于同一类型的样品点,可以用邻近的变量点来表征。

对应分析揭示的是环境、结构、行为之间的"对应关系",能够说明有什么类型的环境和结构,就可能会出现什么类型的行为,而不是反映各个变量间的"因果关系"。它常用于研究多个分类变量(名义变量或定序变量)间的关系,是市场细分、产品定位、品牌形象以及满意度研究等领域常用的一种方法。

15.2.2 SPSS 中的对应分析

对应分析根据所用变量的数目分为两种:简单对应分析,用于分析两个分类变量之间的关系,在 SPSS 中使用对应分析过程执行;多元对应分析,用于分析一组分类变量之间的相关性,在 SPSS 中使用最优尺度分析过程来拟合。

使用 SPSS 的简单对应分析功能,输出的统计量与图形包括:对应分析表、对应分析摘要表、行与列的相关信息表及对应分析图等。

15.2.3 使用对应分析的注意事项

虽然对应分析有不少优点,但在某些方面还是有缺憾,运用时也需注意以下几个问题:

第一，对应分析不能用于相关关系的假设检验。它虽然可以揭示变量间的关系，但不能说明几个变量之间存在的相关性是否显著。因而在作对应分析前，可以用卡方统计量检验两个变量的相关性。

第二，对应分析输出的图形通常是二维的，这是一种降维的方法，将原始的高维数据按一定规则投影到二维图形上。但投影可能引起部分信息的丢失。

第三，对极端值敏感，极端值对对应分析的结果影响较大。在进行分析之前，建议先检查列联表中的数据，避免极端值的存在。比如，有取值为 0 的数据存在时，可视情况将相邻的两个状态取值合并。

第四，原始数据的无量纲化处理。运用对应分析法处理问题时，各变量应具有相同的量纲（或均无量纲）。

15.3 简单对应分析

对两个定性变量进行对应分析时，因为变量取值都是离散的，所以可将变量取值转换为列联表的形式进行处理。经转换形成的列联表是一个 $n \times p$ 的矩阵，其中，第一个变量有 n 个取值，第二个变量有 p 个取值，或者理解为有 n 个观测记录和 p 个变量。对应分析就是围绕着这个矩阵进行的。

设有 n 个样品，每个样品有 p 项指标，原始资料阵为：

$$X = \begin{bmatrix} x_{11} & x_{12} & \cdots & x_{1p} \\ x_{21} & x_{22} & \cdots & x_{2p} \\ \vdots & \vdots & & \vdots \\ x_{n1} & x_{n2} & \cdots & x_{np} \end{bmatrix} \tag{15.2}$$

对应分析的关键是利用一种数据变换，使含有 p 个变量、n 个样品的原始数据矩阵，变成一个过渡矩阵 Z，并通过矩阵 Z 将 R 型因子分析和 Q 型因子分析有机地结合起来。具体地说，首先给出进行 R 型因子分析时变量点的协差阵 $A=Z'Z$ 和进行 Q 型因子分析时样品点的协差阵 $B=ZZ'$，由于 $Z'Z$ 和 ZZ' 有相同的非零特征根，记为：

$$\lambda_1 \geqslant \lambda_2 \geqslant \cdots \geqslant \lambda_m, \quad 0 < m \leqslant \min(p, n) \tag{15.3}$$

依据证明，如果 A 的特征根 λ_i 对应的特征向量为 U_i，则 B 的特征根 λ_i 对应的特征向量就是 $ZU_i \triangleq V_i$，根据这个结论就可以很方便地借助 R 型因子分析得到 Q 型因子分析的结果。因为求出 A 的特征根和特征向量后可以很容易地写出变量点协差阵对应的因子载荷矩阵，记为 F。则

$$F = \begin{bmatrix} u_{11}\sqrt{\lambda_1} & u_{12}\sqrt{\lambda_2} & \cdots & u_{1m}\sqrt{\lambda_m} \\ u_{21}\sqrt{\lambda_1} & u_{22}\sqrt{\lambda_2} & \cdots & u_{2m}\sqrt{\lambda_m} \\ \vdots & \vdots & & \vdots \\ u_{p1}\sqrt{\lambda_1} & u_{p2}\sqrt{\lambda_2} & \cdots & u_{pm}\sqrt{\lambda_m} \end{bmatrix} \tag{15.4}$$

这样，利用关系式 $ZU_i \triangleq V_i$ 也可以很容易地写出样品点协差阵 B 对应的因子载

荷阵，记为 G。则

$$G = \begin{bmatrix} v_{11}\sqrt{\lambda_1} & v_{12}\sqrt{\lambda_2} & \cdots & v_{1m}\sqrt{\lambda_m} \\ v_{21}\sqrt{\lambda_1} & v_{22}\sqrt{\lambda_2} & \cdots & v_{2m}\sqrt{\lambda_m} \\ \vdots & \vdots & & \vdots \\ v_{n1}\sqrt{\lambda_1} & v_{n2}\sqrt{\lambda_2} & \cdots & v_{nm}\sqrt{\lambda_m} \end{bmatrix} \tag{15.5}$$

从分析结果的展示上看，由于 A 和 B 具有相同的非零特征根，而这些特征根正是公共因子的方差，因此可以用相同的因子轴同时表示变量点和样品点，即把变量点和样品点同时反映在具有相同坐标轴的因子平面上，以便显示出变量点和样品点之间的相互关系，并且可以一并考虑进行分类分析。

矩阵 F 的前两列（即 $m=2$）所组成的散点图，与矩阵 G 的前两列所组成的散点图叠加，就形成了对应分析图。由于各种模型的选项不同，实际的点图和这两组载荷向量所构成的图形可能会有所不同，但这种不同并不会影响对数据进行探索性分析的结果。

15.4　多元对应分析

最优尺度分析是独立发展起来的，它是与对应分析相互独立的方法，只不过它也可以进行多元对应分析，SPSS 的多元对应分析功能是使用最优尺度分析过程来执行的。SPSS 的最优尺度分析提供了同质性分析、分类变量的主成分分析和非线性典型相关分析三种方法，以满足不同的数据要求，同质性分析即多元对应分析。

多元对应分析的核心目的与简单对应分析相似，也是力图在低维空间描述两个或多个变量之间的关系，这些变量以分类变量为主，也可以是连续型变量。

对多个定性变量进行研究，其计算方法与两变量时基本相同。多元对应分析的计算结果也与简单对应分析有相同的特性，比如，有关行分析与列分析的结果互为对偶，同秩的主轴对应相同的特征值。因此，多元对应分析的计算结果在低维平面图上也可以作叠加观察和分析。

多元对应分析要比简单对应分析更进一步，主要表现在以下几个方面：

第一，可以同时分析多个分类变量之间的关系，并同样用图形方式表示。

第二，能够处理的变量种类更加丰富，例如，可以对无序多分类变量、有序多分类变量和连续型变量同时进行分析。

第三，最优尺度分析还对多选题的分析提供了支持。

但是，SPSS 的最优尺度分析过程不像多元回归过程一样能够自动筛选变量，因此变量较多时容易使图形显得混乱，可能会掩盖真实的变量关系。此时，需要用户根据经验和分析结果进行耐心的筛选，以便得到最优结果，这对使用者的分析水平是严峻的考验。

15.5 对应分析方法的 SPSS 实现

15.5.1 对应分析数据预处理

我们在进入 SPSS 22.0 之后,首先要观察数据是原始数据还是整理后的数据,然后再进行分析。如果是整理后的数据,则需要对数据进行预处理,如对频数变量进行加权。例如,打开眼睛颜色与头发颜色数据文件,此文件是以频数格式录入数据的,因此,要对数据进行预处理,以频数变量进行加权。选择菜单【数据/加权个案】,弹出如图 15.1 所示的"加权个案"对话框。在对话框右侧选中【加权个案(W)】选项,并把左侧的"频数"变量移到右侧。单击【确定】按钮,从而完成数据的预处理。

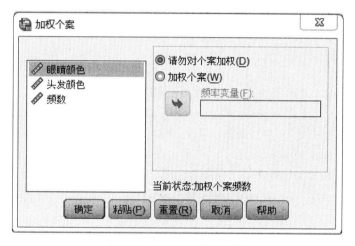

图 15.1 "加权个案"对话框

15.5.2 对应分析操作步骤

(1)选择菜单【分析/降维/对应分析】,打开如图 15.2 所示的"对应分析"对话框。

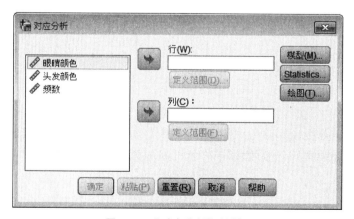

图 15.2 "对应分析"对话框

（2）从变量表中选择行、列变量，把眼睛颜色和头发颜色分别选入【行(W)】和【列(C)】框中。

（3）单击【定义范围(D)】或【定义范围(F)】按钮，出现如图 15.3 所示的对话框。可定义行或列变量参与分析的分类范围。在最小值中输入分类的最小值，在最大值中输入分类的最大值。这两个值必须是整数，否则在分析中会删除小数部分。单击【更新(U)】按钮，可将定义的分类数据上传到【类别约束】框中，在分析中忽略制定范围以外的分类值。

图 15.3 定义行分类变量的范围对话框

（4）【类别约束】栏的作用是，定义类别的等同约束。可以约束某行(列)类别等于其他行(列)类别，或者可以定义一个行(列)类别作为辅助行(列)类别。如果分类值所代表的类别不符合分析需要或者界限是模糊的，可以使用等同约束将这样的类视为等同，即有相等记分的类。它主要有三个选项：

①【无(N)】，默认项，即分类数据保持原状，不作任何约束。

②【类别必须相等(C)】，类别必须有相等的记分。假如类别的次序是不想要的或违反直觉的，则可以使用等同约束。这可从【更新(U)】后产生的分类值列表中选择类别，指定等同约束，至少有两个类别必须是相等的。能用等同约束的行(列)分类的最大数量为有效行(列)类别总数减 1，再分类集中为强加不同的等同约束。

③【类别为补充型(G)】，从【更新(U)】后产生的分类值列表中选择类别指定辅助类别。辅助类别不影响分析，只在由有效分类定义的空间里被描述。辅助类别在定义的维数里不起作用。最大辅助的行(列)类别的数量为行(列)类别总数减 2。

（5）指定对应分析模型。单击图 15.2 对话框中的【模型(M)】按钮，进入模型对话框，如图 15.4 所示，允许指定维数、距离测度、标准化方法和正规化方法。

图 15.4　模型对话框

①【解的维数(D)】框,指定对应分析解的维数,默认值为 2。通常,选择解释大多数变差所需要的较少的维数。最大维数取决于用于分析的有效的分类数和等同约束数。最大维数是下列中较小的一个:

第一,有效的行分类数减去被等同约束的行分类数加约束的行分类集数;

第二,有效的列分类数减去被等同约束的列分类数加约束的列分类集数。

②【距离测量】栏,选择对应表的行间和列间的距离测度。

第一,【卡方(H)】。距离测度用加权距离,这里的权就是行或列的质量(边际概率)。标准对应分析要求选择该测度,系统默认本方法。

第二,【Euclidean】,欧氏距离以两行之间或两列之间的差的平方和的平方根作为距离测度。

③【标准化方法】栏,可从下列五个选项中选择一种:

第一,【行和列平均值已删除(M)】,行和列两者被中心化。标准对应分析需用本方法,当选用卡方作为距离测量的选项时,系统默认此方法。

第二,【行平均值已删除(R)】。只有行被中心化。

第三,【列平均值已删除(O)】。只有列被中心化。

第四,【使行总和相等,删除平均值(W)】。先使行边际相等,再中心化行。

第五,【使列总和相等,删除平均值(Q)】。先使列边际相等,再中心化列。

④【标准化方法】栏,可从下列五个选项中选择一种:

第一,【对称(S)】。各个维数,行记分是列记分除以匹配奇异值的加权平均,列记分是行记分除以匹配奇异值的加权平均。使用本方法可以检查两个变量分类间的差异或相似。

第二,【主要行(N)】。行分数间的距离是在对应表中根据选定方法对距离测度的近似值。行记分是列记分的加权平均。要检查行变量的类间差异或类似程度,使用该方法。

第三,【定制(C)】。必须在-1到1间指定一个值。值-1对应于主要列,值1对应于主要行,值0对应于对称。所有其他值传达行和列分数变化程度的惯量。本方法通常用来制作特制的二维图形。

第四,【主要(P)】。行点和列点之间的距离是与选定的距离测度一致的对应表中距离的近似值。如果要检查一个或两个变量的类别之间的差异,而不是两个变量之间的差异,使用该方法。

第五,【主要列(U)】。列分数间的距离是在对应表中根据选定方法计算的距离的近似值。列记分是行记分的加权平均。要检查列变量的类间差异或类似程度,使用该方法。

(6) 单击图15.2中的【Statistics】按钮,进入统计对话框,如图15.5所示,指定输出哪些结果表。

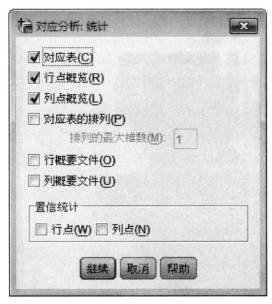

图15.5 统计对话框

①【对应表(C)】,要求输出含有变量行和列边际总和的交叉分组列表。

②【行点概览(R)】,要求输出行总和表,表中包括行变量各分类的记分、质量、惯量、分数对维数惯量的贡献、维数对分数惯量的贡献。

③【列点概览(L)】。在输出窗口中为各分类显示包括记分、质量、惯量、分数对维数惯量的贡献、维数对分数惯量的贡献的总和表。

④【对应表的排列(P)】。输出按第一维数上记分的递增顺序排列的行、列对应表。在该选项中,可为将要产生序列改变的表指定最大维数,为各维数产生一个从1到指定数据的序列改变表。

⑤【行概要文件(O)】,行归一化处理后的分布表。

⑥【列概要文件(U)】,列归一化处理后的分布表。

⑦【置信统计】栏,共有两个选项:

第一,【行点(W)】,输出包括标准差和所有非辅助行分数相关内容的表格。

第二,【列点(N)】,输出包括标准差和所有非辅助列分数相关内容的表格。

(7) 单击图15.2中的【绘图(T)】按钮,进入如图15.6所示的绘图对话框。

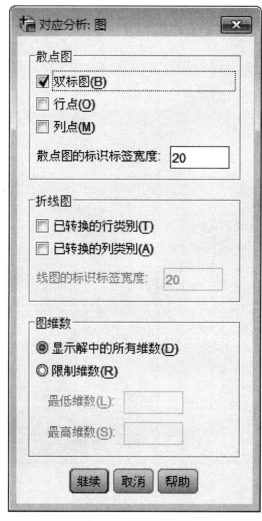

图 15.6　绘图对话框

①【散点图】栏,产生矩阵的所有维数的成双图,共有三个选项:

第一,【双标图(B)】,输出矩阵的行、列分数联合图。如果选择了"主要"正规化方法,则本选项无效。

第二,【行点(O)】,输出矩阵的行分数的图。

第三,【列点(M)】,输出矩阵的列分数的图。

第四,【散点图的标识标签宽度】,设置散点图中ID标签宽度,默认值为20,该值必须是小于等于 20 的正整数。

②【折线图】栏，产生所选变量每一个维数的线图。有以下两个线图供选择：

第一，【已转换的行类别（T）】，输出行分类转换图。行分类值取决于相应的行记分。

第二，【已转换的列类别（A）】，输出列分类转换图。列分类值取决于相应的列记分。

第三，【线图的标识标签宽度】，指定线图 ID 标签宽度，默认值为 20。指定值必须是小于等于 20 的正整数。

③【图维数】栏，允许去控制在输出中显示的图的维数，有两个选项：

第一，【显示组中的所有维数（D）】，在散点图矩阵里显示解中的所有维数。

第二，【限制维数（R）】，显示维数被限制在成对图，如果限制维数，则必须选择作图的最低和最高维数。最低维数可从 1 到解的维数减 1 的范围中取值，并且所作的图以较高维数为背景。最高维数值可从 2 到解的维数的范围中取值，并指出被使用于成对维数图中的最高维数。该项适用于所有要求的多维图。

15.6 对应分析方法实例

15.6.1 眼睛颜色与头发颜色实例

1. 方法设计与变量选用

本案例的变量为眼睛颜色、头发颜色，由于本案例主要是研究眼睛颜色与头发颜色之间的对应关系，通过降维的方法在一个低维空间中对对应表里的两个名义变量（眼睛颜色、头发颜色）之间的关系进行描述。研究的是眼睛的颜色（包括深色、棕色、蓝色、浅色）和头发的颜色（包括金色、红色、棕色、深色、黑色）的相似分类图的各个类别之间的关系。因此，本案例采用对应分析的方法。

2. 样本选择与数据收集

本案例利用《SPSS 统计分析与行业应用案例详解》一书中的例题数据。Fisher 在 1940 年首次介绍列联表资料时，使用的是一份关于眼睛颜色与头发颜色的调查研究数据。该研究数据包含 5387 名苏格兰北部的凯斯纳斯郡小学生的眼睛颜色与头发颜色，如表 15.1 所示，试用对应分析的方法研究眼睛颜色与头发颜色之间的对应关系。

表 15.1 小学生眼睛颜色与头发颜色的调查数据

眼睛颜色	头发颜色					合计
	金色	红色	棕色	深色	黑色	
深色	98	48	403	681	85	1315
棕色	343	84	909	412	26	1774
蓝色	326	38	241	110	3	718
浅色	688	116	584	188	4	1580
合计	1455	286	2137	1391	118	5387

3. 实现操作与界面说明

首先,要把数据录入 SPSS 中,本例中有 3 个变量,分别是眼睛颜色、头发颜色、频数,将所有变量都定义为数值型变量。然后对变量进行值标签操作:"眼睛颜色"中用"1"表示"深色眼睛"和"棕色眼睛","3"表示"蓝色眼睛","4"表示"浅色眼睛";"头发颜色"中用"1"表示"金色头发","2"表示"红色头发","3"表示"棕色头发","4"表示"深色头发","5"表示"黑色头发",录入 SPSS 后,数据如图 15.7 所示。

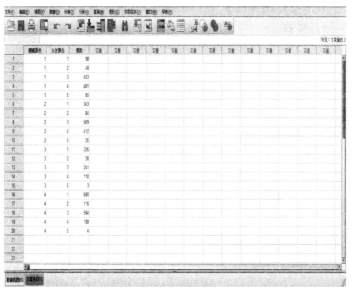

图 15.7 案例数据

(1) 由于本例是以频数格式录入数据的(相同取值的观测值只录入一次,另加一个频数变量用于记录该数值共出现了多少次),在进入 SPSS 22.0 之后,首先要对数据进行预处理,以频数变量进行加权,从而将数据制定为该种格式(操作如图 15.1 所示)。

(2) 选择菜单【分析/降维/对应分析】,弹出如图 15.2 所示的对话框。先定义行、列变量及其取值范围,如图 15.8 所示。

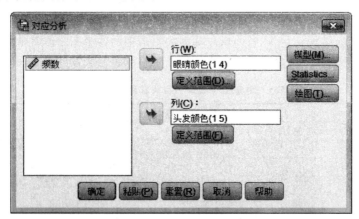

图 15.8 行列变量的设置

(3) 其他设置采用默认值即可。
(4) 设置完毕后,单击【确定】按钮。

4．结果分析

(1) 对应分析表

表 15.2 是按照原始数据整理而成的行列表,反映的是眼睛颜色和头发颜色不同组合下的实际样本数。

表 15.2 对应分析表

眼睛颜色	头发颜色					
	金色头发	红色头发	棕色头发	深色头发	黑色头发	活动页边距
深色眼睛	98	48	403	681	85	1315
棕色眼睛	343	84	909	412	26	1774
蓝色眼睛	326	38	241	110	3	718
浅色眼睛	688	116	584	188	4	1580
活动页边距	1455	286	2137	1391	118	5387

(2) 对应分析的摘要

在表 15.3 中,第一列是维数,其个数等于变量的最小分类数减 1,该例中的最小分类数是眼睛颜色的种类(共 4 类),所以维数是 3;第 2—5 列分别表示奇异值、惯量、卡方值和 Sig 值;随后的列给出了各个维数所能解释的两个变量关系的百分比,可以看出,前两个维数就累计解释了 99.6% 的信息。

表 15.3 对应分析摘要表

维数	奇异值	惯量	卡方	显著性	惯量的比例		置信度奇异值	
					占	累积	标准偏差	相关系数
								2
1	0.446	0.199			0.866	0.866	0.012	0.274
2	0.173	0.030			0.131	0.996	0.013	
3	0.029	0.001			0.004	1.000		
总计		0.230	1240.039	0.000a	1.000	1.000		

注:a 表示自由度为 12。

(3) 对应分析坐标值及贡献值

表 15.4 给出了行变量(眼睛变量)和列变量(头发变量)在各个维数上的坐标值,以及各个类别对各维数的贡献值。

表 15.4　对应分析坐标值及其贡献值

(a) 行点总览表[a]

眼睛颜色	质量	维数得分		惯量	贡献				
					点对维数的惯量		维数对点的惯量		
		1	2		1	2	1	2	总计
深色眼睛	0.244	1.052	−0.322	0.125	0.605	0.145	0.965	0.035	1.000
棕色眼睛	0.329	0.050	0.588	0.020	0.002	0.657	0.018	0.981	0.999
蓝色眼睛	0.133	−0.599	−0.397	0.026	0.107	0.121	0.836	0.143	0.979
浅色眼睛	0.293	−0.660	−0.212	0.060	0.286	0.076	0.956	0.039	0.995
活动总计	1.000			0.230	1.000	1.000			

注：a 表示对称规范化。

(b) 列点总览表[a]

头发颜色	质量	维数得分		惯量	贡献				
					点对维数的惯量		维数对点的惯量		
		1	2		1	2	1	2	总计
金色头发	0.270	−0.814	−0.417	0.088	0.401	0.271	0.907	0.093	1.000
红色头发	0.053	−0.349	−0.116	0.004	0.014	0.004	0.770	0.033	0.803
棕色头发	0.397	−0.063	0.500	0.018	0.004	0.572	0.039	0.961	1.000
深色头发	0.258	0.881	−0.250	0.092	0.449	0.093	0.969	0.030	1.000
黑色头发	0.022	1.638	−0.688	0.028	0.132	0.060	0.934	0.064	0.998
活动总计	1.000			0.230	1.000	1.000			

注：a 表示对称规范化。

以表 15.4(a)概述行点为例，对表中各列含义作出以下解释：

① "质量"列表示各种类别的构成比，如深色眼睛的人在总数中的构成比例是 0.244。

② "维数得分"列表示各类别在相关维数上的评分，首先给出的是默认提取的两个维数上各类别的因子负荷值。

③ "惯量"列给出了总惯量在行变量中的分解情况，数值越大表示该类别对惯量的贡献越大。

④ "点对维数的惯量"列表示在各个维数上，信息量在各类别间的分解状况，本例中第一维数主要是被深色、蓝色、浅色所携带，也就是说这三个类别在第一维数上的区分比较好，第二维数主要是被深色、棕色、蓝色所携带，说明这三个类别在第二维数上的区分比较好。

⑤ "维数对点的惯量"列表示各类别的信息在各维数上的分布比例，本例中深色、蓝色、浅色都主要分布在第一维数上，棕色主要分布在第二维数上。

⑥ "总计"列表示各维数的信息比例之和，可见红色这一类别在前两维中只提供了 80.3% 的信息，效果最差。

(4) 对应分析图

图 15.9 是对应分析图,是对应分析中最主要的结果,从图中可以看出两个变量不同类别之间的关系。我们可以从两个方面分析该图:首先,可以分别从横坐标和纵坐标方向考察变量不同类别之间的稀疏,如果靠得近,则说明在该维数上这些类别之间差别不大;其次,可以把平面划分为以(0,0)为原点的四个象限,位于相同象限的不同变量的分类点之间的关联较强。

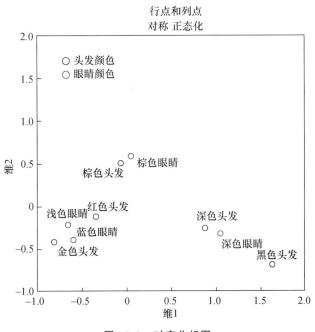

图 15.9 对应分析图

从本例中我们可以发现:棕色头发和棕色眼睛,深色头发、黑色头发和深色眼睛,金色头发和蓝色眼睛、浅色眼睛存在着比较强的关联。

4. 结果说明与解读分析

通过运用对应分析对本例进行分析,我们可以得出:

第一,由结果分析(1)可知,眼睛颜色和头发颜色在不同组合下的实际样本数。

第二,由结果分析(2)可知,提取的前两个维数累计已经解释了 99.6% 的信息。

第三,由结果分析(3)可知,眼睛颜色和头发颜色在各个维数上的坐标值以及各个类别对各个维数的贡献值。

第四,由结果(4)可知,棕色头发和棕色眼睛,深色头发、黑色头发和深色眼睛,金色头发和蓝色眼睛、浅色眼睛存在着比较强的关联。

15.6.2 我国部分省份农村居民人均消费支出实例

1. 方法设计与变量选用

本案例主要研究我国部分省份农村居民人均消费的支出情况,主要研究省份与消费支出结构两个名义变量之间的关系,因此,选用的变量有省份(province)、消费支出分类(consumption)、各种消费支出比重(proportion),主要采用对应分析的方法。

2. 样本选择与数据收集

本案例使用本书配套例题数据,用对应分析的方法研究我国部分省份的农村居民人均消费支出结构。数据来源于《中国统计年鉴》1997年。

在该实例中,共有三个变量,分别为 province(省份:1 山西、2 内蒙古、3 辽宁、4 吉林、5 黑龙江、6 海南、7 四川、8 贵州、9 甘肃、10 青海); consumption(消费支出分类:1 食品、2 衣着、3 居住、4 家庭设备及服务、5 医疗保健、6 交通和通信、7 文教娱乐); proportion(各种消费支出比重),proportion 是定距变量,前两个是分类变量。

3. 实现操作与界面说明

(1) 选择菜单【数据/加权个案】,出现如图 15.10 所示的对话框,功能定义各种消费支出比重变量为权重变量。

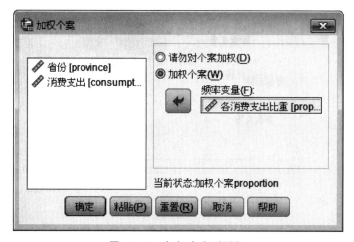

图 15.10 加权个案对话框

(2) 依次点击【分析/降维/对应分析】,进入如图 15.11 所示的对应分析主对话框,并定义行、列变量的范围。

图 15.11 对应分析对话框

(3) 其他选项按照系统默认设置。单击【粘贴(P)】按钮,可生成命令语句。单击【确定】按钮,执行运算。

(4) 输出结果,如表15.5至表15.8和图15.12所示。

表 15.5 对应表

省份	消费支出								
	食品	衣着	居住	家庭设备及服务消费	医疗保健	交通通信	文教娱乐	活动页边距
山西	0.584	0.111	0.092	0.050	0.038	0.019	0.080	0.975
内蒙古	0.581	0.081	0.112	0.042	0.043	0.040	0.083	0.984
辽宁	0.565	0.100	0.124	0.041	0.043	0.031	0.079	0.984
吉林	0.531	0.105	0.117	0.045	0.044	0.039	0.095	0.976
黑龙江	0.555	0.097	0.143	0.038	0.052	0.026	0.073	0.984
海南	0.655	0.048	0.095	0.048	0.022	0.019	0.097	0.983
四川	0.640	0.062	0.117	0.048	0.034	0.017	0.072	0.990
贵州	0.725	0.056	0.073	0.044	0.016	0.016	0.057	0.989
甘肃	0.679	0.050	0.088	0.038	0.040	0.015	0.068	0.978
青海	0.666	0.089	0.097	0.038	0.039	0.019	0.034	0.982
活动页边距	6.181	0.800	1.060	0.433	0.372	0.241	0.738	9.825

表 15.6 对应分析摘要表

维数	奇异值	惯量	卡方值	显著性	惯量的比例[a]		置信度奇异值	
					占	累积	标准偏差	相关系数 2
1	0.133	0.018			0.657	0.657	0.309	−0.050
2	0.070	0.005			0.180	0.837	0.294	
3	0.050	0.002			0.091	0.928		
4	0.036	0.001			0.047	0.976		
5	0.024	0.001			0.021	0.996		
6	0.010	0.000			0.004	1.000		
总计		0.027	0.265	1.000a	1.000	1.000		

注:a 表示自由度为54。

表 15.7 行点总览表[a]

省份	质量	维数得分		惯量	贡献			
					点对维数的惯量		维数对点的惯量		
		1	2		1	2	1	2	总计
山西	0.099	−0.171	−0.116	0.002	0.022	0.019	0.201	0.048	0.249
内蒙古	0.100	−0.250	0.161	0.002	0.047	0.037	0.532	0.116	0.649
辽宁	0.100	−0.349	−0.037	0.002	0.092	0.002	0.976	0.006	0.982

(续表)

省份	质量	维数得分		惯量	贡献				
					点对维数的惯量		维数对点的惯量		
		1	2		1	2	1	2	总计
吉林	0.099	−0.508	0.180	0.004	0.193	0.046	0.888	0.058	0.947
黑龙江	0.100	−0.407	−0.148	0.003	0.124	0.032	0.721	0.050	0.772
海南	0.100	0.323	0.498	0.003	0.078	0.356	0.437	0.545	0.983
四川	0.101	0.165	0.084	0.001	0.021	0.010	0.409	0.055	0.464
贵州	0.101	0.617	−0.047	0.005	0.288	0.003	0.937	0.003	0.940
甘肃	0.100	0.382	0.012	0.002	0.109	0.000	0.778	0.000	0.778
青海	0.100	0.190	−0.587	0.003	0.027	0.494	0.164	0.818	0.983
活动总计	1.000			0.027	1.000	1.000			

注:a 表示对称规范化。

表 15.8 列点总览表[a]

消费支出	质量	维数得分		惯量	贡献				
					点对维数的惯量		维数对点的惯量		
		1	2		1	2	1	2	总计
食品	0.629	0.259	−0.044	0.006	0.316	0.018	0.980	0.015	0.995
衣着	0.081	−0.662	−0.429	0.007	0.268	0.214	0.707	0.155	0.862
居住	0.108	−0.407	0.007	0.004	0.134	0.000	0.662	0.000	0.662
家庭设备及服务消费	0.044	0.018	0.196	0.000	0.000	0.024	0.004	0.263	0.267
医疗保健	0.038	−0.615	−0.326	0.003	0.107	0.058	0.670	0.098	0.768
交通通信	0.025	−0.821	0.296	0.003	0.124	0.031	0.653	0.044	0.697
文教娱乐	0.075	−0.296	0.779	0.004	0.050	0.655	0.206	0.746	0.952
活动总计	1.000			0.027	1.000	1.000			

注:a 表示对称规范化。

4. 结果分析

输出结果包括反映原始数据组成的对应表、对应分析摘要表、行与列的相关信息表及对应分析图。

表 15.5 对应表给出了 10 个省份的 7 种消费支出的观察值、总和,行、列有效边际值,最右下角的值 9.825 是所有观察值的和。

表 15.6 为对应分析的摘要表,给出了行与列记分之间的关系,从左到右依次为维数、奇异值(即惯量的平方根,反映了行与列各水平在二维图中分量的相关程度,是行与列进行因子分析产生新的总和变量的典型相关系数)、惯量(为每一维到其中心的加权距离的平方,用来衡量行列关系的强度)、卡方值(即列联表行列独立性卡方检验的

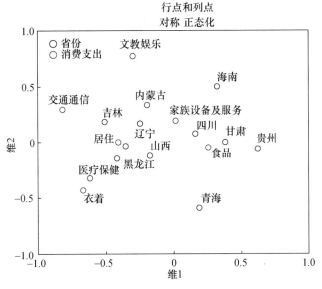

图 15.12 对应分析图

卡方值)、显著性水平(即行列独立零假设下的概率值,值很大说明列联表的行与列之间独立,否则有较强的相关性)、惯量的比例(是各维数即公因子分别解释总惯量的比例及累计百分比,类似因子分析中公因子解释能力的说明)和置信度奇异值。

从表 15.6 可以看出,由于第一维(0.657)、第二维(0.180)的惯量比例和为 83.7%,因此,其他维数的重要性可以忽略。

表 15.7 为对应表中每行观察值除以每行总和的归一化结果。每行的边际都为 1。

表 15.8 为对应表中每列观察值除以每列总和的归一化结果。每列的边际都为 1。

5. 结果说明与解读分析

在图 15.12 中,以横轴 0 为中心轴,可将变量点和样品点分为两类:

第一类:变量为衣着、居住、医疗保健;省份有山西、内蒙古、辽宁、吉林、黑龙江,它们位于我国的东部和北部地区,说明这 5 个省份的消费支出结构相似。

第二类:变量为食品、家庭设备及服务支出比重;省份有四川、贵州、甘肃,它们位于我国西部和南部地区,说明这 3 个省份的消费支出结构相似。

青海、海南距各种消费类型都较远,较特殊,但这两个省份距离较远,类型又不同。

第16章 距离分析

在上一章的相关分析中,我们关心的是某两个变量的相关性,因此需要控制其他"次要"变量的影响。但事情往往比这更复杂,变量多到无法一一关心的地步,它们都代表了一定的信息,但彼此又有重叠。此时,最省事的办法是将它们按照一定的标准进行分类,即聚类分析。但聚类分析是非常复杂的多元分析方法,指标太多时采用这种方法过于冗杂。那么如何做才能更简便?Distance 过程所用的距离分析就可以按照各种统计测量指标计算各个变量(记录)间的相似性或不相似性(即距离),从而为下面继续进行的聚类分析等提供信息,以帮助分析复杂的数据集。正是基于这个特点,距离分析并不会给出我们常用的 P 值,而只给出各变量(记录)间的距离大小,以供用户自行判断相似性。

事实上,Distance 过程就是一个标准的预分析过程,在使用聚类分析、多维尺度分析这些基于测量变量(记录)间距离的分析方法前,都可以先使用它来了解数据的大致情况,以得到初步的分析线索。

16.1 距离分析概述

距离分析是通过计算成对样品之间或者成对变量之间的广义距离,对它们之间的相似或不相似(距离)的程度进行测度,以考察研究对象之间的相似程度的一种统计方法。根据分析对象的不同,距离分析分为样品间距离分析和变量间距离分析,前者为样品和样品之间的距离分析,后者为变量和变量之间的距离分析;而根据测度的统计量不同,距离分析分为不相似性测度和相似性测度,前者通过计算样品间或变量间的距离来表示,而后者通过计算 Pearson 相关系数或 Cosine 相似系数来表示。

16.2 距离分析中的距离测度

1. 不同类型变量的不相似性距离测度

对于连续型变量向量的距离分析,可以选用欧氏距离、欧氏距离平方、切比雪夫距离、布洛克距离、明可斯基距离和用户自定义距离测度;对于离散型变量向量进行距离分析,可以使用卡方测度与斐方测度;对于二值变量向量进行距离分析常用二值欧式距离、二值欧式距离平方、不对称指数距离、Pattern difference 距离、方差、Shape 距离、Lance & Williams 距离来测度。现在我们来逐一介绍每个距离的测度原理。

(1) 连续型变量向量之间的不相似性距离测度

欧氏距离(Euclidean distance)的计算公式为：

$$\text{Euclid} = \sqrt{\sum_{i=1}^{k}(x_i - y_i)^2} \tag{16.1}$$

欧氏距离平方(squared Euclidean distance)的计算公式为：

$$\text{Seuclid} = \sum_{i=1}^{k}(x_i - y_i)^2 \tag{16.2}$$

切比雪夫距离(Chebychev distance)的计算公式为：

$$\text{Chebychev}(x,y) = \max |x_i - y_i| \tag{16.3}$$

布洛克距离(Block distance)的计算公式为：

$$\text{Block}(x,y) = \sum_{i=1}^{k} |x_i - y_i| \tag{16.4}$$

明可斯基距离(Minkowski distance)的计算公式为：

$$\text{Minkowski}(x,y) = \sqrt[p]{\sum_{i=1}^{k} |x_i - y_i|^p} \tag{16.5}$$

用户自定义距离(customized distance)的计算公式为：

$$\text{Customized}(x,y) = \sqrt[r]{\sum_{i=1}^{k} |x_i - y_i|^p} \tag{16.6}$$

在公式中设置不同的 r, p 参数值，可以计算得到不同的自定义距离。

(2) 离散型或定序型变量向量之间的不相似性距离测度

卡方测度(Chi-Square measure)的计算公式为：

$$\text{Chisq}(x,y) = \sqrt{\frac{\sum_{i=1}^{k}(x_i - E(x_i))^2}{E(x_i)} + \frac{\sum_{i=1}^{k}(y_i - E(y_i))^2}{E(y_i)}} \tag{16.7}$$

斐方测度(Phi-Square measure)的计算公式为：

$$\text{Phisq}(x,y) = \sqrt{\frac{\frac{\sum_{i=1}^{k}(x_i - E(x_i))^2}{E(x_i)} + \frac{\sum_{i=1}^{k}(y_i - E(y_i))^2}{E(y_i)}}{n}} = \frac{\text{Chisq}(x,y)}{\sqrt{n}} \tag{16.8}$$

(3) 二值变量向量之间的不相似性距离测度，即匹配测度

对于二值 n 维特征向量可以定义如下相似性测度：

设 $a = \sum_{i=1}^{n} x_i y_i$ 为 x、y 的(1—1)匹配的特征数量；$b = \sum_{i=1}^{n}(1-x_i)y_i$ 为 x、y 的(0—1)匹配的特征数量；$c = \sum_{i=1}^{n} x_i(1-y_i)$ 为 x、y 的(1—0)匹配的特征数量；$d =$

$\sum_{i=1}^{n}(1-x_i)(1-y_i)$ 为 x、y 的 $(0-0)$ 匹配的特征数量；$(a+d)$ 反映了两个个体的相似程度；$(c+b)$ 反映了两个个体的不相似、不匹配即差异程度。

二值欧式距离的计算公式为：

$$d = \sqrt{b+c} \tag{16.9}$$

二值欧式距离平方的计算公式为：

$$d^2 = b+c \tag{16.10}$$

不对称指数（size difference）距离的计算公式为：

$$\text{Size}(x,y) = \frac{(b-c)^2}{n^2} \tag{16.11}$$

Pattern difference 距离的计算公式为：

$$\text{Pattern}(x,y) = \frac{bc}{n^2} \tag{16.12}$$

方差的计算公式为：

$$\text{Variance}(x,y) = \frac{b+c}{4n} \tag{16.13}$$

Shape 距离的计算公式为：

$$\text{Bshape}(x,y) = \frac{n(b+c)-(b-c)^2}{n^2} \tag{16.14}$$

Lance & Williams 距离的计算公式为：

$$\text{Lanceandwilliams}(x,y) = \frac{b+c}{2a+b+c} \tag{16.15}$$

2. 不同类型变量的相似性距离测度

（1）连续型变量之间的相似性距离测度

Pearson 相关系数的计算公式为：

$$r_{xy} = \frac{\sum_{i=1}^{n}(x_i-\bar{x})(y_i-\bar{y})}{\sqrt{\sum_{i=1}^{n}(x_i-\bar{x})^2 \sum_{i=1}^{n}(y_i-\bar{y})^2}} \tag{16.16}$$

Cosine 相似系数的计算公式为：

$$\text{Cosine}(x,y) = \frac{\sum_{i=1}^{k}(x_i y_i)^2}{\sqrt{\left(\sum_{i=1}^{k}x_i^2\right)\left(\sum_{i=1}^{k}y_i^2\right)}} \tag{16.17}$$

（2）二值变量之间的相似性距离测度

Russel & Rao 距离的计算公式为：

$$\text{RR}(x,y) = \frac{a}{a+b+c+d} \tag{16.18}$$

Simple matching 距离的计算公式为：

$$\mathrm{Sm}(x,y) = \frac{a+d}{n} \tag{16.19}$$

Jaccard 距离的计算公式为：

$$\mathrm{Jaccard}(x,y) = \frac{a}{a+b+c} \tag{16.20}$$

Dice 距离的计算公式为：

$$\mathrm{Dice}(x,y) = \frac{2a}{2a+b+c} \tag{16.21}$$

Rogers & Tanimoto 距离的计算公式为：

$$\mathrm{Rt}(x,y) = \frac{a+d}{a+d+2b+2c} \tag{16.22}$$

Sokal & Sneath 1 配对系数的计算公式为：

$$\mathrm{SS1}(x,y) = \frac{2(a+d)}{2(a+d)+b+c} \tag{16.23}$$

Sokal & Sneath 2 配对系数的计算公式为：

$$\mathrm{SS2}(x,y) = \frac{a}{a+2b+2c} \tag{16.24}$$

Sokal & Sneath 3 配对系数的计算公式为：

$$\mathrm{SS3}(x,y) = \frac{a+d}{b+c} \tag{16.25}$$

Kulczynski 1 配对系数的计算公式为：

$$\mathrm{K1}(x,y) = \frac{a}{b+c} \tag{16.26}$$

Kulczynski 2 条件平均概率的计算公式为：

$$\mathrm{K2}(x,y) = \frac{\frac{a}{(a+b)} + \frac{a}{(a+c)}}{2} \tag{16.27}$$

Sokal & Sneath 4 条件概率的计算公式为：

$$\mathrm{SS4}(x,y) = \frac{\frac{a}{(a+b)} + \frac{a}{(b+c)} + \frac{a}{(b+d)} + \frac{a}{(c+d)}}{4} \tag{16.28}$$

Hamann 概率的计算公式为：

$$\mathrm{Hamann}(x,y) = \frac{(a+d)-(b+c)}{n} \tag{16.29}$$

Lambda 值的计算公式为：

$$\mathrm{Lambda}(x,y) = \frac{t_1 - t_2}{2n - t_2} \tag{16.30}$$

$$t_1 = \max(a,b) + \max(c,d) + \max(b,d)$$
$$t_2 = \max(a+c, b+d) + \max(a+d, c+d)$$

Anderberg'D 的计算公式为：

$$D(x,y) = \frac{t_1 - t_2}{2n} \tag{16.31}$$

Yule's Y 综合系数的计算公式为:

$$Y(x,y) = \frac{\sqrt{ad}-\sqrt{bc}}{\sqrt{ad}+\sqrt{bc}} \tag{16.32}$$

Yule's Q 的计算公式为:

$$Q(x,y) = \frac{ad-bc}{ad+bc} \tag{16.33}$$

Ochiai 距离的计算公式为:

$$\text{Ochiai}(x,y) = \sqrt{\frac{a}{a+b} \cdot \frac{a}{a+c}} \tag{16.34}$$

Sokal & Sneath 5 距离的计算公式为:

$$SS5(x,y) = \frac{ad}{\sqrt{(a+b)(a+c)(c+d)(b+d)}} \tag{16.35}$$

Phi4-point correlation 距离的计算公式为:

$$\text{Phi}(x,y) = \frac{ad-bc}{\sqrt{(a+b)(a+c)(c+d)(b+d)}} \tag{16.36}$$

Dispersion 距离的计算公式为:

$$\text{Disper}(x,y) = \frac{ad-bc}{(a+b+c+d)^2} \tag{16.37}$$

16.3 变量距离分析的 SPSS 软件实现

【例 16.1】 实例:变量距离分析的 SPSS 软件实现

某教育科学课题研究组随机测试了北京海淀区某初中 13 岁男孩的身高、体重、肺活量和胸围,数据资料如表 16.1 所示,试对身高、体重、肺活量和胸围变量进行距离分析。

表 16.1 男孩的身高、体重、肺活量和胸围的数据

编号	身高(cm)	体重(kg)	肺活量(L)	胸围(cm)
1	135.10	32.0	1.75	68.00
2	139.90	30.4	1.75	69.00
3	163.60	46.2	2.75	86.00
4	146.50	33.5	2.50	75.00
5	156.20	37.1	2.75	78.00
6	156.40	35.5	2.00	74.00
7	167.80	41.5	2.75	88.00
8	149.70	31.0	1.50	65.00
9	145.00	33.0	2.50	72.00
10	148.50	37.2	2.25	76.00
11	165.50	49.5	3.00	90.00
12	135.00	27.6	1.25	64.00

(续表)

编号	身高(cm)	体重(kg)	肺活量(L)	胸围(cm)
13	153.30	41.0	2.75	79.00
14	152.00	32.0	1.75	71.00
15	160.50	47.2	2.25	79.00
16	153.00	32.0	1.75	71.00
17	147.60	40.5	2.00	72.00
18	157.50	43.3	2.25	78.00
19	155.10	44.7	2.75	77.00
20	160.50	37.5	2.00	81.00
21	143.00	31.5	1.75	73.00
22	149.90	33.9	2.25	75.00
23	160.80	40.4	2.75	81.00
24	159.00	38.5	2.25	80.00
25	158.20	37.5	2.00	79.00
26	150.00	36.0	1.75	75.00
27	144.50	34.7	2.25	71.00
28	154.60	39.5	2.50	79.00
29	156.50	32.0	1.75	67.00

本类型题目的具体解题步骤如下：

(1) 在 SPSS 中，录入表 16.1 的数据，另存为"data16.01.sav"。

(2) 选择菜单【分析(A)/相关(C)/距离(D)】，展开距离分析对话框，如图 16.1 与图 16.2 所示。

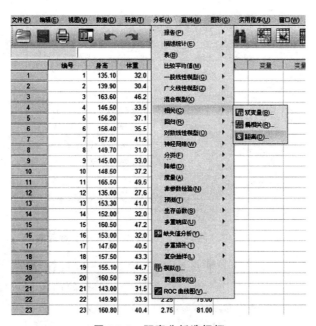

图 16.1　距离分析选择框

图 16.2 距离分析对话框

将左侧变量名框中的"体重""身高""肺活量""胸围"移入【变量(V)】中。由于本例的目的是对体重、身高、肺活量、胸围变量之间进行相似性研究,因此在主对话框【计算距离】框中选择【变量间(B)】,又 4 个变量都是等间隔变量,在【测量(M)】框中选择【相似性(S)】,即对变量之间进行相似性测度,单击【测量(M)】按钮展开如图 16.3 所示的对话框。

图 16.3 相似性测量(similaries measure) 对话框

由于本例 4 个变量是等间隔测度的变量,在【测量(M)】下拉菜单中可采用默认 "Pearson 相关性",也可以选用"余弦(C)"选项。由于在前面偏相关分析中已经介绍过 Pearson 分析,故这里介绍余弦(Cosine)分析。首先作正态分析,结果如图 16.4 所示。

One-Sample Kolmogorov-Smirnov Test

		身高	体重	肺活量	胸围
N		29	29	29	29
Normal Parameters[a,b]	Mean	152.5931	37.128	2.1897	75.6207
	Std. Deviation	8.35596	5.5328	.45146	6.34943
Most Extreme Differences	Absolute	.081	.099	.145	.095
	Positive	.060	.099	.145	.095
	Negative	-.081	-.078	-.134	-.061
Test Statistic		.081	.099	.145	.095
Asymp. Sig. (2-tailed)		.200[c,d]	.200[c,d]	.121[c]	.200[c,d]

a. Test distribution is Normal.

b. Calculated from data.

c. Lilliefors Significance Correction.

d. This is a lower bound of the true significance.

图 16.4　正态分析检验

由于 4 个变量服从正态分布的原假设概率分别为 0.200、0.200、0.121、0.200，均大于 0.05，所以不拒绝它们服从正态分布的原假设。在【转换值】栏的【标准化(S)】中选择 "Z 分数(Z scores)"，对变量作标准化处理，这样做可以消除 4 个变量不同单位量纲对计算结果的影响，同时指定标准化对象为"By variable"即对变量进行标准化。单击【OK】按钮运行，在输出窗口得到计算结果，如图 16.5 与 16.6 所示。

Case Processing Summary

Cases					
Valid		Missing		Total	
N	Percent	N	Percent	N	Percent
29	100.0%	0	0.0%	29	100.0%

图 16.5　样品处理汇总

Proximity Matrix

	Correlation between Vectors of Values			
	身高	体重	肺活量	胸围
身高	1.000	0.741	0.600	0.814
体重	0.741	1.000	0.751	0.834
肺活量	0.600	0.751	1.000	0.805
胸围	0.814	0.834	0.805	1.000

This is a similarity matrix.

图 16.6　相似系数矩阵

结果分析:图 16.5 显示了样本有效值和缺失值的统计,图 16.6 是以矩阵形式给出了变量两两之间的余弦相似系数。相似系数越接近 1,说明两个变量越相似,在图中体重与胸围变量之间相似系数最高为 0.834,身高与胸围相似系数次之,为 0.814,最小的是肺活量与身高相似系数,为 0.805。

16.4 样品距离分析的 SPSS 软件实现

【例 16.2】 实例:样品距离分析的 SPSS 软件实现

2002 年世界杯前 16 名的球队在小组赛中进球数与失球数见表 16.2,试问哪几个队最接近?

表 16.2 进球数与失球数统计

序号	球队名称	进球数	失球数
1	丹麦	5	2
2	塞内加尔	5	4
3	西班牙	9	4
4	巴拉圭	6	6
5	巴西	11	3
6	土耳其	5	3
7	韩国	4	1
8	美国	5	6
9	德国	11	1
10	爱尔兰	5	2
11	瑞典	4	3
12	英格兰	2	1
13	墨西哥	4	2
14	意大利	4	3
15	日本	5	2
16	比利时	6	5

本类型题目的具体解题步骤如下:

(1) 将表 16.2 数据录入或导入 SPSS 并另存为"data16.02.sav"。

(2) 同例题 16.1,打开距离分析对话框,将进球数与失球数移入【变量(V)】,将球队名称移入【标注个案(L)】以对样品作标识,由于本例的目的是对 16 个球队之间进行相似性研究,故在主对话框的【计算距离】栏选"个案间(C)",在【测量】中选择"非相似性(D)",由于本例中2个变量都是计数型资料,故在【测量(M)】中选择"计数(Counts)"任意一个来分析,本例选用 Chi-square measure 来进行不相似性分析,如图16.7 所示。

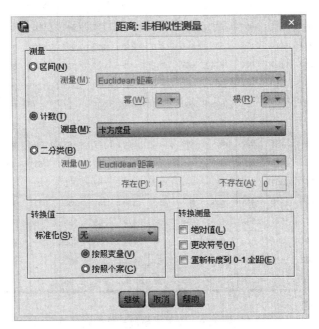

图 16.7 测量中选用卡方度量计数

图 16.8 为样品处理汇总图。

		Cases						
Valid		Rejected				Total		
		Missing Value		Negative Value				
N	Percent	N	Percent	N	Percent	N	Percent	
16	100.0%	0	0.0%	0	0.0%	16	100.0%	

图 16.8 样品处理汇总

结果分析:图 16.9 是对样本有效值和缺失值进行的统计,以矩阵形式给出了变量两两之间的卡方不相似系数,不相似系数越接近 0,说明两个变量越接近。在图中可以看出,丹麦、爱尔兰、日本三队之间很接近,卡方不相似系数的计算结果为 0.000,此外,英格兰和墨西哥之间也很接近为 0.000。

Proximity Matrix

	Chi-square between Sets of Frequencies															
	1	2	3	4	5	6	7	8	9	10	11	12	13	14	15	16
1	.000	.651	.102	.913	.362	.366	.338	1.081	1.167	.000	.558	.151	.185	.558	.000	.716
2	.651	.000	.656	.252	1.171	.290	.915	.449	1.923	.651	.063	.338	.430	.063	.651	.045
3	.102	.656	.000	.981	.553	.318	.457	1.177	1.401	.102	.541	.086	.112	.541	.102	.740
4	.913	.252	.981	.000	1.527	.550	1.145	.218	2.245	.913	.301	.518	.671	.301	.913	.218
5	.362	1.171	.553	1.527	.000	.814	.067	1.712	.923	.362	1.025	.441	.563	1.025	.362	1.278
6	.366	.290	.318	.550	.814	.000	.665	.735	1.598	.366	.211	.128	.161	.211	.366	.347
7	.338	.915	.457	1.145	.067	.665	.000	1.291	.680	.338	.828	.422	.494	.828	.338	.975
8	1.081	.449	1.177	.218	1.712	.735	1.291	.000	2.406	1.081	.483	.651	.837	.483	1.081	.426
9	1.167	1.923	1.401	2.245	.923	1.598	.680	2.406	.000	1.167	1.781	1.139	1.342	1.781	1.167	2.025
10	.000	.651	.102	.913	.362	.366	.338	1.081	1.167	.000	.558	.151	.185	.558	.000	.716
11	.558	.063	.541	.301	1.025	.211	.828	.483	1.781	.558	.000	.282	.352	.000	.558	.108
12	.151	.338	.086	.518	.441	.128	.422	.651	1.139	.151	.282	.000	.000	.282	.151	.376
13	.185	.430	.112	.671	.563	.161	.494	.837	1.342	.185	.352	.000	.000	.352	.185	.485
14	.558	.063	.541	.301	1.025	.211	.828	.483	1.781	.558	.000	.282	.352	.000	.558	.108
15	.000	.651	.102	.913	.362	.366	.338	1.081	1.167	.000	.558	.151	.185	.558	.000	.716
16	.716	.045	.740	.218	1.278	.347	.975	.426	2.025	.716	.108	.376	.485	.108	.716	.000

This is a dissimilarity matrix.

图 16.9　卡方不相似系数矩阵

第 17 章 多维尺度分析

17.1 多维尺度分析概述

我们经常会遇到这样的问题,给你一组城市,你总能从地图上测出任何一组城市之间的距离。但若给你若干城市的距离,你能否确定这些城市之间的相对位置?假定你只是知道哪两个城市最近,哪两个城市次近,等等,你是否还能确定它们之间的相对位置?假定通过调查了解了 10 种饮料产品在消费者心中的相似程度,你能否确定这些产品在消费者心理空间中的相对位置?

多维尺度(multidimensional scaling,简称"MDS")分析就是解决这类问题的一种方法,它是一种在低维空间展示"距离"数据结构的多元数据分析技术。

MDS 起源于心理测度学,用于理解人们判断的相似性。Torgerson 拓展了 Richardson 和 Klingberg 等人在 20 世纪三四十年代的研究,具有突破性地提出了多维尺度分析法,后经 Shepard 和 Kruskal 等人进一步发展完善。MDS 已经成为一种广泛用于心理学、市场调查、社会学、物理学、政治科学及生物学等领域的数据分析方法。

MDS 是基于研究现象间的相似性或不相似性距离,将研究对象在一个低维的空间内形象地表示出来,并进行聚类或维数内含分析的一种图示法。具体而言,MDS 的作用在于,当 n 个对象(object)中各对对象之间的相似性(或距离)给定时,确定这些对象在低维空间中的表示(感知图,perceptual mapping),并使其尽可能与原先的相似性(或距离)"大体匹配",使得由降维所引起的任何变形达到最小。多维空间中排列的每一个点代表一个对象,因此点间的距离与对象间的相似性高度相关。也就是说,两个相似的对象由多维空间中两个距离相近的点表示,而两个不相似的对象则由多维空间两个距离较远的点表示。多维空间通常为二维或三维的欧氏空间,但也可以是非欧氏三维以上的空间。

MDS 方法较多,内容丰富。按相似性(距离)数据测量尺度的不同,MDS 可以分为度量 MDS 和非度量 MDS。当利用原始相似性(距离)的实际数值为间隔尺度和比率尺度时称为度量 MDS(metric MDS);当利用原始相似性(距离)的等级顺序(即有序尺度)而非实际数值时称为非度量 MDS(nonmetric MDS)。按相似性(距离)矩阵的个数和 MDS 模型的性质,MDS 可分为古典多维尺度 CMDS(一个矩阵,无权重模型)、重复多维尺度 replicated MDS(多个矩阵,无权重模型)、权重多维尺度 WMDS

(多个矩阵,权重模型)。① 下面结合 MDS 的理论背景,由浅入深地介绍 MDS 的基本模型和操作的实现。

17.2 多维尺度分析中的基本概念

1. 相似数据与不相似数据

如果用较大的数据表示非常相似,用较小的数据表示非常不相似,则数据为相似数据。如用 10 表示两种饮料非常相似,用 1 表示两种饮料非常不相似。

如果用较大的数据表示非常不相似,较小的数据表示非常相似,则数据为不相似数据,也称距离数据。如用 10 表示两种饮料非常不相似,用 1 表示两种饮料非常相似。

2. 距离矩阵

一个 $n \times n$ 阶的矩阵 $D=(d_{ij})_{n \times n}$,如果满足条件:(1) $D=D'$;(2) $d_{ij} \geqslant 0, d_{ii}=0$,$i,j=1,2,\cdots,n$,则矩阵 D 为广义距离矩阵,d_{ij} 称为第 i 点与第 j 点之间的距离。

对于一个 $n \times n$ 阶的矩阵 $D=(d_{ij})_{n \times n}$,如果存在某个正整数 r 和 R^r 中的 n 个点 $X_1, X_2, \cdots, X_n$,使得

$$d_{ij}^2 = (X_i - X_j)'(X_i - X_j), \quad i,j=1,2,\cdots,n$$

则称 D 为欧几里得距离矩阵。

3. 相似系数阵

一个 $n \times n$ 阶的矩阵 $C=(c_{ij})_{n \times n}$,如果满足条件:(1) $C=C'$;(2) $c_{ij} \leqslant c_{ii}$,$i,j=1,2,\cdots,n$,则矩阵 C 为相似系数阵,c_{ij} 称为第 i 点与第 j 点之间的相似系数。

MDS 的基本思想是:已知一个距离矩阵 D,设法构造 D 的一个拟合构图或一个构图 X,而且维数 r 较低,常取 $r=1,2$ 或 3。

17.3 古典多维尺度分析

古典 MDS(classical MDS,简称"CMDS")是最早出现的一种 MDS 方法,由 Torgerson 于 1950 年提出。

1. 欧氏距离矩阵

一个 $n \times n$ 阶的距离矩阵 $D=(d_{ij})_{n \times n}$,如果存在某个正整数 r 和 R^r 中的 n 个点 $X_1, \cdots, X_n$,使得

$$d_{ij}^2 = (X_i - X_j)'(X_i - X_j), \quad i,j=1,2,\cdots,n$$

则称 D 为欧氏距离矩阵。

2. 度量 MDS 的古典解求解步骤

一般步骤为:

---

① 朱建平. 应用多元统计分析[M]. 北京:科学出版社,2012.

(1) 根据已知距离矩阵 $D=(d_{ij})_{n\times n}$ 计算构造内积矩阵 $B=(b_{ij})_{n\times n}$,其中,

$$b_{ij} = \frac{1}{2}\left[-d_{ij}^2 + \sum_{i=1}^n d_{ij}^2/n - \sum_{i=1}^n\sum_{j=1}^n d_{ij}^2/n^2\right], \quad i,j=1,2,\cdots,n$$

(2) 计算 B 的特征值 $\lambda_1\geqslant\lambda_2\geqslant\cdots\geqslant\lambda_n$ 和 r 个最大特征值 $\lambda_1\geqslant\lambda_2\geqslant\cdots\geqslant\lambda_r\geqslant 0$ 对应的单位特征向量。

(3) 根据 $X=\Gamma\Lambda^{1/2}$ 求出 X,得到 r 维拟合构图(简称"古典解")。

注意:如果 λ_r 中有负值,表明 D 是非欧氏的。

3. 相似系数矩阵下度量 MDS 的古典解

设 $C=(c_{ij})_{n\times n}\geqslant 0$,则矩阵 $D=(c_{ii}+c_{jj}-2c_{ij})^{\frac{1}{2}}$ 为欧氏距离矩阵。

4. 相似系数矩阵下度量 MDS 古典解的求解步骤

一般步骤为:

(1) 根据已知相似系数矩阵 $C=(c_{ij})_{n\times n}$ 计算构造内积矩阵 $B=(b_{ij})_{n\times n}$,其中,

$$b_{ij} = c_{ij} - \sum_{i=1}^n c_{ij}/n + \sum_{j=1}^n c_{ij}/n - \sum_{i=1}^n\sum_{j=1}^n c_{ij}/n^2, \quad i,j=1,2,\cdots,n$$

(2) 计算 B 的特征值 $\lambda_1\geqslant\lambda_2\geqslant\cdots\geqslant\lambda_n$ 和 r 个最大特征值 $\lambda_1\geqslant\lambda_2\geqslant\cdots\geqslant\lambda_r\geqslant 0$ 对应的单位特征向量。

(3) 根据 $X=\Gamma\Lambda^{\frac{1}{2}}$ 求出 X,得到 r 维拟合构图。

17.4 非度量多维尺度分析

在实际问题中,涉及更多的是不易量化的相似性测度,如两种颜色的相似性。虽然我们可以用 1 表示颜色非常相似,10 表示颜色非常不相似,但是这里的数字只表示颜色之间的相似或不相似程度,并不表示实际的数值大小,因而是定序尺度,这时是由两两颜色间的不相似数据 δ_{ij} 形成"距离"矩阵。对于非度量的不相似性矩阵,我们如何进行多维尺度分析?假定有一个 n 个对象的不相似矩阵 δ_{ij},要寻找 n 个对象的一个 r 维拟合构造点 X。下面介绍 Kruskal 的非度量 MDS。

为了寻找一个较好的拟合构造点,可以从某一个拟合构造点开始,即先将 n 个对象随意放置在 r 维空间,形成一个感知图,用 $X_i=(X_{i1},X_{i2},\cdots,X_{ir})'$ 表示 i 对象在 r 维空间的坐标,对象 i 与 j 在 r 维空间的距离为:

$$d_{ij} = \sqrt{(X_{i1}-X_{j1})^2 + (X_{i2}-X_{j2})^2 + \cdots + (X_{ir}-X_{jr})^2} \tag{17.1}$$

然后,微调 n 个对象在空间的位置,改进空间距离 d_{ij} 与不相似数据 δ_{ij} 间的匹配程度,直到匹配性无法改进为止,显然定量测度 d_{ij} 与 δ_{ij} 间的匹配性是问题的难点,对于定序尺度 δ_{ij} 来说,如何量化它与 d_{ij} 间的对应程度是解决问题的关键,Kruskal 提出了用最小平方单调回归的方法,确定 δ_{ij} 的单调转换 $\hat{d}_{ij}$,然后又提出用以测度偏离完美匹配程度的量度 stress,称为应力。计算公式为:

$$\text{Stress} = \sqrt{\sum_i\sum_j(d_{ij}-\hat{d}_{ij})^2 \Big/ \sum_i\sum_j d_{ij}^2} \tag{17.2}$$

d_{ij} 与 $\hat{d}_{ij}$ 差异越大,Stress 越大,表明匹配性越差,非度量 MDS 就是要采用迭代的方法,找到使 Stress 尽可能小的 r 维空间中 n 个对象的坐标。对于找到的拟合构造点,当 Stress=0 时,表示拟合完美,$d_{ij}=\hat{d}_{ij}$;当 0<Stress<2.5% 时,表示拟合非常好;当 5%<Stress<10% 时,表示拟合一般;当 10%<Stress<20% 时,表示拟合差。

另一种测量偏离完美匹配的量度由 Takane 等人提出,已成为一个更受欢迎的准则。对于给定的维数 r,将这个量度称为 S 应力,计算公式为:

$$S \text{应力} = \left(\sum_i \sum_j (d_{ij}^2 - \hat{d}_{ij}^2) \Big/ \sum_i \sum_j d_{ij}^4 \right)^{1/2} \quad (17.3)$$

S 应力的值在[0,1]区间中,小于 0.1 时,意味着感知图是 n 个对象的一个好的几何表示。

在非度量 MDS 中,还需要确定感知图空间维数 r。可以利用应力-r 图确定最优维数。在应力-r 图中,随着 r 的增加,最小应力将在运算范围内逐渐下降,且当 $r=n-1$ 时等于 0。如在一个 r 点之后,上述下降趋势开始接近水平状态,则这个 r 便是最优的维数。

17.5 权重多维尺度分析

前面的讨论都是由单个距离矩阵数据出发进行的,但在实践中,往往需要确定多个距离矩阵数据的感知图,比如,由 10 个人分别对 5 种饮料进行两两相似评测,结果就会得到 10 个相似性矩阵,那么,如何根据这 10 个人的评测结构得出 5 种饮料的相似性感知图? 显然,按照古典多维的方法,我们只能根据每一个相似性矩阵确定一个感知图,10 个人分别确定 10 个感知图。但是,往往我们想要得到的是这 10 个人共同的感知图,而非 10 个。这一节将介绍由 Carroll 和 Chang 提出的解决这类问题的多维尺度分析方法——权重多维尺度(WMDS)分析。基础权重多维尺度分析也称权重个体差异欧氏距离模型。

设由 m 个个体对 n 个对象进行比较测评,得到 m 个 $n \times n$ 不相似(相似)矩阵,然后将其转换为距离矩阵,每个距离矩阵都有自己的拟合构造空间,权重个体差异欧氏距离模型通过给予不同个体不同的权重综合得到 m 个个体的公共拟合构造空间。设 X_{it} 表示 i 对象在公共拟合构造空间的 t 维坐标,则对于 i 对象第 k 个个体在公共拟合构造空间的 t 维坐标为 $Y_{it}^{(k)}$,即

$$Y_{it}^{(k)} = w_{kt}^{1/2} X_{it} \quad (17.4)$$

其中,$w_{kt}^{1/2}$ 为第 k 个个体在 t 维的权重。对于第 k 个个体,对象 i 和 j 的欧氏距离为:

$$d_{kij} = \sqrt{\sum_{t=1}^{r} (X_{it}^{(k)} - Y_{jt}^{(k)})^2} \quad (17.5)$$

将式(17.4)代入式(17.5)可得:

$$d_{kij} = \sqrt{w_{k1}(X_{i1} - X_{j1})^2 + \cdots + w_{kr}(X_{ir} - X_{jr})^2} \quad (17.6)$$

注意:$w_k = (w_{k1}, w_{k2}, \cdots, w_{kr})'$ 是个体间唯一不同的参数,而分析对象在公共感知图中的坐标则所有个体都相同,在此基础上依据古典 MDS 求内积得到:

$$b_{kij} = \frac{1}{2}\left(-d_{kij}^2 + \frac{1}{n}\sum_{i=1}^{n}d_{kij}^2 + \frac{1}{n}\sum_{j=1}^{n}d_{kij}^2 - \frac{1}{n^2}\sum_{i=1}^{n}\sum_{j=1}^{n}d_{kij}^2\right) = \sum_{t=1}^{r}w_{kt}X_{it}X_{jt}$$

(17.7)

Carroll 和 Chang 采用非线性迭代最小平方方法求得 X 的最优解,得到公共拟合构造点。

17.6 多维尺度分析的 SPSS 软件实现

MDS 的 SPSS 软件实现步骤与界面说明如下:

(1) 录入数据后,依次点击【分析/度量/多维刻度展开(PREFSCAL)/多维刻度近似分析(PROXSCAL)/多维刻度(ALSCAL)】,将变量移至变量框中。

① 多维刻度近似分析(PROXSCAL)。多维刻度尝试查找对象间的一组近似值度量的结构。该过程是通过将观察值分配到概念低维空间中的特定位置实现的,这样使空间中的点之间的距离尽可能与给定的(不)相似性相匹配。结果是输出一个该低维空间中的对象的最小平方表示形式,这在许多个案中将有助于进一步理解数据。

② 示例。多维刻度对于确定感知关系很有用。例如,在考虑产品形象时,可通过调查获取描述自己的产品与竞争对手产品的感知相似性(或近似性)的数据集。通过使用这些近似性数据和自变量(如价格),可尝试确定哪些变量对于人们如何看待这些产品至关重要,以对产品形象作出相应的调整。

③ 统计和图。包括迭代历史记录、应力测量、应力分解、公共空间坐标、最终配置中的对象距离、私有空间权重、私有空间、转换后的近似值、转换后的自变量、应力图、公共空间散点图、私有空间权重散点图、私有空间散点图、转换图、Shepard 残差图,以及自变量转换图。

多维刻度分析数据注意事项如下:

① 数据:可以以近似值矩阵或转换为近似值矩阵的变量的形式提供。矩阵的格式可以为单列,也可以为多列。近似值可以在比率、区间、有序或样条刻度级别上进行处理。

② 假设:必须指定至少三个变量。维数不能超过对象数减1。如果与多随机起点组合,则省略维数减少。如果仅指定一个源,则所有模型都等同于恒等模型。因此,该分析缺省设置为恒等模型。

③ 相关过程:调整所有数值级别变量对应于标准多维刻度分析。

(2) 指定数据的格式,包括:

① 数据格式:指定数据是由近似值度量组成,还是要从数据中创建近似值。

② 源的数目:如果数据是近似值,则指定近似值度量是单源还是多源。

③ 一个源:如果有一个近似值源,则指定数据集是格式化为跨列矩阵中的近似值,还是单列中的近似值(单列中有两个单独的变量用于标识每个近似值的行和列)。

④ 近似值在跨列矩阵中(the proximities are in a matrix across columns):近似值矩阵跨与对象同数量的列分布,这生成"跨列矩阵"对话框中的近似值。

⑤ 近似值位于单列中(the proximities are in a single column):近似值矩阵拼并到单个列或变量中。需要两个附加变量,以识别每个单元格的行和列。这生成"单列"

对话框中的近似值。

⑥ 多个源:如果有多个近似值源,则指定数据集是格式化为跨列堆积矩阵中的近似值(在多个列中,每列一个源)还是单列中的近似值。

⑦ 近似值位于跨列的堆积矩阵中(the proximities are in stacked matrices across columns):近似值矩阵跨与对象同数量的列分布,并跨行相互堆积(行数等于对象的数量乘以源的数量),这生成"跨列矩阵"对话框中的近似值。

⑧ 近似值位于多列中,每列一个源(the proximities are in columns, one source per column):近似值矩阵拼并到多个列或变量中。需要两个附加变量,以识别每个单元格的行和列,这生成"多列"对话框中的近似值。

近似值累积在单列中(The proximites are stacked in a single column):近似值矩阵拼并到单个列或变量中。需要三个附加变量,以识别行、列和每个单元格的源,这生成"单列"对话框中的近似值。

(3) 针对数据结构与形状,在"形状(Shape)"中进行选择,默认为正对称,但如果是处理三角形的数据,选用"非正对称",则另外一半会进行自动填充。

(4) 在选项中,可以进行选择性输出,有组图、个别主体图、数据矩阵、模型和选项摘要,其余项为默认。

输出结果分析框架,包括:

(1) 对迭代过程和 Stress、RSQ 的分析;

(2) 优化尺度数据(偏差)的分析;

(3) 二维拟合点坐标分析。

【例 17.1】 多维刻度分析(ALSCAL)的 SPSS 软件实现

中国 12 个城市间的航空距离数据如表 17.1 所示,请对其进行二维尺度分析。

表 17.1 中国 12 个城市间航空距离的数据

	北京	合肥	长沙	杭州	南昌	南京	上海	武汉	广州	成都	福州	昆明
北京	0											
合肥	999	0										
长沙	1446	641	0									
杭州	1200	476	805	0								
南昌	1398	450	331	468	0							
南京	981	145	799	240	583	0						
上海	1178	412	964	176	644	273	0					
武汉	1133	345	332	656	343	504	761	0				
广州	1967	1105	620	1099	665	1255	1308	873	0			
成都	1697	1392	940	1699	1240	1618	1782	1047	1390	0		
福州	1681	730	743	519	437	747	678	780	763	1771	0	
昆明	2266	1795	1116	2089	1457	1870	2042	1364	1357	711	1959	0

我们按一般的实现步骤进行操作,依次点击【分析】/【度量】/【多维刻度(ALSCAL)】。

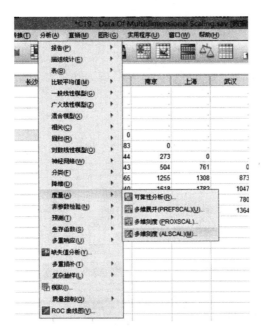

图 17.1　点击选择多维尺度分析

如图 17.2 和 17.3 所示，将变量移至变量框中，即将北京、合肥、长沙、杭州、南昌、南京、上海、武汉、广州、成都、福州、昆明移入【变量(V)】框，然后选择图形为正对称，输出中将【组图(G)】【个别主体图(I)】【数据矩阵(D)】【模型和选项摘要(M)】都选中，其余保持默认。

图 17.2　输入分析变量

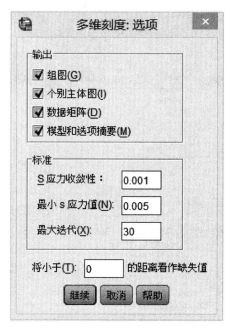

图 17.3 设定计算输出内容

然后，单击【确定】按钮输出结果，得到以下结论：

Iteration history for the 2 dimensional solution (in squared distances)

Young's S-stress formula 1 is used.

Iteration	S-stress	Improvement
1	.02437	
2	.02121	.00316
3	.01949	.00172
4	.01846	.00103
5	.01777	.00070

Iterations stopped because
S-stress improvement is less than   .001000

Stress and squared correlation (RSQ) in distances

RSQ values are the proportion of variance of the scaled data (disparities)
in the partition (row, matrix, or entire data) which
is accounted for by their corresponding distances.
Stress values are Kruskal's stress formula 1.

For matrix
Stress = .01514   RSQ = .99919

图 17.4 压力指数分析结果

图 17.4 显示 SPSS 一共进行了 5 次迭代，压力指数 Stress＝0.01514，RSQ＝0.99919，说明欧氏距离模型拟合效果非常好。通常压力指标 Stress＜0.10 为一般，＜0.05 为拟合好，＜0.025 为拟合很好；RSQ 越接近 1 越好。

图 17.5 优化尺度数据结果显示，对角线两侧数据差异很小，即标尺下实际距离与标尺距离差异很小，其散点图如图 17.6 所示，几乎所有的点都集中在对角线上。

Optimally scaled data (disparities) for subject   1

	1	2	3	4	5	6	7	8	9	10
1	.000									
2	1.710	.000								
3	2.665	1.177	.000							
4	2.230	.931	1.611	.000						
5	2.516	.911	.569	.931	.000					
6	1.710	.258	1.502	.517	1.070	.000				
7	2.076	.697	1.710	.258	1.177	.517	.000			
8	2.076	.697	.593	1.177	.593	.960	1.374	.000		
9	3.655	2.042	1.070	2.042	1.177	2.230	2.230	1.611	.000	
10	3.053	2.516	1.710	3.174	2.230	2.819	3.185	1.882	2.483	.000
11	3.053	1.374	1.374	.960	.911	1.374	1.177	1.492	1.374	3.185
12	4.036	3.193	2.076	3.745	2.672	3.482	3.745	2.483	2.377	1.177

	11	12
11	.000	
12	3.482	.000

Optimally scaled data (disparities) for subject   1

	1	2	3	4	5	6	7	8	9	10
1	.000	1.721	2.666	2.227	2.529	1.713	2.071	2.071	3.642	3.056
2	1.721	.000	1.174	.923	.912	.254	.689	.689	2.029	2.529
3	2.666	1.238	.000	1.607	.574	1.507	1.713	.603	1.066	1.713
4	2.230	.743	1.624	.000	.923	.507	.254	1.174	2.029	3.174
5	2.525	.871	.574	1.073	.000	1.066	1.174	.603	1.174	2.227
6	1.698	.298	1.507	.569	1.077	.000	.507	.963	2.227	2.826
7	2.046	.674	1.702	.202	1.177	.437	.000	1.373	2.227	3.190
8	2.066	.704	.611	1.287	.595	.998	1.300	.000	1.607	1.887
9	3.642	2.017	1.055	2.042	1.146	2.203	2.201	1.591	.000	2.480
10	3.050	2.533	1.739	3.174	2.271	2.826	3.178	1.887	2.462	.000
11	3.063	1.370	1.464	.926	.952	1.370	1.126	1.500	1.355	3.201
12	4.032	3.201	2.102	3.715	2.674	3.497	3.771	2.499	2.375	1.057

	11	12
1	3.056	4.032
2	1.370	3.201
3	1.373	2.071
4	.963	3.743
5	.912	2.674
6	1.373	3.487
7	1.174	3.743
8	1.500	2.480
9	1.373	2.375
10	3.190	1.174
11	.000	3.487

图 17.5　优化尺度数据结果

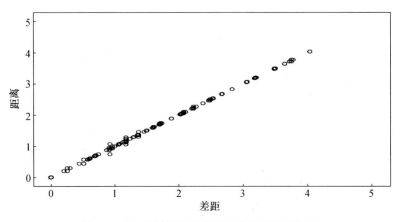

图 17.6　欧几里得距离模型的线性拟合散点图

二维拟合点坐标如图 17.7 所示。

```
                Stimulus Coordinates

                      Dimension

Stimulus   Stimulus      1        2
 Number      Name

    1        北京      1.0477   -1.9102
    2        合肥       .6299    -.2403
    3        长沙      -.5039    .2582
    4        杭州      1.1188    .3187
    5        南昌       .0499    .4095
    6        南京       .9266   -.2167
    7        上海      1.1928    .1304
    8        武汉      -.0708   -.1731
    9        广州      -.6719   1.2998
   10        成都     -1.8218   -.8766
   11        福州       .6722   1.1294
   12        昆明     -2.5695   -.1291
```

图 17.7　二维拟合点坐标图

可以看出，Euclidean 距离模型图与中国地图 12 个位置相仿，仅交换了上下方向，如北京在右下（北面），广州在左上（南面）。

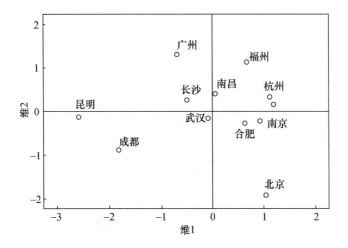

图 17.8　Euclidean 距离模型图

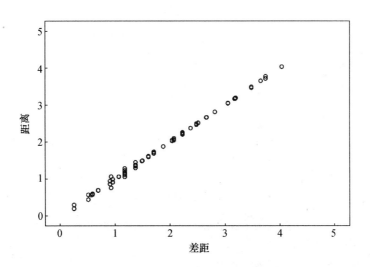

图 17.9　Euclidean 距离模型的线性拟合散点图

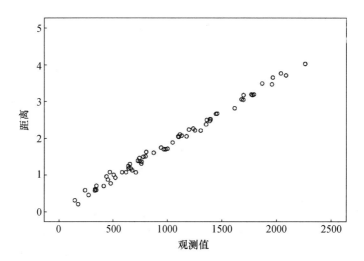

图 17.10　Euclidean 距离模型的非线性拟和散点图

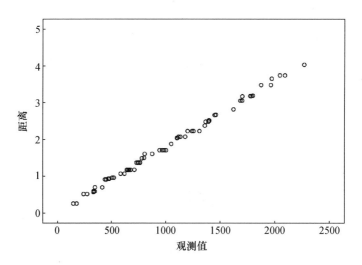

图 17.11　Euclidean 距离模型的变换散点图

第 18 章　判别分析

18.1　判别分析概述

判别分析(discriminant analysis)是判别样本所属类型的一种统计方法。它是在已知观测对象总体的分类结果和若干观测对象特征变量指标值的情况下,构建一定的判别准则,使得利用该判别准则对新的观测对象的类别进行判断时出错概率最小、判别效果最好的识别新观测对象(即样本)的特征类别的判别分类统计技术手段。

一般来讲,利用判别分析,首先要明确变量测量尺度及变量的类型和关系。

因变量(dependent variable):分组变量——定性数据(个体、产品、品牌、特征,定类变量)。

自变量(independent variable):判别变量——定量或定性数据(属性的评价得分,数量型变量)。

建立判别函数的方法一般有四种:全模型法、向前选择法、向后选择法和逐步选择法。

(1) 全模型法是指将用户指定的全部变量作为判别函数的自变量,而不管该变量是否对研究对象显著或对判别函数的贡献大小。此方法适用于对研究对象的各变量有全面认识的情况。如果未加选择地使用全变量进行分析,则可能产生较大的偏差。

(2) 向前选择法是从判别模型中没有变量开始,每一步把一个对判别模型的判断能力贡献最大的变量引入模型,直到没有被引入模型的变量都不符合进入模型的条件时,变量引入过程结束。当希望较多变量留在判别函数中时,使用向前选择法。

(3) 向后选择法与向前选择法完全相反。它是利用用户所有指定的变量建立一个全模型。每一步把一个对模型的判断能力贡献最小的变量剔除出模型,直到模型中的所用变量都不符合留在模型中的条件时,剔除工作结束。在希望较少的变量留在判别函数中时,使用向后选择法。

(4) 逐步选择法是一种选择最能反映类间差异的变量子集,建立判别函数的方法。它是从模型中没有任何变量开始,每一步都对模型进行检验,将模型外对模型的判别贡献最大的变量引入模型中,同时也检查在模型中是否存在"由于新变量的引入而对判别贡献变得不太显著"的变量,如果有,则将其从模型中剔除,以此类推,直到模型中的所有变量都符合引入模型的条件,而模型外所有变量都不符合引入模型的条件为止,则整个过程结束。

判别函数不同,就有不同的判别准则,如马氏距离最小准则、费希尔准则、平均损失最小准则、最小均方差准则、最大似然准则、最大概率准则等。

判别分析的假设条件主要有:

(1) 分组类型在两种以上,且各分组类型、组间样本的判别变量均值存在显著差异。所以,在判别分析之前,要先作均值检验,SPSS 采用方差分析的方法,利用 F 检验统计量、Wilks' lambda 检验统计量及其对应的 P 值,判断各类别总体的判别变量的组间差是否显著。

(2) 组内样本数不得少于两个,并且样本数量比变量起码多两个。

(3) 所确定的判别变量不能是其他判别变量的线性组合。

(4) 一般来说,各组样本的协方差矩阵相等。

(5) 各判别变量服从正态分布,由各判别变量构成的联合分布是多元正态分布,这样,才能进行显著性检验。

(6) 样品量在所使用的自变量个数的 10 倍到 20 倍以上时,建立的判别函数才比较稳定;而自变量个数在 8 到 10 之间时,函数的判别效果才比较理想。当然,在实际工作中判别函数的自变量个数往往会超过 10 个,但应该注意的是,自变量的个数多并不代表效果好。

对于判别分析,用户往往很关心建立的判别函数用于判别分析时准确度如何。通常的判别分析效果的验证方法包括自身分组验证、外部数据验证、样品二分法、交互验证、Bootstrap 法。

18.2　判别分析法的基本原理

一般而言,根据类别变量的类别个数,判别分析分为两组判别分析与多组判别分析;根据判别中所使用的数学模型,判别分析分为线性判别和非线性判别;根据判别函数与判别准则的构建方法,判别分析分为距离判别法、贝叶斯判别法、费希尔判别法与逐步判别法。

18.2.1　距离判别法

1. 距离判别法的基本原理

距离判别法的基本思路就是依据距离最小化准则进行判别。最常用的距离是马氏距离。使用马氏距离最小化准则时,首先要计算平方马氏距离,被判断样本点距离哪个类别总体中心的平方马氏距离最小,就把该样本数据点识别为这个总体。距离判别法思想简单,适合于自变量均为连续变量的情况下所进行的分类,且它对变量的分布类型无严格要求,特别是该方法并不严格要求总体协方差矩阵相等。

假设存在 m 个总体 $G_1, G_2, \cdots, G_k$,分别从各总体中抽取若干个样本观测,并且每个样本均有 p 个判别变量。我们根据观测的数据分别计算各总体中变量的均值和协方差矩阵,随后可得到均值向量为 $\mu = (\mu_1, \cdots, \mu_m)'$,协方差矩阵为 $\Sigma = (\sigma_{ij})_{m \times m}$。建立如下判别函数：
$$D^2(X, G_i) = (X - \mu)' \Sigma^{-1} (X - \mu) \tag{18.1}$$

该判别函数又称为数据点 X 到总体 G_i 的平方马氏距离。可以看到，平方马氏距离实际上是将样本点 X 到各类别中心的平方欧氏距离用判别变量的协方差矩阵作调整后得到的距离。相对欧氏距离而言，协方差矩阵调整后的距离能够更好地反映样本的似然。求得数据点 X 到总体 G_i 的平方马氏距离之后，再进行比较，取平方马氏距离最小的那个总体即为数据点。

2. 距离判别法的计算判别

(1) 先考虑两个总体的情况

假设有两个总体 G_1 与 G_2，已知来自 $G_i(i=1,2)$ 的样本为：
$$X_{(t)}^{(i)} = (x_{t1}^{(i)}, x_{t2}^{(i)}, \cdots, x_{tm}^{(i)}), \quad i=1,2; \; t=1,2,\cdots,n_i$$

其中，n_i 是取自 G_i 的样品个数。可以求得总体 G_i 的均值向量 $\mu^{(i)}$ 的估计量与总体 G_i 的协方差 Σ_i 的估计 S_i（组内协方差矩阵），分别为：

$$\overline{X}^{(i)} = \left(\frac{1}{n_i} \sum_{i=1}^{n_i} x_{t1}^{(i)}, \frac{1}{n_i} \sum_{i=1}^{n_i} x_{t2}^{(i)}, \cdots, \frac{1}{n_i} \sum_{i=1}^{n_i} x_{tm}^{(i)} \right)' = (\bar{x}_1^{(i)}, \bar{x}_2^{(i)}, \cdots, \bar{x}_m^{(i)})' \tag{18.2}$$

$$S_i = \frac{1}{n_i - 1} A_i = (s_{lj}^{(i)})_{m \times m}, \tag{18.3}$$

其中，组内离差阵为：

$$A_i = \sum_{t=1}^{n_i} (X_{(t)}^{(i)} - \overline{X}^{(i)})(X_{(t)}^{(i)} - \overline{X}^{(i)})'$$

$$s_{lj}^{(i)} = \frac{1}{n_i - 1} \sum_{t=1}^{n_i} (x_{(tl)}^{(i)} - \bar{x}_l^{(i)})(x_{(tj)}^{(i)} - \bar{x}_l^{(i)})' \quad (l, j = 1, \cdots, m)$$

如果假定各总体的协方差矩阵相等，计算平方马氏距离时采用合并的组内协方差矩阵 S，其表达式如下：

$$S = \frac{1}{n-k} \sum_{i=1}^{k} A_i = (s_{lj})_{m \times m} \tag{18.4}$$

其中

$$s_{lj} = \frac{1}{n-k} \sum_{i=1}^{2} \sum_{t=1}^{n_i} (x_{(tl)}^{(i)} - \bar{x}_l^{(i)})(x_{(tj)}^{(i)} - \bar{x}_l^{(i)}), \quad l, j = 1, \cdots, m$$

将样本数据代入公式 (18.1)(18.2)(18.4) 中便得到数据点 X 到两个总体的距离 $D_1^2(X)$ 和 $D_2^2(X)$，并按距离最近准则判别归类，判别准则为：

当 $D^2(X, G_1) < D^2(X, G_2)$ 时，$X \in G_1$；

当 $D^2(X, G_1) > D^2(X, G_2)$ 时，$X \in G_2$；

当 $D^2(X, G_1) = D^2(X, G_2)$ 时，则仍待判断。

两总体协方差不等时，按距离判别准则先分别采用各类别自身的协方差矩阵计算 X 到两个总体的距离 $D^2(X, G_1)$ 和 $D^2(X, G_2)$，然后按距离最小准则判别归类。

(2) 存在多总体的距离判别

假设存在 k 个总体：$G_1, G_2, \cdots, G_k (k > 2)$，且每个总体都含有 m 个判别变量，它们的均值向量和协方差矩阵分别为 $\mu^{(i)}, \Sigma_i (i=1,2,\cdots,k)$,需要判断任意的样品数据点 $X=(x_1,x_2,\cdots,x_m)'$ 属于哪个总体。

同理,存在多个总体时,按平方马氏距离最近的准则对 X 进行判别归类。首先计算样品 X 到 k 个总体的马氏距离 $D_i^2(X)(i=1,\cdots,k)$,然后进行比较,把 X 判归平方马氏距离最小的那个总体。其判别准则为:设 $i=l$,若 $D_l^2(X)=\min\limits_{i=1,\cdots,k}\{d_i^2(X)\}$,则 $X\in G_l$。

类似地,在计算平方马氏距离时,可考虑 $\Sigma_1=\cdots=\Sigma_k$ 或 Σ_i 不全相等的两种情况,并用样本统计量作为 $\mu^{(i)}$ 和 Σ_i 的估计值,然后进行计算判别。

距离判别法只要求知道总体的均值和协方差矩阵,不涉及总体的分布类型。当参数未知时,就用样本均值和样本协方差矩阵来估计。距离判别法简单,结论明确,是很实用的方法。但该方法也有缺点:一是该判别法与各总体出现的机会大小(先验概率)完全无关;二是该判别法没有考虑错判造成的损失,这是不合理的。

在距离判别中,对于各类总体的协方差矩阵相等与不相等,将采用不同的判别函数,因此,要观察判断协方差矩阵是否存在显著差异,或采用 Box's M 法进行协方差矩阵齐性检验。

18.2.2 贝叶斯判别法

1. 贝叶斯判别的基本原理

贝叶斯(Bayes)的统计思想是假定已知研究对象的部分属性,用先验概率分布来描述这些属性;然后抽取一个新样本,用新样本信息来修正已有的属性(先验概率分布),得到后验概率分布。各种统计推断都通过后验分布来进行。将贝叶斯思想运用于判别分析就得到贝叶斯判别法。贝叶斯判别法,又称贝叶斯概率判别法。它是以被判断数据点应归属于出现概率最大的总体或者归属于总平均损失(错判概率)最小的总体的原则进行判别,其最大优势是可以用于多组判别问题。相比而言,贝叶斯判别法可以很好地弥补距离判别法的两个缺点。但是适用此方法必须满足三个假设条件,即各种变量必须服从多元正态分布,各组协方差矩阵必须相等,各组变量均值均有显著差异。

在正态总体的假设下,按贝叶斯判别的思想,在错判造成的损失相等时得到的判别函数,其实就是马氏距离判别在考虑先验概率及协方差矩阵是否相等情况下的推广,这种方法又称为广义平方距离判别法。

2. 贝叶斯判别法的计算判别

(1) 先确定先验概率

假设存在 k 个总体:$G_1, G_2, \cdots, G_k (k>2)$,且每个总体都含有 m 个判别变量。假定已知研究对象的部分属性,这种已知的属性常用先验概率来描述,即已知这 k 个总体各自出现的概率(验前概率)为 $q_1,\cdots,q_k(q_i>0,q_1+q_2+\cdots+q_k=1)$。这组验前概率 $q_1,\cdots,q_k$ 称为先验概率。许多时候,用户对各类别的比例分布情况有一定的先验信息。

(2) 计算广义平方距离

在马氏距离的基础上,进一步考虑先验概率及各组内协方差矩阵的不同,定义样品 X 到总体 $G_t(t=1,\cdots,k)$ 的广义平方距离 $D_t^2(X)$ 或 $D^2(X,G_t)$ 为:

$$D_t^2(X) = D^2(X,G_t) = d_t^2(X) + g_1(t) + g_2(t) \tag{18.5}$$

其中

$$g_1(t) = \begin{cases} \ln|S_t|, & \text{若各组的协方差矩阵 } \Sigma_i \text{ 不全相等} \\ 0, & \text{若各组的协方差矩阵 } \Sigma_i \text{ 全相等} \end{cases}$$

$$g_2(t) = \begin{cases} -2\ln|q_t|, & \text{若先验概率不全相等} \\ 0, & \text{若先验概率全相等} \end{cases}$$

S_t 为第 t 类的组内样本协方差矩阵。

由公式 18.5 可见,当 $d_t^2(X)$ 不变,而某个 q_t 变大(即总体 G_t 出现的机会变大)时,则 $g_2(t)$ 变小,故广义平方距离 $D_t^2(X)$ 也变小,进而判 X 为 G_t 的可能性大。

利用广义平方距离的判别法为:当 $D_t^2(X) < D_i^2(X)$ $(i \neq t, i=1,\cdots,k)$ 时,$X \in G_t$。

(3) 计算后验概率

标准的贝叶斯判别法需要根据后验概率来判别。后验概率是指当样品 X 已知时,该样本属于总体 G_t 的概率,记为 $P(G_t|X)$(或 $P(t|X)$),其实质是条件概率。

假设已知总体 G_t 的概率密度函数为 $f_t(x)(t=1,\cdots,k)$,并且该总体为正态分布,其表达式为:

$$f_i(x) = (2\pi)^{-m/2} |\Sigma_i|^{-1/2} \exp(-0.5 d_i^2(x))$$

由此可得后验概率的表达式如下:

$$P(t|X) = P\{X \in G_t | X\} = \frac{q_t f_t(x)}{\sum_{i=1}^{k} q_i f_i(x)} \tag{18.6}$$

则 X 属于第 t 组的后验概率为:

$$P(t|X) = \frac{\exp(-0.5 D_t^2(x))}{\sum_{i=1}^{k} \exp(-0.5 D_i^2(x))} \tag{18.7}$$

其中,$D_i^2(x)$ 是 X 到第 i 组的广义平方距离。采用后验概率的判别准则为:当 $P(t|X) > P(i|X)(i \neq t, i=1,\cdots,k)$ 时,$X \in G_t$。

可以看到,在正态假设下按后验概率最大进行归类的准则,等价于按广义平方距离最小准则进行。需要强调的是,一般情况下,贝叶斯判别法既需要考虑先验概率的不同,还需要考虑错判损失的大小,在这里我们假定错判损失相等。关于错判损失不相等的情况,由于涉及的问题更加深入,鉴于篇幅有限,在此不再赘述。

18.2.3 费希尔判别法

1. 费希尔判别法的基本原理

费希尔(Fisher)判别法,又称费氏多类判别模型法,实质上它是一种通过坐标变换的方式对样本点进行类别划分的方法。费希尔判别法的基本思想是,当样本数据点的分布在原有的变量空间无法通过变量的取值来区分时,利用坐标变换将数据点投影到另一个坐标系,投影之后再利用方差分析的思想来导出判别函数,在新的坐标系中使个案的不同水平差异显著,就可以将不同种类区分开来。即按照类间离差平方和最大,同时类内离差平方和最小的原则,使二者之比取最大来确定判别函数的系数,选择合适的判别准则,对新的样品进行分类判别。

费希尔判别法中的判别函数形式多种多样,因为线性的判别函数在实际应用中最广泛、最方便。在此定义线性费希尔判别函数的表达式为:

$$y = a_1 x_1 + a_2 x_2 + \cdots + a_m x_m \tag{18.8}$$

式中,a_m 为判别系数,表示各输入判别变量对判别函数的影响。

2. 费希尔判别法的计算判别

设从总体 $G_t(t=1,\cdots,k)$ 分别抽取的 m 元样本为:

$$X_{(i)}^{(t)} = (x_{i1}^{(t)},\cdots,x_{im}^{(t)})', \quad t=1,\cdots,k;\ i=1,\cdots,n_t$$

令 $a=(a_1,\cdots,a_m)'$ 为 m 维空间任一向量,$u(x)=a'X$ 为 X 向量以 a 为轴线方向上的投影。上述 k 个组中的 m 元数据投影后为:

$$G_1 : a'X_{(1)}^{(1)},\cdots,a'X_{(n_1)}^{(1)}, \quad 记 \bar{X}^{(1)} = \frac{1}{n_1}\sum_{j=1}^{n_1} X_{(j)}^{(1)}$$

$$G_k : a'X_{(1)}^{(k)},\cdots,a'X_{(n_1)}^{(k)}, \quad 记 \bar{X}^{(k)} = \frac{1}{n_1}\sum_{j=1}^{n_1} X_{(j)}^{(k)}$$

每个总体的数据投影后均为一元数据。对这 k 组一元数据进行一元方差分析,其组间平方和为:

$$B_0 = \sum_{t=1}^{k} n_t (a'\bar{X}^{(t)} - a'\bar{X})^2 = a' \sum_{t=1}^{k} n_t (\bar{X}^{(t)} - \bar{X})(\bar{X}^{(t)} - \bar{X})' a = a'Ba \tag{18.9}$$

其中,$\bar{X}^{(t)}$ 和 $\bar{X}$ 分别为 G_t 的样本均值和总体样本均值,$\bar{X} = \frac{1}{n}\sum_{t=1}^{k}\sum_{j=1}^{n_t} X_{(j)}^{(t)}$。

而 B 为组间离差矩阵:

$$B = \sum_{t=1}^{k} n_t (\bar{X}^{(t)} - \bar{X})(\bar{X}^{(t)} - \bar{X})'$$

合并的组内平方和为:

$$A_0 = \sum_{t=1}^{k}\sum_{j=1}^{n_t}(a'X_{(j)}^{(t)} - a'\bar{X}^{(t)})^2 = a'\sum_{t=1}^{k}\sum_{j=1}^{n_t}(X_{(j)}^{(t)} - \bar{X}^{(t)})(X_{(j)}^{(t)} - \bar{X}^{(t)})'a = a'Aa$$

(18.10)

其中,合并的组内离差距阵 A 为:

$$A = \sum_{t=1}^{k}\sum_{j=1}^{n_t}(X_{(j)}^{(t)} - \bar{X}^{(t)})(X_{(j)}^{(t)} - \bar{X}^{(t)})'$$

因此,如果 k 个总体的均值有显著差异,那么比值 $\frac{a'Ba}{a'Aa} \triangleq \Delta(a)$ 应趋于无穷大。利用方差分析的思想,这一问题就化为求投影方向 a,使 $\Delta(a)$ 达极大值的解。可证使得 $\Delta(a)$ 最大的值为方程 $|B - \lambda E| = 0$ 的最大特征值 λ_1。

假设方程 $|B-\lambda E|=0$ 的全部特征值满足 $\lambda_1 \geqslant \lambda_2 \geqslant \cdots \geqslant \lambda_r \geqslant 0$,且相应特征向量为 $w_1, w_2, \cdots, w_r$,则判别函数为 $y_i(x)=w_i'=a_i'$。记 p_i 为第 i 个判别函数的判别能力,表示为:

$$p_i = \frac{\sum_{i=1}^{m}\lambda_i}{\sum_{h=1}^{r}\lambda_h}.$$

通常情况下,判别函数较多,为避免判别步骤烦琐,可根据以下两个标准来选取判别函数:第一,选取大于 1 的特征值所对应的判别函数;第二,选取前 m 个判别函数的判别能力达到指定百分比的判别函数。根据判别能力 p_i 的表达式可得,前 m 个判别函数的判别能力为:

$$\sum p_i = \sum \frac{\sum_{i=1}^{m}\lambda_i}{\sum_{h=1}^{r}\lambda_h}.$$

选取判别函数后,首先计算投影后的空间中各类别的中心,样本数据投影后再计算与各类别中心的距离,再利用距离判别法进行判别。

18.2.4 逐步判别法

贝叶斯判别法和费希尔判别法都是用已给的全部变量来建立判别式,但这些变量在判别式中所起的作用是不同的,各变量在判别式中判别能力也不同,有些可能起重要作用,有些可能起次要作用。如果将判别能力较低的变量保留在判别式中,将会增加计算量,也将影响判别效果。如果忽略其中重要的变量,这时作出的判别的效果也会受到影响。逐步判别法就是逐步筛选出具有显著判别能力的变量,再用这些显著变量来建立判别函数方程的一种方法。

1. 逐步判别法的基本原理

逐步判别法与逐步回归法的基本思想类似,都是采用"有进有出"的算法,即逐步引入变量,每次引入一个方程之外的剩余变量中"相对最重要"的变量进入判别方程,同时也考虑较早引入判别方程的某些变量,如果判别能力随新引入变量而变得不显著,应及时将其剔除,直到判别式中没有不重要的变量需要剔除,而剩下来的变量也没有重要的变量可引入为止。逐步判别法筛选变量的过程的实质,就是在方程中增减变量的变量显著性假设检验,通过检验来找出显著性变量,剔除不显著变量。当变量筛选过程结束时,确定参加判别分析的最终变量,这样就可利用前述三种判别方法建立判别函数,从而进行新样本的分类判别。

2. 逐步判别法的计算判别

(1) 计算各变量的均值和总均值,以及组内离差阵和总离差阵。

(2) 分别规定引入变量和剔除变量的临界 F 检验 P 值。

(3) 逐步计算。在逐步计算中,无论是剔除还是增加判别变量,都是利用 F 检验。

通常引入变量的 F 检验 P 值要小于临界 F 检验 P 值,小于剔除变量的 F 检验 P 值。

(4) 建立判别函数,确定判别准则,进行分类判别。经过第二步选出重要变量后,可用各种方法建立判别函数和判别准则,并对样品归类。

18.3 判别分析的 SPSS 实现与结果

18.3.1 判别分析的 SPSS 实现概述

判别分析为组成员身份构建预测模型。该模型基于可提供组间最佳区分的预测变量的线性组合,包含判别函数(或对两个以上的组,包含一组判别函数)。这些函数根据组成员身份已知的个案样本生成。然后,可以将这些函数应用于具有预测变量测量值,同时具有未知组成员身份的新个案。

(1) 分组变量可有两个以上的值。分组变量的代码必须为整数,但是需要指定其最小值和最大值。另外,将从分析中排除具有位于边界以外的值的个案。

(2) 示例。平均而言,温带国家或地区的人比热带的人每天消耗的卡路里多,且温带地区城市居民的比例比热带大。一名研究员想将这些信息组合为函数,以确定通过某个人区分出这两个国家或地区的有效程度。该研究员认为人口数量和经济状况信息可能也很重要。判别分析允许估计线性判别函数的系数,线性判别函数看起来像多重线性回归方程的右侧部分。即,使用系数 a、b、c 和 d,函数为:

$$D = a \times \text{climate} + b \times \text{urban} + c \times \text{population} + d \times \text{gross domestic product per capita}$$

如果这些变量可用于辨别这两个气候带,温带国家或地区和热带国家或地区将有不同的 D 值。如果使用逐步式变量选择法,可能发现不需要在函数中包含所有四个变量。

(3) 统计分析。对于每个变量,包括平均值、标准差和单变量 ANOVA。对于每项分析:Box's M、组内相关性矩阵、组内协方差矩阵、分组协方差矩阵以及总体协方差矩阵。对于每个典型判别函数,包括特征值、方差百分比、典型相关性、Wilks' lambda 和卡方。对于每个步骤,包括先验概率、Fisher 函数系数、非标准化函数系数以及每个典型函数的 Wilks' lambda。

判别分析数据注意事项如下:

(1) 数据。分组变量必须含有有限数目的不同类别,且编码为整数。名义自变量必须被重新编码为哑元变量或对比变量。

(2) 假设。个案应为独立的。预测变量应有多变量正态分布,组内方差—协方差矩阵在组中应等同。组成员身份假设为互斥(即不存在属于多个组的个案),且全体为穷举(即所有个案均是组成员)。组成员身份为真正的分类变量时,此过程最有效;如果组成员身份基于连续变量的值(例如,高智商与低智商),那么请考虑使用线性回归以利用由连续变量本身提供的更为丰富的信息。

判别分析的 SPSS 实现步骤(此功能需要安装 Statistics Base 选项)如下:

(1) 依次点击菜单【分析/分类/判别……】;
(2) 选择一个整数值的分组变量并单击定义范围以指定感兴趣的类别。;
(3) 选择自变量(预测变量)(如果分组变量不含整数值,那么【转换】菜单中的"自动重新编码"将创建含整数值的变量);
(4) 选择输入自变量的方法;
(5) 一起输入自变量,同时输入所有满足容差标准的自变量;
(6) 使用步进法,使用逐步式分析控制变量输入与移去;
(7) 根据需要,选择含选择变量的个案。

18.3.2 方法设计与数据收集

根据相关理论,心理学家设计了一套问卷调查,共有四项评估,每一类评估都有若干问题,根据各评估的最终得分可以将受访者的性格分为三类。某工厂希望利用这样一套评估体系对工人进行性格识别。即根据每一名工人的各评估得分,分别将他们的性格归类,以此进行较为合理的人事安排。

将问卷随机发放给该工厂里零件加工车间的 150 名工人,填完后,将他们的答题结果整理得到分类数据表"xingge.sav",下面来对这组数据进行判别分析。

18.3.3 实现操作与界面说明

打开数据文件"xingge.sav",在【Analyze】目录【Classify】中选择【Discriminant】,会弹出判别分析窗口,如图 18.1 所示。

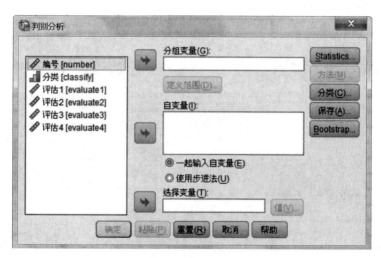

图 18.1 判别分析窗口

窗口中间为判别分析的变量输入框,包括类别变量与判别变量。窗口右边为判别分析的功能选择项,包括:
(1) 统计量选项:【Statistics】选项;
(2) 判别方法选项:【Method】选项;
(3) 判别分类选项:【Classify】选项;

(4) 输出数据选项:【Save】选项;

(5) 抽样处理选项:【Bootstrap】选项。

首先来看窗口中间的变量输入框。上方的【Grouping Variable】框用于选择已知的类别变量,选入后应使用【Define Range】按钮具体确定变量的取值范围。这个案例中,将"分类(Classify)"这一项放入【Grouping Variable】框中。放入后,单击【Define Range】按钮,弹出如图 18.2 所示的对话框。

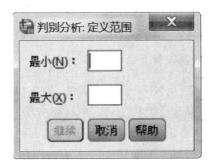

图 18.2　设置分组变量的数值

在【Minimum】框中输入分类组的最小值,此例中该值为 1;在【Maximum】框中输入分类组的最大值,此例中该值为 3,如图 18.3 所示。

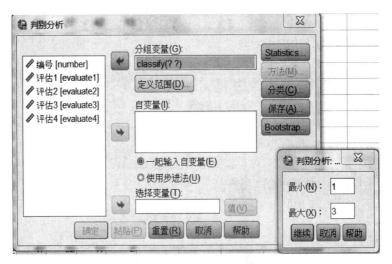

图 18.3　判别分析对话框

单击【Continue】按钮,回到主对话框。【Independents】框是用于选入建立判别函数所需的变量。将所有判别变量选入【Independents】框,再针对以下两种情况分别选择【Independents】框下的按钮:

(1) 当认为所有判别变量都能对观测量特性提供丰富信息时,使用选项"Enter independents together",此时即可将所有判别变量选入【Independents】框,等候下一步操作。

(2) 如果不能确定这些判别变量是否都有贡献,则可以使用逐步判别法来进行筛选,此时使用选项"Use stepwise method",选择该选项后,右方的【Method】按钮将被激活。

本例中,将"评估 1[evaluate 1]""评估 2[evaluate 2]""评估 3[evaluate 3]"与"评估 4[evaluate 4]"选入【Independents】框,并选择【使用步进法(U)】,如图 18.4 所示。

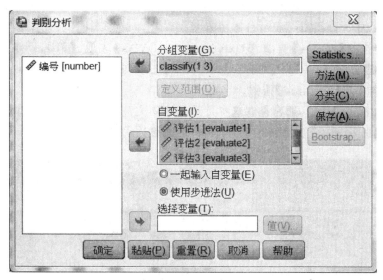

图 18.4 判别分析对话框

接下来选择窗口右边判别分析的功能选择项。

(1)【Statistics】选项,点击该按钮可以进行统计量选项选择。点击后弹出如图 18.5 所示的对话框。

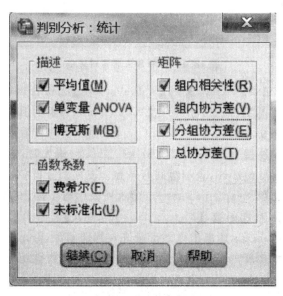

图 18.5 统计量选项对话框

对话框中,描述性选项【Descriptives】选项中【Means】表示各组均值和合并样本均值;【Univariate ANOVAs】表示单变量的方差分析表;【Box's M】表示检验各组协方差是否相等的 Box's M 检验。判别函数系数选项【Function Coefficients】中【Fisher's】表示标准化典型判别函数系数;【Unstandardized】表示未标准化典型判别函数系数。右侧矩阵选项【Matrices】中,【Within-groups correlation】表示组内相关;【Within-groups covariance】表示组内协方差;【Separate-groups covariance】表示组间协方差;【Total covariance】表示总体协方差。

本例中选择【Means】选项、【Univariate ANOVAs】选项、【Fisher's】选项、【Unstandardized】选项、【Within-groups covariance】选项与【Separate-groups covariance】选项,然后再单击【Continue】按钮。

(2)【Method】选项,通常是在选择逐步分析法之后才会激活。点击该选项,可以选择相应判别方法。点击后弹出如图 18.6 所示的对话框。

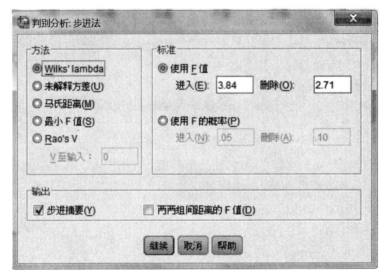

图 18.6 判别方法选项对话框

对话框中,方法选项【Method】中,【Wilks'lambda】选项表示每步都是 Wilk 的概计量最小的进入判别函数,需要说明的是【Wilks'lambda】表示组内平方和与总平方和之比。当所有观测的组均值相等时,Wilks' lambda 值为 1;当组内变异相比总变异较小时,Wilks' lambda 值接近于 0。因此,Wilks' lambda 值大时,表示各个组的均值基本相等;Wilks' lambda 值小时,表示组间有差异。在判别分析中,只有组均值不等时,判别分析才有意义。【Unexplained variance】选项表示每步都会使各类不可解释的方差和最小的变量进入判别函数;【Mahalanobis distance】选项表示每步都会使靠得最近的两类间的 Mahalanobis 距离最大的变量进入判别函数;【Smallest F ratio】选项表示每步都会使任何两类间的最小的 F 值最大的变量进入判别函数;【Rao's V】选项表示每步都会使 Rao's V 统计量产生最大增量的变量进入判别函数。可以对一个要加入模型中的变量的 V 值指定一个最小增量。选择此种方法后,应该在该项下面的"V-to-enter"后的矩形框中输入这个增量的指定值。当某变量导致的 V 值增量大于指定值的变量后进入判别函数。

在右边【Criteria】栏中可以选择逐步判别停止的判据。【Use F value】选项表示使用 F 值,这是系统默认的判据。当加入一个变量(或剔除一个变量)后,对判别函数中的变量进行方差分析。当计算的 F 值大于指定的 Entry 值时,该变量保留在函数中,Entry 默认值为 3.84。当该变量使计算的 F 值小于指定的 Removal 值时,该变量从函数中被剔除。Removal 默认值为 2.71。即当被加入的变量 F 值大于 3.84 时,才把该变量加入模型中,否则变量不能进入模型;或者当要从模型中移出的变量 F 值<2.71 时,该变量才被剔除出模型,否则模型中的变量不会被剔除。设置这两个值时,应该注意的是,Entry 值大于 Removal 值。【Use probability of F】选项表示用 F 检验的概率而不是用 F 值决定变量是否加入函数或被剔除。加入变量的 F 值概率的默认值是 0.05(5%);移出变量的 F 值概率是 0.10(10%)。Removal 值(移出变量的 F 值概率)大于 Entry 值(加入变量的 F 值概率)。

下方【Display】栏表示选择需要显示的内容。对于逐步选择变量的过程和最后结果的显示可以通过【Display】栏中的两项进行选择。【Summary of steps】选项表示要求在逐步选择变量过程中的每一步之后显示每个变量的统计量。【F for pairwise distances】选项表示要求显示两两类之间的两两 F 值矩阵。

本例中,点击【Mahalanobis distance】选项,即选择距离判别法,【Use F value】不变,再加上【Summary of steps】选项。然后再单击【Continue】按钮。

(3)【Classify】选项,点击该按钮可以指定分类参数和判别结果。点击后弹出如图 18.7 所示的对话框。

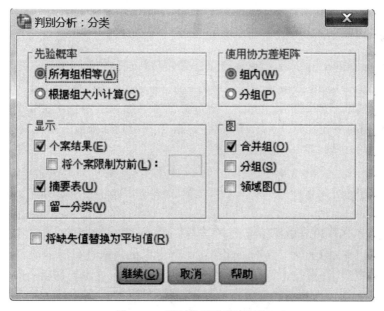

图 18.7 判别分类选项对话框

从图 18.7 可以看出，活跃型和完善型相距较近，可能会发生误判，而稳妥型与前两类型相距较远，不容易误判。

（4）【Save】选项，点击该按钮输出相关数据。点击后弹出如图 18.8 所示的对话框。

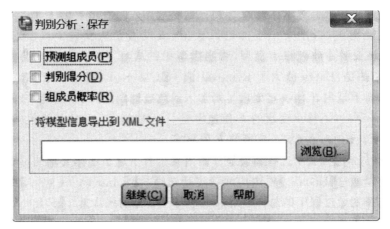

图 18.8　输出数据选项对话框

对话框中，选中【Predicted group membership】选项可以建立一个新变量，预测观测量的分类。它是根据判别分数把观测量按后验概率最大指派所属的类。每运行一次判别分析过程，就建立一个表明使用判别函数预测各观测量属于哪一类的新变量。第一次运行建立新变量的变量名为"dis_l"，如果在工作数据文件中不把前一次建立的新变量删除，第 n 次运行 Discriminant 过程建立的新变量默认的变量名为"dis_n"。

选中【Discriminant scores】选项可以建立表明判别分数的新变量。这个判别分数是由未标准化的判别系数乘自变量所得的值求和后加上常数得来。每次运行判别分析过程都会给出一组表明判别分数的新变量，建立几个判别函数就有几个判别分数变量。参与分析的观测量共分为 m 类，则建立 m 个典型判别函数。指定该选择项，就可以生成 $m-l$ 个表明判别分数的新变量。

选中【Probabilities of group membership】选项可以要求建立新变量，表明观测量属于某一类的概率。有 m 类，对一个观测量就会给出 m 个概率值，因此建立 m 个新变量。

本例中，不选择该对话框的选项，单击【Continue】按钮即可。

（5）【Bootstrap】选项。点击该选项可以利用单份数据进行补损缺失值。这一选项在前面章节已经详细叙述，由于在判别分析中判别某一样本数据点一般需要利用大量样本，而不需要进行补损缺失值，因此通常不需要使用该功能。

返回主对话框后，点击【OK】，等待输出判别分析结果。

18.3.4 结果说明与解读分析

这里忽略分析过程,直接从"Summary of Canonical Discriminant Functions"之后的结果进行分析。

表 18.1 表示各判别函数的特征值。例中提取了两个判别函数,可以看到绝大部分信息都在第一个判别函数上。应该注意的是,最后一列给出了该判别函数所对应的典型相关系数"Canonical Correlation"。第一个判别函数的典型相关系数较大,第二个判别函数的典型相关系数较小,但仍不能忽略。

表 18.1 特征根

函数	特征根	方差占比	累积方差占比	典型相关系数
1	29.176	98.9	98.9	0.983
2	0.312	1.1	100.0	0.487

上文显示第二个判别函数携带的信息量很少,表 18.2 是进一步对特征根的显著性检验结果,实际是间接检验判别函数有无统计学意义,其原假设是:各分组的均值向量相等(即分组之间的重心完全重合,无法进行判别区分)。可见,两个典型判别函数都有意义,第二个函数仍然应当保留。

表 18.2 威尔克斯(Wilks)拉姆达值

函数检验	威尔克斯拉姆达值	卡方检验统计量值	自由度	P值
1 到 2	0.025	535.199	8	0.000
2	0.762	39.475	3	0.000

表 18.3 为两个判别函数中各个判别变量的标准化系数,通过该系数可以写出标准化的判别函数式。本例的两个典型判别函数式如下:

$$y_1 = -0.317 \times sY_1 + (-0.520 \times sY_2) + 0.791 \times sY_3 + 0.635 \times sY_4$$
$$y_2 = -0.043 \times sY_1 + 0.763 \times sY_2 + (-0.358 \times sY_3) + 0.552 \times sY_4$$

变量名前加"s"表明是标准化以后的数值。实际上,两个函数式计算的是各观测在各个判别维数上的坐标值,通过这两个函数式计算出各观测的具体空间位置。另外,这里的标准化判别函数实质上和典型相关分析中得到的典型变量的转化公式等价。

表 18.3 标准化典型判别函数系数

标准化变量	函数	
	1	2
sY1	−0.317	−0.043
sY2	−0.520	0.763
sY3	0.791	−0.358
sY4	0.635	0.552

表 18.4 给出的是判别得分和自变量之间的相关系数,SPSS 在结果中用"*"标识出了每个自变量中与每组判别得分中相关系数最大的一个函数,这有些类似于主成分分析中的成分结构。由表格可见,第一判别函数主要与"Y1"这个自变量相关,另三个自变量则主要与第二判别函数相关。

表 18.4 结构矩阵函数

	函数	
	1	2
sY_3	0.734*	0.135
sY_2	−0.126	0.882*
sY_4	0.670	0.703*
sY_1	0.227	0.297*

表 18.5 给出的是各组判别函数的重心,或者说是各组判别得分的均值向量。前面判别函数的检验就是分别检验这两个向量在各组是否相等。在得知各类别重心后,只需要为每个待判个案求出判别得分,然后计算该个案的散点离哪一个中心最近,就可以得到该个案的判别结果。表中给出的就是默认情况下的全部分析结果,可见其中的判别函数使用的是标准化变量,相对而言使用不是非常方便,这一不足可以由表 18.6 所示的输出弥补。从表 18.6 中可以得到直接使用原始变量的判别函数。

表 18.5 判别函数重心

分类	函数	
	1	2
稳妥型	−7.233	0.228
活跃型	1.704	−0.761
完善型	5.528	0.533

表 18.6 给出的就是使用原始变量的线性判别函数,其中含有常数项,由此可写出表达式如下:

$$y_1 = -2.458 + (-0.058 * Y_1) + (-0.154 * Y_2) + 0.182 * Y_3 + 0.312 * Y_4$$
$$y_2 = -6.637 + (-0.008 * Y_1) + (-0.227 * Y_2) + (-0.082 * Y_3) + 0.271 * Y_4$$

表 18.6 典型判别函数参数

	函数	
	1	2
Y_1	−0.058	−0.008
Y_2	−0.154	0.227
Y_3	0.182	−0.082
Y_4	0.312	0.271
常数项	−2.458	−6.637

从图 18.9 中可以看出,活跃型和完善型相聚较近,可能会发生误判,而稳妥型与前两类型相聚较远,不容易误判。

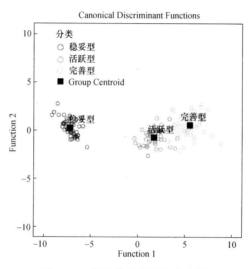

图 18.9 三类性格的联合分布图

表 18.7 为判别分析结果,通过该表可以验证该判别分析的效果:

表 18.7 分类结果

	分类	预测的分类成员			小计
		稳妥型	活跃型	完善型	
数量	稳妥型	50	0	0	50
	活跃型	0	47	3	50
	完善型	0	1	49	50
百分比	稳妥型	100.0	0.0	0.0	100.0
	活跃型	0.0	94.0	6.0	100.0
	完善型	0.0	2.0	98.0	100.0

采用回代法得到的判别信息在表 18.7 的上半部分表现出来。从表中可以看出,97.3% 的初始样本组分类正确,因此,上文求得的判别函数是有效的。

第19章 信度分析

19.1 信度分析的基本原理

19.1.1 误差概述

1. 误差含义

误差就是研究对象的某一或某些特征值的测量值与真实值之间的差异。由于仪器、观测者及外部环境等原因的影响,误差是客观存在的,故只能减小。

2. 误差分类

根据产生的来源,误差可以分为:

(1) 随机测量误差。真实值或称真值是客观存在的,是在一定时间和空间条件下体现事物的真实数值,但很难确切表达。测得值是测量所得的结果。这两者之间总是或多或少存在一定的差异,这种差异就是随机测量误差。

(2) 抽样误差。抽样误差是指样本统计值与被推断的总体参数的偏差。

随机测量误差与抽样误差都属于随机误差,是由不确定性原因引起的,偏离方向也不确定,不可避免和消除。

(3) 系统误差。由于一些比较确定的偏倚因素引起的误差称为系统误差,也叫偏倚,可以校正与消除。

(4) 过失误差。此类误差是由科研设计者的设计误差、实验者的主观片面或操作者的错误操作引起的,必须避免和削除。

19.1.2 信度与信度分析概述

1. 信度含义

信度是当用若干题目编制而成的测验、量表或问卷调查被测试主体特征值时,评价测量结果可靠性与误差大小的重要度量指标。一个好的量表或者测验就像一把标尺,用它对同一个对象进行多次测量的结果都应该是稳定一致的。信度评价的是测量结果的前后一致性,反映的是测量受随机误差影响的程度。一般而言,两个或两次测量结果越是一致,则误差越小,信度也就越高。

信度有两层含义:一是一致性,如某一组(性质、题型、目的均相同)量表测量结果的一致性高,那么用该组量表对某同质人群进行测验后,所得结果具有较强的正相关性,即一致性侧重反映不同量表反映同一现象的相似程度。二是稳定性,指在不同的时间点用相同的量表对相同的研究对象进行测验,所得结果的相似程度。若所得结果的差异很小,则说明其稳定性高。诚然,由于影响测量结果的因素众多,两次测量的结果很难完全相同。一般而言,如果信度系数达到 0.9 以上,就很理想。

2. 信度估算

按照这个定义,信度反映了测量误差占比大小。因此,信度系数的一般计算公式为:

$$R_{XX} = \frac{S_T^2}{S_X^2} \tag{19.1}$$

式中,R_{XX} 表示测量的信度,S_T^2 表示实际值的方差,S_X^2 表示测量值的方差。它是对一组待测数据实际测量值与真值相差程度的最佳估计。

3. 信度分类与度量

按照评价对象的不同,信度分为内在信度(跨项目的一致性)、外在信度(跨时间的一致性)、等值信度(跨形式的一致性)与评分者信度。

(1) 内在信度,衡量量表中某一组项目(问题)测量的是不是同一概念。常用信度系数为 Cranbach α 系数和分半信度,信度系数越高,反映量表的内在一致性越高。

(2) 外在信度,衡量同一量表在不同时间点对同一被检查者进行重复测量,所得结果的一致性程度。重测信度是外在信度最常用的检验法。

(3) 等值信度,也称复本信度,是以两个内容等值但题目不同的测验(两个平行的测验,即复本)测量同一群体,求得的被试在两个测验上得分的相关系数,这个相关系数就代表复本信度的高低。

(4) 评分者信度,是指不同评分者对同一对象进行评定时的一致性。最简单的估计方法就是随机抽取若干份答卷,由两个独立的评分者打分,再求每份答卷两个评判分数的相关系数。这种相关系数的计算可以用积差相关方法,也可以采用斯皮尔曼等级相关方法。

4. 信度判断

信度是评价一个测量工具质量优劣的重要指标,只有信度达到一定要求的测量才可以考虑使用。信度系数可解释为真分数方差在样本测验分数的总方差中占多大比例,它通过测量随机误差大小反映。[①]

一般地,信度值在 0.35 以下为低信度;0.35 到 0.7 之间为中等信度;大于 0.7 为高信度。具体地讲,对于问卷,信度值大于 0.8,问卷才有使用价值;对于有效的能力

---

① 张红坡,张海锋.SPSS 统计分析实用宝典[M].北京:清华大学出版社,2012.

与学绩测验,信度值要在0.9以上;对于有效的人格测验,信度值通常在0.8以上。当信度值小于0.7时,不能用测验对个人作评价,也不能在团体间作比较;当信度值为0.70到0.85时,可用于团体间比较;当信度值大于0.85时,可用于鉴别个人。

判定某测验是否可靠时,还必须依据该测验施测的具体情境,以及其测验结果是否能够经过多次证实来判定;一个测验可以有多个信度估计,所以,在实际测验时要注意选择。测量的结果应看作一个范围。

5. 信度的影响因素

影响信度的因素很多,被试、主试、测验内容、施测环境等各方面变化均能引起随机误差,导致分数不一致,从而降低测验的信度。下面介绍几个影响测验信度系数的重要因素:

(1) 被试样本

影响信度估计的一个重要因素是被试样本的情况。团体的异质程度与分数的分布有关,一个团体越是异质,其分数分布的范围也就越大,信度系数也就越高。由于信度系数与样本团体的异质性有关,因此我们在使用测验时,不能认为当该测验在一个团体中有较高的信度时,在另一个团体中也具有较高的信度。此时,往往需要重新确定测量的信度。

经研究表明,信度系数不仅受样本团体异质程度的影响,也受样本团体平均水平的影响。因为对于不同水平的团体,项目具有不同的难度,每个项目在难度上的变化累积起来便会影响信度。但是,这种影响不能用统计公式推估,只能从经验中发现。

(2) 测验的长度

一般来说,测验越长,信度系数越高。这是因为:

① 测验加长,可能改进项目取样的代表性,从而更好地反映受测者的真实水平;

② 测验的项目越多,在每个项目上的随机误差就可以互相抵消。

(3) 测验的难度

测验的难度与信度没有直接对应关系,但是当测验太难或太易时,分数的范围就会缩小,从而降低信度。显然,只有当测验难度水平可以使测验分数的分布范围最大时,测验的信度才会最高,通常这个难度水平为0.50。当题目过难时,被试可能凭猜测作答,从而降低信度。

6. 提高信度的方法

针对信度的影响因素,要提高信度就需要:

(1) 增加题目数量

(2) 难度适中

(3) 内容同质

(4) 程序统一

(5) 时间充分

(6) 评分客观

另外,被试本身的动机和积极性以及身体的疲劳程度也会影响测验的信度。

7. 信度分析概述

信度分析是用来评价问卷可靠性或稳定性的,它可检测用某量词表对同一事物进行重复测量后所得结果的一致性。其分析的内容就是信度的内在信度(跨项目的一致性)、外在信度(跨时间的一致性)、等值信度(跨形式的一致性)与评分者信度。相应地,其分析方法包括重测信度分析、复本信度分析、内部一致性信度分析与评分者信度分析。

在实际测量中,通常只能获得实际测量值(X)及测量值的变异度(S_X^2),而不知道真值(T)及其变异度(S_T^2)的大小。所以,根据公式(19.1)尚不能计算出信度系数。在统计学上常通过计算两组变量相关系数的大小来表示信度的高低,由此得到不同的信度分析的度量指标。各类信度分析的内容与度量及其软件实现汇总如表19.1所示。

表 19.1 信度的分类、度量与软件实现

信度评价内容	度量指标	适用范围	SPSS 实现
内在一致稳定性	Cranbach α 系数 Guttman 系数 分半信度	态度、意见式问卷	可靠性分析
外在一致稳定性	重测信度系数	事实式问卷 态度、意见式问卷	双变量相关
等值一致稳定性	复本信度系数 重测信度系数	事实式问卷 态度、意见式问卷	双变量相关
评价一致稳定性	用积差相关系数来计算评价,或用斯皮尔曼等级相关法	两人评分,或一人多次评	多个关联样本检验
	无相同等级的肯德尔和谐系数 有相同等级的肯德尔和谐系数	评分者多于三人	

19.2 重测信度与复本信度分析

19.2.1 重测信度分析的基本原理

1. 重测信度定义

重测信度(rest-retest coefficient)用于判断测量是否具有时间一致性,主要针对时间变量,这种测量的信度系数也称为再测信度系数,它是指同一组人在一个测验上第一次得分和第二次得分之间的相关性。

重测信度用两次测验结果有无变动,反映测验分数的稳定程度,故又称稳定性系数。由于重测信度可提供有关测验结果是否随时间而变化的资料,因此可作为预测被试将来行为的依据。

2. 重测信度计算公式

重测信度计算方法就是用同一测验隔一段时间对同一组被试重复测试一次,用积差相关法求两次测验的相关系数。其公式为:

$$r_{xx} = \frac{\frac{\sum X_1 X_2}{N} - \bar{X}_1 \bar{X}_2}{S_1 S_2} \tag{19.2}$$

式中,r_{xx} 为重测信度;X_1、X_2 为同一被试群体的两次重测测验结果;$\bar{X}_1$、$\bar{X}_2$ 为两次重测测验的平均分数;S_1、S_2 为两次重测测验结果的标准差;N 为重测被试人数。

3. 重测信度使用的前提条件

(1) 所测量的心理特质必须是稳定的。例如,刚入学的儿童的识字量是极不稳定的,如果我们对儿童识字量等进行两次施测的时间间隔过长,儿童的识字量就有很大变化,这种情况就不能用重测信度方法。因为两次测量结果的不同,不是由于测试工具,而是由于被试本身造成的。

(2) 把握适当的时间间隔,遗忘和练习的效果基本上相互抵消。两次测试的时间间隔要根据问题的性质和测量的目的而定。一般来说,两次测试间隔时间越长,所得到的稳定性系数就越低。时间间隔依照测验目的、性质及被试特点而定,才能够更有效地得出结果。对于年纪较小的儿童来说,测试间隔要短;对于年长群体,测试间隔可适当延长。但一般间隔时间不超过 6 个月。

(3) 两次测试期间,被试的学习效果没有差别。要保证被试具有稳定的心理特质。值得注意的是,同一个量表随着第二次测量的时间不同,可以有不同的重测信度。因此,在报告重测信度时,应说明两次测试的时间间隔,以及在此期间被试的有关经历(教育训练、心理治疗及相关学习经历等)。

显然,重测信度属于稳定系数。重测信度这一方法特别适用于事实式问卷,如性别、出生年月等在两次施测中不应有任何差异,大多数被调查者的兴趣、爱好、习惯等在短时间内也不会有十分明显的变化。如果没有突发事件导致被调查者的态度、意见突变,这种方法也适用于态度、意见式问卷。需要注意的是,有些测验不宜用重测法估计信度。重测法只适用于那些不容易受重复使用影响的测验,一般在没有复本可用、现实条件又允许重测时才用此法。

4. 重测误差来源

(1) 测验本身:测验所测的特性本身就不稳定,如情绪等。

(2) 被试方面:成熟、知识的发展并非人人等量增长,在练习因素、记忆效果方面也存在个体差异。

(3) 实施过程:偶发因素的干扰,如计时错误、情绪波动、健康、动机等。

重测的过程还需要考虑不同的条件(如环境条件、个人条件)带来的测量结果的误差,这种误差与两次测试的情境有关联。因为在前后两种情境中,测试的是同一个测验,所以重测信度不能反映测验题目样本不同所带来的误差。

此外,两次测试的条件也与时间间隔有关,时间间隔越长,误差变异越大。因此当第一次测试与第二次测试的时间间隔相对较短时(几天或几周),重测的稳定系数较大;反之,当第一次测试和第二次测试的时间间隔较长时(几个月或几年),该系数就会偏小。

19.2.2 复本信度分析的基本原理

1. 复本信度分析定义

复本信度分析是让同一组被调查者一次填答两份问卷复本,计算两个复本的相关系数。复本信度属于等值系数。复本信度法要求两个复本除表述方式不同外,在内容、格式、难度和对应题项的提问方向等方面要完全一致。

复本信度反映的是测验在内容上得分的等值性。复本信度的高低取决于测验的内容取样问题,反映了两个互为复本的测验等价的程度,并不反映一个测验在测量过程中受随机误差影响的大小。复本信度能够避免由于重测带来的记忆效应和练习效应,减少由于被试记忆和练习所带来的误差,而且可用于长期追踪研究前后测量,降低了作弊的可能性。

2. 复本信度计算公式

复本信度的计算公式为:

$$r_{xx} = \frac{\frac{\sum X_1 X_2}{N} - \bar{X}_1 \bar{X}_2}{S_1 S_2} \tag{19.3}$$

式中,r_{xx} 为复本信度;X_1、X_2 为同一复本被试的两个测验结果;$\bar{X}_1$、$\bar{X}_2$ 为两个复本测验的平均分数;S_1、S_2 为两个复本测验结果的标准差;N 为复本被试人数。

3. 复本信度使用的前提条件

(1) 计算复本信度首先要构建两份或两份以上真正平行的测验。真正平行的测验之间必须在题目内容、数量、形式、难度、区分度、指导语、时限以及所用的例题、公式和测验等其他方面相同或相似,即复本测验是用不同的题目测量同样的内容,而且其测验结果的平均值和标准差都相同的两个测验。但是,严格意义上的平行测验是很难构建的。

(2) 计算复本信度时,被试要有同时接受两个测验的条件,这种条件取决于时间、经费、精力等方面。

在使用复本信度时,虽然能克服重测信度的一些缺点,但被试在接受第二个测验时仍会受到练习和记忆等因素的影响,一些解题的策略等技巧也会产生迁移效应。对于稳定性与等值性系数,在报告结果时也应该报告两次施测的时间间隔,以及在此时间间隔内被试的有关经历。

4．重测复本信度

重测信度反映的是测验跨越时间的稳定性和一致性,但由于重测中第二次测验与第一次测验用的是完全相同的测试项目,因此无法避免诸如学习、记忆、动机方面的问题。而复本测验会在一定程度上减少这些问题,它是编制一个等值的复本,用它来替代重测信度中的第二次测验。重测复本是把二者结合起来,重测复本信度又称稳定等值系数,即在不同时间对两个平行的测验(复本)施测,所得的相关系数就是重测复本信度。它比单一的重测信度或复本信度更严格和全面。

19.2.3　重测信度分析与复本信度分析的 SPSS 实现:相关分析

(1) 打开或建立数据文件。

(2) 选择菜单【分析/相关/双变量相关】,打开"双变量相关性"对话框,如图 19.1 所示。

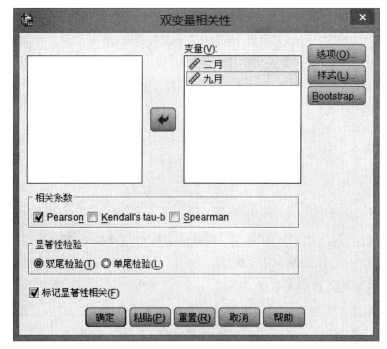

图 19.1　"双变量相关性"对话框

(3) 设置对话框。各项功能设置说明如下:

①【变量(V)】:选择要进行分析的变量并将其移入右侧的【变量(V)】列表框中。当变量多于两个时,结果中会计算所有选入【变量(V)】列表框中变量两两之间的相关系数。

②【相关系数】:包含【Pearson】【Kendall's tau-b】【Spearman】3 个复选框,研究时可根据数据类型通过勾选对应的复选框来选择相关系数的计算方法。

③【类型显著性检验】：通过选中【显著性检验】下相应的单选按钮，选择显著性检验使用"双尾检验"还是"单尾检验"。

④【标记显著性相关】：勾选该复选框，在统计结果中将用"＊"号标记有显著相关的相关系数，系统默认选中。当 $P<0.05$ 时，相关系数旁会标识"＊"，表明两变量在 0.05 水平上达到显著相关；当 $P<0.01$ 时，相关系数旁会标识"＊＊"，表明两变量在 0.01 水平上达到显著相关。

单击【选项(O)】按钮，打开"双变量相关性：选项"对话框，如图 19.2 所示，对【Statistics】和【缺失值】完成相应设置。单击【继续】按钮返回主界面。

图 19.2 "双变量相关性：选项"对话框

(4) 单击【确定】按钮，执行操作，输出结果。

19.2.4 实例：重测信度分析的 SPSS 实现

【例 19.1】 计算分析重测信度的 SPSS 实现

某理财规划师使用同一份风险偏好测验卷，在 2 月份和 9 月份分别对 12 位投资理财者进行测试，测试分数如表 19.2 所示，试计算该测验的重测信度。

在该案例中，使用的是同一份测验卷在不同的时间对同一批被试进行的测试，而且个体的风险偏好是一种较为稳定的特质，因此该案例适用重测信度分析。

表 19.2 风险偏好测验成绩

月份	姓名											
	A	B	C	D	E	F	G	H	I	J	K	L
2月	18	16	7	13	16	15	14	6	10	12	14	12
9月	17	17	8	13	17	13	12	7	11	13	15	14

1. 重侧信度计算的 SPSS 实现过程

(1) 首先,根据题意建立数据文件,如图 19.3 所示。

	姓名	二月	九月
1	A	18	17
2	B	16	17
3	C	7	8
4	D	13	13
5	E	16	17
6	F	15	13
7	G	14	12
8	H	6	7
9	I	10	11
10	J	12	13
11	K	14	15
12	L	12	14
13			

图 19.3 某班风险偏好量表的重测数据

(2) 选择菜单【分析/相关/双变量相关】,打开"双变量相关性"对话框。

(3) 选择变量:在【相关系数】选项组中勾选【Pearson】复选框,在【显著性检验】选项组中选中【双尾检验(T)】单选按钮,并勾选【标记显著性相关(F)】复选框,如图 19.4 所示。

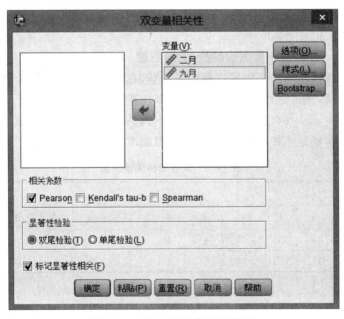

图 19.4 "双变量相关性"对话框

(4) 选择描述性统计量:单击【选项(O)】按钮,弹出"双变量相关性:选项"对话框,勾选【平均值和标准差(M)】复选框,如图 19.5 所示。

图 19.5 "双变量相关性:选项"对话框

(5) 单击【继续】按钮,返回"双变量相关性"对话框。单击【确定】按钮,输出结果。

2. 结果说明与解读分析

输出结果如表 19.3 所示。可以看出,投资者们 2 月份和 9 月份的成绩相关系数为 0.933,$p<0.01$,相关性极其显著,表明这两次测验的重测信度很高。

表 19.3 2 月份和 9 月份某风险偏好重测成绩相关性

		二月	九月
二月	Pearson 相关性	1	0.933**
	显著性(双尾)		0.000
	N	12	12
九月	Pearson 相关性	0.933**	1
	显著性(双尾)	0.000	
	N	12	12

注:** 表示在置信度(双侧)为 0.01 时,相关性是显著的。

19.2.5 实例:复本信度分析的 SPSS 实现

【例 19.2】 计算分析复本信度的 SPSS 实现

某风险偏好测试量表有 30 题是非题,答对一题可以得到 1 分,答错不得分。用风险偏好测试量表题本 A 与 B 分别施测同一组 12 个人,分数越高表示越加偏好风险,施测结果如表 19.4 所示,请计算测验的信度。

解 该案例是使用同一量表的两个不同题本对同一组被试进行的测验,其中一个题本可以作为另一个题本的复本,因此适用计算复本信度。

表 19.4 某风险偏好量表的复本实测结果

题本	姓名											
	A	B	C	D	E	F	G	H	I	J	K	L
A	15	12	15	11	10	12	12	12	15	11	10	12
B	16	12	14	11	9	11	13	12	16	13	9	13

1. 复本信度计算的 SPSS 实现过程

(1) 首先,根据题意建立数据文件,如图 19.6 所示。

图 19.6 某风险偏好量表的复本实测数据

(2) 选择菜单【分析/相关/双变量相关】,打开"双变量相关性"对话框。

(3) 选择变量:在【相关系数】选项组下勾选【Pearson】复选框,在【显著性检验】选项组中选中【双尾检验(T)】单选按钮,并勾选【标记显著性相关(F)】复选框,如图 19.7 所示。

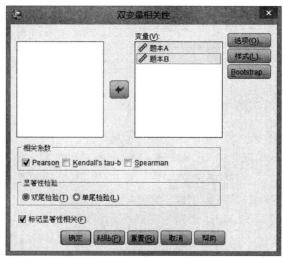

图 19.7 "双变量相关性"对话框

(4）选择描述性统计量：单击【选项(O)】按钮，弹出"双变量相关性：选项"对话框，勾选"年均值和标准差(M)"复选框，如图19.8所示。

图19.8 "双变量相关性：选项"对话框

（5）单击【继续】按钮，返回"双变量相关性"对话框。单击【确定】按钮，输出结果。

2. 结果说明与解读分析

输出结果如表19.5所示。从表中可以看出，题本A和题本B的成绩相关系数为0.897，双侧检验的显著性概率(Sig)为0.00，$p<0.01$，相关性极其显著，表明测验中该量表的复本信度较好。

表19.5 某风险偏好量表题本A与题本B的复本信度

		题本A	题本B
	Pearson相关性	1	0.897**
题本A	显著性（双尾）		0.000
	N	12	12
	Pearson相关性	0.897**	1
题本B	显著性（双尾）	0.000	
	N	12	12

注：** 表示在置信度（双侧）为0.01时，相关性是显著的。

19.3 内部一致性信度分析

19.3.1 内部一致性信度分析的基本原理

前面所讲的重测信度与复本信度需要对同一组被试施测两次，但是由于种种条件限制，有的测验很难编制复本，而且被试的流动性较大，重复施测比较困难。因此，如果通过把测验项目划分为不同的样本，充分利用一次测验所得的资料来计算信度，将会节省很多时间和人力。计算出来的信度系数反映的是测验内部的一致性,叫做内部一致性信度系数或同质性信度系数。

1. 内部一致性信度的含义

内部一致性信度又称同质性信度,即一个测验中所测内容或特质之间的相同程度。同质指同一种心理特质可以被测验中所有的题目测量出来,即此时所有题目得分之间应具有较高的正相关。

测量的内在信度重在考察一组评价项目是否测量同一个概念,这些项目之间是否具有较高的内在一致性。一致性程度越高,评价项目就越有意义,其评价结果的可信度就越强。

如果测试题目间不具有较高的正相关,那么即使一些表面看起来是测量同一种心理特质的题目,也不能认为它们具有同质性。

信度是指测验结果的一致性、稳定性及可靠性,一般多以内部一致性表示该测验信度的高低。信度系数愈高即表示该测验的结果愈一致、稳定与可靠。系统误差对信度没有影响,因为系统误差总是以相同的方式影响测量值,因此不会造成不一致性。反之,随机误差可能导致不一致性,从而降低信度。

2. 内部一致性信度的计算方法

内部一致性信度计算方法包括以下三种:

(1) 斯皮尔曼—布朗分半信度公式

在测验没有复本且只能实施一次的情况下,可以将测验项目分成对等的两半,对同一批被试施测,并根据被试在这两半测验中所得的分数计算相关系数。

因为分半信度描述的是两半题目间的一致性,所以也是内部一致性系数的一种。分半信度可以和复本信度一样作出解释,即可以把对等的两半测验看成在最短时距内施测的两个平行测验。

分半信度实际上只是半个测验的信度,而测验时间越长,项目越多,因此要对用两半测验求得的相关系数进行校正,以避免低估整个测验的信度。

斯皮尔曼—布朗分半信度的计算公式为:

$$r_{kk} = \frac{K \bar{r}_{ij}}{1 + (K-1) \bar{r}_{ij}} \quad (19.4)$$

式中,K 为一个测验的题目个数;$\bar{r}_{ij}$ 为所有题目间相关系数的平均数。

题目间相关系数的平均数较高时,测验较同质。

分半信度通常只能在施测一次或没有复本的情况下使用。而且,在使用斯皮尔曼—布朗公式时,要求全体被试在两半测验中得分的变异数要相等。当一个测验无法分成对等两半时,分半信度不宜使用。

此外,由于将一个测验分成两半的方法很多(如题号的奇偶分半,按题目的内容分半等),所以同一个测验会有多个分半信度值。

由于所有题目利用该公式求相关比较麻烦,所以又导出库德-理查德森公式和克伦巴赫 α 系数。

(2) 库德—理查德森公式

应用于题目是二分法记分(如题目答对为1,答错为0)的测验,库德—理查德森公式的计算式1(K-R1)为:

$$r_{kk} = \left(\frac{K}{K-1}\right)\left(1 - \frac{\sum p_i q_i}{S_x^2}\right) \tag{19.5}$$

库德—理查德森公式的计算式2(K-R2)为:

$$r_{xx} = \frac{KS_x^2 - \overline{X}(K-\overline{X})}{(K-1)} \tag{19.6}$$

式中,K 为整个测验的题目整数;p_i 为项目 i 的通过率;$q_i = 1 - p_i$;S_x^2 为测验总分的方差。

(3) 克伦巴赫 α 系数

克伦巴赫 α 系数应用于非二分法记分的测验,计算公式为:

$$\alpha = \left(\frac{K}{K-1}\right)\left(1 - \frac{\sum S_i^2}{S_x^2}\right) \tag{19.7}$$

式中,S_i^2 为所有被试在第 i 题上的方差;其他符号的含义与库德—理查德森公式的计算式1相同。此公式不要求测验题目仅是(0,1)记分,可以处理任何测验的内部一致性信度系数的计算问题。库德—理查德森公式的计算式2实际上是 α 系数的特例。

由于只有每个人都做完全部题目,题目的方差才是准确的,因此上述公式并不适用于速度测验。

19.3.2 内部一致性信度分析的 SPSS 实现:可靠性分析

(1) 打开或建立数据文件。
(2) 选择菜单【分析/度量/可靠性分析】,弹出如图 19.9 所示的对话框。

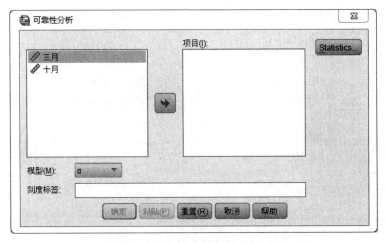

图 19.9 "可靠性分析"(信度)对话框

（3）选择项目：左边的列表框是数据中所包含的所有项目，选择想要分析的项目，将其移入右侧【项目(I)】列表框中。

（4）选择模型：在【模型(M)】后的下拉列表框中，有以下 5 种模型可供选择：

① α，即克伦巴赫 α 系数，用于计算测验的内部一致性系数。

② 半分，即斯皮尔曼—布朗分半系数，用于检查测验的两部分之间的相关性。分半系数的计算是将一个量表分为两个子量表，如果题项数为奇数，则题项较多的为子量表一、题项较少的为子量表二；若量表的题项数为偶数，则分成的两个子量表题项数相等。

③ Guttman。该模型计算 Guttman 的下界以获取真实可靠性。

④ 平行模型。该模型假设所有项具有相等的方差，并且重复项之间具有相等的误差方差。计算各评估项目具有变异数同质时的最大概率信度。

⑤ 严格平行模型。该模型表示当各题目平均数与方差均同质时的最大概率信度。

如果测试结果是定性数据，需要依次选择【转换/重新编码为相同变量】命令，打开"重新编码到相同的变量中"对话框，单击【旧值和新值】按钮，打开"重新编码成相同变量：旧值和新值"对话框，通过名义变量定义，把定性数据转换为定量数据，再作后续处理。

（5）选择统计量：单击【统计量】按钮，弹出"可靠性分析：统计"对话框，如图 19.10 所示。在该对话框内，被试可选择不同的描述性统计量。

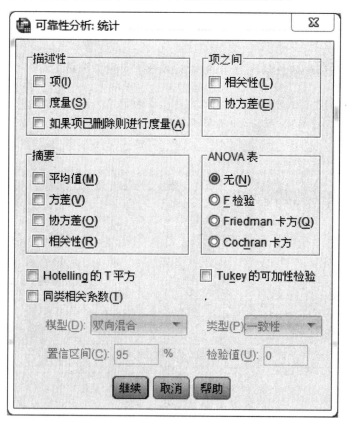

图 19.10 "可靠性分析：统计"对话框

各选项栏的功能为：

① 【描述性】，用于选择要输出的统计量。【项(I)】：输出变量的平均值、标准差等统计信息；【度量(S)】：输出各变量之和的均数、方差、标准差等；【如果项已删除则进行度量(A)】：输出量表中删除某个变量后，相应统计量的改变值。

② 【项之间】，用于设置输出变量间的信息。【相关性(L)】：输出变量间的相关系数；【协方差(E)】：输出变量间的协方差系数。

③ 【摘要】，用于设置描述统计量的输出。【平均值(M)】：输出项目均数的平均值、最小值、最大值，项目均数的极差、方差，以及最大项目均数与最小项目均数之比；【方差(V)】：输出项目方差的平均值、最小值、最大值，项目方差的极差、方差，以及最大项目方差与最小项目方差之比；【协方差(O)】：输出项目协方差的平均值、最小值、最大值，项目协方差的极差、方差，以及最大项目协方差与最小项目协方差之比；【相关性(R)】：输出项目相关系数的平均值、最小值、最大值，项目相关系数的极差、方差，以及最大项目相关系数与最小项目相关系数之比。

④ 【ANOVA 表】，用于设置方差分析选项。【无(N)】：不作方差分析；【F 检验】：作重复测量设计的方差分析，要求数据满足正态性；【Friedman 卡方(Q)】：输出 Friedman X^2 统计量及 Kendall 调谐系数，适用于秩格式的数据；【Cochran 卡方】：作 Cochran X^2 检验。

⑤ 【Hotelling 的 T 平方】，作多元检验。

⑥ 【Tukey 的可加性检验】，检验变量间的交互作用。

⑦ 【同类相关系数(T)】，用于设置组内相关系数选项。【模型(D)】：下拉列表中含有 3 个可用的计算组内相关系数的模型，即双向混合，指两方向固定模型；双向随机，指两方向随机模型；单向随机，指单方向随机模型；【类型(P)】：下拉列表中含有两个可选的指标类型，即一致性和绝对一致性；【置信区间(C)】：用于指定置信区间的概率范围；【检验值(U)】：用于指定一个与观察相关系数作比较的数值，系统默认为 0。

(6) 单击【确定】按钮，执行操作，输出结果。

19.3.3 实例：内部一致性信度分析的 SPSS 实现

【例 19.3】 计算分析内部一致性信度的 SPSS 实现

为测试某知识点的掌握程度，某班老师用一次随堂测验对 6 名学生施测，每个问答题满分是 5 分，施测结果如表 19.6 所示，请计算分析内部一致性信度。

表 19.6 随堂测验成绩

学生	问答题 1	问答题 2	问答题 3	问答题 4	问答题 5	问答题 6	问答题 7
A	3	4	4	3	5	4	4
B	4	3	4	3	3	5	3
C	2	3	3	2	3	2	2
D	4	4	5	3	4	4	4
E	3	2	4	3	3	3	3
F	3	2	3	2	3	3	2

1. 内部一致性信度计算的 SPSS 实现过程

(1) 根据题意建立数据文件,如图 19.11 所示。

	学号	A11	A12	A13	A14	A15	A16	A17
1	A	3	4	4	3	5	4	4
2	B	4	3	4	3	3	5	3
3	C	2	3	3	2	3	2	2
4	D	4	4	5	3	4	4	4
5	E	3	2	4	3	3	3	3
6	F	3	2	3	2	3	3	2
7								

图 19.11 某知识点的随堂测验成绩数据

(2) 选择菜单【分析/度量/可靠性分析】,打开"可靠性分析"对话框,如图 19.12 所示。

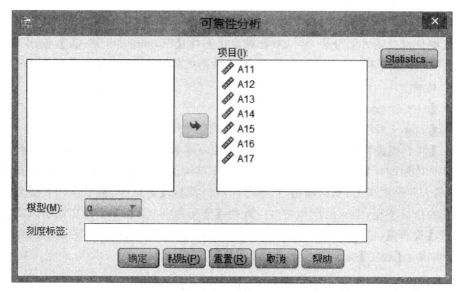

图 19.12 "可靠性分析"对话框

(3) 选取模型:在左下角的【模型(M)】下拉列表框中选择"α"。

(4) 选择统计量:单击【Statistics】按钮,弹出"可靠性分析:统计"对话框,勾选【相关性(L)】和【如果项已删除则进行度量(A)】复选框,如图 19.13 所示。

(5) 单击【继续】按钮,返回"可靠性分析"对话框。单击【确定】按钮,输出统计结果。

2. 结果说明与解读分析

在结果中首先呈现该随堂测验成绩的可靠性分析表,如表 19.7 所示。从该表中可以看出,该测试的内部一致性信度系数为 0.911,因此可以认为该测验的内部一致性信度较好。

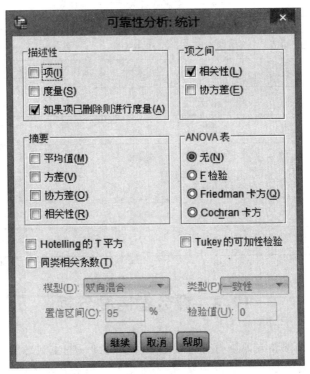

图 19.13 "可靠性分析:统计"对话框

表 19.7 随堂测验成绩可靠性分析

Cronbach 的 Alpha	基于标准化项的 Cronbach's Alpha	项数
0.911	0.921	7

但是,在信度分析中只得到这样一个系数并不够用,不能为该问卷的改进提供太多有用的信息。因在前面统计量中勾选了"如果项已删除则进行度量"复选框,所以在结果中还输出了"随堂测验成绩项总计统计量",如表19.8所示。该统计表给出了如果将相应的题目删除后,则总的统计量及信度将如何改变。表中各栏从左至右依次为:"项已删除的刻度均值""项已删除的刻度方差""校正的项总计相关性""多相关性的平方"和"项已删除的 Cronbach's Alpha 值"。前两项分别表示对应的题项删除后其余题项加总后的新平均数、新方差。"校正的项总计相关性"表示对应的题项与其他题目总分的积差相关系数,系数值越高,表示该题与其他题项的内部一致性越高。"多相关性的平方"为多元回归分析中的决定系数,该值越大,表示该题与其他题项的内部一致性越高,因此该数值也可作为题项删除或保留的参考指标之一。"项已删除的 Cronbach's Alpha 值"表示该题删除后,其他题项构成的分量表的内部一致性 α 系数的变动情况,如果某问卷题项的内部一致性很好,那么删除某题项后,新的内部一致性 α 系数会降低,若由于某些题项导致该问卷内部一致性较低,则删除该题后内部一致性系数往往会提高。从表19.8中可以看出,题目 A15 删除后其他题目的内部一致性最高,因此如果需要删除题项的话,可以考虑将该题删去。

表 19.8　随堂测验成绩项总计统计量

已删除题目	项已删除的刻度均值	项已删除的刻度方差	校正的项总计相关性	多相关性的平方	项已删除的Cronbach's Alpha 值
A11	19.50	17.100	0.675	.	0.903
A12	19.67	16.267	0.665	.	0.905
A13	18.83	16.167	0.848	.	0.886
A15	19.17	16.967	0.609	.	0.910
A17	19.67	14.667	0.934	.	0.873
A14	20.00	18.000	0.822	.	0.898
A16	19.17	14.967	0.715	.	0.903

19.4　评分者信度分析

教师在主观题阅卷或评委打分过程中难免会受到一些主观态度的影响,那么如何判断一组教师或评委的打分是否一致、是否可信？这就涉及本节的评分者信度分析。

19.4.1　评分者信度的基本原理

有些心理测验之类主观性强的得分不是根据客观的计分系统,而是由评分者来主观打分,此时测验的可靠性在很大程度上取决于评分者评分的一致性和稳定性。

评分者信度是考察不同评分人对实际得分影响的一致性与可靠性,因评分者人数不同,其估计方法也不同。

若只有两个评分者,相互独立地对被试的反应进行评分,则可以用积差相关系数来计算评价,或用斯皮尔曼等级相关法计算。

如果评分者在三人以上,而且是等级评分,则可以用无相同等级的肯德尔和谐系数求取评分者信度。计算公式为：

$$W = \frac{\left[\sum R_i^2 - \dfrac{\left(\sum R_i\right)^2}{N}\right]}{\dfrac{1}{12}K^2(N^3-N)} \quad (19.8)$$

式中,K 为评分者人数;N 为被评者人数;R_i 为被评者所得的 K 个等级之和。

若被试被评等级中出现相同等级,则可采用公式(19.9),计算有相同等级的肯德尔和谐系数：

$$W=\frac{\sum R_i^2-\frac{\sum R_i}{N}}{\frac{1}{12}K^2(N^3-N)-K\sum\frac{\sum(M^3-M)}{12}} \tag{19.9}$$

式中，M 为相同等级的个数，其他符号同上式。

19.4.2 实例：评分者信度分析的 SPSS 实现过程

【例 19.4】 计算评分者信度的 SPSS 实现过程

某校举办大学生创新项目竞赛，请 5 位评委老师为最终进入决赛的 6 个项目评定等级，结果如表 19.9 所示，请计算其信度。

表 19.9 大学生创新项目竞赛评定等级结果

教师	项目					
	A1	A2	A3	A4	A5	A6
A	3	4	4	3	3	5
B	4	3	4	3	4	3
C	2	3	3	2	5	3
D	4	4	5	3	4	4
E	3	2	4	3	3	3

解 本例数据涉及多个评价者对多个项目的成绩评价是否具有一致性，目的在于计算评分者信度的高低，可以用肯德尔和谐系数描述。具体操作如下：

1. 评分者信度计算的 SPSS 实现过程

(1) 根据题意建立数据文件，如图 19.14 所示。

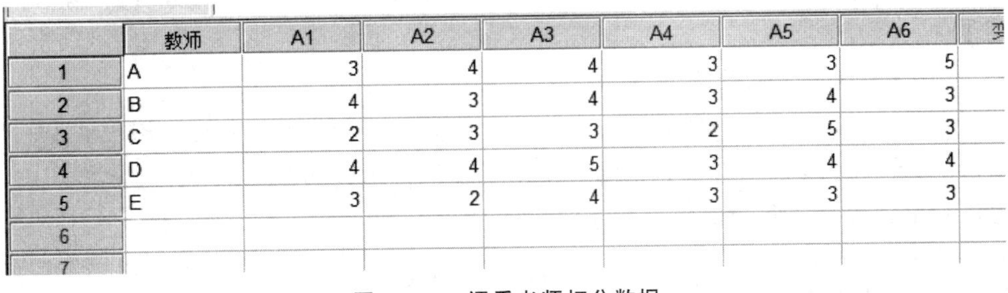

	教师	A1	A2	A3	A4	A5	A6
1	A	3	4	4	3	3	5
2	B	4	3	4	3	4	3
3	C	2	3	3	2	5	3
4	D	4	4	5	3	4	4
5	E	3	2	4	3	3	3
6							
7							

图 19.14 评委老师打分数据

(2) 选择菜单【分析/非参数检验/旧对话框/K 个相关样本】，打开"多个关联样本检验"对话框。

(3) 选择变量及检验类型：将左边列表框中要分析的变量移入右侧的【检验变量】列表框中，在【检验类型】选项组中勾选【Kendall's W】复选框，如图 19.15 所示。

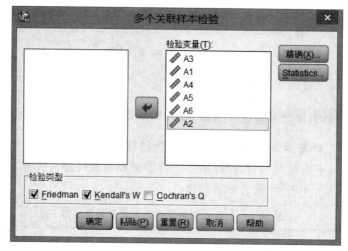

图 19.15 "多个关联样本检验"对话框

（4）选择统计量：单击【Statistics】按钮，打开"多个相关样本：统计量"对话框，勾选【描述性(D)】复选框，如图 19.16 所示。

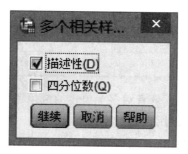

图 19.16 "多个相关样本：统计量"对话框

（5）单击【继续】按钮，返回"多个关联样本检验"对话框。单击【确定】按钮，输出结果。

2．结果说明与解读分析

（1）秩均值表。因为肯德尔检验使用的是等级评分，所以需要先将数据转化为其对应的秩。在结果中首先显示的是肯德尔检验的秩均值表，如表 19.9 所示。从表中可以看出，6 个项目得分的平均秩分别为 5.10、3.10、2.00、4.00、3.80 和 3.00。

表 19.10 秩均值

项目	秩均值	项目	秩均值
A3	5.10	A5	4.00
A1	3.10	A6	3.80
A4	2.00	A2	3.00

（2）检验统计表。结果中接下来呈现的是检验统计量，如表 19.10 所示。从表中可以看出，肯德尔和谐系数为 0.406，卡方为 10.146，$P=0.071>0.05$，可以认为这 6 个项目得分的平均秩没有显著差异，也说明这 5 名评委对 6 个项目的打分具有一致性，即具有评分者信度。

表 19.11　检验统计量

N	5	N	5
Kendall's W	0.406	df	5
卡方	10.146	渐进显著性	0.071

第20章　效度分析

20.1　效度分析的基本原理

20.1.1　效度的含义

效度是指测量的有效性与准确性,即一个测验能够测量出所要测量特性的程度。例如,用直尺测量长度是有效的,而用来测量温度则是无效的。它是一个具有相对性、连续性与间接性的概念。效度含义的要点在于:

(1) 任何一种测验只是对一定测量目的来说才是有效的。

(2) 测验的效度是对测量结果而言的,即一种测量工具只有经过实际测量,才能根据测量结果判断它的效度。

(3) 测验的效度是相对的,而非绝对的。测验是根据行为样本对所要测量的心理特性作间接推断,只能达到某种程度的准确性,而没有全有、全无的差别。

20.1.2　效度的计算公式

在一系列测试中,实测分数的变异性是由与测量目的有关的真实变异数(S_V^2)、与测量系数无关的真实变异数(S_I^2)和测量误差变异数(S_E^2)所决定的。即:

$$S_X^2 = S_V^2 + S_I^2 + S_E^2$$

因此,效度被定义为与测量目的有关的真实变异数 S_V^2 与总变异数 S_X^2 的比率,即:

$$r_{xy}^2 = \frac{S_V^2}{S_X^2} \tag{20.1}$$

式中,r_{xy}^2 代表测量的效度指标,S_V^2 代表有效变异数,S_X^2 代表总变异数。

20.1.3　常用的效度指标及其评估

实践中,测度问卷测量效度的方法,通常是以答卷者的问卷单项得分及总得分和另一个效度标准相关得分之间的相关性反映,即用他们之间的相关系数的大小来表示效度。如果相关系数正值越高,则该问卷的效度就高。

根据评价的有效性重点不同,效度指标有内容效度、结构效度、标准效度、区分效度、聚合效度等。常用的效度指标是内容效度与结构效度。可以总结为表20.1。

表 20.1 常用效度指标的内涵、检验与实现

评价依据	效度指标	测量思想	度量指标	估计方法	SPSS实现
基于概念的评价	内容效度	问卷题目是否能够测量反映所测量的特质	题目分布的合理性	专家法,统计检验法	敏感性或可靠性分析,结构方程模型
基于经验的评价	结构效度	问卷测量得分解释特质程度	对假设性理论建构特质的解释程度	一致性统计检验	相关分析,因子分析
	预测效度	反映对未来特征的预测效果	预测效果评价指标	一致性统计检验,预测效果评价	相关分析,预测评价,假设检验
	标准效度	问卷测量得分与外部效度准则之间的关联	问卷测量得分与外部效度准则之间的相关系数	相关系数法,区分法 t 检验	相关分析,假设检验
	区分效度	同一问卷对不同特质的识别性	相关系数,差异程度及其显著程度	相关系数法,区分法 t 检验	相关分析,假设检验
	聚合效度	同一特质的不同测量结果的相关性高	相关系数,差异程度及其显著程度	相关系数法,区分法 t 检验	相关分析,假设检验

1. 内容效度

内容效度是指问卷内容的贴切性和代表性,即问卷内容能否反映所要测量的特质,能否达到测验目的,较好地代表所欲测量的内容和引起预期反应的程度。内容效度常以题目分布的合理性来判断,属于命题的逻辑分析,所以,内容效度也称为"逻辑效度"或"内在效度"。

内容效度的评价主要通过经验判断进行,通常考虑三方面的问题:

其一是项目所测量的内容是否真属于应测量的领域;

其二是测验所包含的项目是否覆盖应测领域的各个方面;

其三是测验题目的构成比例是否恰当。

常用的内容效度的评价方法有两种:

一是专家法,即请有关专家对问卷题目与原来的内容范围是否符合进行分析并作出判断,检查问卷题目是否较好地代表了原来的内容。

二是统计分析法,即从同一内容总体中抽取两套问卷,分别对同一组答卷者进行测验,两种问卷答案得分的相关系数就可用来估计问卷的内容效度。

三是计算某个问题与去掉此问题后总得分的相关性,分析该问题是否需要被剔除,即作敏感性分析。

2. 结构效度

结构效度是指测量结果体现出来的某种结构与测值之间的对应程度。效度分析最理想的方法是利用因子分析法测量量表或整个问卷的结构效度。

因子分析的主要功能是从量表全部变量(题项)中提取一些公因子,各公因子分别与某一群特定变量高度关联,这些公因子就代表了量表的基本结构。通过因子分析可以考察问卷是否能够测量出研究者设计问卷时依据研究目的与相关理论提出假设的某种结构。

在因子分析的结果中,用于评价结构效度的主要指标有累积贡献率、共同度和因子负荷。累积贡献率反映公因子对量表或问卷的累积有效程度;共同度反映由公因子解释原变量的有效程度;因子负荷反映原变量与某个公因子的相关程度。

3. 预测效度

预测效度(即实证效度)是指一个测验对个体将来的行为或获得的成就进行预测时的准确性。一个测验预测得越准确,预测效度越高。

被预测的行为或成绩是检验预测效度的标准,简称效标,即衡量测验有效性的参照标准。

效标是估计预测效度的主要依据,应具备如下一些条件:

(1) 有效性,即效标测量本身必须有效。

(2) 可靠性,即效标测量要具有较高的信度。

(3) 客观性,即在效标测量时要防止受评定者主观印象和成见的影响,要防止效标污染,即由于主试人知道某个人原来的测验成绩,因而影响了其在效标测量中对这个人的评定分数。

(4) 效标测量应该简单省时,花费少,经济实用。

4. 效标效度

效标效度是说明测量结果得分与某种相关的外部准则(效标)之间的关联程度,用二者之间的相关系数或相似性表示。

其估计方法主要是相关系数法与区分法 t 检验。区分法就是看该测量对由效标识别出的群体的区分程度与显著程度,t 检验是对二者的差异性作假设检验,如是显著无差异的,则说明问卷是有效的。

5. 区分效度

区分效度是指运用相同的问卷或测量方法,测度不同特质与内涵所得结果的有效程度,其测量结果之间的相关性应当很低,用不同特质与内涵所得结果之间的相关系数或相似性表示。

6. 聚合效度

聚合效度是指运用不同的问卷或测量方法,测度同一特质与内涵所得结果的有效程度。这些不同测量方法得到的测量结果之间应当具有较高的相关性与相似性,用不同测量方法得到的测量结果之间的相关性与相似性来度量。

20.1.4 有效测度的特征

(1) 测量的内容效度、结构效度较高;

(2) 前期论证充分;

(3) 经过反复使用已证明其可靠性高;

(4) 该测量方法的测量结果与公认标准的测量结果之间的一致性较高;

(5) 判别效度较高。

20.1.5 提高测量效度的方法

(1) 控制系统误差。系统误差是影响测验效度的主要因素。它主要包括仪器不准,题目和指导语有暗示性,答案安排不当(被试可以猜测)等,控制这些因素可以降低系统误差,提高效度。

(2) 理论正确,解释清楚,精心编制测量题和测验量表。首先,测量题内容要适合测验目的,如知识性测量题就不能全面反映被试的智力水平,它主要测量其知识水平。其次,测量题要清楚明了,用语要让被试理解,排列由易到难。最后,测量题的难度和区分度要合适。

(3) 严格按照测验程序进行测量,防止测量误差。要严格按照测验手册进行测量,不能作过多的解释,按标准评分,两次测验时间间隔要适当。

(4) 样本容量要适当。当样本容量增大时,样本的代表性提高,被试的内部差异增大,扩大了真分数的方差,使效度提高。样本容量一般不应低于30。另外,抽样方法也很重要,一般用随机抽样。当样本容量很大时,可分层抽样。样本容量增大时,其代表性随之提高。

(5) 适当增加问卷的长度。这样可以增加效度,也可以增加信度。

20.2 效度分析的 SPSS 实现

需要评估的效度不同,选用的统计分析方法也不同,具体如表20.1所示。可以看出,要用到可靠性分析、相关性分析、因子分析、假设检验等。这些方法在用于分析效度时,其应用原理与解读没有什么本质变化。这里及下一节只说明用因子分析如何分析结构效度。

第1步,准备数据文件,打开对话框,加载观测变量。数据文件主要是由较多的(一般为10个以上)可观测变量数据组成,个案数一般比较大。然后,依次选择菜单【分析/降维/因子分析】,打开"因子分析"对话框,将参与分析的所有观测变量加载到【变量】。

第2步,单击【描述】按钮,设置描述性统计要求。这里的关键是要求输出因子合适度的检验,一般必须输出 KMO 和巴特利球形检验。

第 3 步,单击【提取】按钮,打开对话框,设置因子提取方式。在界定因子提取方法时,需要设置以下几个方面的参数:

(1) 因子构造方法:大多数情况下认为因子是变量的线性组合,所以,使用最多的是主成分提取的因子分析法;

(2) 选中"因子个数"后,输入一个因子数,确定提取因子数。如果还无法确定,可以不设定因子数,先以默认状态进行尝试性分析;

(3) 在【输出】下,选中【未经旋转的因子载荷矩阵】和【碎石图】,以输出未经旋转的因子载荷矩阵、碎石图。执行之后,根据输出信息确定提取因子数,比如,根据碎石图来确定。

第 4 步,单击【旋转】按钮,打开选择因子载荷矩阵的旋转方法。一般使用最多的是正交旋转和斜交旋转方法,其中,斜交旋转在心理学和教育学中更为常用。同时,可以选中【旋转后结果】,以输出旋转后的因子旋转矩阵。

第 5 步,单击【得分】按钮,设置因子得分计算方法。一般是选择回归方法,即根据最后得到的旋转因子载荷矩阵,建立每个因子的回归方程,由此可以计算出每个因子的分数,并记录到数据文件中。为此,可以在对话框中单击【保存】按钮,然后在计算方法中选择"Regression"或其他方法。

第 6 步,单击【选择】按钮,设置因子载荷系数的显示格式:

(1) 选中【Sorted by size】,则因子载荷系数按照大小顺序排列,并构成矩阵,使得在同一因子上具有较高载荷的变量排在一起,便于得出结论;

(2) 选中【Suppress absolute values less than】,并在其后的方格中输入一个 0 到 1 间的数,则因子载荷矩阵就不再显示那些小于这个数值的载荷系数,而只显示那些比此数值大的载荷系数,从而使因子所解释的主要变量一目了然。一般情况下可以设定此值为 0.3。

20.3 实例:效度分析的 SPSS 实现与结果分析

20.3.1 方法设计与变量选择

某大学生心理研究室为大学生心理测试设计了一套评价表,其中的评价项目为支配性、稳定性、社会性、激动性、活动性和深思性,每个评价项目的满分为 20 分,分数越高越理想。

20.3.2 样本选择与数据收集

为研究该问卷评价体系的有效性,先对 15 名学生进行预测试。预测试收集到的数据在数据文件"心理测试.sav"中。

20.3.3 实现操作与界面说明

根据这些数据,利用因子分析方法对其效度进行分析,具体操作如下:

第1步,菜单选择。依次选择菜单【分析/降维/因子分析】,如图20.1所示。

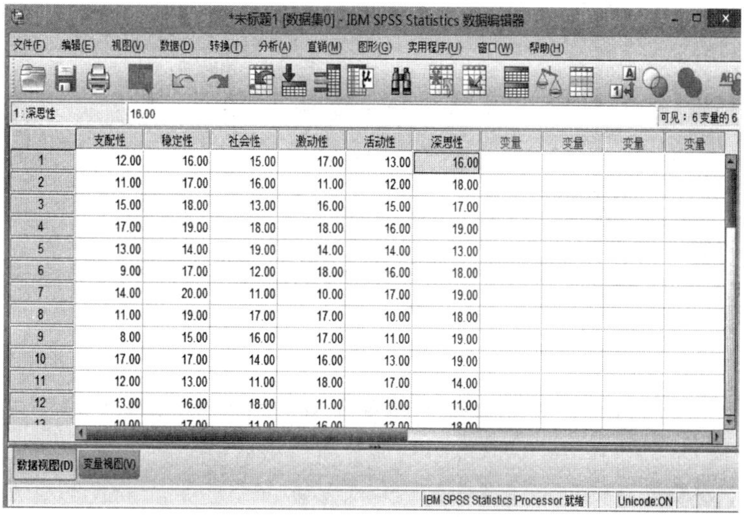

图 20.1 菜单选择

第2步,变量选择。将所有参与分析的变量,从左侧移入右侧【变量(V)】下面的方框中,如图20.2所示。

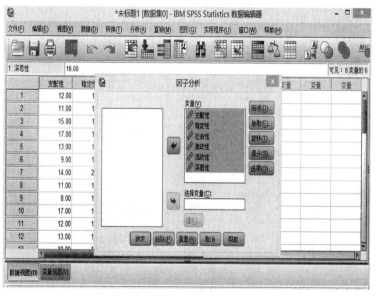

图 20.2 变量选择

第3步,选择因子分析适用性选项。在【相关性矩阵】之下,勾选【KMO 和 Bartlett 的球形度检验】选项,如图20.3所示。

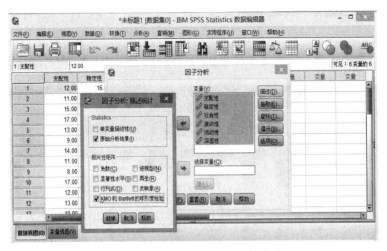

图 20.3　选择因子分析适用性选项

第 4 步，设置提取因子方法。单击【抽取】按钮，打开对话框，设置因子提取方式。在【方法(M)】下拉菜单选择"主成份"，其余采用默认值，如图 20.4 所示。

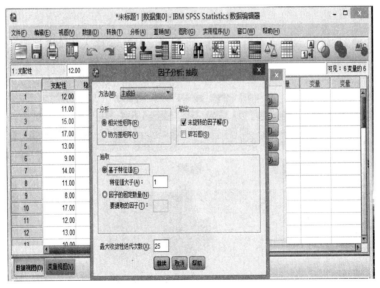

图 20.4　设置提取因子方法

第 5 步，选择因子旋转方法。单击【旋转】按钮，选择【最大方差法(V)】，选择【旋转解(R)】【载荷图(L)】，其余采用默认值，如图 20.5 所示。

图 20.5　选择因子旋转方法

第 6 步，结果保存设置。单击【得分】按钮，选择【保存为变量(S)】【显示因子得分系数矩阵(D)】，如图 20.6 所示。

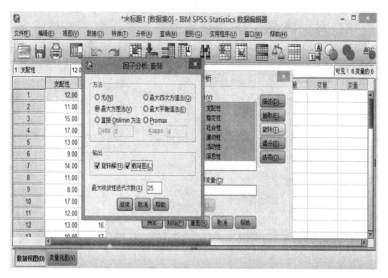

图 20.6　结果保存设置

第 7 步，设置显示格式。选中【按列表排除个案(L)】【按大小排序(S)】，如图 20.7 所示。

图 20.7 设置显示格式

20.3.4 结果说明与解读分析

上述操作结果依次如表 20.2、20.3、20.4 所示。

表 20.2 KMO 和 Bartlett 检验结果

Kaiser-Meyer-Olkin 测量取样适当性		0.961
Bartlett 的球形检验	大约卡方	161.17
	df	150
	显著性	0.074

KMO 检验结果为 0.961，说明上述六个变量可以进行因子分析。

表 20.3 说明的变量总计

元件	起始特征值			撷取平方和载入			循环平方和载入		
	总计	变量的(%)	累加(%)	总计	变量的(%)	累加(%)	总计	变量的(%)	累加(%)
1	1.838	30.629	30.629	1.838	30.629	30.629	1.573	26.222	26.222
2	1.411	23.524	54.154	1.411	23.524	54.154	1.557	25.957	52.180
3	1.304	21.736	75.890	1.304	21.736	75.890	1.423	23.710	75.890
4	0.865	14.414	90.304						
5	0.353	5.888	96.192						
6	0.228	3.808	100.000						

注：撷取方法为主体件分析。

从表 20.3 可以看出，六个变量可以提取三个因子，前三个变量包含的整体信息量大。旋转的因子载荷矩阵如表 20.4 所示。

表 20.4 旋转的因子载荷矩阵

	Component		
	1	2	3
社会性	−0.747	−0.221	−0.141
活动性	0.687	−0.034	0.618
激动性	0.658	−0.101	−0.315
稳定性	−0.145	0.894	0.259
深思性	0.297	0.835	−0.257
支配性	−0.043	0.029	0.888

从表 20.4 可以看出，六个变量都可以用提取的三个公共因子表示。

第 21 章 生存分析

21.1 生存分析概述

21.1.1 生存分析的基本概念

生存分析最初起源于医学,用以研究与生命或某种疾病的生存时间有关的问题,因此被称为生存分析,经济学中(如罢工持续的时间)称为持续时间分析。生存分析就是在综合考虑相关因素的基础上,利用含有删失数据的样本,将给定事件和发生事件的时间结合起来分析,以揭示事件发生时间的规律,并进行预测和推断的统计分析方法。其特点就在于考虑了每个观测出现某一结局的时间长短。

生存分析的目的在于,描述生存过程,估计不同时间的总体生存率,计算中位生存期,绘制生存函数曲线;利用差异性统计检验,比较不同试验处理组的生存率,确定较优方案;研究分析生存率或生存时间的影响因素及其作用;对样本的生存时间作预测。

(1) 生存时间

生存时间是指从某个起始事件发生到某个终点事件发生所经历的时间间隔。起始事件是指反映研究对象生存过程起始特征的事件,例如,服药、做完手术、病情开始缓解等。终点事件是研究者所关注的特定结局,例如,服药后病情痊愈、手术后病情痊愈、病情再度复发等。起始事件与终点事件都是相对而言,由研究目的而定,设定后不能随意更改。生存时间的度量单位可以是年、月、日等,常用符号 t 表示。生存时间的数据含有截尾数据,一般不服从正态分布,有时近似服从指数分布、Weibull 分布,其数据类型有完全数据与截尾数据,截尾数据即删失数据,删失数据的生存时间是指从起始事件发生开始观察到观察期结束的时间间隔。截尾的成因主要有失访、退出、终止等。

生存时间常用下列三个函数来描述:生存函数、概率密度函数和危险率函数。

① 生存概率、生存率、生存函数与生存曲线。生存函数,又称累积生存率,记作 $S(t)$,指的是个体生存时间长于 t 的概率,即

$$S(t) = P\{个体生存时间\ T > t\} = 1 - F(t) \tag{21.1}$$

式中,$F(t)$ 指个体的生存时间 T 的分布函数。

死亡概率是指某单位时段期初的观察对象在该单位时段死亡的可能性大小,等于某单位时段的死亡人数除以该时段期初的观测人数。如该时段有删失,则分母用校正

数据,校正人数等于该时段期初的观测人数减去删失人数的 1/2。

死亡率是单位时段研究对象的死亡频率或强度,等于某单位时段的死亡人数除以该时段的平均人数。

生存概率是某单位时段开始时存活的个体到该时段结束时仍存活的可能性大小,等于 1 减去死亡概率。生存率是指研究对象经历 t 个单位时段后仍存活的概率,即生存时间大于 t 的概率,生存率是关于时间 t 的函数,即为生存函数。生存函数在某个时点的函数值就是生存率。

假设生存率用 $S(t_k)$ 表示,指个体经历 t_k 个单位时段后仍存活的概率。若无删失数据,则:

$$S(t_k) = P\{T \geq t_k\} = \frac{\text{经过 } t_k \text{ 时段后仍存活的个数}}{\text{观察开始时的总个数}} \quad (21.2)$$

其中,T 为个体的存活时间,但如果资料中含有删失数据,生存率的计算公式为:

$$S(t_k) = P\{T \geq t_k\} = P_1 \times P_2 \times \cdots \times P_k \quad (21.3)$$

其中,$P_1, P_2, \cdots, P_k$ 表示不同时段的生存概率,可以看出,这种情况下生存率是多个时段生存率的累积,所以又称累积生存概率。

在观察时间与生存率的二维坐标系中,按生存函数画出的图形就是生存曲线。它一般是一条下降的曲线。

② 概率密度函数,又称为密度函数,记作 $f(t)$,它是累积生存率对应的密度函数,其函数表达式为:

$$f(t) = \lim_{\Delta t \to 0} \frac{1}{\Delta t} P\{\text{个体在区间}(t, t+\Delta t) \text{中死亡}\} \quad (21.4)$$

③ 危险率函数,又称风险函数、危险率、死亡强度、条件死亡率,记作 $h(t)$,用于反映研究对象在某个时点的死亡风险大小,是指 t 时刻存活且死于 t 时刻后某一时刻的概率,为条件概率,其函数表达式为:

$$h(t) = \lim_{\Delta t \to 0} \frac{1}{\Delta t} P\{\text{年龄是 } t \text{ 的个体在区间}(t, t+\Delta t) \text{中死亡}\}$$

$$h(t) = \lim_{\Delta t \to 0} \frac{P(t < T < t+\Delta t \mid T \geq t)}{\Delta t}$$

$$= \lim_{\Delta t \to 0} \frac{n(t) - n(t+\Delta t)}{n(t) \cdot \Delta t} \quad (21.5)$$

风险函数的形状有不同情况:常数,如死于飞机失事;下降,如急性损伤;上升,如持续接触危险因素;倒"U"形,即先上升,中间平稳,最后下降。

风险比率(HR),即相对危险度(RR),是不同组之间的危险率之比。

生存函数、概率密度函数和危险率函数在数学上是等价的,得出其中一个,可以推导出另外两个,其关系如下:

$$h(t) = \frac{f(t)}{s(t)} = \frac{f(t)}{1 - F(t)} \quad (21.6)$$

(2) 生存结局

生存结局是指最终观察到的样本是死亡还是存活。在观察期间,样本发生死亡事件的数据为完全数据,仍存活则为删失数据。

(3) 协变量

协变量是指各种影响生存时间长短的因素,可以是数值型变量,也可以是分类变量。

21.1.2 生存分析的数据类型

根据观察对象的结局,生存分析的数据可分为完全数据、删失数据。

(1) 完全数据

在研究者开始观测之后、结束观测之前的这段时间,观察对象发生死亡事件,研究者可以获得观察者的全部生存时间数据,此类数据称为完全数据。

(2) 删失数据

由于某种原因,未能观测到观察对象的明确结局,所以不知道观察对象的确切生存时间,从表面上看像是该观察对象的生存时间在未到达终结时间之前就被截尾,此类数据就是删失数据。

21.1.3 生存分析的方法

生存分析就是描述生存过程,其中的生存时间是一个随机变量,一般不呈现正态分布,有时服从指数分布、Weibull 分布等,或是根本不服从任何规则的分布类型。因此,根据是否对参数分布作出假设,生存分析的基本方法有以下三种:

(1) 非参数分析法

非参数分析法不对参数的分布进行假设,即无论给出的生存分析数据服从何种分布,只根据样本提供的顺序统计量对生存率进行估计。非参数法只能得到某几个时间点上的生存函数,画出的生存曲线呈阶梯形。常用的非参数方法有 Kaplan-Meier 分析法和寿命表分析法。Kaplan-Meier 分析法主要用于观察案例较少且未分组的生存资料;寿命表分析法适用于观察案例较多且已分组的资料,不同的分组寿命表分析法的计算结果也会不同,当分组资料中每一个分组区间最多只有 1 个观察值时,寿命表分析法的计算结果与 Kaplan-Meier 分析法完全相同。

(2) 参数分析法

参数分析法就是假定生存时间服从某种特定的参数分布,根据已知分布形式的特点对生存时间和生存率进行分析,常用的方法有指数分布法、Weibull(威布尔)分布法、Gamma 分布法、Logistic 分布法和对数正态分析法等。参数分析法是先求出一个方程,表示生存函数和时间的关系,画出的生存曲线是平滑的下降曲线。

(3) 半参数分析法

半参数分析法兼有非参数分析法和参数分析法的特点,主要用于分析影响生存时间和生存率的因素,属于多因素分析方法,常用的方法是 Cox 比例风险回归模型分析法。

21.2 寿命表分析法

21.2.1 寿命表分析法概述

当样本数据量很大,且无须了解或无法了解每一个时刻的生存率时,可采用寿命表分析法进行分析。寿命表分析法适用于大样本的分组资料,一般在人口统计学、保险学、医学中广泛应用。

寿命表分析法是将样本数据按照某一时间间隔分组,编制寿命表,通过计算每一时间间隔内的死亡个数、生存个数和删失个数来估计样本各时段的生存概率、死亡概率,利用乘积法则,计算出生存率及其标准误差,绘制生存曲线,再对生存率或生存分布之间的差异进行假设检验。当每一时间间隔中只有一个样本时,寿命表分析法等同于 Kaplan-Meier 分析法。

寿命表分析法的关键是编制寿命表。在编制寿命表时,应先作出如下假设:
(1) 假定删失的事件时间与一直被观察到死亡事件发生的生存时间是相互独立的;
(2) 假定删失时间和生存时间均匀分布在每个时间间隔上;
(3) 假定每个时间间隔上的死亡率是固定的。

21.2.2 寿命表分析法的基本原理

生存分析的原理是由某一样本期望观察到的在 $[x, x+1)$ 岁之间的死亡个数等于实际死亡个数。即

$$E(D_X) = \sum_{i=1}^{n_x} s_i - r_i q_{x+r_i} = d_x$$

其中,n_x 为在 x 岁时进入研究的样本个数;r_i 为第 i 个样本在 x 岁时的进入时间($0 \leqslant r_i < 1$);s_i 为第 i 个样本在 x 岁时的退出时间($0 < s_i \leqslant 1$);$(s_i - r_i q_{x+r_i})$ 指 $(x+r_i)$ 岁进入研究的人再活 $(s_i - r_i)$ 岁后死亡的概率;d_x 指样本在 $(x, x+1]$ 岁间死亡的个体数量;D_X 指总体在 $(x, x+1]$ 岁间死亡的个体数量。

又因为有:

$$s_i - r_i q_{x+r_i} \approx (s_i - r_i) q_x$$

所以有:

$$E(D_X) \approx q_x \sum_{i=1}^{n} s_i - r_i = d_x$$

其中,q_x 为在 x 岁存活的人在 $[x, x+1)$ 岁间的死亡概率。

生存率的标准误差计算式为:

$$\text{SE}[S(t_i)] = \hat{S}(t_i) \sqrt{\sum_{j \leqslant i} \frac{q_j}{p_j N_j}} = \hat{S}(t_i) \sqrt{\sum_{j=1}^{i} \frac{d_j}{n_j(n_j - d_j)}}$$

式中,$\hat{S}(t)$ 为利用概率乘法法则计算的生存率,即

$$\hat{S}(t_i) = \prod_{j \leqslant i} p_j = p_1 \cdot p_2 \cdots p_i$$

N 为校正观测人数；p、q 分别为生存概率、死亡概率；d_j、n_j 分别是 t 时段内的死亡人数、t 时段期初的观察人数。

在服从正态分布时，生存率的 $100(1-\alpha)\%$ 置信区间估计为：
$$S(t_i) \pm u_\alpha \times \text{SE}[S(t_i)]$$

指数分布模型的参数估计如下：

如果生存资料服从指数分布，则生存函数为：
$$S(t) = 1 - F(t) = e^{-\lambda t}$$

风险函数为：
$$h(t) = f(t)/S(t) = \lambda$$

参数 λ 估计值为：
$$\hat{\lambda} = \frac{r}{\sum_{i=1}^{n} t_i} = \frac{r}{T}$$

$$\text{var}(\hat{\lambda}) = \frac{r}{T^2}$$

平均寿命及其标准误差分别为：
$$t = \frac{1}{\lambda}$$

$$\text{var}(t) = \frac{1}{\lambda^2 r}$$

21.2.3 寿命表分析法的 SPSS 实现

寿命表分析法的 SPSS 实现步骤与界面说明如下：

选择菜单【分析/生存函数/寿命表】，则系统执行生存分析过程，弹出的对话框如图 21.1 所示。

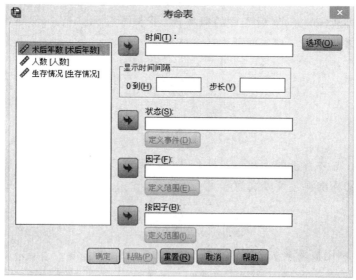

图 21.1 "寿命表"对话框

图 21.1 中的左边是待分析变量列表,下面针对各个选项框的功能进行说明。

(1)【时间(T)】,用于选入代表生存时间的变量,其下面的"显示时间间隔"子设置栏用于指定生存表中生存时间的范围及其组距,"0 到(H)"后输入指定的生存时间的上限;"步长(Y)"后输入指定生存时间的组距。

(2)【状态(S)】,用于选入定义事件是否发生的生存状态变量,选入变量后会自动激活【定义事件(D)】按钮,单击此按钮,则弹出如图 21.2 所示对话框。【单值(S)】表示当生存状态为二元变量时,选中此项,并在后面输入指定状态变量的代表事件发生的取值即可;【值的范围(V)】表示当生存状态为多分类变量时,选中此项,并在"到(T)"前输入指定取值范围的起始值,在"到(T)"后输入指定取值范围的终止值。

(3)【因子(F)】,用于选入第一个因素变量,用于分组。选入变量后自动激活【定义范围(E)】按钮,单击此按钮,则弹出如图 21.3 所示的对话框:

"最小(N)":输入取值范围的最小值;

"最大(X)":输入取值范围的最大值。

图 21.2 "定义事件"对话框　　21.3 "因素变量设置"对话框

(4)【按因子(B)】,用于选入第二个因素变量,设置同因子选项栏。

(5)选项设置。单击图 21.1 中的【选项(O)】按钮,则弹出如图 21.4 所示的对话框,具体功能如下所述:

①【寿命表(L)】:在结果里输出寿命表

②【图】:用于设置输出图形的类型

【生存函数(S)】:累积生存函数曲线;

【取生存函数的对数(G)】:对数累积生存曲线;

【风险函数(H)】:累积风险函数散点图;

【密度(D)】:密度函数散点图;

【1 减去生存函数(M)】:生存函数被 1 减去后的曲线图。

③【比较第一个因子的水平】:设置对第一个因素不同取值水平的比较方法。

【无(N)】:不作任何比较,系统默认;

【整体比较(O)】:其检验的零假设为各分组的生存曲线全部相同,相当于方差分析中的整体比较;

【两两比较(P)】:相当于方差分析中的两两比较。

图 21.4 "输出设置"对话框

【例 21.1】 实例：寿命表分析法的 SPSS 实现

某医院对 114 例男性胃癌患者术后生存情况进行 11 年随访，得到的数据可见数据文件"21.1.sav"。据此计算男性胃癌患者术后各年的生存率。

解 SPSS 实现操作如下：

(1) 选择菜单【分析/生存函数/寿命表】。

(2) 将"术后年数"放入【时间(T)】框，显示时间间隔分别填入"10"和"1"；将"生存情况"选入【状态(S)】栏，单击【定义事件(D)】按钮，在【单值】框中填入"1"，如图 21.5 所示。

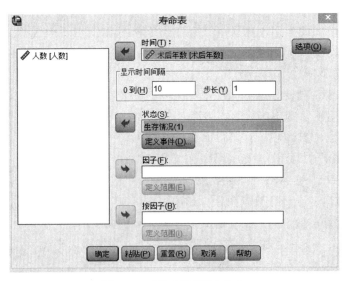

图 21.5 "寿命表"菜单命令

(3) 单击【选项(O)】按钮，选中【寿命表(L)】和【生存函数(S)】。

(4) 单击【继续】按钮,回到主对话框,再单击【确定】按钮运行,输出结果。

结果说明与解读分析如下:

(1) 图 21.6 所示为 114 例男性胃癌患者术后生存情况的寿命表,分别列出了时间间隔起始时间、初始数量、时间间隔期间撤销的观察值数、暴露到风险中数量、终端事件数等 13 项数值。中位生存时间为 5.74 年。

寿命表

时间间隔起始时间	初始数量	时间间隔期间撤销的观测值数	暴露到风险中数量	终端事件数	终结比例	生存比例	期末的累积生存比例	期末的累积生存比例的标准误差	概率密度	概率密度的标准误差	风险率	风险率的标准误差
0	114	5	111.500	3	.03	.97	.97	.02	.027	.015	.03	.02
1	106	4	104.000	9	.09	.91	.89	.03	.084	.027	.09	.03
2	93	1	92.500	10	.11	.89	.79	.04	.096	.029	.11	.04
3	82	0	82.000	22	.27	.73	.58	.05	.213	.040	.31	.07
4	60	2	59.000	2	.03	.97	.56	.05	.020	.014	.03	.02
5	56	2	55.000	8	.15	.85	.48	.05	.082	.028	.16	.06
6	46	2	45.000	12	.27	.73	.35	.05	.128	.034	.31	.09
7	32	1	31.500	10	.32	.68	.24	.04	.111	.033	.38	.12
8	21	0	21.000	5	.24	.76	.18	.04	.057	.025	.27	.12
9	16	1	15.500	3	.19	.81	.15	.04	.035	.020	.21	.12
10	12	1	11.500	11	.96	.04	.01	.01	.000	.000	.00	.00

图 21.6 男性胃癌患者术后生存情况

(2) 图 21.7 所示为生存函数图,它是对生存函数的图形展示。可以看出,累积生存率下降比较均衡。

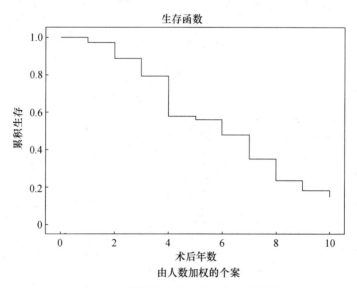

图 21.7 男性胃癌患者术后生存函数图

21.3　Kaplan-Meier 分析法

21.3.1　Kaplan-Meier 分析法概述

Kaplan-Meier 分析法是利用条件概率及概率的乘法定理估计生存率及其标准误,所以又称乘积极限法,它是一种非参数方法,既适用于小样本,又适用于大样本,但无论大小,样本均为未分组资料。它主要用于估计某因素不同水平上的中位生存时间,比较研究因素不同水平的生存时间有无差异,以及控制某一分层因素后对研究因素不同水平的生存时间的比较。与寿命表法不同的是,Kaplan-Meier 分析基于每一个数据,而不是每一组数据。

21.3.2 Kaplan-Meier 分析法的基本原理

设 n_{i-1}、n_1、d_j 和 c_j 分别表示活过时间 t_{j-1} 且未在 t_{j-1} 截尾的观察对象数、期初例数、死亡数和截尾数,则时间 t_j 处的生存率估计为:

$$\hat{S}(t) = \left(1 - \frac{d_1}{n_0}\right)\left(1 - \frac{d_2}{n_1}\right)\cdots\left(1 - \frac{d_i}{n_{i-1}}\right), \quad i = 1, 2, \cdots, k$$

21.3.3 Kaplan-Meier 分析法的 SPSS 实现

Kaplan-Meier 分析法的 SPSS 实现步骤与界面说明如下:

选择菜单【分析/生存函数/Kaplan-Meier】,则系统执行 Kaplan-Meier 生存分析过程,如图 21.8 所示。

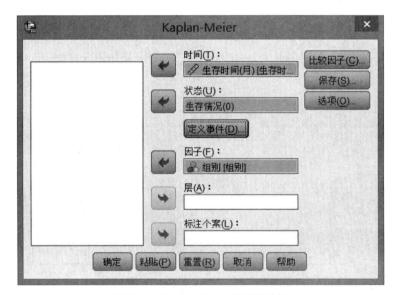

图 21.8　Kaplan-Meier 分析对话框

(1)【时间(T)】,用于选中生效时间变量。

(2)【状态(U)】,用于选入生存状态变量。选入变量后,系统会自动激活【定义事件(D)】按钮,单击此按钮,弹出如图 21.9 所示的对话框。【单值(S)】可在生存状态为二元变量时选中,并在后面输入指定状态变量的代表事件发生的取值即可。【值的范围(V)】可在生存状态为多分类变量时选中,并在"到(T)"前输入指定取值范围的起始值,在"到(T)"后输入指定取值范围的终止值。【值的列表(L)】可在其后输入某个数字,单击【添加(A)】按钮将加入下面的列表中,如此重复可以指定代表事件发生的多个不同的值;如果需要更改已经填入的值,则可以在列表中选中,然后在【值的列表

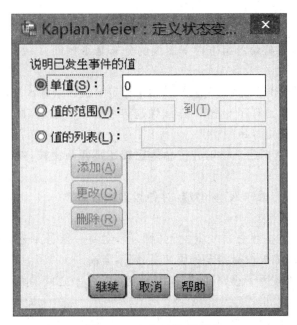

图 21.9　定义事件对话框

(L)】输入框中进行编辑,最后单击【更改(C)】按钮;单击【删除】按钮则可以直接删除选中的值。

(3)【因子(F)】,用于选入因素变量。

(4)【层(A)】,用于选入分层因素。

(5)【标注个案(L)】,用于选入观测的标签变量。

(6)【比较因子(C)】,此选项是因素取值水平的比较设置,单击该按钮,则弹出如图 21.10 所示,可以设置因素变量取值水平的比较方法。

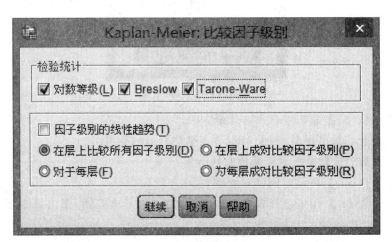

图 21.10　比较因子对话框

①【检验统计】栏,用于选择具体的检验统计量。

【对数等级(L)】:检验各组生存率曲线的分布是否相同,且各时刻权重一样;

【Breslow】:检验各组生存率曲线的分布是否相同,并以各时刻的观察例数为权重;

【Tarone-Ware】:检验各组生存率曲线的分布是否相同,以各个时刻观察倒数的平方根为权重。

② 【因子级别的线性趋势(T)】选项,用于指定分组因素各水平之间的线性趋势检验。只有当分组因素是有序变量时,作线性趋势检验才有意义,此种情况下,SPSS 假设各水平之间的效应是等距的。

③ 最后一组单选框用来指定进行总体比较还是两两比较,以及分层变量的处理方式。

【在层上比较所有因子级别(D)】:对各因素变量取值水平下的生存曲线作整体比较。

【对于每层(F)】:按照分层变量的不同取值,对每一层分别进行因素变量各取值水平间的整体比较,如果没有指定分层变量,则不会输出。

【在层上成对比较因子级别(P)】:作因素变量各水平之间的两两比较。该选项对线性趋势检验无效。

【为每层成对比较因子级别(R)】:按照分层变量的不同取值,对每一层分别进行因素变量各取值水平间的两两比较。该选项对线性趋势检验无效。

(7)【保存(S)】,用于设置保存的选项,单击该按钮,弹出如图 21.11 所示的对话框。

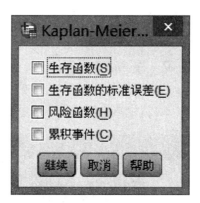

图 21.11 保存对话框

【生存函数(S)】:累积生存率估计量;

【生存函数的标准误差(E)】:累积生存率估计值的标准差;

【风险函数(H)】:累积风险函数的估计量;

【累积事件(C)】:终结时间的累积频数。

(8)【选项(O)】,用于选择要输出的分析结果,单击该按钮,弹出如图 21.12 所示的对话框。

①【Statistics】栏

【生存分析表(S)】:表示生存分析表;

【平均值和中位数生存时间(M)】:平均生存时间和中位数生存时间,以及各自的

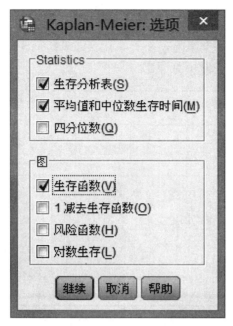

图 21.12 "选项"对话框

标准误和置信区间。

【四分位数(Q)】:输出生存时间的四分位数。

②【图】栏

【生存函数(V)】:累积生存函数曲线;

【1 减去生存函数(O)】:生存函数被 1 减去后的曲线图。

【风险函数(H)】:累积风险函数散点图;

【对数生存(L)】:对数累积生存函数曲线。

【例 21.2】 **Kaplan-Meier 分析法的 SPSS 实现**

某医院对 44 例某病患者进行随机分组,一组为对照组,一组为实验组,实验组采用某种干预措施,对照组不采用任何干预措施,观察患者生存时间,得到的数据可见数据文件"21.2.sav"。试通过 Kaplan-Meier 法进行生存分析,要求评价干预措施有无效果,同时绘制生存曲线图。

解 Kaplan-Meier 分析法的 SPSS 实现操作如下:

(1) 选择菜单【分析/生存函数/Kaplan-Meier】。

(2) 将"生存时间"放入【时间(T)】框中,"生存情况"放入【状态(U)】框中,单击【定义事件(D)】按钮,在【单值(S)】选项中填入"0";将"组别"选入【因子(F)】框中,如图 21.8、21.9 所示。

(3) 单击【比较因子(C)】按钮,选中【检验统计】中的 3 个复选框。如图 21.10 所示。

(4) 单击【选项(O)】按钮,选中【Statistics】中的【生存分析表(S)】【平均值和中位数生存时间(M)】和【图】中的【生存函数(V)】,如图 21.12 所示。

(5) 单击【继续】按钮,返回主对话框,单击【确定】按钮运行,输出结果。

结果说明与解读分析如下:

(1) 图 21.13 给出了"个案处理摘要"的信息,包括不同组别及整体的总数、事件数、删失数及删失数所占总数的百分比。

组别	总计 N	事件数	已删失	
			数字	百分比
prednisolone组	22	11	11	50.0%
对照组	22	16	6	27.3%
总体	44	27	17	38.6%

图 21.13　个案处理摘要

(2) 图 21.14 为"生存表"信息,其中给出了类似寿命表的相关信息。限于篇幅,只给出部分信息。

生存表

组别		时间	状态	到目前为止的累积生存率		累积事件的 N	其余案例的 N
				估算	标准错误		
prednisolone组	1	2.000	出现结局	.955	.044	1	21
	2	6.000	出现结局	.909	.061	2	20
	3	12.000	出现结局	.864	.073	3	19
	4	54.000	出现结局	.818	.082	4	18
	5	56.000	删失	.	.	4	17
	6	68.000	出现结局	.770	.090	5	16
	7	89.000	出现结局	.722	.097	6	15
	8	96.000	出现结局			7	14

图 21.14　不同组别生存表

(3) 图 21.15 给出了"生存表的平均值和中值"的信息,包括各组及整体平均值、中值的估计值、标准误、置信区间值。可以看出,无论平均值还是中值,对照组均要小于实验组。因为生存数据为偏态分布,中值估计要强于均值估计。

生存时间的平均值和中值

组别	平均值(E)[a]				中位数			
	估算	标准错误	95% 置信区间		估算	标准错误	95% 置信区间	
			下限值	上限			下限值	上限
prednisolone组	125.264	13.402	98.996	151.532	146.000	28.786	89.580	202.420
对照组	72.545	14.839	43.462	101.629	40.000	12.899	14.719	65.281
总体	98.925	10.812	77.733	120.117	89.000	21.232	47.385	130.615

a. 如果已删改估算,那么估算限于最大生存时间。

图 21.15　生存时间的平均值和中值

(4) 图 21.16 给出了"总体比较"的假设检验值,从三种检验的 Sig 值可以看出,在 0.05 的水平下,实验组和对照组的差异均显著。

(5) 图 21.17 给出了两组"生存函数"的生存曲线图,从中可以看出,对照组要比实验组下降得快。

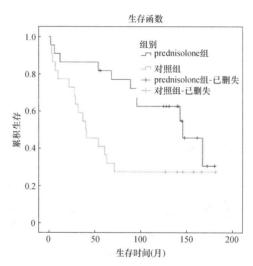

总体比较

	卡方(i)	自由度	显著性
Log Rank (Mantel-Cox)	4.660	1	.031
Breslow (Generalized Wilcoxon)	6.543	1	.011
Tarone-Ware	6.066	1	.014

针对组别的不同级别进行的生存分发的同等检验。

图 21.16　不同组别的平均值、中位数

图 21.17　两组"生存函数"的生存曲线

21.4　生存率比较分析

21.4.1　生存率比较分析概述

在分析中,有时不只有一个样本,比如,在医学上新药的疗效是否比旧药好,这样就需要对样本进行比较,比较其生存函数、风险函数等统计量的估计值和图形。

两个样本差异性假设检验的原理是假定两个样本具有相同的生存状况,具有相同的生存函数。即:

原假设 $H_0: h_1(t) = h_2(t)$, $\forall t \leqslant \tau$, 其中, τ 为最长观测时间。

假设检验的卡方统计量是比较用一个样本数据估计出的风险函数的加权与用两个样本数据估计出的风险函数的加权之间的差距。该检验统计量服从自由度为组数减去1的卡方分布。若原假设为真,则两者的差距应趋于0。如拒绝原假设,则认为两个生存分布不同。

权重的选择不同,则会产生不同的检验结果,因此也产生了很多检验方法。生存率比较检验的方法常用的是对数秩(Log-Rank)检验、广义 Wilcoxon(Breslow)检验、Tarone-Ware 检验。其中,对数秩(Log-Rank)检验的卡方统计量为:

$$\chi^2 = \sum_{i=1}^{k} \frac{(O_i - E_i)^2}{E_i} \sim \chi^2(k-1)$$

其中，$O_i(i=1,2,\cdots,k)$ 为某组各时点的实际死亡频数合计；$E_i(i=1,2,\cdots,k)$ 为某组各时点的期望死亡频数合计。

21.4.2 生存率比较分析的 SPSS 实现

例题 21.3 生存率比较分析的 SPSS 实现

为了研究某种药物是否能够控制癌细胞转移，减慢癌细胞分裂速度，对 42 位刚实施乳腺癌切除手术的乳腺癌患者进行 10 年的随访，并另选 30 位刚实施乳腺癌切除手术的乳腺癌患者长期服用该药。收集得到的数据可见数据文件"21.3 sav"。

解 生存率比较分析的 SPSS 实现操作与界面说明如下：

1. 寿命表分析中的生存率比较分析

选择菜单【分析/生存函数/寿命表】，将"生存时间"放入【时间(T)】栏中，将"生存情况"放入【状态(S)】栏中，在【显示时间间隔】栏中分别填入"11"和"1"，单击【定义事件(D)】按钮，在【单值(S)】选项中填"1"，如图 21.18 所示，单击【继续】按钮，回到寿命表对话框。

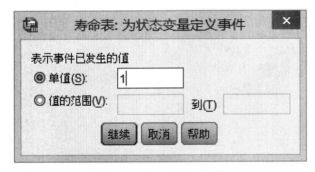 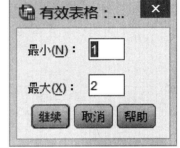

图 21.18 定义事件对话框 　　　图 21.19 定义范围对话框

将"组别"放入【因子(F)】栏中，单击【定义范围(E)】，在弹出的对话框中填入最小值"1"，最大值"2"，如图 21.19 所示。

单击【选项(O)】按钮，选择【图】中的【生存函数(S)】复选框、【比较第一个因子的水平】中的【整体比较(O)】，如图 21.20 所示。单击【继续】按钮，回到寿命表对话框。最终结果如图 21.21 所示。

2. Kaplan-Meier 分析中的生存率比较分析

选择菜单【分析/生存函数/Kaplan-Meier】，将"生存时间"放入【时间(T)】栏中，将"生存情况"放入【状态(S)】栏中，单击【定义事件(D)】按钮，在【单值(S)】选项中填"1"，如图 21.22 所示。

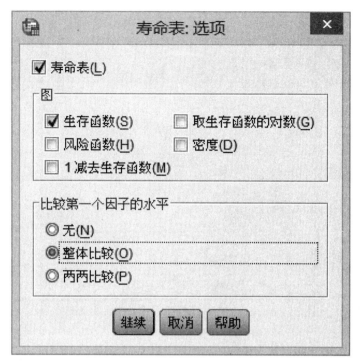

图 21.20 选项对话框

图 21.21 "寿命表"对话框

图 21.22 定义事件对话框

将"组别"放入【因子(F)】栏中,单击【比较因子(C)】按钮,选中【检验统计】下的【对数等级(L)】【Brslow】【Tarone-Ware】复选框,并选中【在层上比较所有因子级别(D)】,如图 21.23 所示。最终结果如图 21.24 所示。

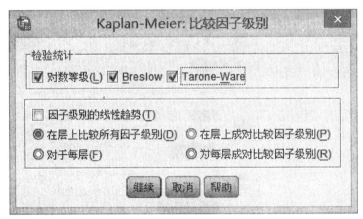

图 21.23 比较因子对话框

结果说明与解读分析如下:

图 21.25 和图 21.26 分别是用寿命表过程和 Kaplan-Meier 过程得出的检验结果,可以看出,不论用什么方法检验,检验统计量的 P 值都小于 0.05,说明两组患者的生存率有显著的差异。

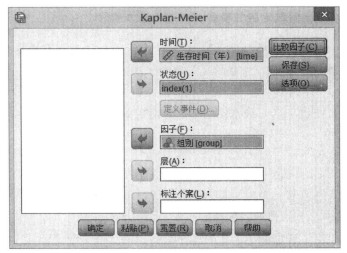

图 21.24 Kaplan-Meier 分析对话框

整體比較[a]

Wilcoxon (Gehan) 統計資料	df	顯著性
4.697	1	.030

a. 比較為確切值。

图 21.25 寿命表比较结果

整體比較

	卡方	df	顯著性
Log Rank (Mantel-Cox)	7.126	1	.008
Breslow (Generalized Wilcoxon)	4.625	1	.032
Tarone-Ware	5.834	1	.016

组别 不同層次的存活分配相等檢定。

图 21.26 Kaplan-Meier 比较结果

21.5 Cox 比例风险回归模型

21.5.1 Cox 比例风险回归模型的基本原理

Cox 比例风险回归模型是一种允许资料有删失数据存在的，可以同时分析众多因素对生存时间影响的多变量生存分析方法，它是一种半参数方法。Cox 比例风险回归模型用于研究各种因素(称为协变量或伴随变量等)对于生存期长短的影响，进行多因素分析。

21.5.2 Cox 比例风险回归模型分析法的基本原理

在 Cox 比例风险回归模型中，通常将危险率函数表达为基准危险率函数 $h_0(t)$ 与相应协变量函数的乘积，即 t 时刻的风险率为：

$$h(t) = h_0(t) \cdot f(X)$$

对于协变量函数 $f(X)$，最常用的形式是对数线性模型：

$$f(X) = \exp\left(\sum_{i=1}^{m} \beta_i X_i\right)$$

其中，$\beta_1, \beta_2, \cdots, \beta_m$ 是变量的参数；$X_1, X_2, \cdots, X_m$ 是协变量。

当基准危险率函数 $h_0(t)$ 已知时，$h(t) = h_0(t) \cdot f(X)$ 就是参数模型。例如，当 $h_0(t) = \lambda$ 时，危险率为指数回归模型。

该模型的参数估计不依赖于基准危险率，属于一种半参数模型。Cox 比例风险回归模型不直接考察生存函数与协变量之间的关系，而是用风险函数作为因变量，并假定：

$$h(t,X) = h_0(t)\exp(\beta'X) = h_0(t)\exp(\beta_1 X_1 + \beta_2 X_2 + \cdots + \beta_m X_m)$$

这就是 Cox 比例风险回归模型的基本形式。

如把 $h_0(t)$ 移至左边，并取自然对数，可得：

$$\ln\left(\frac{h(t,X)}{h_0(t)}\right) = \beta_1 X_1 + \beta_2 X_2 + \cdots + \beta_m X_m$$

利用最小二乘法或最大似然估计法，就可以得到参数估计值。在估计过程中，可以利用变量筛选法优化模型变量。同时，可以对模型作似然比检验、得分检验与 Wald 检验。

风险比例即相对危险度为：

$$\text{RR} = \frac{h(t,X)}{h_0(t)} = \frac{h_0(t)\exp(\beta X)}{h_0(t)} = \exp(\beta X)$$

如果 RR＞1，表示 RR 越大，风险越大；如果 RR＝1，表示该因素对风险没有影响，如果 RR＜1，表示 RR 越小，风险越小。

21.5.3 Cox 比例风险回归模型分析法的 SPSS 实现

Cox 比例风险回归模型分析法的 SPSS 实现步骤与界面说明如下：

选择菜单【分析/生存函数/Cox 回归】，弹出如图 21.27 所示的对话框。

(1) 分析变量设置

【时间(I)】：选入时间变量；

【状态(U)】：用于选入生存状态变量，选入变量后，【定义事件(F)】按钮会被激活，单击此按钮，则弹出定义事件对话框；

【协变量(A)】：选入协变量；

【层(T)】：选入分层变量。

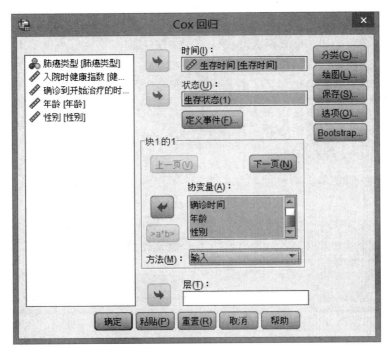

图 21.27 Cox 回归对话框

（2）协变量设置

【方法(M)】下拉菜单用于指定协变量进入回归模型的方法。

输入：所有自变量强制输入回归方程，如果自变量较少，则选择此项；

向前（有条件的）：以假设参数为基础作似然比概率检验，向前逐步选择自变量；

向前（LR）：以最大局部似然为基础作似然比概率检验，向前逐步选择自变量；

向前（Wald）：作 Wald 概率统计，向前逐步选择自变量；

向后（有条件的）：以假设参数为基础作似然比概率检验，向后逐步选择自变量；

向后（LR）：以最大局部似然为基础作似然比概率检验，向后逐步选择自变量；

向后（Wald）：作 Wald 概率统计，向后逐步选择自变量；

（3）分类设置

变量选入分类栏以后，则可以进行分类选项设置，即分类协变量设置，如图 21.28 所示。

① 【协变量(C)】栏，用于存放选入的所有分类协变量。

② 【分类协变量(T)】栏，用于选入指定为分类变量的协变量，变量名后的括号里显示的是正在使用的对照方法。

③ 【更改对比】栏，用于设置对指定协变量的对照方式，修改后，可以单击【更改(H)】按钮确认。其中，有 7 种对照方式：

指示灯：用于指示是否属于某一个分类；

简单：预测变量的每一个分类都与参考分类进行比较；

差值：除了第一类外，预测变量的每个分类都与前面所有分类的平均效应进行

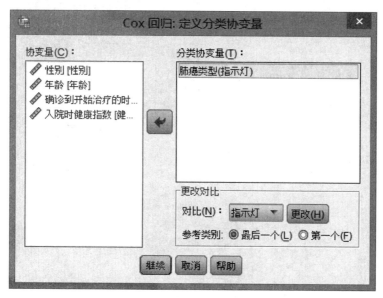

图 21.28 分类对话框

比较；

Helmert：除了最后一类外，预测变量的每个分类都与前面所有分类的平均效应进行比较；

重复：除了第一类外，预测变量的每个分类都与前面所有分类进行比较；

多项式：假设各分类间距相等，仅适用于数值型变量；

偏差：预测变量的每个分类都与总体效应进行比较。

④【参考类别】栏，用于设定参考分类。如果选择了指示灯、简单、偏差方法，则需要指定一个参考类别，可以选择"最后一个""第一个"。

(4) 绘图设置

绘图选项设置如果 21.29 所示。

①【图类型】栏，用于选择输出的图形类型。

【生存函数(S)】：线性刻度的累积生存函数曲线；

【风险函数(H)】：线性刻度的累积风险函数的散点图；

【负对数累积生存函数的对数(L)】：对数累积生存函数曲线；

【1 减去生存函数(O)】：1 减去生存函数所得的曲线。

②【协变量值的位置(C)】栏。只有在设定协变量为固定值时，才可以绘制生存函数关于时间的图形。默认固定变量取值为协变量的平均值，即【平均值】。如果要更改，则选中变量，在【更改值】选项栏中选择【值(V)】选项，在其后填入相应的固定值即可，并单击【更改(N)】按钮以确认。

③【单线(F)】栏，用于选入一个分类协变量，绘制图形时将它作为分类变量，对其每一个取值分别绘制一条曲线。

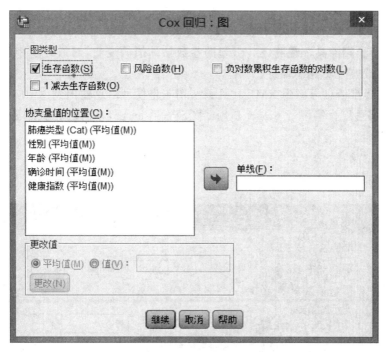

图 21.29 绘图对话框

(5) 保存设置

保存选项设置如图 21.30 所示。

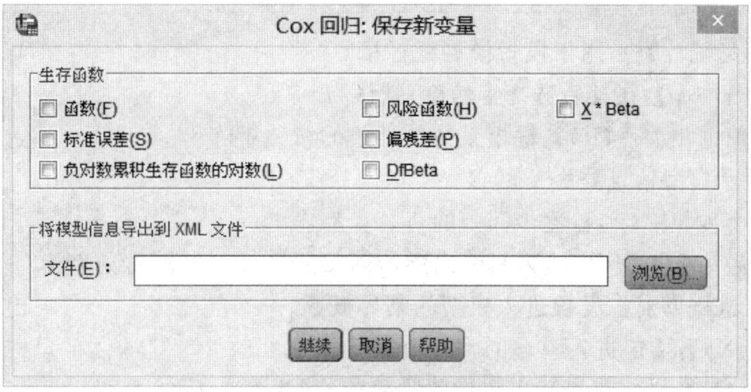

图 21.30 保存对话框

① 【生存函数】栏。

【函数(F)】:生存函数估计值;

【风险函数(H)】:累积风险函数估计值;

【X * Beta】:保存线性预测的得分,由中心化协变量与估计参数相乘后再求和所得;

【标准误差(S)】:生存函数估计值的标准误;

【偏残差(D)】:保存偏残差,用它对生存时间作图可以检验关于风险函数的比例假设；

【负对数累积生存函数的对数(L)】：对数转换后的累积生存函数；

【DfBeta】：剔除某个观测之后引起的参数估计值的变化，对最终模型的每个协变量都生成一个新变量用于保存。

②【将模型信息导出到 XML 文件】栏，用于将模型信息输出到 XML 格式的文件中，保存结果可以直接用于 Smart Score 和 SPSS Server，单击【浏览(B)】按钮指定文件名称及路径。

(6) 选项设置

选项设置如图 21.31 所示。

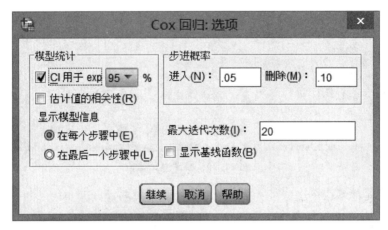

图 21.31 选项对话框

①【模型统计】栏，用于设置模型统计量。

【CI 用于 exp】：在其后选择置信度，默认为 95%；

【估计值的相关性(R)】：输出系数估计值的相关矩阵。

②【显示模型信息】栏。

【在每个步骤中(E)】：逐步回归的每一步都输出；

【在最后一个步骤中(L)】：只输出逐步回归的最后一步相关统计量。

③【步进概率】栏，设置进入模型的临界概率。

【进入(N)】：指定进入模型的临界值，默认为 0.05；

【删除(M)】：指定变量移出模型的临界值，默认为 0.1；

【最大迭代次数(I)】：指定最大的迭代次数，默认为 20；

【显示基线函数(B)】：生成基准风险函数、协变量均值生存函数和风险函数表。

【例 21.4】 **Cox 比例风险回归模型分析法的 SPSS 实现**

某研究者想研究肺癌 4 种亚型的生存时间有无差别，他收集了一些肺癌病例的数据，得到的研究数据可见数据文件"21.3.sav"。请列出 Cox 比例风险回归模型的主要分析结果并能合理解释。

解 Cox 比例风险回归模型分析法的 SPSS 实现操作步骤如下：

(1) 选择菜单【分析/生存函数/Cox 回归】。

(2) 将"生存时间"放入【时间(T)】框,"生存状态"放入【状态(S)】框。单击【定义事件(D)】按钮,在"单值(S)选项"中输入"1",单击【继续】按钮,返回主对话框。将其他各因素全部选入【协变量】框中。【方法(M)】框中选择"输入"方法,对不同的数据对初步分析后可以选择相应的方法,当自变量个数较多时,建议选择"向前:LR"方法,或者先将每个协变量独自选进模型,再将有意义的协变量一起选进模型,运用"进入"方法。本例只有5个自变量,选择"进入"法相对较好。各种方法关于模型纳入自变量的最终个数一般不会有差异,每一个被纳入的协变量的影响大小会有不同。如图21.27所示。

(3) 单击【分类(C)】按钮将"肺癌类型"选进"分类协变量"的框中,单击【继续】按钮,返回主对话框,如图21.28所示。

(4) 单击【绘图(L)】按钮,在【图类型】中选择"生存函数",再单击【继续】按钮,返回主对话框,如图21.29所示。

(5) 单击【选项(O)】按钮,在【模型统计】中选择"CI 用于 exp",再单击【继续】按钮,返回主对话框,如图21.31所示。

(6) 单击【确定】按钮,进入结果页面。

结果说明与解读分析如下:

(1) 图21.32给出了"个案处理摘要"的信息,从中可以看出"事件"发生数、"检剔"发生数、"总计"数及其所占的百分比。

个案处理摘要(0)

		N	百分比
分析中可用的个案	事件[a]	64	94.1%
	检剔的	4	5.9%
	总计	68	100.0%
已删除的个案	带有缺失值的个案	0	0.0%
	带有负时间的个案	0	0.0%
	在层中发生最早事件前检剔的个案	0	0.0%
	总计	0	0.0%
总计		68	100.0%

a. 因变量:生存时间

图 21.32 个案处理摘要信息

(2) 图21.33给出了"分类变量编码"的相关信息,可以看出生成哑变量的各分类水平的频数和编码对照。

(3) 图21.34给出了未引入任何自变量时无效模型和引入自变量后模型的-2倍的对数似然值。图中的无效模型的-2倍的对数似然值为420.463,图21.35给出的引入自变量后模型的-2倍的对数似然值为368.213,其差值为50.734,在自由度为7的情况下,差异有统计学意义,P 值 Sig<0.001。

分类变量编码[a]

		频率	(1)	(2)	(3)
肺癌类型[b]	1=腺癌	18	1	0	0
	2=大细胞癌	12	0	1	0
	3=小细胞癌	18	0	0	1
	4=鳞癌	20	0	0	0

a. 类别变量：肺癌类型 (肺癌类型)
b. 指示器参数编码

图 21.33　分类变量编码

模型系数的似然比检验

-2 对数似然
420.463

图 21.34　无效模型综合测试

模型系数的似然比检验[a]

	总体（得分）			更改自上一步			更改自上一块		
-2 对数似然	卡方(H)	df	显著性	卡方(H)	df	显著性	卡方(H)	df	显著性
368.213	50.734	7	.000	52.250	7	.000	52.250	7	.000

a. 起始块数 1。方法 = 输入

图 21.35　引入自变量后的综合测试

（4）图 21.36 给出了方程中变量的相关信息，包括各自变量和哑变量的回归系数的估计值(B)、估计值的标准误(SE)、估计值的 Wald 检验值、自由度(df)、显著性水平值 P(Sig)、各自变量或哑变量的效果估计值(Exp(B))及其 95%CI 值的上限和下限。从中可以看出，确诊时间、年龄及性别在模型中均没有统计学意义。

方程式中的变量

	B	SE	Wald	df	显著性	Exp(B)	Exp(B) 的 95.0% CI	
							下限	上限
肺癌类型			13.637	3	.003			
肺癌类型(1)	1.432	.451	10.075	1	.002	4.187	1.729	10.136
肺癌类型(2)	.899	.423	4.505	1	.034	2.457	1.071	5.634
肺癌类型(3)	1.663	.469	12.554	1	.000	5.275	2.102	13.235
健康指数	-.043	.008	30.436	1	.000	.957	.943	.972
确诊时间	-.003	.011	.081	1	.776	.997	.976	1.019
年龄	-.025	.014	3.355	1	.067	.975	.950	1.002
性别	-.407	.386	1.112	1	.292	.666	.313	1.418

图 21.36　方程中的变量

肺癌类型、健康指数之间的差异是存在统计学意义的。"腺癌""大细胞癌""小细胞癌"相对危险度分别是"鳞癌"的 4.187、2.457、5.275 倍，而且差异均有统计学意义，

4种肺癌类型的严重程度依次为"鳞癌""大细胞癌""腺癌""小细胞癌"。"健康指数"是保护因素,随着"健康指数"的增加,危险性逐渐减小,"健康指数"每增加一个单位,危险性减小0.957倍。

(5) 图21.37给出了协变量平均值的相关信息。

协变量平均值

	平均值
肺癌类型(1)	.265
肺癌类型(2)	.176
肺癌类型(3)	.265
健康指数	57.926
确诊时间	8.897
年龄	59.118
性别	1.279

图21.37 协变量平均值

(6) 图21.38是协变量均值处的生存函数,是在各协变量均值水平时的累积生存函数曲线,其意义在于研究样本所在总体人群的生存率变化情况。从中可以看出,肺癌患者的中位数生存时间约为100天。

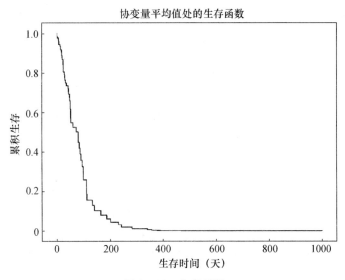

图21.38 生存函数

第 22 章 路径分析

路径分析是一种常用的多元数据挖掘分析方法,不仅分析变量之间的相关关系,而且分析变量之间的直接因果关系与间接因果关系,主要检验一个假想的因果模型的准确与可靠程度,测量变量之间因果关系的强弱。

路径分析依次分析回答下述问题:(1) 模型中两变量 x_j 与 x_i 间是否存在相关关系;(2) 若存在相关关系,则进一步研究两者间是否有因果关系;(3) 若 x_j 影响 x_i,那么 x_j 是直接影响 x_i 还是通过中介变量间接影响或两种情况都有;(4) 直接影响与间接影响两者大小如何。

在进行路径分析之前,要先搜集相关的数据。一般的路径分析过程包括建立初始模型、绘制路径图、选用回归模型、估计路径系数和残差系数、根据相关分析和回归分析结果评估模型、修正路径图等步骤。①

路径分析的优点在于,能够通过相关系数度量变量之间的相关程度或通过变量之间的路径系数确定变量间的因果关系;不仅能够说明变量之间的直接效应,而且能说明变量之间的间接效应。

22.1 路径分析中的基本概念

1. 路径图

路径分析通常用路径图表示内生变量与外生变量之间的因果关系。路径图采用一条带箭头的线表示变量间预先设定的作用关系。其中,单箭头表示变量间的因果关系,双箭头表示变量间的相关关系,箭头表明变量间的关系是线性的,说明这一种因果关系发生的方向。路径图可以容纳多环节的因果结构,并把这些因果结构清楚地表示出来。

2. 内生变量与外生变量

在路径图中,按变量的因果关系方向,变量分为内生变量、外生变量与中间变量。其中,路径图中箭头起点指向的变量称为外生变量,外生变量又称为独立变量或者是源变量。外生变量的变化一般由路径图以外的原因产生。箭头终点指向的变量称为

---

① 何晓群. 多元统计分析[M]. 北京:中国人民大学出版社,2015.

内生变量,内生变量又叫因变量或下游变量。外生变量以及误差项的变化影响内生变量的变化。

中间变量是作为一变量的内生变量的同时,又作为其他变量的外生变量的变量,它既接受指向它的箭头,又发出箭头。将路径图中不影响其他变量的内生变量称为最终结果变量,最终结果变量不一定只有一个。

3. 直接作用与间接作用

直接作用是指外生变量与内生变量之间的关系为单向因果关系时所产生的作用。间接作用是指外生变量通过中间变量对内生变量所产生的作用。

4. 递归路径模型与非递归路径模型

路径模型是由外生变量、中间变量和内生变量组成并通过单箭头、双箭头连接起来的路径图。广义的路径模型有两种基本类型:递归路径模型与非递归路径模型。递归路径模型可以通过最小二乘法求解,在递归路径模型中,因果关系全部为单向链条关系并且无反馈作用。无反馈作用意味着,各内生变量与其原因变量的误差项之间或每两个内生变量的误差项之间必须相互独立。在路径分析中,两种模型的分析有所不同。

5. 路径系数

路径系数即标准化回归系数。就具体的方程而言,路径系数是自变量和因变量之间的偏回归系数,用于描述变量之间因果关系强弱的指标;就整个模型而言,路径系数是外生变量 x 和内生变量 y 的系数。路径系数分为两种,一种是由外生变量影响内生变量的路径系数,另外一种是由内生变量到内生变量的路径系数。

6. 总效用

总效用是指一个变量对另一个变量所产生的直接效应与间接效应的总和。

7. 残差项

残差性又称误差项,通常指路径模型中用路径图中变量无法解释的效应与测量误差的总和。

22.2 路径分析的基本理论

路径分析理论主要包括路径图的设计、路径分析的数学模型及路径系数的确定与模型的效应分解。

22.2.1 路径图的设计

1. 路径图的设计

路径图是由自变量、中间变量和因变量组成并通过单箭头、双箭头连接起来的图形。研究者根据已经掌握的专业知识以及变量间的直接关系和间接关系建立初步的路径图。

建立初步路径图的过程中,要先确定一套模型参数,即固定参数和待估参数。通常情况下，固定参数的估计并不来自样本数据，也可以在路径图中用数字直接标出。而待估参数的确定一定要通过利用已知变量构造的路径图或确立的方程组对待估参数进行估计。通常在样本数据与初步假设的路径图进行拟合的过程中，研究者选择并决定该参数是固定参数还是待估参数。

需要指出的是，路径模型的因果关系结构必须根据实际经验的总结，并在一定的理论假设基础之上设置，一般通过变量之间的逻辑关系、时间关系来设置因果结构。

2. 追溯路径链的规则

按照休厄尔·赖特教授1934年提出的追溯路径链的原则，在显变量进行数据标准化后构造出的合适的路径图中，任何两变量的相关系数就是联结两点之间所有路径链上的相关系数或路径系数的乘积之和。路径链须遵循以下几条规则：

第一，在每条路径链上都要先退后进，而不是先进后退。

第二，在每条路径链上某一变量只能通过一次。

第三，每条路径链上只可以有一个双箭头。

22.2.2 路径分析的数学模型及其估计

路径模型有两种类型：递归模型与非递归模型。两种模型在分析时有所不同。递归模型可直接通过普通最小二乘法回归来估计路径系数，对于非递归模型则不能如此。

在因果关系中，全部为单链条关系、无反馈作用的模型称为递归模型。无反馈作用意味着各内生变量与其原因变量的误差项之间或两个内生的误差项之间必须相互独立。

与递归模型相对立的另一类模型是非递归模型。一般来说，非递归模型相对容易判断，如果一个模型不包括递归模型的两个特征，则它就是非递归模型。

如果一个路径模型中包括以下几种情况，便是非递归模型：

第一，模型中任何两个变量之间存在直接反馈作用，在路径图上表示为双向因果关系。

第二，某变量存在自身反馈作用，即该变量存在自相关。

第三，变量之间虽然没有直接反馈，但存在间接反馈作用，即顺着某一变量及随后变量的路径方向循序渐进，经过若干变量后，又能返回这一起始变量。

第四，内生变量的误差项与其他有关项相关，如结果变量的误差项与原因变量相关，或不同变量之间的误差项之间相关。

对于非递归模型，通常不能用最小二乘法进行估计，其参数估计过程比较复杂，有时可能无解，而且对整个模型也无法比较。本章主要介绍递归路径模型的求解。

对于递归路径模型，一般有如下假定和限制：

其一，路径模型中各变量之间都是线性、可加的因果关系。模型变量间的关系必须是线性关系，这意味着在设立因果关系时，原因变量的每一个单位变化量引起结果变量的变化量不变。当一个结果变量受多个变量作用时，各原因变量的作用可以相加。

其二，每一个内生变量的误差项与其前置变量是不相关的，同时也不与其他内生变量的误差项相关。

其三，路径模型中因果关系是单方向的，不包括各种形式的反馈作用。

其四，路径模型中各变量均为间距测度等级。

其五，各变量的测度不存在误差。

其六，各变量的多重共线性不能过高，否则会影响路径系数的估计。

其七，要求样本含量是待估参数的 10—20 倍，并要求样本资料的分布是正态的。对于偏态样本资料，一般要运用渐进分布自由法，该法一般要求样本含量超过 2500 例。

对于任意一个递归路径模型，都可以表示为如下的结构方程：

$$\eta = B\eta + \Gamma\xi + e$$

其中，$\eta = (\eta_1, \eta_1, \cdots, \eta_m)'$ 是模型中的内生变量向量；$\xi = (\xi_1, \xi_2, \cdots, \xi_n)'$ 是模型中的外生可观测变量向量；$B_{m \times m}$ 是 $\eta = (\eta_1, \eta_2, \cdots, \eta_m)'$ 的参数矩阵；$\Gamma_{m \times n}$ 是 $\xi = (\xi_1, \xi_2, \cdots, \xi_n)'$ 的参数矩阵；e 是内生变量所对应的误差项，其期望值为 0，两两不相关。

在上述假设成立的情况下，利用最小二乘估计法，就可以求出各个参数值，也可以单独对其中的一个方程求解。

22.2.3 效应分解分析

对于原始数据而言，外生变量对内生变量的效应等于偏回归系数。对于标准化数据而言，外生变量对内生变量的效应等于标准化回归系数。效应的分解等同于回归分析的回归系数变异的分解。常用的路径分析技术是通过分解变量相关系数得到分离出的效应。

总效应包括误差效应和总因果效应，而总因果效应又包括直接效应和间接效应。在路径图中，外生变量对内生变量的因果效应等于外生变量对内生变量的直接效应和外生变量通过中间变量作用于内生变量的间接效应的总和。由于路径模型中各变量之间的关系都是线性、可加的因果关系，变量 i 对变量 j 的总效应是变量 i 对变量 j 的直接效应与间接效应的总和。

22.2.4 路径分析模型的识别

模型的识别过程是通过由路径模型列出的结构方程组对每一个待估参数进行求解，并判定每一个待估参数是否得到唯一解的过程。

如果一个待估参数至少可以由可测度变量的方程协方差矩阵中的一个或多个元素的代数函数来表达，那么这个参数称为识别参数。如果一个待估参数可以由一个以上的不同函数来表达，那么这个参数称为过度识别参数。

如果模型中的待估参数都是识别参数，那么这个模型就是识别模型。当模型中的每个参数都是识别的且至少有一个参数是过度识别的，这个模型就是过度识别模型。当模型中的每个参数都是识别的且没有一个参数是过度识别的，这个模型就是恰好识别模型。如果模型中至少有一个不可识别的参数，那么这个模型就是不可识别模型。

一个模型是不可识别模型时,所有参数都无法进行估计。

递归法则是路径模型识别的充分条件,而不是路径模型识别的必要条件。递归法则要求路径模型中的内生变量间结构系数矩阵必须是下三角矩阵,并且残差项的方差、协方差矩阵必须是对角矩阵。如果路径模型同时具有以上两个条件,那么该模型就是递归模型,是可识别模型。

22.2.5 路径分析模型的调试修正

在路径分析中,如果某一变量的路径系数统计性不显著,则考虑是否将某对应的路径从模型中删去;如果多个变量的路径系数不显著,则首先删除路径系数最不显著的变量,然后继续进行回归分析,根据下一步的结果再决定是否删除其他原因变量。

在对模型进行调试分析时,要遵循调试的一般原则,即考虑模型的理论基础。作为研究焦点的因果联系必须要有足够的理论根据,即使其统计不显著,仍然应当加以仔细考虑,并寻找其统计不显著的原因:受到多重共线性的影响,其他路径假设不合理影响了该路径的显著性。在多元回归中碰到的很多问题在这里都可能碰到,我们可以参照相应的方法处理。

需要说明的是,一个路径模型需要反复进行调试及修改,才能探索出比较合适的路径图。要改进一个拟合度不高的模型,可以改进计量部分,增加参数,设定某些误差项和限制某些参数。最重要的是,模型的修改不能过分追求统计上的合理,而应尽量使模型具有实际意义。

22.2.6 路径分析模型的检验

路径分析模型的检验是对事先根据理论构造的路径模型进行检验,判定经过调试得到的模型与原假设模型是否一致,并评价该检验模型与假设模型的拟合状况。

检验的模型如果完全与假设模型相同,那么并不需要检验;如果有所不同,其统计检验的意义是通过检验模型与实际观察数据的拟合情况来反映这两个模型之间的差别。如果统计检验不显著,说明它不拒绝原模型假设;如果统计检验显著,说明所得到的模型不同于原假设模型。

对于递归模型而言,饱和的递归模型是指所有变量之间都有单向路径或表示相关的带双箭头的弧线所连接的模型,它是恰好识别的模型。

过度识别模型是饱和模型中删除若干路径后所形成的模型。

饱和模型能够完全拟合数据,是完全拟合的代表,可作为评价非饱和模型的基准。非饱和模型是饱和模型的一部分,是饱和模型删除某些路径形成的,其他部分与饱和模型是相同的。我们称这种关系为嵌套。

对非饱和数据检验的原假设为:该模型从饱和模型中删除的那些路径系数等于零。

对于每个路径模型,我们都可以写出其结构方程组,且方程组个数和内生变量的个数相等,不妨设有 m 个内生变量,则对于 m 个方程,设其回归后的决定系数分别为 $R^2_{(1)}$, $R^2_{(2)}$, $\cdots$, $R^2_{(n)}$。R^2 代表相应内生变量的方差中回归方程所解释的比例,

($1-R^2$)则表示相应内生变量的方差中回归方程所不能解释的残差部分所占的比例。于是,可以定义整个路径模型的拟合指数为:

$$R_c^2 = 1-(1-R_{(1)}^2)(1-R_{(2)}^2)\cdots(1-R_{(n)}^2)$$

拟合指数是指路径模型中已解释的广义方差占需要解释的广义方差的比例,显然它的值域为[0,1]。对饱和模型而言,计算该指数是为了给非饱和模型提供评价基础,因而一般称 R_c^2 为基准解释指数,($1-R_c^2$)为基准残差指数。

同理,可求得嵌套的非饱和模型的相应拟合指数:

$$R_t^2 = 1-(1-R_{(1)}^2)(1-R_{(2)}^2)\cdots(1-R_{(m)}^2)$$

对非饱和模型而言,计算该指数是为了对非饱和模型进行检验,因而称 R_t^2 为待检验解释指数,显然有 $R_t^2 \leqslant R_c^2$。在两者基础上,我们定义一个关于检验模型拟合度的统计量 Q。

$$Q = \frac{1-R_c^2}{1-R_t^2}$$

Q 统计量的分布很难求出,但依据 Q 统计量可构造如下统计量 W:

$$W = -(n-d)\ln Q$$

式中,n 为样本容量;d 为检验模型与饱和模型的路径数目之差。在大样本情况下,统计量 W 服从自由度为 d 的卡方分布。

22.2.7 路径分析的前提假设

路径分析的使用是有一定的假设前提的,路径分析对数据的要求如下:①
(1) 变量间都是线性关系。
(2) 所有误差之间都是相互独立的。
(3) 内生变量都是定量变量,而非定性变量。
(4) 所有的观测量都没有测量误差。
(5) 所有决定因果关系的因素都包含在路径图中。

22.2.8 传统回归分析与路径分析的比较

传统回归分析分析一个或多个自变量与因变量之间的关系,以了解当自变量为某一水平或数量时,因变量的水平或数量。回归分析可分为一元回归分析与多元回归分析。使用回归模型描述自变量与因变量之间的关系时,根据自变量与因变量不同类型的组合选择不同的回归方程。

路径分析作为多元回归模型的拓展,可以利用路径图分析变量之间网络作用关系,它同时包含几个回归方程,解决了传统回归模型只能分析单个因变量的不足。路径分析不仅关注变量之间的相关,更关注变量间的因果关系。路径分析中两个变量间的路径系数称为标准化回归系数,其原因变量与结果变量之间的效果称为直接效果。如果自变量经由中介变量而对因变量产生影响,则称为间接效果。直接效果值加上间

---

① 杜智敏.抽样调查与 SPSS 应用[M].北京:电子工业出版社,2010.

接效果值称为总效果值。

一般地，建立回归分析模型是为了预测，而路径分析的目的在于通过建立与观测值一致的因果网络的路径结构，对变量之间的相互作用关系作出合理的解释。

22.2.9 路径分析模型的选用

在研究探讨事物之间的非确定关系时，要根据变量的类型确定采用哪种具体的方法。比如，当自变量、因变量都是定量变量且呈线性相关关系时，可以采用线性回归模型。当因变量或自变量为分类变量时，可以采用逻辑斯蒂回归或最优尺度回归。但是，实际情况可能更加复杂，线性回归分析要求因变量 Y 与自变量 X 的关系不对称，自变量 X 的取值不应受因变量 Y 的影响，然而在实际问题中两者可能是相互影响的。比如，市场中商品的供给和价格的关系。市场商品供给增加会导致商品价格降低，反过来，商品价格降低会引起商品供给减少。此外，线性回归分析还要求自变量不能有共线性，然而实际问题中某个自变量可能与另一个自变量，甚至多个自变量呈某种线性关系。

路径分析就是先分析各变量间的相关关系，检测各因素间的相关性；然后以各影响因素为自变量，以被影响因素为因变量进行回归分析。在回归分析结果中，在显著性水平 α 为 0.05 的前提下，如果某因素的概率 p 值小于显著性水平，应拒绝回归方程显著性检验的零假设，认为回归系数不同时为 0，被解释变量与解释变量的线性关系是显著的，可建立线性模型。相反，如果某因素的概率 p 值大于显著性水平，应拒绝回归方程显著性检验的零假设，认为回归系数同时为 0，被解释变量与解释变量的线性关系是不显著的，不能建立线性模型。以此来对各影响因素进行筛选，最终确立符合研究的路径图。

22.3 路径分析的一般步骤

路径分析步骤包括模型设定、模型识别、模型估计、模型评价和模型调试及修改。一般是由研究者根据先验的专业知识先构造一个路径图，由路径图求出变量之间的相关系数矩阵。然后，与由样本资料获得的可测变量的相关系数矩阵进行拟合，计算出拟合统计量，比较两个或多个模型，并选出最适合专业理论的路径模型。

22.3.1 依据理论模型绘制路径图

在制作因果关系模型图时，需要有理论上的框架作支撑，也即因果关系模型图可以形成理论上的因果关系。根据相关理论、文献或者自身经验，绘制没有路径系数的路径图。路径分析的核心任务就是给出这些路径系数。路径图中的因果关系用箭头表示，箭头起始处表示"因"，箭头指向处表示"果"。因果模型结果的初始图通常包括直接效果与间接效果。在直接效果中，如果路径系数达到显著，表示两个变量间有直接的因果关系存在。间接效果的影响路径是多元的，并非每个中介变量的影响均会达到显著。

22.3.2 利用回归分析估计参数

在路径分析中,选用的分析方法一般为复回归分析法,采用回归分析法估计路径系数,然后检验其是否显著,进而估计残差系数。

以每一个内生变量为因变量,以用箭头指向它的变量为自变量建立线性回归方程,以便得到方程的非标准化回归系数和标准化回归系数(β系数),得到对系数进行 t 检验的结果以及表示方程拟合优度的决定系数 R^2。对应每个自变量的标准化回归系数,就是该自变量与内生变量的路径系数。当回归系数经检验达到显著时,便称这两个变量之间有直接的因果关系,路径系数的大小表明了自变量对内生变量影响力的大小,所以也称为内生变量对自变量的直接效应。

残差系数是自变量无法解释的因变量的其他部分。它是一种"残差方差",残差系数的值为 1 减去决定系数 R^2 再开方。一般的复回归即是让所有通过检验欲进行再一次回归分析的预测变量同时进入方程式,再依据每个变量的 t 值域概率值的大小检验 Beta 值(即 β 值)的影响是否达到显著,根据 β 值将各外生变量影响路径系数找出。

22.3.3 模型评价与调试修正

从一般分析过程来看,依据初始设定模型绘制路径图,然后对相关数据进行相关关系检验。对数据进行回归分析后,依据影响因素的显著性决定是否删除变量。当路径系数不显著时,可将此因素删除,然后重新计算删除此因素后新模型的路径系数。对应每个自变量的标准化回归系数,就是该自变量与内生变量的路径系数。在删除部分影响路径后,一定要进行复回归分析。不能将删除后剩余的路径与路径系数直接保留。

22.3.4 建立因果模式图

通过设定模型、绘制初始路径图、相关分析、回归分析之后,计算各影响因素的路径系数。当路径系数不显著时,将对应的因素删除,然后重新计算删除相应因素的路径系数,留下路径系数显著的因素,就得到最优模型。根据以上步骤得出的最终结果,建立因果模式图,为进一步的研究提供参考。

22.4 路径分析的 SPSS 实现

利用 SPSS 进行路径分析就是不断地使用 Regression 中的 Linear 建立多元线性回归方程来得到路径系数。因此,我们把具体操作步骤以及完整的研究过程呈献给读者。研究的题目是国内生产总值、第一产业、第二产业、工业、建筑业、第三产业对国民总收入的影响。

22.4.1 模型设计与变量选用

在研究国内生产总值、第一产业、第二产业、工业、建筑业、第三产业对国民总收入的影响时,以国内生产总值、第一产业、第二产业、工业、建筑业、第三产业为解释变量,国民收入为被解释变量。

关于国内生产总值、第一产业、第二产业、工业、建筑业、第三产业对国民总收入的影响,根据相关理论进行研究所得出的结论有:

(1) 国内生产总值(gross domestic product,GDP),是指在一定时期内(一个季度或一年),一个国家或地区的经济中所生产出的全部最终产品和劳务的价值,常被公认为衡量国家经济状况的最佳指标。它不但可反映一个国家的经济表现,还可反映一国的国力与财富。第一产业、第二产业、工业、建筑业、第三产业对国内生产总值都产生一定程度的影响。国内生产总值对国民总收入产生影响。

(2) 第一产业(primary sector),是传统产业经济理论对产业划分中的一个种类,指以利用自然力为主,生产不必经过深度加工就可消费的产品或工业原料的部门。根据我国国家统计局对三次产业的划分规定,第一产业指农业(包括林业、牧业、渔业等)。第一产业对国内生产总值、国民总收入都产生影响。

(3) 第二产业,是传统产业经济理论对产业划分中的一个产业部门,指对第一产业和本产业提供的产品(原料)进行加工的产业部门,包括采矿业,制造业,电力、燃气及水的生产和供应业,建筑业,即按"三次产业分类法"划分的国民经济中的一个产业部门。第二产业对国内生产总值、国民总收入都产生影响。

(4) 工业(industry),是指采集原料,并把它们加工成产品的工作和过程。工业是社会分工发展的产物,经过手工业、机器大工业、现代工业几个发展阶段。工业是第二产业的重要组成部分,分为轻工业和重工业两大类。工业对第二产业、国内生产总值、国民总收入皆产生影响。

(5) 建筑业,是专门从事土木工程、房屋建设和设备安装以及工程勘察设计工作的生产部门。其产品是各种工厂、矿井、铁路、桥梁、港口、道路、管线、住宅以及公共设施的建筑物、构筑物和设施。建筑业被包含在第二产业中,对第二产业、国内生产总值、国民总收入皆产生影响。

(6) 第三产业,指不生产物质产品的行业,即服务业,是英国经济学家、新西兰奥塔哥大学教授费希尔1935年在《安全与进步的冲突》一书中首先提出的。第三产业是指除第一、二产业以外的其他行业。第三产业对国内生产总值、国民总收入都产生影响。

(7) 国民收入(national income),是指物质生产部门劳动者在一定时期所创造的价值。从社会总产值中扣除物质消耗后的剩余部分就是国民收入,国民收入(价值形态)=社会总产值-已消耗生产资料价值或国民收入(实物形态)=社会总产品-已消耗生产资料。在使用价值上,国民收入由体现新创造价值的生产资料和消费资料构成。创造国民收入的物质生产部门,有农业、工业、建筑业和作为生产过程在流通过程内继续的运输业、邮电业及商业等。反映国民收入的两个主要统计数字是本地生产总值(GDP,即国内生产总值)及本地居民生产总值(GNP,即国民生产总值)。整个社会的国民收入即是国民总收入。

这些结论实际上成为本研究的理论假设,可以此作初始路径图。

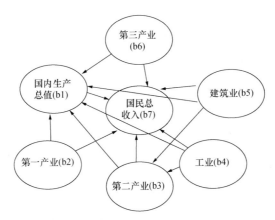

图 22.1 初始路径图

22.4.2 样本选择与数据收集

根据研究目的和理论假设,在研究国内生产总值、第一产业、第二产业、工业、建筑业、第三产业对国民总收入的影响时,涉及的变量共有 7 个:国内生产总值、第一产业、第二产业、工业、建筑业、第三产业、国民总收入。为得到这 7 个部分的数据,我们根据《中国统计年鉴》进行收集整理,得到了 1978—2013 年中国国内生产总值、第一产业、第二产业、工业、建筑业、第三产业、国民总收入的年度数据,以此数据为基础进行相关分析和回归分析。在相关分析和回归分析的过程中,b1 代表国内生产总值,b2 代表第一产业,b3 代表第二产业,b4 代表工业,b5 代表建筑业,b6 代表第三产业,b7 代表国民总收入。

在相关分析的过程中,我们需要了解以下概念:Pearson Correlation,即皮尔森相关系数,两变项间的相关可以用许多统计值来测量,最常用的是皮尔森相关系数。对样本资料而言,皮尔森积矩相关系数的定义如下:样本资料的皮尔森积矩相关系数(一般简称为"样本相关系数")为样本共变异数除以 X 的标准差与 Y 的标准差之乘积。样本的简单相关系数一般用 r 表示,其中 n 为样本量,分别为两个变量的观测值和均值。r 描述的是两个变量间线性相关强弱的程度。r 的取值在 -1 与 $+1$ 之间,若 $r > 0$,表明两个变量是正相关,即一个变量的值越大,另一个变量的值也会越大;若 $r < 0$,表明两个变量是负相关,即一个变量的值越大,另一个变量的值反而会越小。r 的绝对值越大,表明相关性越强,要注意的是这里并不存在因果关系。若 $r = 0$,表明两个变量间不是线性相关,但有可能是其他方式的相关(如曲线方式)。

22.4.3 实现操作与界面说明

根据前述的理论分析和初始路径图,我们主要考虑三个内生变量 b7、b1 和 b3,于是有三个回归模型:

模型一:b7~b1+b2+b3+b4+b5+b6
模型二:b1~b2+b3+b4+b5+b6

模型三:b3~b4+b5

打开"industry.sav"数据文件,选择菜单【分析/回归/线性】,打开图22.2所示的对话框。首先考虑第一个模型,将b7放到【因变量(D)】框,b1至b6放入【自变量(I)】框,在【方法(M)】下拉菜单中选择"前进"法进行多元线性回归。

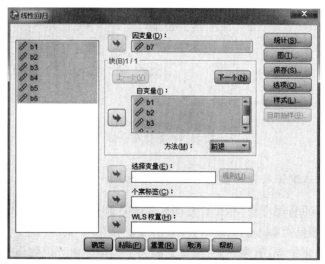

图22.2 第一个模型回归分析对话框

用前进法进行回归,SPSS会将与因变量最相关的自变量逐步纳入模型,舍弃那些不太相关的自变量。回归结果显示,R方达到1.000,即方程几乎100%解释了因变量的变化。但是,模型最终只选择了b1作为自变量(即预测变量),也就是说其他变量b2至b6全都被舍弃了。

表22.1 第一个模型的回归结果:模型摘要

模型摘要

模型	R	R 方	调整后 R 方	标准估算的错误
1	1.000[a]	1.000	1.000	909.20198

注:a 表示预测变量:(常量),b1。

从回归方程的方差分析和 F 检验结果来看,显著性水平为0.000,可见方程整体在统计上是非常显著的。

表22.2 第一个模型的回归结果:方差分析表

ANOVA[a]

模型		平方和	自由度	均方	F	显著性
1	回归	881432290047.908	1	881432290047.908	1066272.496	0.000[b]
	残差	28106040.411	34	826648.247		
	总计	881460396088.319	35			

注:(1) a 表示因变量:b7;
(2) b 表示预测变量:(常量),b1。

对系数的统计显著性进行检验,得到自变量 b1 的系数为 0.996,t 值为 1032.605,显著性水平为 0.000,也达到了非常显著的水平。另外,从 SPSS 输出的结果还可以看到,用 b1 解释 b7 的标准化系数为 1.000,这就是路径回归中的路径系数,说明在这个回归方程中,b7 全部由 b1 来解释。

表 22.3 第一个模型的回归结果:系数检验

模型		未标准化系数		标准化系数	t	显著性
		B	标准错误	Beta		
1	(常量)	−117.304	194.425		−0.603	0.550
	b1	0.996	0.001	1.000	1032.605	0.000

注:a 表示因变量:b7。

为什么在这个回归分析中,b2 至 b6 这些变量都被排除在模型外?可以通过各变量的相关性分析来解读。选择菜单【分析/相关/双变量】,调出相关性分析对话框,如下图所示:

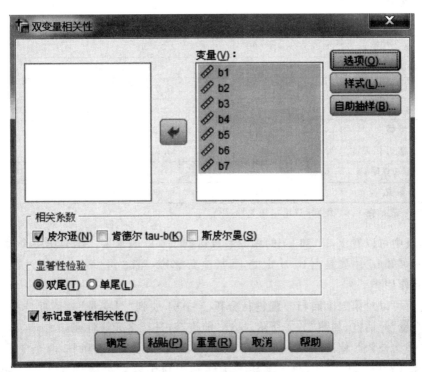

图 22.3 相关分析对话框

将各变量纳入【变量(V)】框,单击【确定】按钮,可以得到各变量的皮尔逊相关系数检验结果,如下表所示:

表 22.4 模型变量的相关性检验

		b1	b2	b3	b4	b5	b6	b7
b1	皮尔逊相关性	1	0.992**	0.999**	0.999**	0.997**	0.999**	1.000**
	Sig.(双尾)		0.000	0.000	0.000	0.000	0.000	0.000
	个案数	36	36	36	36	36	36	36
b2	皮尔逊相关性	0.992**	1	0.992**	0.992**	0.985**	0.987**	0.992**
	Sig.(双尾)	0.000		0.000	0.000	0.000	0.000	0.000
	个案数	36	36	36	36	36	36	36
b3	皮尔逊相关性	0.999**	0.992**	1	1.000**	0.995**	0.997**	0.999**
	Sig.(双尾)	0.000	0.000		0.000	0.000	0.000	0.000
	个案数	36	36	36	36	36	36	36
b4	皮尔逊相关性	0.999**	0.992**	1.000**	1	0.993**	0.996**	0.999**
	Sig.(双尾)	0.000	0.000	0.000		0.000	0.000	0.000
	个案数	36	36	36	36	36	36	36
b5	皮尔逊相关性	0.997**	0.985**	0.995**	0.993**	1	0.998**	0.997**
	Sig.(双尾)	0.000	0.000	0.000	0.000		0.000	0.000
	个案数	36	36	36	36	36	36	36
b6	皮尔逊相关性	0.999**	0.987**	0.997**	0.996**	0.998**	1	0.999**
	Sig.(双尾)	0.000	0.000	0.000	0.000	0.000		0.000
	个案数	36	36	36	36	36	36	36
b7	皮尔逊相关性	1.000**	0.992**	0.999**	0.999**	0.997**	0.999**	1
	Sig.(双尾)	0.000	0.000	0.000	0.000	0.000	0.000	
	个案数	36	36	36	36	36	36	36

注：** 表示在 0.01 级别(双尾)，相关性显著。

从表中可以看出，b1 和 b7 的相关系数达到 1.000 的水平。结合第一个模型的回归结果，可知 b7 主要是由 b1 决定的，而其他变量 b2 至 b6 可以认为是通过影响 b1 而对 b7 起作用。

进而可以对第二个回归方程进行分析。将 b1 放到"因变量"对话框，b2 至 b6 放入"自变量"对话框，如图 22.4 所示，选择"前进"法进行多元线性回归。

这一次，SPSS 依次纳入 b3、b6 和 b2 作为自变量，舍弃 b4 和 b5 两个变量。纳入 b3、b6 和 b2 作为自变量的回归模型，R 方达到 1.000，这表示这三个变量几乎解释了 b1 的全部变化。方差分析表(此处仅显示纳入 b3、b6 和 b2 的结果)则显示，方程整体上非常显著。

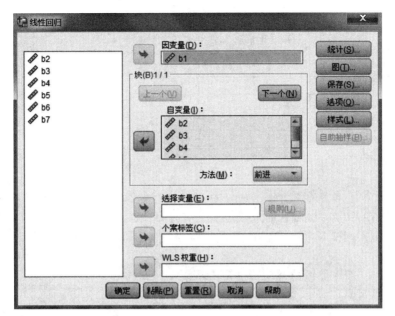

图 22.4　第二个模型回归分析对话框

表 22.5　第二个模型的回归结果：模型摘要

模型	R	R 方	调整后 R 方	标准估算的错误
1	0.999[a]	0.999	0.999	5710.94164
2	1.000[b]	1.000	1.000	1949.40241
3	1.000[c]	1.000	1.000	0.03506

注：(1) a 表示预测变量：(常量)，b3。
(2) b 表示预测变量：(常量)，b3，b6。
(3) c 表示预测变量：(常量)，b3，b6，b2。

表 22.6　第二个模型的回归结果：方差分析表
ANOVA

模型		平方和	自由度	均方	F	显著性
3	回归	887884945221.313	3	295961648407.104	240748888260269.800	0.000[d]
	残差	0.039	32	0.001		
	总计	887884945221.352	35			

注：d 表示预测变量：(常量)，b3，b6，b2。

从回归的系数检验情况看，三个自变量 b3、b6 和 b2 都通过了显著性检验，其标准化系数（即路径系数）依次为 0.457、0.448 和 0.097，说明三个自变量对因变量 b1 的解释比例分别是 45.7%、44.8% 和 9.7%。

表22.7　第二个模型的回归结果:系数检验

系数ª

模型		未标准化系数		标准化系数	t	显著性
		B	标准误差	Beta		
3	(常量)	−0.007	0.013		−0.534	0.597
	b3	1.000	0.000	0.457	752731.225	0.000
	b6	1.000	0.000	0.448	936681.802	0.000
	b2	1.000	0.000	0.097	319391.162	0.000

注:a表示因变量;b1。

在此模型中,被排除的变量b4和b5可以认为不是b1的直接影响因素,而是通过其他路径间接影响b1。这就需要考虑第三个回归方程。

将b3纳入因变量框内,b4和b5纳入自变量框中,如下图所示:

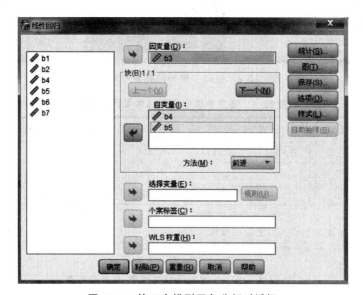

图22.5　第三个模型回归分析对话框

回归结果显示,R方为1.000,说明b4和b5两个自变量几乎解释了因变量b3的全部变化。方差分析也显示,方程整体上是非常显著的。

表22.8　第三个模型的回归结果:模型摘要

模型	R	R方	调整后R方	标准估算的错误
1	1.000ª	1.000	1.000	1283.49033
2	1.000ᵇ	1.000	1.000	0.03469

注:(1) a表示预测变量:(常量),b4;
　　(2) b表示预测变量:(常量),b4,b5。

表 22.9　第三个模型的回归结果:方差分析表

ANOVA[a]

模型		平方和	自由度	均方	F	显著性
2	回归	185598685674.893	2	92799342837.446	77142575471045.610	0.000[c]
	残差	0.040	33	0.001		
	总计	185598685674.932	35			

注:(1) a 表示因变量:b3;
(2) c 表示预测变量:(常量),b4,b5。

从系数检验的结果来看,b4 和 b5 两个变量都通过了系数显著性检验,其标准化系数(即路径系数)分别为 0.854 和 0.147,说明其相对解释比例分别为 85.4% 和 14.7%。

表 22.10　第三个模型的回归结果:系数检验

系数[a]

模型		未标准化系数		标准化系数	t	显著性
		B	标准误差	Beta		
2	(常量)	0.000	0.008		0.058	0.954
	b4	1.000	0.000	0.854	1253861.773	0.000
	b5	1.000	0.000	0.147	215777.757	0.000

注:a 表示因变量:b3。

根据以上分析可以发现,b7 主要受 b1 的影响,而 b1 受 b2、b3、b6 的影响,b3 则受 b4 和 b5 的影响。将回归中舍弃的自变量剔除,把保留下来的自变量的标准化回归系数(路径系数)在路径图上标出,可以得到以下路径图:

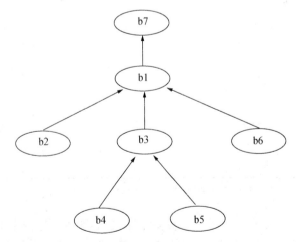

图 22.6　国民总收入影响因素分析路径图

根据路径分析可知,国民总收入 b7 主要受国民生产总值 b1 的影响;国民生产总值主要由第一产业 b2、第二产业 b3 和第三产业 b6 决定,其中,第二产业 b3 的影响占 45.7%,第三产业 b6 的影响占 44.8%,它们是影响国民生产总值的主要因素,而第一产业 b2 的影响仅占 9.7%；第二产业 b3 主要受工业 b4 和建筑业 b5 的影响，其中，工业 b4 的影响占 84.5%，是影响第二产业的主要因素，建筑业 b5 的影响仅占 14.7%。

如果要衡量间接变量的影响大小，则可以将影响路径上的路径系数相乘。例如，工业 b4 和建筑业 b5 对国民总收入 b7 的影响，分别是 $0.845\times0.457\times1=0.386$ 和 $0.147\times0.457\times1=0.067$。

22.4.4 结果说明与解读分析

自此，SPSS 将自动计算相关系数和进行回归分析，并将结果输出到窗口。输出结果如表 22.11 所示。

表 22.11 各因素相关分析的 SPSS 实现

相关性

		b1	b2	b3	b4	b5	b6	b7
b1	Pearson 相关性	1	0.992**	0.999**	0.999**	0.997**	0.999**	1.000**
	显著性（双尾）		0.000	0.000	0.000	0.000	0.000	0.000
	N	36	36	36	36	36	36	36
b2	Pearson 相关性	0.992**	1	0.992**	0.992**	0.985**	0.987**	0.992**
	显著性（双尾）	0.000		0.000	0.000	0.000	0.000	0.000
	N	36	36	36	36	36	36	36
b3	Pearson 相关性	0.999**	0.992**	1	1.000**	0.995**	0.997**	0.999**
	显著性（双尾）	0.000	0.000		0.000	0.000	0.000	0.000
	N	36	36	36	36	36	36	36
b4	Pearson 相关性	0.999**	0.992**	1.000**	1	0.993**	0.996**	0.999**
	显著性（双尾）	0.000	0.000	0.000		0.000	0.000	0.000
	N	36	36	36	36	36	36	36
b5	Pearson 相关性	0.997**	0.985**	0.995**	0.993**	1	0.998**	0.997**
	显著性（双尾）	0.000	0.000	0.000	0.000		0.000	0.000
	N	36	36	36	36	36	36	36
b6	Pearson 相关性	0.999**	0.987**	0.997**	0.996**	0.998**	1	0.999**
	显著性（双尾）	0.000	0.000	0.000	0.000	0.000		0.000
	N	36	36	36	36	36	36	36
b7	Pearson 相关性	1.000**	0.992**	0.999**	0.999**	0.997**	0.999**	1
	显著性（双尾）	0.000	0.000	0.000	0.000	0.000	0.000	
	N	36	36	36	36	36	36	36

注：** 表示在置信度（双测）为 0.01 时，相关性是显著的。

表 22.12 中各列数据项的含义依次为：被解释变量和解释变量的复相关系数、判定系数 R 方、调整的判定系数 R 方、回归方程的标准估计方差。依据该表可进行拟合优度检验。由于该方程中有多个解释变量，因此应参考调整的判定系数。由于调整的判定系数为 1，因此认为拟合优度很高，被解释变量可以被模型解释。

表 22.12　国民总收入多元线性回归分析的 SPSS 实现

模型摘要

模型	R	R 方	调整后的 R 方	标准估算的错误
1	1.000[a]	1.000	1.000	797.27170

注：a 表示预测变量：(常量)，b6、b2、b4、b5。

表 22.13 中各列数据项的含义依次为：被解释变量的变差来源、离差平方和、自由度、均方、回归方程中 F 统计量的观测值和概率 p 值。可以看出，被解释变量的总离差平方和为 $8.815E+11$，回归平方和及均方分别为 $8.814E+11$ 和 $2.204E+11$，剩余平方和及均方分别为 19704906.97 和 635642.160，F 检验统计量的观测值为 346673.312，对应的概率 p 值近似为 0。依据该表可进行回归方程的显著性检验。如果显著性水平 α 为 0.05，由于概率 p 值小于显著性水平，应拒绝回归方程显著性检验的零假设，认为各回归系数不同时为 0，被解释变量与解释变量的线性关系是显著的，可建立线性模型。

表 22.13　国民总收入多元线性回归分析的 SPSS 实现（强制进入策略）

ANOVA[a]

模型		平方和	自由度	均方	F	显著性
1	回归	8.814E+11	4	2.204E+11	346673.312	0.000[b]
	残差	19704906.97	31	635642.160		
	总计	8.815E+11	35			

注：(1) a 表示因变量：b7。
(2) b 表示预测变量：(常量)，b6、b2、b4、b5。

表 22.14 中各列数据项的含义依次为：偏回归系数、偏回归系数的标准误差、标准化偏回归系数、回归系数显著性检验中 t 统计量的观测值、对应的概率 p 值。依据该表可以进行回归系数显著性检验，写出回归方程和检测多重共线性。从中可以看出，如果显著性水平 α 为 0.05，除常数项、建筑业之外，其他变量的回归系数显著性 t 检验的概率 p 值都小于显著性水平，因此应拒绝零假设，认为这些偏回归系数不都是 0，它们与被解释变量的线性关系是显著的，应该保留在方程中。

表 22.14　国民总收入多元线性回归分析的 SPSS 实现

系数[a]

模型		非标准化系数		标准系数	t	显著性
		B	标准误差	贝塔		
1	(常量)	328.318	294.331		1.115	0.273
	b2	0.830	0.071	0.081	11.653	0.000
	b4	1.051	0.030	0.412	34.704	0.000
	b5	0.440	0.230	0.030	1.915	0.065
	b6	1.068	0.043	0.480	24.584	0.000

注：a 表示因变量：b7。

表 22.15 中各列数据项的含义依次为：偏回归系数、回归系数显著性检验中 t 统计量的观测值、对应的概率 p 值、偏相关系数、解释变量的容忍度。依据该表可以进行回归系数显著性检验，写出回归方程和检测多重共线性。可以看出，如果显著性水

平 α 为 0.05，国内生产总值、第二产业的回归系数显著性 t 检验的概率 p 值都大于显著性水平，因此应接受零假设，认为这些偏回归系数都是 0，它们与被解释变量的线性关系不显著，不能保留在方程中。综上，剔除国内生产总值、第二产业、建筑业变量后重作相关性与回归，结果如表 22.16 所示。

表 22.15 国民总收入多元线性回归分析的 SPSS 实现

排除的变量[a]

模型		输入贝塔	t	显著性	偏相关	共线性统计
						容许
1	b1	2962.268[b]	0.849	0.403	0.153	5.978E-14
	b2	3362.224[b]	1.872	0.071	0.323	2.069E-13

注：(1) a 表示因变量：b7。
(2) b 表示模型中的预测变量：(常量)，b6，b2，b4，b5。

表 22.16 各因素相关分析的 SPSS 实现

相关性

		b2	b4	b6	b7
b2	Pearson 相关性	1	0.992**	0.987**	0.992**
	显著性（双尾）		0.000	0.000	0.000
	N	36	36	36	36
b4	Pearson 相关性	0.992**	1	0.996**	0.999**
	显著性（双尾）	0.000		0.000	0.000
	N	36	36	36	36
b6	Pearson 相关性	0.987**	0.996**	1	0.999**
	显著性（双尾）	0.000	0.000		0.000
	N	36	36	36	36
b7	Pearson 相关性	0.992**	0.999**	0.999**	1
	显著性（双尾）	0.000	0.000	0.000	
	N	36	36	36	36

注：** 表示在置信度（双侧）为 0.01 时，相关性是显著的。

表 22.17 中各列数据项的含义依次为：被解释变量和解释变量的复相关系数、判定系数 R 方、调整的判定系数 R 方、回归方程的标准估计方差。依据该表可进行拟合优度检验。由于该方程中有多个解释变量，因此应参考调整的判定系数。由于调整的判定系数为 1，因此认为拟合优度很高，被解释变量可以被模型解释。

表 22.17　国民总收入多元线性回归分析的 SPSS 实现

模型摘要

模型	R	R 方	调整后的 R 方	标准估算的错误
1	1.000[a]	1.000	1.000	829.84229

注：a 表示预测变量：(常量)，b6，b2，b4。

表 22.18 中各列数据项的含义依次为：被解释变量的变差来源、离差平方和、自由度、均方、回归方程中 F 统计量的观测值和概率 p 值。可以看出，被解释变量的总离差平方和为 $8.815E+11$，回归平方和及均方分别为 $8.814E+11$ 和 $2.938E+11$，剩余平方和及均方分别为 22036423.49 和 688638.234，F 检验统计量的观测值为 426657.673，对应的概率 p 值近似为 0。依据该表可进行回归方程的显著性检验，如果显著性水平 α 为 0.05，由于概率 p 值小于显著性水平，应拒绝回归方程显著性检验的零假设，认为各回归系数不同时为 0，被解释变量与解释变量的线性关系是显著的，可建立线性模型。

表 22.18　国民总收入多元线性回归分析的 SPSS 实现(强制进入策略)

ANOVA[a]

模型		平方和	自由度	均方	F	显著性
1	回归	$8.814E+11$	3	$2.938E+11$	426657.673	0.000[b]
	残差	22036423.49	32	688638.234		
	总计	$8.815E+11$	35			

注：(1) a 表示因变量：b7。
(2) b 表示预测变量：(常量)，b6，b2，b4，b5。

表 22.19 中各列数据项的含义依次为：偏回归系数、偏回归系数的标准误差、标准化偏回归系数、回归系数显著性检验中 t 统计量的观测值、对应的概率 p 值。依据该表可以进行回归系数显著性检验，写出回归方程和检测多重共线性。从中可以看出，如果显著性水平 α 为 0.05，变量的回归系数显著性 t 检验的概率 p 值都小于显著性水平，因此应拒绝零假设，认为这些偏回归系数不都是 0，它们与被解释变量的线性关系是显著的，应该保留在方程中。

表 22.19　国民总收入多元线性回归分析的 SPSS 实现

系数[a]

模型		非标准化系数		标准系数	t	显著性
		B	标准误差	贝塔		
1	(常量)	320.225	306.324		1.045	0.304
	b2	0.841	0.074	0.082	11.379	0.000
	b4	1.039	0.031	0.407	33.655	0.000
	b6	1.142	0.021	0.513	54.471	0.000

注：a 表示因变量：b7。

依据以上结果说明,进行效应分解。

效应分解也称相关系数分解,是将变量之间的相关系数分为不同的效应部分,包括直接效应、间接效应和路径图。虚假效应只在内生变量相关系数的分解中出现,是两个内生变量的相关系数中由于共同的起因产生的部分。未分解效应是指一个外源变量与一个内生变量的相关系数中,除去直接或间接的因果效应以后剩下的部分,是由于相关的外源变量对该内生变量的影响引起的。

本例中最后结果显示,第一产业总值、第三产业总值以及工业总值对国民总收入存在直接效应。

依据以上结果说明与效应分解,进行解读分析:对于国民总收入的回归方程,决定系数 R 方为 1,说明国内生产总值、第一产业、第二产业、工业、建筑业、第三产业可以解释国民总收入的 100%。决定系数表明自变量能够解释因变量的百分比,也就是国内生产总值、第一产业、第二产业、工业、建筑业、第三产业可以解释国民总收入的百分比。计算方法是:自变量与国民总收入的相关系数乘以自变量对农作物产量的路径系数。

例如,第一产业与国民总收入的相关系数为 0.992,路径系数为 0.082,于是国内生产总值对国民总收入的决定系数是 $0.992 \times 0.082 = 0.081344$,即国内生产总值能够解释国民总收入的 8.1344%。同理计算出其他自变量对农作物产量的决定系数。工业与国民总收入的相关系数为 0.999,路径系数为 0.407,于是国内生产总值对国民总收入的决定系数是 $0.999 \times 0.407 = 0.406593$,即国内生产总值能够解释国民总收入的 40.6593%。第三产业与国民总收入的相关系数为 0.999,路径系数为 0.513,于是国内生产总值对国民总收入的决定系数是 $0.999 \times 0.513 = 0.512487$,即国内生产总值能够解释国民总收入的 51.2487%。同时,自变量对国民总收入的决定系数之和等于回归方程的决定系数。

依据相关分析和回归分析结果修改路径图,修改后的路径图如图 22.7 所示。

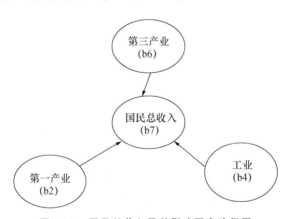

图 22.7 国民总收入及其影响因素路径图

(1) 初步结论,根据以上分析,可得出以下结论:在进行相关分析后,我们可以看出,国内生产总值、第一产业、第二产业、工业、建筑业、第三产业、国民总收入之间相关性较高,相关系数都是在 0.99 以上。在进行回归分析的过程中,根据各影响因素的显

著性水平 α 与 0.05 的大小进行比较，国内生产总值、第二产业、建筑业的回归系数显著性 t 检验的概率 p 值都大于显著性水平 α，因此应接受零假设，认为这些偏回归系数都是 0，它们与被解释变量的线性关系不显著，不能保留在方程中。剔除国内生产总值、第二产业、建筑业变量后重作相关性分析与回归分析，最后得出第一产业产量、第三产业产量、工业产量皆对国民总收入产生影响，第一产业、第二产业、第三产业对国民总收入的决定系数分别为 8.1344%、40.6593%、51.2487%，即第一产业、第二产业、第三产业对国民总收入起到了 8.1344%、40.6593%、51.2487%的作用。

(2) 由于选题原因，本例具有一定的局限性。本例具体数据只是从《中国统计年鉴》拷贝而没有进行实际调查，缺乏一定的实践性和说服力。因此，本例只是作为例子来说明，仅作为参考。读者可以根据相关实际采用相似方法进行分析研究。

第23章 时间序列分析

23.1 时间序列分析概述

23.1.1 时间序列数据及其分析的含义

时间序列数据是按照均匀的时间间隔收集并按照时间先后顺序依次排列的一系列具有相同内涵的数据。这些指标数据分为时点数据与时期数据。前者反映的是某一时点的指标值;后者反映的是某一时间段内的指标值。时间序列数据一般具有趋势性、周期性、季节性、随机性以及这四者综合性的特点。

时间序列分析就是对时间序列数据进行的一系列统计分析方法体系。

在一些时间序列分析方法中,要求时间序列具有平稳性,即要求时间序列对应的随机过程是一个平稳的随机过程。

平稳的随机过程定义如下:如果对 $\forall t_1, t_2, \cdots, t_n, h \in T$ 和任意整数 n,都使 $(y_{t_1}, y_{t_2}, \cdots, y_{t_n})$ 与 $(y_{t_1+h}, y_{t_2+h}, \cdots, y_{t_n+h})$ 同分布,则在概率空间 (W, F, P) 上的随机过程 $\{y(t), t \in T\}$ 称为平稳过程。从这个定义可以看出,平稳性实质上是要求随机过程包含的任意有限维随机变量族的统计具有时间上的平移不变性。这是一种非常严格的平稳性要求,而要刻画和度量这种平稳性,需要掌握 (2^n-1) 个随机变量或随机变量族的分布或联合分布,这在实践当中是非常困难甚至是不可能的。因此,这种平稳性一般被称为"严平稳"或者"完全平稳"。

实践中,一般要求的平稳性为"宽平稳",它没有"严平稳"那样苛刻的条件,而只要求具有某阶矩的平稳性。二阶宽平稳随机过程定义为:如果 $E(y_t)$ 为常数,且对 $\forall t$, $t+h \in T$ 都使协方差存在且与 t 无关(只依赖于 h),则随机过程 $\{y(t), t \in T\}$ 称为"宽平稳过程"。从中可以看出,二阶宽平稳性只考察随机过程均值和方差及协方差即二阶矩的性质,因此也被称为"协方差平稳"。

白噪声序列是一种特殊的平稳序列,它的定义为:若随机序列 $\{y_t\}$ 由互不相关的随机变量构成,即对所有 $s \neq t$,$\text{Cov}(y_s, y_t) = 0$,则称其为白噪声序列。可以看出,白噪声序列是一种平稳序列,在不同时点上的随机变量的协方差为 0。该特性通常被称为"无记忆性"。这意味着人们无法根据其过去的特点推测其未来的走向,其变化没有规律可循。虽然有这个特点,但白噪声序列却是其他时间序列产生的基石,这在时间序列的模型分析中体现得相当明显,另外,时间序列分析当中,当模型的残差序列成为白噪声序列时,可认为模型达到了较好的效果,剩余残差中已经没有可以识别的信息,因此白噪声序列对模型检验也是有用处的。

23.1.2 时间序列分析的一般步骤

时间序列分析一般有数据收集与准备、数据观察与检验、数据预处理、数据分析与建模、模型评价、模型应用六个步骤。

第一,数据收集与准备。即根据分析目的收集数据,并将数据按恰当格式组织在统计分析软件中。

第二,数据观察与检验。该阶段的主要目标是总体把握时间序列发展变化的特征,这是今后选择恰当模型进而对数据进行深入分析的前提,对数据的观测和检验可通过描述统计、图形或统计检验等方法实现。

第三,数据预处理。通过数据的观察和检验,得到对序列变化特征的总体把握后,就可根据分析的需要对数据进行必要的变换、平稳化、成分分解等预处理。通过预处理,一方面能够使序列的特征体现得更加明显,利于分析模型的选择,另一方面也使数据满足模型的要求。

第四,数据分析与建模。该阶段的主要任务是根据时间序列的数据特征和分析要求,选择适当模型进行数据建模和分析。

时间序列分析方法从本质上可以分成两个大类,一个是时域分析,另一个是频域分析,它们对相同的序列有完全不同的理解角度。

时域分析认为时间序列数据是过去值和一些相关变量的函数,也就是说,当前的表现是由过去的状态和一些外部因素决定的,通过过去和当前的序列数据可以预知将来的表现。频域分析则认为时间序列是由若干个具有不同周期的正弦波成分叠加而成的,通过复杂的数学工具对这些周期成分进行识别和分解,就可以认识时间序列的特征,掌握它的变化规律。

在时间序列的时域分析方法当中,也有不同的流派和方法,其中简单回归分析法、趋势外推法、指数平滑法等都是比较成熟且较为简单直观的分析方法,较新的 ARIMA 模型、ARCH 模型等也已得到广泛使用,这些方法对时间序列有着不同的考察角度,因而有着自己适合的分析领域和用途。

第五,模型评价。模型评价是时间序列分析的重要阶段,模型评价应与模型分析的目标相结合,与研究目的相结合。

预测是时间序列分析的重要目标之一,预测精度无疑是衡量模型好坏的重要指标。预测精度的衡量指标包括误差平方和 SSE、平均绝对百分误差 MAPE、拟合优度 R-square、预测值的方差,等等。

时间序列间的横向关系是时间序列分析的另一重要目标,对此,模型中变量的相关性也是考察的重点,模型的 F 统计量,各个变量系数的 t 统计量,AIC、SBC 等统计量都是参考的重要依据。

在时间序列的回归分析当中,控制往往也是分析的目标之一,对此,考察变量间准确而非虚假的因果数量关系也是模型评价的重点,模型中的系数不但要通过显著性检验,还必须有一定的实际意义,这就涉及模型估计方法的选择问题。例如,如果在序列的回归分析中不加选择地采用最小二乘法进行参数估计,很可能会严重歪曲变量间的因果数量关系。

第六,模型应用。建立了合适的模型之后就要将模型付诸实践,不同的模型应用中也有不同的要求,这些在模型应用中都是需要考虑的。例如,对预测来讲,不同的模型适用于不同时期的预测,有些方法适合进行比较长期的预测,而有些方法则只适用于短期的预测,也有些方法不适用于预测,而只适用于结构的分析。

23.1.3 SPSS 软件的时间序列分析功能

SPSS 的时间序列分析没有自成一体的单独模块,而是分散在数据、转换与分析三个功能菜单当中。在数据和转换中实现对时间序列数据的定义和必要处理,以适应各种分析方法的要求;在分析的预测菜单中主要提供了四种时间序列的分析方法,包括指数平滑法、自回归法、ARIMA 模型和季节调整方法。在制图的图形模块中,提供了时间序列分析的图形工具,包括序列图、自相关函数和偏自相关函数图等,另外,也可利用 SPSS 的频谱分析等模块进行简单的谱分析。

23.2 数据准备

时间序列最显著的特点就是数据有着严格的先后顺序,并且与一定的时间点或时间段相对应,因此,要把一系列 SPSS 变量数据当作时间序列数据分析,就必须首先指明每个数据所对应的时间点或时间段,以及整个数据所对应的期间。SPSS 的数据准备正是用来完成这些任务的。

SPSS 的数据准备包括数据文件的建立,时间定义和数据期间的指定,其中数据文件的建立与一般 SPSS 数据文件的建立方法相同,每一个变量将对应一个时间序列数据,且不必建立标志时间的变量。关于具体操作这里不再赘述,这里重点讨论时间定义的操作步骤。

SPSS 的时间定义功能用来将数据编辑窗口中的一个或多个变量指定为时间序列变量,并给它们赋予相应的时间标志。具体操作步骤如下:

(1) 选择菜单【数据/定义日期】,出现如图 23.1 所示的窗口。

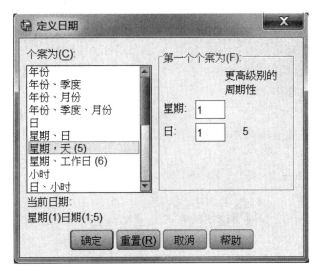

图 23.1　定义日期

（2）【个案为(C)】框提供了多种时间形式，可根据数据的实际情况选择与其匹配的时间格式和参数，例如，如果数据为 1992 年到 2016 年的日数据，则选择"星期，天(5)"格式，并在星期、日框中输入"1"和"1"。

至此，完成 SPSS 的时间定义操作。SPSS 将在当前数据编辑窗口中自动生成标志时间的变量。同时，在输出窗口中将输出一个简要的日志，说明时间标志变量及其格式和包含的周期等。

数据期间的选取也是时间序列分析中经常遇到的问题，所谓数据期间的选取，是指如果分析过程中只希望选取全部样本期中的部分时段数据进行分析，则应首先指定该时段的起止时间，对此可通过 SPSS 的样本选择个案功能实现。

23.3　时间序列的可视化描述及分析检验

23.3.1　时间序列的可视化描述及分析检验目的

通过可视化描述和分析检验能够把握时间序列的诸多特征，如时间序列的发展趋势是上升还是下降，还是没有规律的上下波动；时间序列变化的周期性特点；时间序列波动幅度的变化规律；时间序列中是否存在异常点；时间序列不同时间点上数据的关系等。例如，观察不同年份的数据之间是否有相同的变化特征，某时间点上的数据是否与其前期或后期数据有特定的关系，一段时间的数据是否有某种相同或相似的特性，等等。

时间序列的可视化描述和分析检验可以主要观察以下几点：

第一，时间序列的正态性。时间序列的正态性考察数据是否符合正态假定，一般情况下对模型残差序列的检验包括这项内容，正态性检验通常可通过直方图或多种非参数检验方法实现。

第二,时间序列的平稳性。时间序列分析的不同方法对数据有不同的要求,考察时间序列的平稳性正是要了解时间序列数据适合什么样的模型,或者能否直接用来建立模型等。时间序列分析中的一些方法(如时域分析中的 B-J 方法,频域分析中的谱分析等)通常会要求用以建模的序列具有二阶宽平稳性,因此使用这些方法之前对序列进行平稳性检验是必须的。如果序列非平稳,则不能直接用这些方法建模,需要先利用成分分解或对数线性化,或差分等方法,处理得到相对平稳的时序数据。另外,时间序列的趋势性实质上是一种均值水平上的非平稳性,因而可通过考察平稳性来进行检验。

第三,时间序列的周期性,是指随着时间的推移,序列呈现出有规律的周期性波动。

时间序列的平稳性和周期性考察通常要采用图形观察与统计检验相结合的方法进行。两者的结合不但充分利用了图形观察相对直观且全面的优势,同时也使基于统计量的各种参数和非参数假设检验相对精准。

第四,时间序列的其他特性。现实中的时间序列数据往往由于各种原因包含一些异常值,另外,一些高频波动的数据还存在波动集聚性、尖峰厚尾性、杠杆效应、不对称性等特点。这些特性都可以通过图形观察大致识别。

23.3.2 时间序列的可视化分析工具

(1) 序列图

序列图是按照时点顺序将数据展现出来的一种图形。它是时间序列分析中用得最多,也最为有用的图形工具,可用于对序列特性进行直观观察。

一个平稳的时间序列,由于各时间点的统计特性保持不变,或者各时间点间的协方差只与时间间隔有关而与时间起点无关,因此在图形上表现出的特征是:在水平方向平稳发展,在垂直方向的波动性保持稳定,如图 23.2 所示。

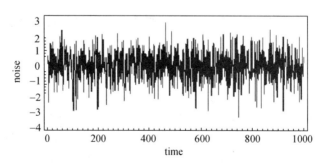

图 23.2 平稳的时间序列

实践中,真正具有平稳性的时间序列并不多见,通常都会表现出非平稳性,非平稳性的表现形式多种多样,主要特征有:趋势性、异方差性、波动性、周期性、季节性,以及这些特征的交错组合等。

序列图还可用于对序列异常值的探索,以及体现序列的"簇集性"。异常值是那些由于外界因素的干扰而导致的与序列的正常数值范围偏差巨大的数据点,通过序列图能够方便地识别异常值。"簇集性"是指数据在一段时间内具有相似的水平,在不同的水平间呈跳跃性变化,而非平缓性变化,这种特征在金融数据中体现得尤其明显。例如,股票价格往往在一段时间内"高位振荡",而在某个时刻又会出人意料地"跳水",在低谷徘徊。对簇集性的研究促成了 GARCH 模型等现代时间序列分析方法的形成。

(2) 直方图

直方图是体现序列数据分布特征的一种图形,通过直方图可以了解序列的平稳性、正态性、概率分布等特征。

(3) 自相关函数图和偏自相关函数图

自相关函数图和偏自相关函数图是序列平稳性考察中两个最为常用的图形工具。它们对识别时间序列的各种非平稳性和确定时序模型中的参数有非常重要的作用。

自相关函数图和偏自相关函数图是分别以自相关函数和偏自相关函数为依据绘制而成的图形。所谓自相关,是指序列与其自身经过某些阶数滞后形成的序列之间存在某种程度的相关性。对自相关的测度往往采用自协方差函数和自相关函数。

自协方差函数:设$\{y_t\}$是平稳序列。由平稳性可知,对任意整数h,有

$$\text{Cov}(y_t, y_{t+h}) = E[(y_t - u)(y_{t+h} - u)] = R(h) \tag{23.1}$$

式中,$R(h)$是时间间隔h的函数,称为序列$\{y_t\}$的自协方差函数。

自相关函数计算公式为:

$$\rho(h) = R(h)/R(0) = R(h)/\sigma^2 \tag{23.2}$$

由式(23.2)可知,自相关函数是将自协方差函数进行了类似于"标准化"的处理,它消去了量纲的影响,使不同的相关函数值间可以进行对比。同时,对于平稳序列,自相关函数也是时间间隔h的函数,同样与时间起点无关。

严格的相关性检验还需要根据相关函数值的统计性质构造统计量进行假设检验。其零假设是:某阶相关函数值与 0 无显著差异。只有通过检验,拒绝零假设,才可以认为序列与该阶滞后序列存在显著的相关性,这意味着在某种程度上序列的当前状态可以由序列过去的变化进行解释。

应注意的是,对序列两个时期间的相关性进行考察时,应剔除那些外来因素的影响,例如,序列与其一阶滞后序列的相关性可能影响它与二阶滞后序列的相关性。因此要考察后者,就要剔除前者带来的影响。偏自相关函数就是在其他序列给定情况下两个序列条件相关性的度量函数。

自相关函数图和偏自相关函数图将时间序列各阶滞后的自相关和偏自相关函数的值及其在一定置信水平下的置信区间直观地展现出来,使函数值和统计检验量更为直观和方便。

对于平稳或非平稳序列,其自相关函数图和偏自相关函数图通常有一定的特征和规律性,了解和把握这些特征对时间序列分析是很有帮助的。

白噪声序列的各阶自相关函数和偏自相关函数的值在理论上均为 0,但实际上序列多少会有一些相关性,一般会落在置信区间内,同时没有明显的变化规律。

对于具有趋势性的非平稳序列,序列的各阶自相关函数值显著不为 0。同时,随着阶数的增大,自相关函数值呈现缓慢下降的趋势(即拖尾);偏自相关函数值则呈现

明显的下降趋势,很快落入置信区间(即截尾)。

对于具有异方差性的非平稳序列,其各阶自相关函数值显著不为 0,且呈现正负交错、缓慢下降的趋势。偏自相关函数值也呈正负交错的形式,但下降趋势明显。

周期性序列的自相关函数呈明显的周期性波动,且以周期长度及其整数倍数为阶数的自相关和偏自相关函数值均显著不为零。

非周期的波动性时间序列的自相关图与趋势性序列有一定的相似之处,由于波动性中往往包含趋势性,且这种趋势性不像完全趋势性序列那样一直延续不断,因此自相关函数值会在一定的阶数之后较快地趋于 0。而偏自相关函数图则会很快落入置信区间内。

各种非平稳的特性在自相关函数图和偏自相关函数图中会有不同的表现。不过,在实际应用中需要注意的一点是,由相关图的形式并不能唯一地确定序列的特征,因此在实际建模时,要将统计量的检验和图形结合起来进行模型识别。

(4) 谱密度图

谱密度图用于序列周期性的检验,它是时间序列频域分析中识别序列隐含周期性的有效方法。时间序列的频域分析认为时间序列是由不同周期的谐波叠加而成的。如果将那些没有周期的序列看作周期无限长的序列,则这种观点可以涵盖所有的时间序列,基于这种观点的谱分析法重在对序列当中的周期成分进行识别,从而达到对序列进行认识和分解的目的。

当然,严格的谱分析还需要通过统计量对尖峰进行检验,判断对应周期成分的显著性,因为实际序列中往往存在虚假的周期成分,或者有多个或高或低的尖峰。只有那些同显著性检验的尖峰对应的周期成分才被认为是真正的隐周期。

(5) 互相关图

互相关图是对两个互相对应的时间序列进行相关性分析的实用图形工具。一般变量之间的相互关系可通过多种方法作检验,其中最常见的是回归分析法。但由于时间序列中往往需要检验一个序列与另一个序列的滞后序列之间的相关性,这时回归分析法就显得不太方便,互相关图则能方便直观地实现该分析。

互相关图是依据互相关函数绘制出来的,互相关函数与自相关函数的原理相同,差别之处在于它所体现的是不同时间序列间不同时期滞后序列的相关性。

23.3.3 时间序列的检验方法

通常,序列的非平稳性可通过序列图、自相关函数图和偏自相关函数图大致识别出来,但实际中有一些序列的特征是接近于平稳或非平稳性表现得不明显,通过图形观察往往不能准确地发现这些特征,这时就需要利用一些定量的检验方法准确识别判断,其中包括参数检验法、游程检验法等。

(1) 参数检验法

平稳性的参数检验法从序列的宽平稳性出发，检验序列的均值、方差、相关函数等数字特征是否随时间的推移而变化。如果这些指标随时间的推移没有明显变化，则可认为序列是平稳序列。

参数检验的基本思路是，将序列分成若干子序列，并分别计算子序列的均值、方差、相关函数。根据平稳性假设，当子序列中数据足够多时，各统计量在不同的子序列之间不应有显著差异，当显著性水平为 0.05 时，子序列均值、方差、子序列间相关函数之差的检验分别为：

$$|\bar{x}_i - \bar{x}_j| > 1.96\sqrt{2\sigma_1^2} \tag{23.3}$$

$$|s_i^2 - s_j^2| > 1.96\sqrt{2\sigma_2^2} \tag{23.4}$$

$$|\rho_i(r) - \rho_j(r)| > 1.96\sqrt{2\sigma_3^2} \tag{23.5}$$

其中，$\sigma_1^2 = \text{Var}(\bar{x}_i)$，$\sigma_2^2 = \text{Var}(s_i^2)$，$\sigma_3^2 = \text{Var}(\rho_i(r))$ 均可通过样本估计得到。如果差值大于检验值，则认为序列具有非平稳性。

还有一种极为常用的参数检验法就是 B-J 检验。该检验的零假设为时间间隔小于指定值 m 的子序列值之间相互独立，即：

$$\rho(1) = \rho(2) = \cdots = \rho(m) \tag{23.6}$$

B-J 检验统计量为：

$$\text{BOX}_{\text{Ljing}} = n(n+2) \sum_{k=1}^{m} \frac{\rho(h)^2}{n-k} \tag{23.7}$$

在零假设成立时，该 B-J 检验统计量近似服从自由度为 m 的卡方分布。

(2) 游程检验法

游程检验是一种非参数检验方法。在时间序列中应用游程检验的基本思路是，将序列的数值按一定规则重新分组形成两类，游程则为时间序列中同类数据连在一起的子序列个数。一般认为，平稳性或随机性序列中不应出现许多同类数据连续出现的情况，也不应出现两类数据反复交替出现的情形，也就是说，游程不能太多，也不能太少。关于游程检验的详细内容请参见本书有关非参数检验章节。

23.3.4 时间序列的可视化描述和分析检验的 SPSS 实现

23.3.4.1 绘制序列图的 SPSS 实现

SPSS 提供了时间序列绘图功能，使人们能够方便轻松地得到时间序列的序列图，基本操作步骤是：

(1) 选择菜单【分析/预测/序列图】，出现如图 23.3 所示的窗口。

(2) 如图 23.4 所示，将需绘图的序列变量选入【变量(V)】框中。

(3) 在【时间轴标签(A)】框中指定横轴(时间轴)标志变量，该标志变量默认的是日期型变量，通常，左侧列表中的变量均可作为时间轴变量，但即使选择了非时间型变量，序列图仍然按时间顺序排列，此时横坐标的刻度不再有数量上的意义。

(4) 在【转换】框中指定对变量进行怎样的变换处理，其中，【自然对数转换(N)】

图 23.3 制作序列图

图 23.4 序列图制作对话框设置

表示对数据取自然对数,表示对数据进行 n 阶(默认 1 阶)差分,表示对数据进行季节差分。

在图 23.4 所示的窗口,单击【时间线(T)】按钮,定义在序列图中需要特别标注的时间点,SPSS 给出了无标注、在某变量变化时标注、在某个日期标注三项供选择。

在图 23.4 所示的窗口,单击【格式(F)】按钮,定义图形的格式,可选择横向或纵向序列图。对于单变量序列图,可选择绘制线图或面积图,还可选择在图中绘制序列的均值线;对于多变量序列图,可选择将不同变量在同一时间点上的点用直线连接起来。

图 23.5 是平安银行(000001)在 2016 年 1 月 4 日至 2016 年 3 月 31 日的市盈率序列图制作结果。

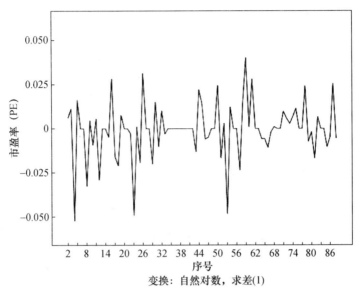

图 23.5　市盈率序列图制作结果

23.3.4.2　绘制自相关函数图和偏自相关函数图的 SPSS 实现
(1) 选择菜单【分析/预测/自相关】,出现如图 23.6 所示的窗口。

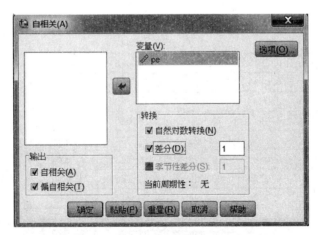

图 23.6　制作自相关函数图和偏自相关函数图

(2) 将需绘图的序列变量选入【变量(V)】框。
(3) 在【输出】框选择绘制哪种图形,包括绘制自相关函数图,绘制偏自相关函数图。一般可同时绘制两种图形。

（4）在图 23.6 所示的窗口中单击【选项(O)】按钮,定义相关参数,在出现的窗口中,【最大延迟数(M)】表示相关函数值包含的最大滞后期,即时间间隔 h。最大滞后期的选择要考虑序列的实际意义、可能的滞后作用及周期性等。一般情况下,可选择两个最大周期以上的数据,例如,如果选用的是月度数据,由于最大周期数为 12,则最大滞后期可为 25 以上,从而保证能够全面地观察序列中可能的周期性因素。在【标准误差法】框中指定计算相关系数标准差的方法,这将影响相关函数图中的置信区间,其中,【独立模型(I)】表示假设序列是白噪声的过程;【Bartlett 的近似值(B)】表示根据 Bartlett 给出的估计自相关系数和偏自相关系数方差的近似式计算方差,该方法适用于当序列是一个 $(k-1)$ 阶的移动平均过程,且标准差随阶数的增大而增大的情况。

（5）选中【在周期延迟出显示自相关(D)】,表示只显示时间序列周期整数倍处的相关函数值。例如,在周期数为 12 时选中此项,则相关图中只给出 12、24、36 等阶的函数值,一般如果只考虑序列中的周期因素可选中该项,否则该步可略去。

至此,完成了自相关函数图和偏自相关函数图的定义,SPSS 将自动绘制图形并输出到输出窗口中。

结果如表 23.1、图 23.7、表 23.2、图 23.8 所示。

表 23.1 自相关函数值及其检验

延迟	自相关	标准错误[a]	Box-Ljung 统计		
			值	自由度	显著性[b]
1	−0.211	0.105	4.001	1	0.045
2	0.086	0.105	4.683	2	0.096
3	−0.207	0.104	8.620	3	0.035
4	0.170	0.104	11.325	4	0.023
5	0.004	0.103	11.327	5	0.045
6	0.035	0.102	11.447	6	0.076
7	−0.181	0.102	14.616	7	0.041
8	−0.074	0.101	15.151	8	0.056
9	−0.033	0.100	15.260	9	0.084
10	0.091	0.100	16.086	10	0.097
11	0.135	0.099	17.931	11	0.083
12	−0.088	0.098	18.723	12	0.095
13	0.073	0.098	19.275	13	0.115
14	0.102	0.097	20.378	14	0.119
15	0.073	0.096	20.952	15	0.138
16	−0.001	0.096	20.952	16	0.180

注:(1) a 表示假定的基本过程为独立性(白噪声);
(2) b 表示基于渐近卡方近似值。

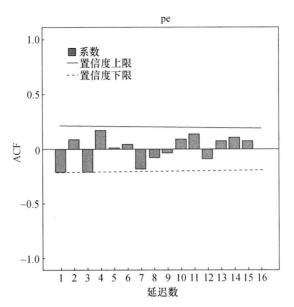

图 23.7 自相关函数图

表 23.2 偏自相关系数

延迟	偏自相关	标准错误
1	−0.211	0.107
2	0.044	0.107
3	−0.189	0.107
4	0.098	0.107
5	0.077	0.107
6	0.005	0.107
7	−0.142	0.107
8	−0.150	0.107
9	−0.080	0.107
10	0.026	0.107
11	0.193	0.107
12	0.004	0.107
13	0.095	0.107
14	0.169	0.107
15	0.021	0.107
16	0.000	0.107

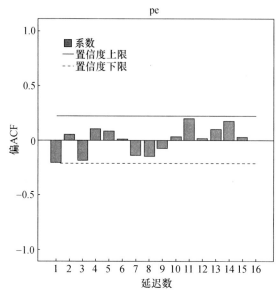

图 23.8　偏自相关函数图

23.3.4.3　绘制互相关图的 SPSS 实现

(1) 选择菜单【分析/预测/互相关图(V)】，出现如图 23.9 所示的窗口。

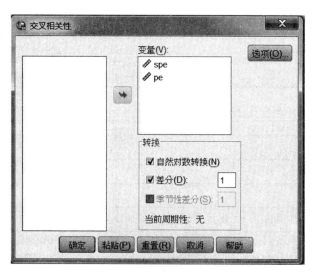

图 23.9　交叉相关图制作

(2) 把需绘图的序列变量选择到【变量(V)】框中。
结果如表 23.3 和图 23.10 所示。

表 23.3 交叉相关函数值

延迟	交叉相关性	标准错误[a]
−7	−0.276	0.112
−6	0.114	0.111
−5	−0.002	0.110
−4	0.232	0.110
−3	−0.191	0.109
−2	0.064	0.108
−1	−0.131	0.108
0	0.888	0.107
1	−0.272	0.108
2	0.084	0.108
3	−0.159	0.109
4	0.196	0.110
5	−0.007	0.110
6	−0.026	0.111
7	−0.144	0.112

注：a 表示基于序列不交叉关联且其中一个序列为白噪声的假定。

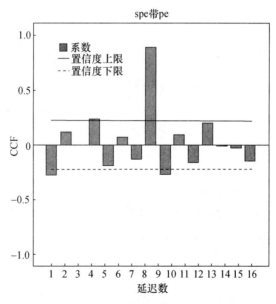

图 23.10 交叉相关函数图

绘制互相关图时，要求两个序列均具有平稳性，因为趋势性的序列之间即使实际上毫无关系，也会因为相同的走向而表现出强相关性，这一点需要特别留心。

另外需要注意的是，互相关图不具有关于时间原点的对称性，而是一种"反对称性",因此变量先后顺序不同,得到的图形也会不同。

时间序列检验的具体操作可参见参数检验和非参数检验相关章节。

23.4 时间序列的预处理

23.4.1 时间序列预处理的目的和主要方法

通过数据的观察和检验阶段,对序列的变化特征有了总体把握后,就可根据数据的特点和分析的需要,对数据进行必要的变换处理。

预处理的目的可大致归纳为两个方面:第一,使序列的特征体现得更加明显,便于分析模型的选择;第二,使数据满足某些特定模型的要求。

序列的预处理主要包括以下几个方面:

(1) 序列缺失数据的处理

(2) 序列数据的平稳化处理

数据变换是直接服务于模型选择和模型建立的,主要包括序列的平稳化处理和序列的平滑处理等。

序列的平稳化处理是为满足一些模型对数据的基本要求而实施的一种数据处理方法,其目的是使处理后的序列成为平稳序列。均值平稳化一般采用差分处理,方差平稳化一般用 Box-Cox 变换处理。

差分是一种通过逐项相减大致剔除序列中的趋势性,消除前后数据相关性的方法,使数据在水平方向基本平稳。差分运算可用后移算子 B 或者差分算子 Δ 以及相应的阶数 d 表示,即

$$y_t = \Delta^d x_t = (1-B)^d x_t \tag{23.8}$$

其中,差分算子 Δ 表示后项减前项,其数学形式为:$y_t = \Delta x_t = x_t - x_{t-1}$;后移算子 B 表示时间点的后移,数学形式为 $y_t = Bx_t = x_{t-1}$,后移算子与差分算子的关系为 $\Delta = 1 - B$。差分阶数 d 表示对差分生成的序列再进行差分,将这样的过程循环 d 次,数学形式为:

$$\Delta^d x_t = \Delta^{d-1}(x_t - x_{t-1}) = \Delta^{d-2}(x_t - 2x_{t-1} + x_{t-2}) = \cdots$$

当差分阶数为 d 时,最后的数据就会损失 d 个。

差分不一定是相邻项之间的运算,也可以在有一定跨度的时间点之间进行,季节差分就是一个典型代表,如果序列存在季节周期 S,通过季节差分可消除季节性,使序列平稳化。季节差分的数学形式为:

$$y_t = \Delta_S^D x_t = (1-B_S)^D x_t \tag{23.9}$$

式中,S 表示季节差分,D 表示季节差分的阶数,Δ_S 和 B_S 分别为季节差分算子和季节后移算子,$\Delta_S x_t = (1-B_S)x_t = x_t - x_{t-s}$。

对于既有趋势性又有季节性的序列,可同时进行差分和季节差分处理,其数学形式为:

$$y_t = \Delta^d \Delta_S^D x_t = (1-B)^d (1-B_S)^D x_t \tag{23.10}$$

对于方差非平稳化的处理,人们常常采用取自然对数的变换方式,而对数变换只是 Box-Cox 变换的一种形式。一般的 Box-Cox 变换形式为:

$$y_t = \frac{x_t^\lambda - 1}{\lambda} \tag{23.11}$$

式中,λ 是变换参数。不同的变换参数对应着不同的变换形式,而取自然对数就是 $\lambda \to 0$ 时的极限形式。

(3) 时间序列的平滑处理

时间序列的平滑处理的目的是为了消除序列中的随机波动性影响。平滑处理的方式很多,常用的有各种移动平均、移动中位数以及这些方法的各种组合等。这里简单介绍几种常用的方法。

① 中心移动平均法

中心移动平均法是一种消除数据波动性的平滑方法。它计算以当前值为中心的时间跨度 k 范围内数据的移动平均数。例如,如果时间跨度 k 为 5(奇数),则表示当前数据与其前后各两个数共 5 个数据进行移动平均;再如,如果时间跨度 k 为 4(偶数),则表示先进行一次跨度为 4 的移动平均,然后再进行一次跨度为 2 的移动平均。可见,偶数跨度的中心移动平均相当于一个加权的中心移动平均。同时,也只有这样,新序列中的数据才与时点对应起来。中心移动平均后,若跨度 K 为奇数,则前后各损失 $[(k-1)/2]$ 个数据,若跨度 k 为偶数,则前后各损失 $k/2$ 个数据。

② 向前移动平均法

向前移动平均法也是一种消除数据中波动性的平滑方法。若指定时间跨度为 k,则用当前值前面 k 个数据的平均值代替当前值。这种方法会在新序列前面损失 k 个数据。当 $k=1$ 时,相当于数据后移一个时间点。

③ 移动中位数

移动中位数也是用于消除序列中的随机波动性。它以当前时间点为中心,根据指定的时间跨度 k 计算中位数。当指定的时间跨度 k 为偶数时,则先计算一次指定跨度的移动中位数,然后再计算一次阶数为 2 的移动平均。例如,时间跨度 k 为 4,第一次移动中位数的计算是依次对每四个数排序后计算第二位和第三位数的平均值并作为四个数的中位数,接下来对新序列再进行一次二阶移动平均。移动中位数的数据损失个数与移动平均数相同。

另外,还可以通过序列取对数以及对序列进行标准化、中心化、归一化处理等方法进行数据变换。它们可使偏态分布的序列变成对称的分布,可消除序列中的异方差性,可使变量间的非线性关系转换成线性关系,在时间序列数据数量级很大的时候起到显著改善计算精度的作用。

23.4.2 时间序列预处理的 SPSS 实现

23.4.2.1 时间序列缺失值替换处理的 SPSS 实现

一般的时间序列分析方法都要求序列在所分析的样本期内是完整无缺失的,而实际中由于种种原因往往使序列存在缺失值。对于时间序列的缺失值,一般需要用适当

的方法进行处理,不能一删了之。SPSS对于缺失数据处理的基本操作步骤如下:

(1) 选择菜单【转换/替换缺失值】,出现如图 23.11 所示的窗口。

图 23.11　替换缺失值窗口

(2) 把需处理的变量(序列)选入【新变量(N)】框中。

在【名称(A)】和【方法(M)】框中,选择缺失值的处理方法。在【名称(A)】后输入处理后新生成的变量名,在【方法(M)】下拉菜单中选择处理缺失值的替代方法,并单击【更改(H)】按钮。其中:

① 序列平均值:表示用整个序列的均值作为替代值;

② 邻近点的平均值:表示利用邻近均值作为替代值,对此在【附(邻)近点的跨度】框中指定数据段。在【数(U)】后输入数值 k,表示以缺失值为中心,前后分别选取 k 个数据点。这样最后填补的值就是这 2k 个数的平均数,也可选择【全部】,作用同序列均值选项。

③ 邻近点的中位数:表示利用邻近点的中位数作为替代值,数据段指定方法同上。

④ 线性插值:表示用缺失值前后两时点数据的某种线性组合进行填补,是一种加权平均。

⑤ 邻近点的线性趋势:为线性趋势值法,表示利用回归拟合线的拟合值作为替代值。

请注意,如果序列的第一个和最后一个数据为缺失值,只能利用序列均值和线性趋势值法处理,其他方法不适用。

单击【确定】按钮,即可完成对缺失值的替换处理。

23.4.2.2　时间序列数据变换的 SPSS 实现

SPSS 提供了专门进行时间序列数据变换的模块,其中包含差分和季节差分等平稳化方法,移动平均和移动中位数等平滑方法,以及生成新序列的变换方法。SPSS 对于数据变换的基本操作步骤如下:

(1) 选择菜单【转换/创建时间序列】,出现如图 23.12 所示的窗口。

(2) 把待处理的变量选入【变量→新名称(A)】框。

图 23.12　创建时间序列窗口

在【名称和函数】框中,选择数据变换方法。在【名称(N)】后输入处理后新生成的变量名,在【函数(F)】下拉菜单中选择处理方法,在【顺序】后输入相应的阶数,并单击【更改(H)】按钮。其中的方法除前面介绍的几种外,还包括:

① 累计求和,即以当前值和当前之前的所有数据进行求和,生成原序列的累计值序列。

② 延迟,即对指定的阶数 K,用从当前值向前数到第 k 个数值来代替当前值,这样形成的新序列将损失前 k 个数据。

③ 提前,与数据延迟正好相反,即用指定的阶数 K,从当前值向后数以第 k 个数值来代替当前值,这样形成的新序列将损失后 k 个数值。

至此,完成了 SPSS 数据变换的基本操作,SPSS 将根据用户的选择自动进行数据变换,并在数据编辑窗口中生成新的数据序列。

23.5　时间序列分析的简单回归分析法和趋势外推法

简单回归分析法和趋势外推法是时间序列分析的传统分析方法。它们考察时间序列的角度不同,前者认为时间序列的变化大体上可由其他与其对应的时间序列来决定,并以此出发找出序列与其他序列间大体上的数量关系;后者则认为事物的内在发展规律是与时间本身的推移相关联的,可以建立序列与时间 t 的函数关系来反映事物发展规律,并用于对未来的预测,虽然二者的角度存在差异,但模型结构却有着相似性。

在时间序列分析中,简单回归分析法和趋势外推法都是基于回归分析原理的,所要研究的时间序列被当作回归模型的被解释变量,它的变化发展和其他与之对应的时间序列有这样或那样的关系,其他变量被称为回归模型的解释变量。

在简单回归分析中,解释变量与被解释变量都是具有实际意义的时间序列,如一段时期内的家庭总收入与总支出序列等。其一般模型为:

$$y_t = \beta_0 + \beta_1 x_{t1} + \beta_2 x_{t2} + \cdots + \beta_p x_{tp} + \varepsilon_t \tag{23.12}$$

$$\{\varepsilon_t\} \sim WN(0,\sigma^2) \tag{23.13}$$

式中,$\{\varepsilon_t\} \sim WN(0,\sigma^2)$表示残差序列,$\{\varepsilon_t\}$是白噪声的,是模型的一个基本假设。

在趋势外推法中,模型中的解释变量往往是一些表示时间顺序的序列,它们可以没有实际意义,仅表示数据点的先后顺序,也可以有实际意义,如表示年份或者月份等,但是这种意义并不代表绝对数量,实际上只是先后顺序的一种表示。在趋势外推法的发展过程中,人们根据事物的发展规律归纳出可概括各种发展规律的数学曲线形式,如幂函数曲线、对数曲线、指数曲线、修正指数曲线、双曲线、P 曲线、G 曲线等。多项式也是其中的一种,在时间序列分析中应用最为广泛,其一般模型为:

$$y_t = \beta_0 + \beta_1 t + \beta_2 t^2 + \cdots + \beta_p t^p + \varepsilon_t = \sum_{k=0}^{p} \beta_k t^k + \varepsilon_t \tag{23.14}$$

$$\{\varepsilon_t\} \sim WN(0,\sigma^2) \tag{23.15}$$

由式(23.14)可以看出,多项式回归形式中的解释变量是时点变量的各次幂,最高次幂不同,对应的曲线形式不同,反映了不同的变化趋势,一般常用的有直线、二次曲线、三次曲线等,理论上讲,只要不对次幂进行限制,任何一个序列都可以用一个多项式进行精度很高的拟合,但是经过高次幂计算看的时间变量往往有巨大的数量级,这使计算处理过程中会积累很大的舍入误差,同时,高次幂的模型会带来巨大的预测误差,容易产生所谓"过度拟合"问题,因此,实际中一般不采用幂次很高的多项式回归,从而对变化趋势较复杂的序列,往往对其进行特殊处理后再进行较低次幂的多项式回归拟合。

趋势外推法主要用于较长期的预测分析,但同时应该看到,趋势外推方法是人们对事物发展规律的认识,虽然经过长期实践已经积累了大量可借用的经验模型,但现实中事物的变化是纷繁复杂的,相对于这样的复杂变化,基于经验模型的趋势外推法多少显得有些呆板,同时,由于模型的选择存在较强主观性,模型选择上的差异会导致对同批数据的不同分析结论。

无论简单回归分析法,还是趋势外推法,从其模型可以看出,二者实质上都是利用回归分析的原理,且在参数估计方法上也没有什么区别,但在参数含义的解释方面,趋势外推法不能像简单回归分析法那样简单依据模型进行解释,而应根据时间变量的特点去解释,时间序列的回归分析法和趋势外推法在 SPSS 中没有专门的模块,而是通过回归分析和曲线估计实现。该部分内容在前面的章节已经讨论过,故不再赘述。

简单回归分析法和趋势外推法都是较为粗略的时间序列分析方法,随着人们对时间序列认识的不断深化和创新,需要更多能及时准确反映数据复杂变化规律且极为灵活的分析方法,下面将重点介绍 SPSS 时间序列分析体系中的指数平滑法、自回归方法、自回归与移动平均法以及季节调整法,它们较简单回归分析法和趋势外推法更加精准和灵活。

23.6 指数平滑法

23.6.1 指数平滑法的基本思想

现实中事物的发展都是有连续性的,事物过去的表现与现在的状态有关,现在的状态又与将来的可能表现有一定的联系,因此,可以从现有数据入手,通过构造某种计算方法实现对未来的预测。移动平均法正是这样一种利用已知值的某种平均值进行预测的方法。移动平均法包括简单移动平均法和加权移动平均法。

简单移动平均法是把一定时间跨度 t 下数据的简单平均作为对下一期值的预测,即

$$f_{t+1} = \frac{y_1 + y_2 + \cdots + y_t}{t} = \frac{1}{t}\sum_{t=1}^{t} y_t$$

在简单移动平均法中,时间跨度内的所有数据对未来值的预测贡献全部相同,然而,众所周知,事物的当前状态与其在过去时间所有点上的表现之间联系的紧密程度并不完全一致,因此,这样的预测有时可能出现很大的偏差,通常,序列数据在近期的表现要比远期的表现与现实状态的联系更加紧密,因此,预测时对过去的数据应给予不同的重视程度。

加权移动平均法是对简单移动平均法的改进,通过赋予不同的权重体现对过去状态的不同重视程度,重视程度高,给予与现实联系密切的时间点较大的权数,若重视程度低,则给予与现实联系松散的时间点较小的权数,即

$$f_{t+1} = \alpha_1 y_1 + \alpha_2 y_2 + \cdots + \alpha_t y_t \tag{23.16}$$
$$\alpha_1 \leqslant \alpha_2 \leqslant \cdots \leqslant \alpha_t$$
$$\sum_{t=1}^{t} \alpha_t = 1$$

不同事物的发展规律是不同的,同一种事物随时间的推移,其变化规律也会发生变化,所以,权数应随不同的问题、不同的时间变换而变化,通常权重可以利用优化确定,没有一定之规,一般可参照几种典型的具有代表性的方法来设计权数。

加权移动平均法中确定合适的权数是较为烦琐的事情。而指数平滑法通过对权数的改进,使其处理时简单易行,因而在实际中的应用较为广泛,可带来较为理想的短期预测精度。其基本思想也是用序列过去值的加权平均数来预测未来的值且通过权数的大小体现事物发展中不同时期与现实联系的紧密程度。

23.6.2 指数平滑法的模型

指数平滑法因权数选择和平滑方法的不同分成多种模型形式。虽然它们都基于以上基本思想,但在具体实现上还有所差别,也有不同的适用场合。下面介绍常用的几种模型:

1. 一次指数平滑法

一次指数平滑法,即简单指数平滑法,是简单移动平均法的变形,模型为:

$$f_{t+1} = f_t + \frac{1}{n}(y_t - f_t) = \frac{1}{n}y_t + \left(1 - \frac{1}{n}\right)f_t \tag{23.17}$$

其中，f_t 是时刻 t 的一次指数平滑值，n 为移动步长。

指数平滑法是以前 $n+1$ 期的平滑值作为当期的预测值。

从以上推论结果可以看出，无论平滑常数取怎样的值，其随时间的变化都呈现为一条衰减的指数函数曲线，即随时间向过去的推移，各期实际值对预测值的影响按指数规律递减，这是该方法冠以"指数平滑"的原因。同时，平滑常数的选择也是很重要的，它将直接影响过去各期数据对预测值的作用，当平滑常数接近 1 时，各期历史数据的作用将迅速衰减，近期数据作用最大。当时间序列变化剧烈时，平滑常数可选大些；当时间序列变化平缓时，平滑常数可选小些。在 SPSS 中可根据模型对数据的拟合情况，根据误差大小，自动选择误差最小时的平滑常数值。

简单指数平滑法适用于比较平稳的序列，当序列中存在上升趋势时，预测值往往会偏低，存在下降趋势时则会偏高。预测往往落后于事物发展的实际趋势。

2. 二次指数平滑法

二次指数平滑也称双重指数平滑、线性指数平滑，是对一次指数平滑值再进行一次平滑。一次指数平滑是直接利用平滑值作为预测值，二次指数平滑则是利用平滑值对时间序列的线性趋势进行修正，进而建立线性平滑模型进行预测。二次指数平滑法包括布朗单一参数线性指数平滑、霍特双参数指数平滑等。

（1）布朗单一参数线性指数平滑

布朗单一参数线性指数平滑的一次平滑公式为：

$$f_t^{(1)} = \alpha y_t + (1-\alpha) f_{t-1}^{(1)} \tag{23.18}$$

布朗单一参数线性指数平滑的二次平滑公式为：

$$f_t^{(2)} = \alpha f_t^{(1)} + (1-\alpha) f_{t-1}^{(2)} \tag{23.19}$$

式中，$f_t^{(1)}$ 为一次指数平滑值，$f_t^{(2)}$ 为二次指数平滑值。

由两个平滑值计算线性平滑模型的两个参数：

$$a_t = 2f_t^{(1)} - f_t^{(2)} \tag{23.20}$$

$$b_t = \frac{\alpha}{1-\alpha}(f_t^{(1)} - f_t^{(2)}) \tag{23.21}$$

从而得到线性指数平滑模型：

$$f_{t+m} = a_t + b_t m \tag{23.22}$$

式中，m 为超前期数，当 $t=1$ 时，由于 $f_{t-1}^{(1)}$ 和 $f_{t-1}^{(2)}$ 是平滑初始值，需事先给定，布朗单一参数线性指数平滑适用于有线性趋势的时间序列。

（2）霍特双参数指数平滑

霍特双参数指数平滑与布朗单一参数线性指数平滑有相同的原理，差别在于霍特双参数指数平滑不直接应用二次指数平滑，而是分别对原序列数据和序列的趋势进行平滑，模型的一般形式为：

$$f_{t+m} = S_t + b_t m \tag{23.23}$$

$$S_t = \alpha y_t + (1-\alpha)(S_{t-1} + b_{t-1}) \tag{23.24}$$

$$b_t = \gamma(S_t - S_{t-1}) + (1-\gamma) b_{t-1} \tag{23.25}$$

式中，S_t 为数据的平滑值，b_t 为趋势的平滑值，是相邻两个平滑值之差，γ 为模型初始参数。当 $t=1$ 时,由于 S_t 和 b_t 是平滑初始值。也需事先给定。霍特双参数指数平滑模型也适用于有趋势的时间序列。

3. 三次指数平滑法

三次指数平滑也称三重指数平滑,与二次指数平滑类似,也不直接将平滑值作为预测值,而是服务于模型建立,三次指数平滑包括布朗三次指数平滑,温特线性和季节性指数平滑。

(1) 布朗三次指数平滑

布朗三次指数平滑是对二次指数平滑值再进行一次平滑,并用以估计二次多项式参数,其一般模型为:

$$f_{t+m} = a_t + b_t m + \frac{1}{2} c_t m^2 \tag{23.26}$$

由式可知,布朗三次指数模型并非一个线性模型,而是类似于二次多项式的曲线模型,可表现时间序列的曲线变化趋势,其中

$$a_t = 3S_t^{(1)} - 3S_t^{(2)} + S_t^{(3)} \tag{23.27}$$

$$b_t = \frac{\alpha}{2(1-\alpha)^2}[(6-5\alpha)S_t^{(1)} - (10-8\alpha)S_t^{(2)} + (4-3\alpha)S_t^{(3)}] \tag{23.28}$$

$$c_t = \frac{\alpha^2}{(1-\alpha)^2}(S_t^{(1)} - 2S_t^{(2)} + S_t^{(3)}) \tag{23.29}$$

各次平滑形式分别为:

$$S_t^{(1)} = \alpha y_t + (1-\alpha)S_{t-1}^{(1)} \tag{23.30}$$

$$S_t^{(2)} = \alpha S_t^{(1)} + (1-\alpha)S_{t-1}^{(2)} \tag{23.31}$$

$$S_t^{(3)} = \alpha S_t^{(2)} + (1-\alpha)S_{t-1}^{(3)} \tag{23.33}$$

布朗三次指数平滑模型适用于有非线性趋势存在的序列。

(2) 温特线性和季节性指数平滑

温特线性和季节性指数平滑的一般形式为:

$$f_{t+m} = (S_t + b_t m)I_{t-l+m} \tag{23.34}$$

式中包含三种成分,分别是水平性(S_t)、趋势性(b_t)和季节性(I_t),l 为季节周期长度,I 为季节调整因子。其中

$$S_t = \alpha \frac{y_t}{I_{t-l}} + (1-\alpha)(S_{t-1} + b_{b-1}) \tag{23.35}$$

$$b_t = \gamma(S_t - S_{t-1}) + (1-\gamma)b_{t-1} \tag{23.36}$$

$$I_t = \beta \frac{y_t}{S_t} + (1-\beta)I_{t-l} \tag{23.37}$$

式中,α、β、γ 分别为模型的三个初始参数。温特线性和季节性指数平滑模型适用于同时具有趋势性和季节性的时间序列,且只适用于短期预测。

从以上的讨论可以看出,各种模型有着不同的适用场合,实际中应该根据数据的趋势性、季节性等特点进行选择。

23.6.3 指数平滑法的 SPSS 实现

由于指数平滑法要求数据中不能存在缺失值,因此在用 SPSS 进行指数平滑法分

析前,应对数据序列进行缺失值填补,SPSS 指数平滑法的基本操作步骤如下:

(1) 选择菜单【分析/预测/创建模型】,出现如图 23.13 所示的窗口。

图 23.13 指数平滑法窗口

(2) 把待分析的变量选入【因变量(D)】框中。

(3) 从【方法(M)】下拉菜单中,选择合适的模型,包括简单指数平滑模型、霍特模型、温特模型及用户自定义模型。

(4) 在图 23.13 所示的窗口中,单击【条件(C)】按钮,指定模型具体形式,出现如图 23.14 所示的窗口。

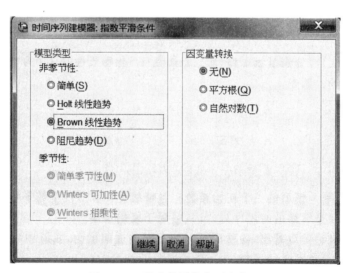

图 23.14 指定模型具体形式窗口

单击【Statistics】选项卡,选定输出评价模型精度的若干个指标。

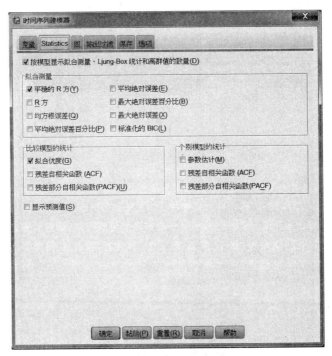

图 23.15　统计量设置窗口

单击【图】选项卡，选中相关选项后，SPSS 将以图表的形式展示相同统计量的值，如图 23.16 所示。

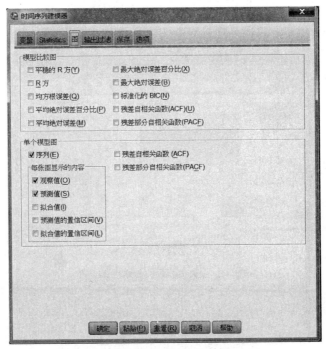

图 23.16　模型图输出设置窗口

单击【输出过滤】选项卡，选中相关选项后，SPSS 将输出评价模型有效性的指标值，如图 23.17 所示。

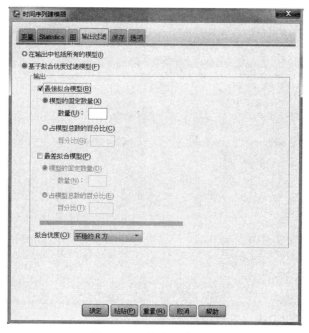

图 23.17　输出过滤窗口

再单击【保存】选项卡，选择输出保存内容，如图 23.18 所示；单击【选项】选项卡，指定预测值的时间范围、置信水平等，如图 23.19 所示。

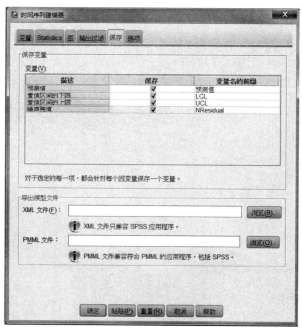

图 23.18　输出保存设置窗口

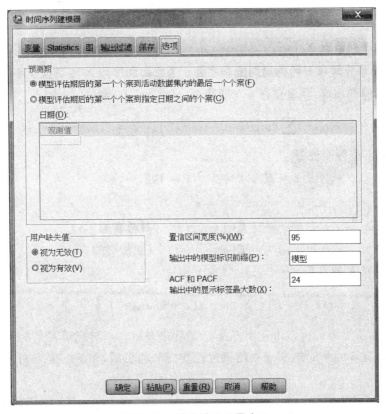

图 23.19　输出选项设置窗口

至此，完成建立指数平滑模型的基本操作，SPSS 将根据用户的设置自动进行分析，并将结果输出到输出窗口中。

23.7　谱　分　析

20 世纪以来，利用统计方法，特别是时间序列分析方法研究经济时间序列和经济周期的变动特征越来越广泛。自时间序列分析产生以来，一直存在两种观察、分析和解释时间序列的方法。第一种是直接分析数据随时间变化的结构特征，即所谓时域（time domain）分析法，使用的工具是自相关（或自协方差）函数和差分方程；另一种方法是把时间序列看成不同谐波的叠加，研究时间序列在频率域（frequency domain）里的结构特征，由于这种分析主要是用功率谱的概念进行讨论，所以通常称为谱分析（spectral analysis）。

谱分析的基本思想是：把时间序列看作互不相关的周期（频率）分量的叠加，通过研究和比较各分量的周期变化，充分揭示时间序列的频域结构，掌握其主要波动特征。因此，在研究时间序列的周期波动方面，谱分析具有时域方法所无法企及的优势。

23.7.1 经济时间序列的功率谱

设时间序列数据 $X=(x_1, x_2, \cdots, x_T)$，$T$ 为样本长度。谱分析的实质是把时间序列 X 的变动分解成不同的周期波动之和。考虑时间序列 X 由对应于不同频率的多个周期变动的和构成，假定存在 n 个频率 $\lambda_1, \lambda_2, \cdots, \lambda_n$，则

$$x_t = \sum_{j=1}^{n}(u_j\cos\lambda_j t + v_j\sin\lambda_j t), \quad t=1,2,\cdots,T \tag{23.38}$$

这里，u_j 和 v_j 是随机变量。

$$E(u_j) = E(v_j) = 0 \quad (j=1,2,\cdots,n)$$
$$\text{var}(u_j) = \text{var}(v_j) = \sigma_j^2$$
$$\text{cov}(u_i, v_j) = E(u_i v_j) = 0 \quad (\text{对所有的 } i, j)$$
$$\text{cov}(u_i, u_j) = E(v_i, v_j) = 0 \quad (\text{对所有的 } i \neq j)$$

可以计算得到 X 的方差：

$$\text{var}(x_t) = E\left[\left(\sum_{j=1}^{n}(u_j\cos\lambda_j t + v_j\sin\lambda_j t)\right)^2\right] = \sum_{j=1}^{n}\sigma_j^2$$

很有趣的是，X 的方差可以由 n 个方差 σ_j^2 的和来表示。σ_j^2 对应于频率 λ_j 的循环变动 $u_j\cos\lambda_j t + v_j\sin\lambda_j t$ 的方差，表示对随机过程全变动的贡献，图 23.20 是对应于频率的方差图。

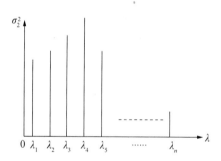

图 23.20 频率对应方差图

频率和周期 p 有如下关系：

$$\text{频率} \times \text{周期} = \lambda \times p = 2\pi \tag{23.39}$$

时间序列 X 的变动可以分解成各种不同频率波动的叠加和，根据哪种频率的波动具有更大的贡献率来解释 X 的周期波动的成分，这就是谱分析（也称"频率分析"）名称的缘由。这就是说，当具有各种周期的无数个波包含于景气变动中时，看看哪个周期（频率）的波强烈地表现现实景气变动。谱分析中的核心概念是功率谱密度函数（简称"功率谱"），它集中反映了时间序列中不同频率分量对功率或方差的贡献程度。

1. 白噪音的功率谱

在随机过程 $\{u_t\}$ 是白噪音的情形下，白噪音的功率谱 $f(\lambda)$ 可由下式表示：

$$f(\lambda) = \sigma^2/2\pi \tag{23.40}$$

其中,σ^2 是 u_t 的方差。如图 23.21 所示,白噪音的功率谱是水平的。因此,可知白噪音的功率谱的所有频率是具有同一权重的随机过程。图的横轴为频率,频率下面是对应的周期。在这里,2 是指以 2 期为一周期的周期变动,4 是指以 4 期为一周期的周期变动。在这个功率谱图中,$[0,\pi]$ 的频率对应的周期是 ∞—2 期(由于谱密度函数的对称性,图中只给出 $[0,\pi]$ 间的谱图)。

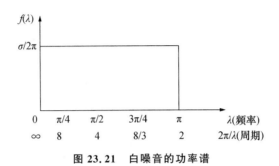

图 23.21 白噪音的功率谱

2. 一般随机过程的功率谱

一般的功率谱的例子如图 23.22(a)所示。图 23.22(a)是低频率处显示高功率谱的随机过程,因为长周期变动的比重高,所以表明是以长期波动为主要特征的随机过程。当 $\lambda=0$ 时的功率谱有无限大的周期,即表示时间序列以趋势要素为主要特征。经济数据多数具有显著的上升趋势,所以 Granger 于 1996 年指出:经济变量的典型的谱形状是如图 23.22(a)中所示的那样趋势性强的功率谱。

相反,图 23.22(b)是高频率处显示高功率谱的随机过程,这说明其主要包含短周期的波动,是比白噪音还不规则的随机过程。进一步地,图 23.22(c)是功率谱集中在某个特定的频数附近的情形,意味着这个随机过程变动的大部分是由这个频数所确定的周期波动。

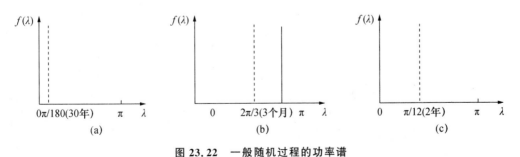

图 23.22 一般随机过程的功率谱

23.7.2 绘制谱密度图的 SPSS 实现

打开数据文件"谱分析数据.sav",选择菜单【分析/预测/频谱分析】,出现如图 23.23 所示的窗口。

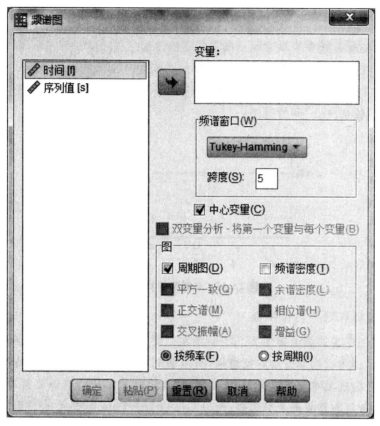

图 23.23 谱分析设置窗口

单击【确定】按钮,即得到相应的结果,见表 23.4 和图 23.24。

表 23.4 模型描述表

模型名称			MOD_1
分析类型			单变量
序列名	1		序列值
值范围			在零处通过居中减少
周期图平滑	频谱窗口		Tukey-Hamming
	窗口跨度		5
	权重值	W(−2)	2.240
		W(−1)	2.240
		W(0)	2.240
		W(1)	2.240
		W(2)	2.240

注:正在应用来自 MOD_1 的模型指定。

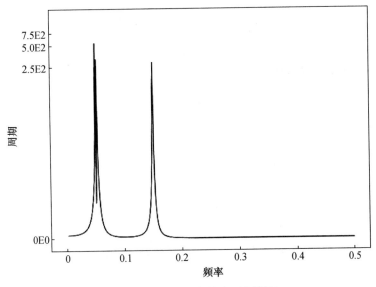

图 23.24 一个周期性序列周期图

在图 23.25 中,两个尖峰意味着序列中存在两个明显的周期成分。当然,严格的谱分析还需要通过统计量对尖峰进行检验来判断对应周期成分的显著性,因为实际序列中往往存在虚假的周期成分,或者有多个或高或低的尖峰,只有那些通过显著性检验的尖峰对应的周期成分才被认为是真正的隐周期。

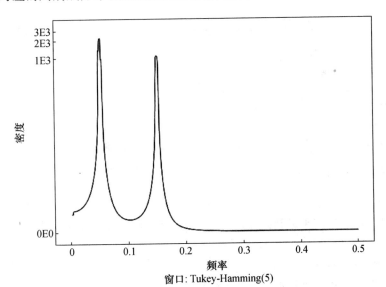

窗口: Tukey-Hamming(5)

图 23.25 一个周期性序列谱密度图

23.8 周期性分解

23.8.1 周期性分解概述

周期性分解法认为,时间序列是由趋势性(T)、周期性(C)、季节性(S)、随机性(I)四个成分组成。周期性分解模型分为:

(1) 加法模型

加法模型假定四种变动因素相互独立,各时期发展水平是各构成因素之总和。一般形式为:

$$Y_t = T_t + C_t + S_t + I_t \tag{23.41}$$

(2) 乘法模型

乘法模型假定四种变动因素之间存在交互作用,数列各时期发展水平是各构成因素之乘积。一般形式为:

$$Y_t = T_t \times C_t \times S_t \times I_t \tag{23.42}$$

时间序列的分解分析就是按照时间序列的分析模型,测定各种变动的具体数值。其分析取决于时间序列的构成因素。

1. 仅包含趋势变动和随机变动(年度数据)

乘法模型为:$Y = T \times I$

加法模型为:$Y = T + I$

消除随机变动部分,测算出长期趋势成分。

2. 含趋势、季节和随机变动

按月(季)编制的时间序列通常具有这种形态。

周期性分解分析步骤如下:

第 1 步,分析和测定趋势变动,求趋势值 T;

第 2 步,对时间序列进行调整,得出不含趋势变动的时间序列资料。

乘法模型为:$\dfrac{Y}{T} = \dfrac{T \times S \times I}{T} = S \times I$

加法模型为:$Y - T = (T + S + I) - T = S + I$

第 3 步,对以上结果进行进一步分析,消除随机变动 I 的影响,得出季节变动的测定值 S。

季节指数计算步骤如下:

第 1 步,计算移动平均值(季度数据采用 4 项移动平均,月份数据采用 12 项移动平均),并对其结果进行"中心化"处理。

第 2 步,计算移动平均的比值,也称为"季节比率"。将序列的各观察值除以相应的中心化移动平均值,然后再计算出各比值的季度(或月份)平均值,即季节指数。

第 3 步,季节指数调整。各季节指数的平均数应等于 1 或 100%,若根据第 2 步计算的季节比率的平均值不等于1,则需要进行调整。具体方法是:将第 2 步计算的每个季节比率的平均值除以它们的总平均值。

分解预测步骤如下：

第 1 步，确定并分离季节成分。计算季节指数，以确定时间序列中的季节成分；将季节成分从时间序列中分离出去，即用每一个观测值除以相应的季节指数，以消除季节性。

第 2 步，建立预测模型并进行预测。对消除季节成分的序列建立适当的预测模型，并根据这一模型进行预测。

第 3 步，计算最后的预测值。用预测值乘以相应的季节指数，得到最终的预测值。

23.8.2 周期性分解的 SPSS 实现

打开相应的数据文件或者建立一个数据文件后，可以在 SPSS 22.0 数据编辑器窗口中进行季节性分解操作。

在时序分解前，先绘制序列图，观察时间序列特征值。为把握序列的周期性，可以绘制一阶逐期差分序列的相关图。

(1) 选择菜单【分析/预测/周期性分解】，打开如图 23.26 所示的周期性分解对话框。

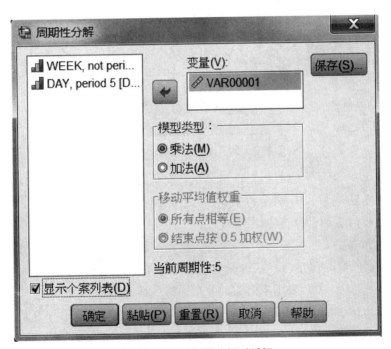

图 23.26　周期性分解对话框

(2) 选择变量。从源变量列表中选择进行季节性分解的时间序列，单击箭头按钮，将其选入【变量(V)】列表中。【变量(V)】列表中的变量必须为数值型的度量变量，且至少必须定义一个周期性时间变量。

(3) 进行相应的设置：

①【模型类型】设置。该选项组用于指定季节性分解的模型类型，SPSS 提供了两种常用的分解模型：乘法模型和加法模型。

②【移动平均值权重】设置。该选项组用于指定计算移动平均数时的权重。"所有点都相等(E)"，表示使用等于周期的跨度以及所有权重相等的点来计算移动平均数，该方法适用于周期为奇数的序列。"结束点按 0.5 加权(W)"，表示使用等于周期加 1 的跨度以及以 0.5 加权的跨度的端点计算序列的移动平均数，该方法适用于具有偶数周期的序列。

③【显示个案列表(D)】复选框：表示输出每个个案的季节性分解的结果。

(4) 保存设置。单击【保存(S)】按钮，弹出如图 23.27 所示的"周期：保存"对话框。

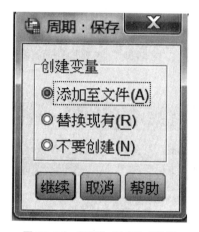

图 23.27 "周期：保存"对话框

"周期：保存"对话框主要用于设置保存新创建的变量，有三种方式。

①"添加至文件(A)"：表示将季节性分解产生的新变量保存至当期数据集中，新变量名由字母前缀、下划线和数字组成。

②"替换现有(R)"：表示由季节性分解创建的新变量序列在活动数据集中保存为临时变量，同时，将删除由"预测"过程创建的任何现有的临时变量。

③"不要创建(N)"：表示不向活动数据集添加新序列。

设置完毕后，单击【确定】按钮，就可以在 SPSS 22.0 数据视图和查看器窗口得到季节性分解的结果。同时会在输出窗口输出季节指数，在数据编辑窗口自动生成四个变量，依次为 ERR、SAS、SAF、STC，分别表示不规则变动、季节调整值、季节指数值与平滑的趋势、周期序列值。

23.9 ARIMA 模型分析

23.9.1 ARIMA 模型的形式

对于单整序列能够通过 d 次差分将非平稳序列转化为平稳序列。设 y_t 是 d 阶单整序列，即 $y_t \sim I(d)$，则

$$w_t = \Delta^d y_t = (1-L)^d y_t \tag{23.43}$$

w_t 为平稳序列，即 $w_t \sim I(0)$，于是可以对 w_t 建立 ARMA(p,q) 模型：

$$w_t = c + \phi_1 w_{t-1} + \cdots + \phi_p w_{t-p} + \varepsilon_t + \theta_1 \varepsilon_{t-1} + \cdots + \theta_q \varepsilon_{t-q} \tag{23.44}$$

用滞后算子表示，则

$$\Phi(L) w_t = c + \Theta(L) \varepsilon_t \tag{23.45}$$

其中

$$\Phi(L) = 1 - \phi_1 L - \phi_2 L^2 - \cdots - \phi_p L^p$$
$$\Theta(L) = 1 + \theta_1 L + \theta_2 L^2 + \cdots + \theta_q L^q$$

经过 d 阶差分变换后的 ARMA(p,q) 模型称为 ARIMA(p,d,q) 模型(autoregressive integrated moving average models)，式(23.45)等价于下式：

$$\Phi(L)(1-L)^d y_t = c + \Theta(L) \varepsilon_t \tag{23.46}$$

估计 ARIMA(p,d,q) 模型同估计 ARMA(p,q) 模型具体的步骤相同，唯一不同的是在估计之前要确定原序列的差分阶数 d，对 y_t 进行 d 阶差分。

因此，ARIMA(p,d,q) 模型区别于 ARMA(p,q) 模型之处就在于前者的自回归部分的特征多项式含有 d 个单位根。因此，对一个序列建模之前，我们应当首先确定该序列是否具有非平稳性，这就首先需要对序列的平稳性进行检验，特别是要检验其是否含有单位根及所含的单位根的个数。

各种模型的自相关和偏自相关函数特征如表 23.5 所示。

表 23.5 各种模型的自相关和偏自相关函数特征

模型方程	AR(p)	MA(q)	ARMA(p,q)
自相关函数	拖尾	q 步滞后截尾	($q-p$)步滞后拖尾
偏自相关函数	p 步滞后截尾	拖尾	($p-q$)步滞后截尾

23.9.2 ARIMA(p,d,q)模型构建过程

Box-Jenkins 提出了具有广泛影响的建模思想，能够对实际建模起到指导作用。Box-Jenkins 的建模思想可分为如下 4 个步骤：

(1) 对原序列进行平稳性检验，如果序列不满足平稳性条件，可以通过差分变换（单整阶数为 d，则进行 d 阶差分）或者其他变换，如对数差分变换使序列满足平稳性条件；

(2) 通过计算能够描述序列特征的一些统计量（如自相关系数和偏自相关系数）

来确定 ARMA 模型的阶数 p 和 q，并在初始估计中选择尽可能少的参数；

(3) 估计模型的未知参数，并检验参数的显著性，以及模型本身的合理性；

(4) 进行诊断分析，以证实所得模型确实与所观察到的数据特征相符。

23.9.3 估计 ARIMA 模型的 SPSS 实现

(1) 打开数据文件"ARIMA 数据"，选择菜单【分析/预测/创建模型】，出现如图 23.28 所示的窗口。

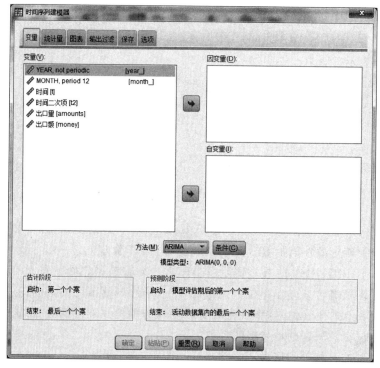

图 23.28 时间序列建模器对话框

(2) 选择进行分析的变量。在"时间序列建模器"对话框的左侧列表框中，将要分析的变量选入【因变量(D)】列表框中，在【方法(M)】下拉菜单中选择"ARIMA"。

(3) 设置 ARIMA 模型的形式。单击【条件(C)】按钮，打开"时间序列建模器：ARIMA 条件"对话框，打开【模型】选项卡，如图 23.29 所示。在【ARIMA 阶数】框中对模型的 6 个参数进行设置，分别是 ARIMA 模型当中的 p,d,q,P,D,Q。还可以选择模型当中是否包含常数项。先对序列进行去自然对数的数据变换，再进行一阶逐期差分和一阶季节差分，得到一个基本平稳的序列。于是，模型中的 d 和 D 应同时取为 1。从自相关图看，在 1 阶以后函数值明显趋于 0，呈拖尾性，因此可将 q 取为 1，而第 12 阶的函数值显著不为 0，因此可将 Q 取为 1。再看偏自相关图，前三阶函数值均显著不为 0，之后趋于 0 并呈拖尾性，因此可将 p 取为 2 或 3，而第 12 阶也显著不为 0，因此可考虑将 P 取为 1。于是得到初步的模型形式为 ARIMA(3,1,1)，利用 SPSS 进行建模并根据结果进行参数调整。

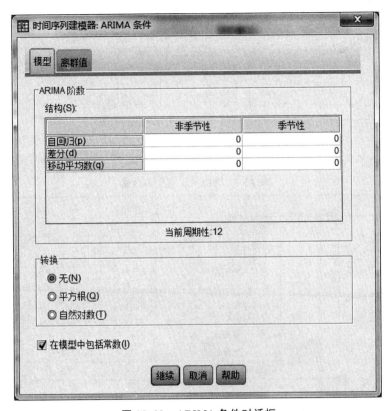

图 23.29 ARIMA 条件对话框

(4) 选择是否显示参数估计值。打开【统计量】选项卡,选中"参数估计"复选框和"显示预测值",然后单击【继续】按钮,保存设置。

(5) 设置完毕后,单击【确定】按钮。

至此,完成建立 ARIMA 模型的基本操作,SPSS 将根据用户指定自动建立模型,并将结果输出到数据编辑窗口中。

结果分析如下:

(1) 模型描述表,如表 23.6 所示。

表 23.6 模型描述

			模型类型
模型 ID	出口量	模型_1	ARIMA$(3,1,1)(1,1,1)^s$

从该表可以看出,所建立的 ARMA 模型的因变量标签是"出口量",模型名称为"模型_1",模型的类型为 ARIMA$(3,1,1)(1,1,1)^s$。

(2) 模型拟合表,表 23.7 给出了模型的 8 个拟合优度指标,包括这些指标的均值、最小值、最大值以及百分位数。其中,平稳的 R 方值为 0.470,而 R 方值为 0.923。从两个 R 方值来看,ARIMA$(3,1,1)(1,1,1)^s$ 的拟合情况良好。

表 23.7 模型拟合表

拟合统计量	均值	SE	最小值	最大值	百分位						
					5	10	25	50	75	90	95
平稳的 R 方	0.470	.	0.470	0.470	0.470	0.470	0.470	0.470	0.470	0.470	0.470
R 方	0.923	.	0.923	0.923	0.923	0.923	0.923	0.923	0.923	0.923	0.923
RMSE	500591.777	.	500591.777	500591.777	500591.777	500591.777	500591.777	500591.777	500591.777	500591.777	500591.777
MAPE	22.499	.	22.499	22.499	22.499	22.499	22.499	22.499	22.499	22.499	22.499
MaxAPE	127.242	.	127.242	127.242	127.242	127.242	127.242	127.242	127.242	127.242	127.242
MAE	330222.268	.	330222.268	330222.268	330222.268	330222.268	330222.268	330222.268	330222.268	330222.268	330222.268
MaxAE	1993492.319	.	1993492.319	1993492.319	1993492.319	1993492.319	1993492.319	1993492.319	1993492.319	1993492.319	1993492.319
正态化的 BIC	26.528	.	26.528	26.528	26.528	26.528	26.528	26.528	26.528	26.528	26.528

（3）模型参数表，表 23.8 给出了 ARIMA(3,1,1)(1,1,1)^S 模型参数估计值。从中可以看出，MA1、SAR1 等因素的系数显著性较差，可作为下一步调整模型的依据。

表 23.8 ARIMA 模型参数表

				估计	SE	t	Sig.
出口量—模型_1	出口量	自然对数	常数	−0.006	0.005	−1.234	0.220
			AR 滞后 1	−0.450	0.389	−1.157	0.250
			AR 滞后 2	−0.370	0.185	−1.993	0.049
			AR 滞后 3	−0.238	0.142	−1.676	0.097
			差分	1			
			MA 滞后 1	0.028	0.399	0.069	0.945
			AR,季节性 滞后 1	−0.115	0.152	−0.758	0.450
			季节性差分	1			
			MA,季节性 滞后 1	0.594	0.149	3.9801	0.000

（4）模型预测与拟合图

图 23.30 给出了出口量的 ARIMA(3,1,1)(1,1,1)^S 模型的拟合图和观测值。出口量序列整体上呈波动上升趋势，拟合值和观测值曲线在整个区间的拟合情况良好，明显可以看出拟合值的波动性非常接近实际观察值的波动性。因此可以说明 ARIMA(3,1,1)(1,1,1)^S 模型对出口量的拟合情况还是非常不错的。

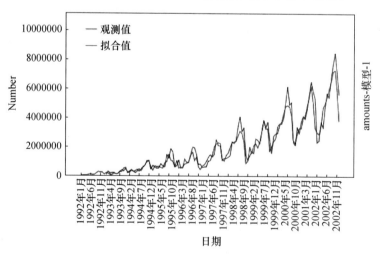

图 23.30 ARIMA 模型的趋势拟合图

参考文献

[1] 蔡建琼,于惠芳,朱志洪等.SPSS统计分析实例精选[M].北京:清华大学出版社,2006.
[2] 陈希镇,曹慧珍.判别分析和SPSS的使用[J].科学技术与工程,2008,(13):3567—3574.
[3] 丁国盛等.SPSS统计教程:从研究设计到数据分析[M].北京:机械工业出版社,2006.
[4] 丁雪梅,徐向红,邢沈阳,赵志辉,沈景林,李玉梅,成军,王鹏,饶家辉,王宏娟,黎宏宇,张乃生.SPSS数据分析及Excel作图在毕业论文中的应用[J].实验室研究与探索,2012,(3):122—128.
[5] 杜强,贾丽艳.SPSS统计分析从入门到精通[M].北京,人民邮电出版社,2014.
[6] 杜智敏.抽样调查与SPSS应用[M].北京:电子工业出版社,2010.
[7] 傅德印,王晶.对应分析统计检验体系探讨[J].统计与信息论坛,2010,(3):3—6.
[8] 高祥宝,董寒青.数据分析与SPSS应用[M].北京:清华大学出版社,2007.
[9] 郭志刚.社会统计分析方法——SPSS软件应用[M].北京:中国人民大学出版社,1999.
[10] 何晓群.多元统计分析(第4版)[M].北京:中国人民大学出版社,2015.
[11] 黄润龙.数据统计与分析技术:SPSS软件实用教程[M].北京:高等教育出版社,2004.
[12] 李慧,由立发.基于SPSS的英语听力策略教学效果分析[J].外语电化教学,2007,(1):46—49.
[13] 李静萍,谢邦昌.多元统计分析方法与应用[M].北京:中国人民大学出版社,2008.
[14] 李昕,张明明.SPSS 22.0统计分析从入门到精通[M].北京:电子工业出版社,2015.
[15] 刘爱玉.SPSS基础分析教程[M].北京:北京大学出版社,2014.
[16] 卢纹岱.SPSS统计分析[M].北京:电子工业出版社,2014.
[17] 蒙黄林,李敬维.基于SPSS软件对教育调查问卷分析中的相关应用[J].智能计算机与应用,2013,(1):81—83.
[18] 邱皓政.量化研究与统计分析——SPSS数据分析范例解析[M].重庆:重庆大学出版社,2013.
[19] 王伏虎.SPSS在社会经济分析中的应用[M].合肥:中国科学技术大学出版社,2011.
[20] 王津涛,姜恩海,王晓光,赵欣然,姚磊.SPSS技术在实证研究数据统计分析中的应用[J].计算机工程与应用,2006,36:201—203.
[21] 王进保.多变量分析——统计软件与数据分析[M].北京:北京大学出版社,2007.
[22] 王力宾.多元统计分析:模型、案例及SPSS应用[M].北京:经济科学出版社,2010.
[23] 王璐.SPSS统计分析基础应用与实战精粹[M].北京:化学工业出版社,2012.
[24] 王周伟,崔百胜,朱敏,等.经济计量研究指导——实证分析与软件实现[M].北京:北京大学出版社,2015.
[25] 吴明隆.SPSS统计应用实务[M].北京:科学出版社,2003.
[26] 吴明隆.问卷统计分析实务——SPSS操作与应用[M].重庆:重庆大学出版社,2010.

[27] 武松,潘发明.SPSS统计分析大全[M].北京:清华大学出版社,2015.
[28] 谢龙汉,尚涛.SPSS统计分析与数据挖掘[M].北京:电子工业出版社,2012.
[29] 薛薇.SPSS统计分析方法及应用(第3版)[M],北京:电子工业出版社,2013.
[30] 杨维忠,张甜.SPSS统计分析与行业应用案例详解(第2版)[M].北京:清华大学出版社,2013.
[31] 杨维忠,张甜,刘荣.SPSS统计分析与行业应用案例详解(第3版)[M].北京:清华大学出版社,2015.
[32] 姚汝钺,郑军,姚友平.SPSS对有序分类资料的统计分析方法[J].现代预防医学,2013,(16):2972—2975+2978.
[33] 于义良,罗蕴玲,安建业.概率统计与SPSS应用[M].西安:西安交通大学出版社,2009.
[34] 张荣艳,高杉,高云飞.SPSS软件应用[M].北京:清华大学出版社,2015.
[35] 张文彤.SPSS统计分析基础教程[M].北京:高等教育出版社,2011.
[36] 张文彤,钟云飞.IBM SPSS数据分析与挖掘实战案例精粹[M].北京:清华大学出版社,2013.
[37] 张文彤.SPSS统计分析高级教程[M].北京:高等教育出版社,2013.
[38] 郑杰.SPSS统计分析从入门到精通[M].北京:中国铁道出版社,2015.
[39] 周爽,朱志洪,朱星萍..社会统计分析:SPSS应用教程[M].北京:清华大学出版社,2006.
[40] 朱红兵,席凯强.SPSS17.0中的正交试验设计与数据分析[J].首都体育学院学报,2013,(3):283—288.
[41] 朱建平.应用多元统计分析(第2版)[M].北京:科学出版社,2012.
[42] 朱星宇,陈永强.SPSS多元统计分析方法及应用[M].北京:清华大学出版社,2011.